취업강의 1위 해커스잡

헤럴드 선정 2018 대학생 선호 브랜드 대상
'취업강의' 부문 1위

공기업 합격을 위한
다양한 추 자료

본 교재 인강 2만원 할인쿠폰

084A 5F7E K2B2 C000

해커스잡 사이트(ejob.Hackers.com) 접속 후 로그인 ▶
사이트 메인 우측 상단 **[나의 정보]** 클릭 ▶
[나의 쿠폰 - 쿠폰/수강권 등록]에 위 쿠폰번호 입력 ▶
본 교재 강의 결제 시 쿠폰 적용

* ID당 1회에 한해 등록 가능 * 이벤트 강의 / 프로모션 강의 적용 불가 / 쿠폰 중복 할인 불가

NCS 온라인 모의고사 응시권

CC47 6242 K54B C000

해커스잡 사이트(ejob.Hackers.com) 접속 후 로그인 ▶
사이트 메인 우측 상단 **[나의 정보]** 클릭 ▶
[나의 쿠폰 - 쿠폰/수강권 등록]에 위 쿠폰번호 입력 ▶
[마이클래스 - 모의고사] 탭에서 응시

* 등록 후 30일간 응시 가능(ID당 1회에 한해 등록 가능)

김소원의 공기업 필기 전략 특강 수강권

2KCA 623F K57E 2000

윤종혁의 공기업 취업 전략 특강 수강권

K70D 6240 K2DB 0000

해커스잡 사이트(ejob.Hackers.com) 접속 후 로그인 ▶ 사이트 메인 우측 상단 **[나의 정보]** 클릭 ▶
[나의 쿠폰 - 쿠폰/수강권 등록]에 위 쿠폰번호 입력 ▶ **[마이클래스]**에서 강의 수강

* 등록 후 30일간 수강 가능(ID당 1회에 한해 등록 가능)

응용수리 기초이론 자료집(PDF), 공기업 면접 합격가이드(PDF), 공기업 인성검사 합격가이드+모의테스트(PDF)

2PGD 78QW E54X 45XZ

해커스잡 사이트(ejob.Hackers.com) 접속 후 로그인 ▶ 사이트 메인 중앙 **[교재정보 - 교재 무료자료]** 클릭 ▶
교재 확인 후 이용하길 원하는 무료자료의 **[다운로드]** 버튼 클릭 ▶ 위 쿠폰번호 입력 후 다운로드

FREE 무료 바로 채점 및 성적 분석 서비스

해커스잡 사이트(ejob.Hackers.com) 접속 후 로그인 ▶ 사이트 메인 중앙 **[교재정보 - 교재 채점 서비스]** 클릭 ▶
교재 확인 후 채점하길 원하는 **교재 채점하기** 버튼 클릭

* ID당 1회에 한해 이용 가능

바로 이용하기 ▶

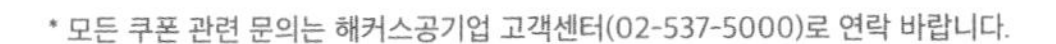

* 모든 쿠폰 관련 문의는 해커스공기업 고객센터(02-537-5000)로 연락 바랍니다.

단/기/합/격

해커스공기업 NCS 입문서

직업기초능력평가

National
Competency
Standards

서문

"NCS 기반 채용에
어떻게 대비해야 하나요?"

대부분의 공기업에서 NCS 기반 채용을 진행하고 있지만,
이제 막 공기업 취업 준비에 첫발을 내딘 수험생들에게는 NCS가 막막하게만 느껴질 것입니다.

그래서 NCS 기반 채용이 무엇인지 이해하고 NCS 채용에 완벽 대비할 수 있도록,
한국산업인력공단 직업기초능력 가이드북에 포함된 이론과 개념들을 확실하게 정리하고,
이를 적용한 문제를 정확하게 풀 수 있도록,

해커스는 수많은 고민을 거듭한 끝에
『단기 합격 해커스공기업 NCS 직업기초능력평가 입문서』를 출간하게 되었습니다.

『단기 합격 해커스공기업 NCS 직업기초능력평가 입문서』는

01 NCS 필기평가의 기반인 한국산업인력공단 직업기초능력 가이드북을 완벽히 이해할 수 있도록 가이드북의 이론과 개념을 상세하게 정리하였습니다.

02 출제예상문제로 직업기초능력 가이드북의 이론과 개념을 확실히 이해했는지 점검하고 핵심 포인트 해설로 누구나 쉽게 이해할 수 있도록 하였습니다.

03 실전처럼 연습 가능한 실전모의고사 3회분으로 실전 감각을 극대화하도록 하였습니다.

『단기 합격 해커스공기업 NCS 직업기초능력평가 입문서』를 통해
NCS 채용에 대비하는 수험생 모두 합격의 기쁨을 누리시기 바랍니다.

해커스 취업교육연구소

이 책의 목차

National
Competency
Standards

PART 2
NCS 직업기초능력평가 실전모의고사

[온라인 제공]
응용수리 기초이론 자료집
공기업 면접 합격가이드
공기업 인성검사 합격가이드+모의테스트

NCS 합격을 위한 이 책의 활용법

01 상세한 개념정리와 NCS 전문가의 TIP으로 NCS 직업기초능력평가 대비에 필요한 이론을 효율적으로 학습한다.

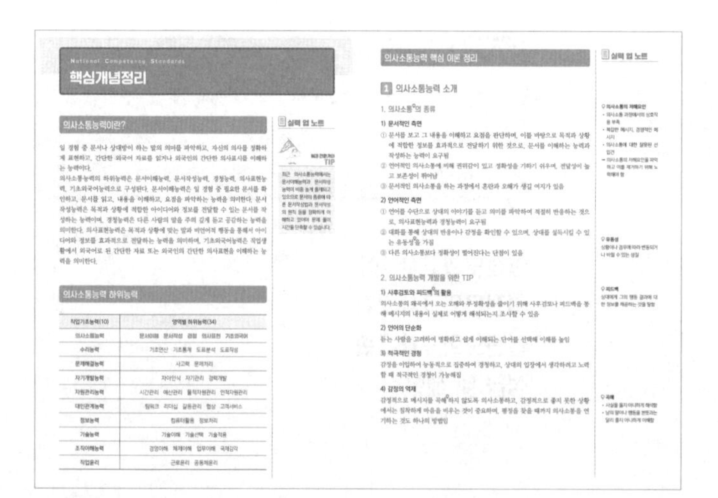

핵심개념정리

한국산업인력공단 직업기초능력 가이드북 내용 중 꼭 알아두어야 하는 이론과 개념을 쉽고 자세하게 정리하였다. 특히 모듈형 문제는 가이드북을 기반으로 출제되는 유형으로, 교재에 정리된 개념을 학습하여 효과적으로 대비할 수 있다.

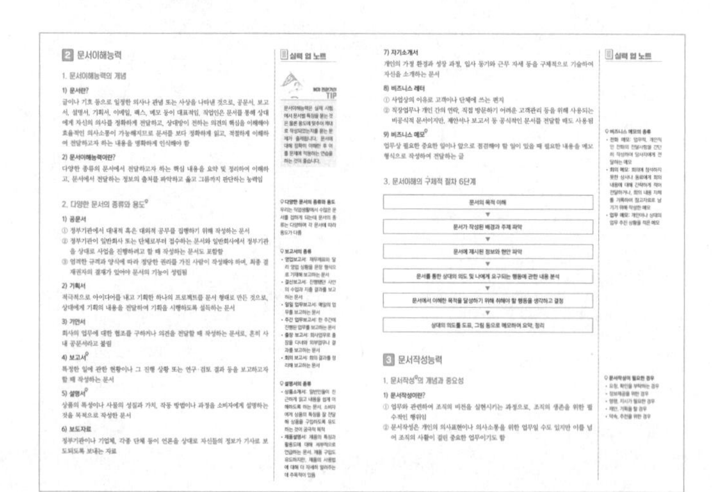

실력 업 노트

단번에 이해하기 어려운 개념이나 단어에 대해 상세히 설명하고, 이해를 돕기 위한 보충 설명을 수록하여 한국산업인력공단 직업기초능력 가이드북의 이론과 개념을 더 쉽고 효과적으로 익힐 수 있다.

NCS 전문가의 TIP

NCS 전문가가 알려주는 NCS 학습법 및 실제 직장 생활을 고려한 조언으로 NCS 직업기초능력평가는 물론 그 이상을 대비할 수 있다.

02 출제예상문제와 핵심 포인트 해설로 실력을 점검하고 기본기를 다진다.

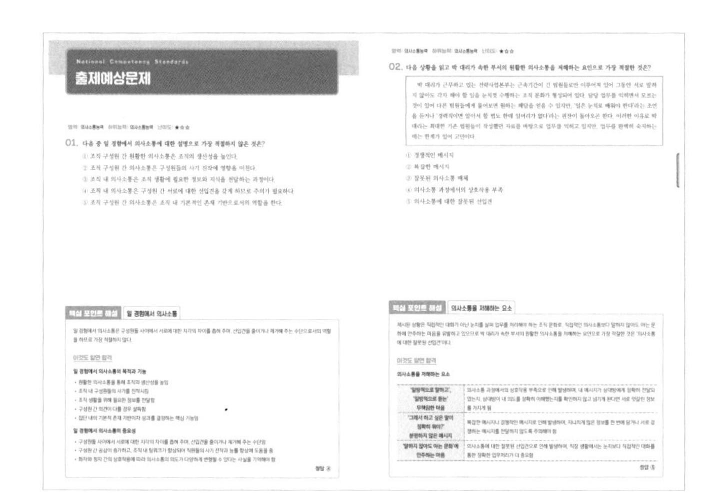

출제예상문제

한국산업인력공단 직업기초능력 가이드북 내용에 기반한 문제를 풀면서 NCS 이론에 대한 학습 수준을 점검할 수 있습니다. 또한, 문제 상단에 평가 영역 및 하위능력, 난이도를 표시하여 더욱 효과적으로 학습할 수 있다.

핵심 포인트 해설 | **조건부확률**

전체 100명 중에서 실제 양성자는 90%이므로 100×0.9=90명이고, 이에 따라 실제
실제 양성자 중에서 의료 시험기로 음성으로 오진을 받은 사람은 10%이므로 90×0.
단을 받았음을 알 수 있다. 이와 마찬가지로 실제 음성자 중에서 의료 시험기로 올바르
명이고, 실제 음성자 중에서 오진을 받은 사람은 10−9=1명이다. 인원수를 유형별로

	양성으로 진단	음성으로
	81명	9
	1명	9
	82명	18

명이고 이 중에서 실제 음성자는 9명이므로 올바

이것도 알면 합격

조건부확률

두 사건 A, B에 대하여
사건 A가 일어났을

핵심 포인트 해설

문제를 풀고 나서 반드시 확인해야 하는 개념을 정리하고, 꼼꼼한 해설을 수록하여 문제에서 파악해야 하는 핵심개념을 누구나 쉽게 이해할 수 있다.

이것도 알면 합격

문제의 핵심개념과 관련하여 더 알아두면 좋은 개념 및 이론을 추가로 정리하여 기본기를 더욱더 단단하게 다질 수 있다.

03 실전모의고사로 실전 감각을 키우고, 꼼꼼한 해설로 완벽하게 정리한다.

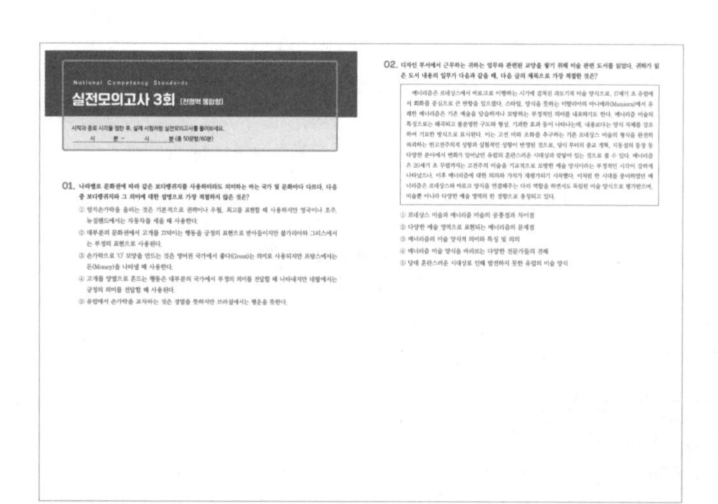

실전모의고사 3회

실전모의고사

실제 시험의 출제 경향을 반영한 실전모의고사를 실전처럼 제한 시간 내에 풀어보는 연습을 함으로써 실전 감각을 기를 수 있다.

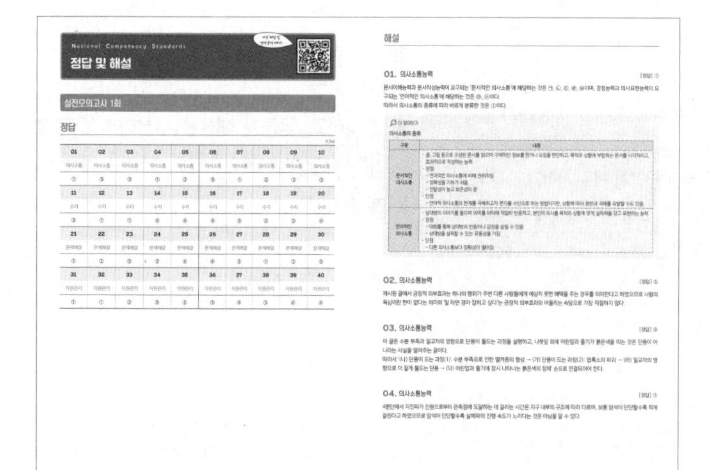

정답 및 해설

실전모의고사 1회

해설

정답 및 해설

상세하고 꼼꼼한 해설을 수록하여 누구나 쉽게 이해할 수 있으며, 특히 난도가 높은 문제에는 정답뿐만 아니라 오답에 대한 해설인 '오답 체크'를 수록하여 체계적으로 학습할 수 있다. 또한, '더 알아보기'로 관련 이론 및 개념까지 폭넓게 익힐 수 있다.

04 동영상강의와 온라인 모의고사를 이용한다. (ejob.Hackers.com)

NCS 인강

해커스잡 사이트(ejob.Hackers.com)에서 유료로 제공되는 본 교재의 동영상강의를 통해 교재 학습 효과를 극대화할 수 있다.

NCS 온라인 모의고사

무료로 제공되는 온라인 모의고사를 통해 자신의 실력을 최종적으로 점검해 볼 수 있다.

기간별 맞춤 학습 플랜

NCS 직업기초능력평가 학습 플랜 중 자신에게 맞는 일정의 학습 플랜을 선택하여 학습 플랜에 따라 매일 그날에 해당하는 학습 분량을 공부하세요.

20일 완성 학습 플랜

영역별로 '핵심개념정리 > 출제예상문제' 순으로 꼼꼼하게 학습한 후, 바로 복습하여 영역별 핵심개념에 대해 확실하게 숙지하고 나서 '실전모의고사'를 풀며 마무리합니다.

	1일	2일	3일	4일	5일
1주	**1. 의사소통능력** ☐ 핵심개념정리(p.28)	**1. 의사소통능력** ☐ 출제예상문제(p.40) ☐ 의사소통능력 복습 (p.28)	**2. 수리능력** ☐ 핵심개념정리(p.66)	**2. 수리능력** ☐ 출제예상문제(p.76) ☐ 수리능력 복습(p.66)	**3. 문제해결능력** ☐ 핵심개념정리(p.100)
2주	**3. 문제해결능력** ☐ 출제예상문제(p.110) ☐ 문제해결능력 복습 (p.100)	**4. 자기개발능력** ☐ 핵심개념정리(p.134) ☐ 출제예상문제(p.142) ☐ 자기개발능력 복습 (p.134)	**5. 자원관리능력** ☐ 핵심개념정리(p.160)	**5. 자원관리능력** ☐ 출제예상문제(p.170) ☐ 자원관리능력 복습 (p.160)	**6. 대인관계능력** ☐ 핵심개념정리(p.192) ☐ 출제예상문제(p.204) ☐ 대인관계능력 복습 (p.192)
3주	**7. 정보능력** ☐ 핵심개념정리(p.224)	**7. 정보능력** ☐ 출제예상문제(p.234) ☐ 정보능력 복습(p.224)	**8. 기술능력** ☐ 핵심개념정리(p.262) ☐ 출제예상문제(p.270) ☐ 기술능력 복습(p.262)	**9. 조직이해능력** ☐ 핵심개념정리(p.288)	**9. 조직이해능력** ☐ 출제예상문제(p.300) ☐ 조직이해능력 복습 (p.288)
4주	**10. 직업윤리** ☐ 핵심개념정리(p.320) ☐ 출제예상문제(p.326) ☐ 직업윤리 복습(p.320)	**실전모의고사 1회** ☐ 실전모의고사 1회 풀이 및 복습(p.344)	**실전모의고사 2회** ☐ 실전모의고사 2회 풀이 및 복습(p.374)	**실전모의고사 3회** ☐ 실전모의고사 3회 풀이 및 복습(p.400)	**NCS 온라인 모의고사** ☐ 온라인 모의고사 풀이 및 복습

* 실전모의고사 풀이 및 복습 후, 교재의 첫 페이지에 있는 쿠폰을 이용하여 'NCS 온라인 모의고사'를 풀어볼 수 있습니다.
* 심화 학습을 원한다면, 해커스잡 사이트(ejob.Hackers.com)에서 유료로 제공되는 본 교재 동영상강의를 수강하여 심화 학습할 수 있습니다.

10일 완성 학습 플랜

영역별 '핵심개념정리 > 출제예상문제' 순으로 학습한 후에 바로 '실전모의고사'를 풀며 마무리합니다.

	1일	2일	3일	4일	5일
1주	**1. 의사소통능력** ☐ 핵심개념정리(p.28) ☐ 출제예상문제(p.40)	**2. 수리능력** ☐ 핵심개념정리(p.66) ☐ 출제예상문제(p.76)	**3. 문제해결능력** ☐ 핵심개념정리(p.100) ☐ 출제예상문제(p.110)	**4. 자기개발능력** ☐ 핵심개념정리(p.134) ☐ 출제예상문제(p.142) **5. 자원관리능력** ☐ 핵심개념정리(p.160) ☐ 출제예상문제(p.170)	**6. 대인관계능력** ☐ 핵심개념정리(p.192) ☐ 출제예상문제(p.204) **7. 정보능력** ☐ 핵심개념정리(p.224) ☐ 출제예상문제(p.234)
2주	**8. 기술능력** ☐ 핵심개념정리(p.262) ☐ 출제예상문제(p.270)	**9. 조직이해능력** ☐ 핵심개념정리(p.288) ☐ 출제예상문제(p.300) **10. 직업윤리** ☐ 핵심개념정리(p.320) ☐ 출제예상문제(p.326)	**실전모의고사 1~2회** ☐ 실전모의고사 1회 풀이 및 복습(p.344) ☐ 실전모의고사 2회 풀이 및 복습(p.374)	**실전모의고사 3회** ☐ 실전모의고사 3회 풀이 및 복습(p.400)	**NCS 온라인 모의고사** ☐ 온라인 모의고사 풀이 및 복습

* 실전모의고사 풀이 및 복습 후, 교재의 첫 페이지에 있는 쿠폰을 이용하여 'NCS 온라인 모의고사'를 풀어볼 수 있습니다.
* 심화 학습을 원한다면, 해커스잡 사이트(ejob.Hackers.com)에서 유료로 제공되는 본 교재 동영상강의를 수강하여 심화 학습할 수 있습니다.

단기 합격 해커스공기업 NCS 직업기초능력평가 입문서 학습 TIP

01 '핵심개념정리' 학습하기

영역별 핵심개념정리로 한국산업인력공단 직업기초능력 가이드북 내용 중 꼭 알아두어야 하는 개념을 학습하고, 단번에 이해가 되지 않는 내용은 실력 업 노트로 확인하며 꼼꼼히 학습합니다.

02 '출제예상문제'로 학습 내용 점검하기

한국산업인력공단 직업기초능력 가이드북에 기반한 영역별 출제예상문제를 풀어보며 내용을 확실히 숙지하였는지 점검합니다. 틀린 문제는 문제 아래에 있는 핵심 포인트 해설을 읽으면서 복습합니다.

03 '실전모의고사'로 실력 점검하기

제한 시간을 정하고 실전모의고사를 풀어보며 실력을 점검합니다. 문제를 모두 푼 후에는 자신이 몰라서 틀린 것인지 알고도 실수한 것인지 확인하여 취약점을 파악하고, 해설과 핵심개념정리를 통해 틀린 문제와 관련된 이론 및 개념을 복습하여 실전에서 동일한 문제를 다시 틀리지 않도록 합니다. 더 많은 문제를 풀어보고 싶다면 본 교재 첫 페이지에 있는 쿠폰을 이용하여 'NCS 온라인 모의고사'를 풀어볼 수 있습니다.

NCS 기반 채용 가이드

NCS 알아보기

1. NCS의 개념

NCS(National Competency Standards, 국가직무능력표준)는 산업현장에서 직무를 수행하기 위해 요구되는 지식·기술·태도 등의 내용을 국가가 체계화한 것으로, 이때의 직무능력이란 직업인으로서 기본적으로 갖추어야 할 공통 능력인 직업기초능력과 해당 직무를 수행하는 데 필요한 지식·기술·태도 등의 역량인 직무수행능력으로 구성됩니다.

2. NCS의 시행 목적 및 효과

① NCS의 시행 목적

능력 있는 인재를 개발해 핵심 인프라를 구축하고, 나아가 국가경쟁력을 향상시키기 위해 NCS가 필요합니다.

② NCS의 시행 효과

직업교육·훈련 및 자격제도가 산업현장과 불일치하고, 인적자원이 비효율적으로 관리·운용되는 것을 개선할 수 있습니다.

- NCS 중심 시스템으로 전환되면서 직업현장과 교육·훈련, 자격제도의 연계성이 높아지게 됩니다.
- NCS의 도입으로 산업현장 직무 중심의 인적자원 개발이 가능해집니다.
- NCS를 통해 능력중심사회 구현을 위한 핵심인프라를 구축할 수 있게 됩니다.
- 궁극적으로 고용과 평생 직업능력개발 연계를 통한 국가경쟁력 향상을 도모할 수 있습니다.

3. NCS의 분류

국가직무능력표준의 분류는 직무의 유형(Type)을 중심으로 국가직무능력표준의 단계적 구성을 나타내는 것으로, 국가직무능력표준 개발의 전체적인 로드맵을 제시합니다.

한국고용직업분류(KECO: Korean Employment Classification of Occupations) 등을 참고하여 분류하였으며 '대분류(24개) → 중분류(81개) → 소분류(271개) → 세분류(NCS, 1,083개)'의 순으로 구성됩니다.

NCS 기반 블라인드 채용 알아보기

1. NCS 기반 블라인드 채용의 개념

NCS 기반 채용이란 불필요한 스펙이 아니라 해당 직무에 맞는 스펙을 갖춘 인재를 NCS 기반의 평가도구를 활용하여 선발하는 채용방식을 의미합니다. 최근에는 이러한 NCS 채용에 더해 출신지, 가족관계, 학력, 외모 등 편견이 개입되어 불합리한 차별을 야기할 수 있는 요소를 제외하는 활동이 추가된 이른바 'NCS 기반 블라인드 채용(공정채용)'이 진행되고 있습니다.

2. NCS 기반 블라인드 채용의 목적

구분	내용
기존 채용제도의 불공정 해소	· 기업의 불공정 채용 관행에 관한 사회적 불신 해소 · 차별적 채용은 기업 경쟁력 저해요소라는 인식 유도 · 직무중심 인재선발을 통한 공정한 채용제도 구축
직무중심 채용을 통한 사회적 비용 감소	· 직무 관련 채용을 통한 지원자의 취업준비 비용 감소 · 기업 역시 직무 재교육, 조기 퇴사율 등의 감소를 통한 채용 비용 감소 실현 · 불공정 채용 관행에 의한 사회적 불신 해소

3. NCS 기반 블라인드 채용의 평가요소

① 직무에 필요한 직무능력을 토대로 차별적 요소를 제외한 평가요소를 도출 및 정의합니다.

② NCS(국가직무능력표준)에 제시된 직무별 능력단위 세부내용, 능력단위 요소의 지식, 기술, 태도(K·S·A)를 기반으로 평가요소를 도출합니다.

③ 기업의 인재상 및 채용직무에 대한 내부자료를 토대로 직무기술서, 직무명세서 등을 작성하여 지원자에게 사전 안내됩니다.

4. NCS 기반 블라인드 채용 준비 단계 및 합격전략

NCS 기반 블라인드 채용의 주요 단계와 단계별 합격전략을 확인하세요.

1단계 채용공고문 확인하기	**채용공고를 통해 직무 분야에 대한 직무 기술서를 확인하고, 자신의 경험에 비추어 지원하고자 하는 분야의 직무수행내용과 필요지식, 기술, 태도를 확인한 후 입사 지원을 시작합니다.** · 지원하려는 기업에서 원하는 직무역량을 확인하고 갖추어야 할 직업기초능력과 직무수행능력을 명확하게 파악해야 합니다. · 직무별 능력단위는 NCS 국가직무능력표준 사이트(www.ncs.go.kr) 내의 NCS 학습모듈 검색으로 관련 내용을 확인할 수 있습니다. · 기업이 요구하는 직무역량과 나의 현재 보유 수준 역량의 차이를 정확하게 파악하여 부족한 차이를 채울 수 있는 계획을 세워서 미리미리 준비하도록 합니다.

2단계 입사지원서/ 경험 및 경력 기술서/ 자기소개서 작성하기	**본격적인 채용과정의 시작 단계로, 지원분야의 직무수행내용과 관련한 교육사항 이수 여부, 직업교육 이수 여부, 자격증 유무, 경험 및 경력을 단답형 혹은 서술형으로 작성합니다.** · 입사지원서는 대체로 단답형으로 구성되며, 1단계에서 파악한 능력단위에 맞는 교육내용, 경험 및 경력이 강조되도록 작성합니다. · 경험 및 경력 기술서는 입사지원서에서 작성한 활동에 대한 보다 상세한 설명을 기재하는 부분으로, 지원분야 직무수행내용을 기반으로 자신이 역량을 발휘한 경험이나 역량을 발전시킬 수 있었던 사례 위주로 작성해야 합니다. · 자기소개서는 해당 기업에서 요구한 직업기초능력, 필요 지식 및 기술 직무수행태도 등과 관련한 자신의 능력을 자세히 서술해야 합니다.

3단계 NCS 기반 필기평가 준비하기	**대부분의 산업분야에서 공통으로 사용되는 능력인 직업기초능력과 실무를 수행하는 데 필요한 전문적인 능력인 직무수행능력을 필기시험 형태로 평가하는 단계입니다.** · 기업에서 요구하는 직무능력에 따라 출제 영역, 문제 유형, 문항 수와 시간, 난이도 등이 상이하므로 지원 기업의 최근 출제 경향을 파악해 두어야 합니다. · 대부분의 기업이 NCS 직업기초능력평가를 진행하므로 『단기 합격 해커스공기업 NCS 직업기초능력평가 입문서』를 통해 NCS 직업기초능력 10개 영역의 이론을 확실히 학습하고 문제 유형을 익히도록 합니다.

4단계 NCS 기반 면접평가 준비하기	**앞선 채용 단계 및 도구로는 파악하기 어려운 지원자의 역량을 파악하기 위한 채용의 최종단계입니다.** · 기업의 직무 특성에 따라 요구하는 직무능력이 상이하기 때문에 미리 지원 기업의 면접 유형을 파악해 두어야 합니다. 대체로 경험면접, 상황면접, 발표면접, 토론면접 등의 형태로 진행된다는 점을 파악하고, 직무기술서를 통해 면접 질문을 예상해 보도록 합니다. · 가급적 스터디, 시뮬레이션 등을 통해 대응 방식을 미리 익힙니다. 특히 NCS 기반의 면접전형은 기본적으로 시작질문을 중심으로 점차 심화·구조화시켜 나가는 경향을 띠므로 무료로 제공되는 공기업 면접 합격가이드(PDF)를 참고하여 면접의 방향성을 미리 파악하도록 합니다.

NCS 직업기초능력평가 합격 가이드

출제 영역 소개

직업기초능력은 효과적인 직무수행을 위해 대부분의 산업 분야에서 공통으로 필요한 능력으로, 다음과 같이 10개 영역 34개 하위능력으로 구분됩니다. 직업기초능력평가는 응시자가 직업기초능력을 갖추었는지를 객관적으로 판단하기 위한 시험입니다. 기업에 따라 조금씩 차이가 있지만 대체로 의사소통능력, 수리능력, 문제해결능력을 고정적으로 출제하고, 직무별 혹은 기업에서 중요하게 여기는 영역을 추가로 출제하는 경우가 많습니다.

직업기초능력(10)	영역별 하위능력(34)
의사소통능력	문서이해 문서작성 경청 의사표현 기초외국어
수리능력	기초연산 기초통계 도표분석 도표작성
문제해결능력	사고력 문제처리
자기개발능력	자아인식 자기관리 경력개발
자원관리능력	시간관리 예산관리 물적자원관리 인적자원관리
대인관계능력	팀워크 리더십 갈등관리 협상 고객서비스
정보능력	컴퓨터활용 정보처리
기술능력	기술이해 기술선택 기술적용
조직이해능력	국제감각 조직체제이해 경영이해 업무이해
직업윤리	근로윤리 공동체윤리

최신 출제 경향 및 영역별 특징

직업기초능력평가 출제 영역은 10개의 직업기초능력을 모두 출제하는 기업부터 기업이 선별한 몇 개의 특정 영역만 출제하는 기업까지 기업에 따라 다양하며, 같은 기업이라도 시기에 따라 출제 영역이 변경되기도 합니다. 문제 유형은 한국산업인력공단 직업기초능력 가이드북 이론을 기반으로 하여 난도가 낮은 모듈형 문제와 공무원 채용에서 시행하는 PSAT(공직적격성평가) 기출문제와 유사하여 난도가 높은 PSAT형 문제로 구분할 수 있으며, 문제 유형별 비중에 따라 모듈형 시험, PSAT형 시험, 피듈형 시험 등으로 불립니다. 문항 구성과 풀이 시간도 기업에 따라 다르지만, 크게 출제 영역을 구분하여 제시하고 영역별 제한 시간을 두는 경우와 영역 구분 없이 모든 문항을 아울러 제시하고 총 제한 시간만 두는 경우로 나뉩니다. 대체로 평가 형태는 사지선다형 또는 오지선다형의 객관식 문항으로 출제되며, 때에 따라 주관식이나 서술형이 출제되는 경우도 있습니다.

1. 의사소통능력

영역 소개	의사소통능력은 글을 분석적으로 읽고 중심 내용과 세부 내용을 파악하는 능력, 문서를 올바르게 작성하고 수정하는 능력, 문서의 내용을 이해하고 필요한 정보를 추출하여 업무에 적용하는 능력 등을 갖추었는지 평가하는 영역입니다.
출제 기업	1. 많은 기업이 NCS 직업기초능력 중 의사소통능력을 중요하게 여기며, NCS를 기반으로 필기시험을 출제하는 대부분의 기업이 의사소통능력을 출제하는 경향을 보입니다. 2. 한국철도공사, 한국전력공사, 국민건강보험공단, 서울교통공사, 한국보훈복지의료공단, 건강보험심사평가원, 한국산업안전보건공단, 근로복지공단, 한국공항공사, 한국수력원자력, 국민연금공단, 한국국토정보공사, 한국토지주택공사, 한국농어촌공사, 한국도로공사, 한국수자원공사, 한전KPS, 한국전기안전공사, IBK기업은행, 한국가스공사, 한전KDN, 신용보증기금, 한국산업인력공단, 인천국제공항공사, 한국남동발전, 한국서부발전, 한국중부발전, 한국동서발전, 한국남부발전 등의 기업에서 출제됩니다.
출제 경향	1. 의사소통능력 문제는 제시되는 문서나 글의 내용을 이해하여 답을 찾는 형태가 높은 비중으로 출제되는 편입니다. 2. 기업의 주요 사업 및 직무와 관련한 주제의 지문과 문서가 자료로 출제되는 경우도 있습니다.
준비 전략	1. 평소에 지원하는 기업과 관련한 보도자료, 사설, 신문기사는 물론 보편적으로 사용되는 보고서, 기획서, 계약서 등의 개념과 종류, 특징 등을 확인하고 이를 토대로 문서와 글의 중심 내용 및 세부 내용을 분석적으로 파악하는 능력을 향상시켜야 합니다. 2. 의사소통능력 문제는 제시된 문서의 내용을 이해한 후 이를 토대로 할 수 있는 업무상 행동 또는 대화를 고르는 문제가 출제되므로 실제 업무 시 접하게 되는 문서의 특징을 미리 확인해 두는 것이 좋습니다.

2. 수리능력

영역 소개	수리능력은 업무를 수행할 때 필요한 사칙연산, 통계, 확률 등의 의미를 정확하게 이해하고 이를 업무에 적용하는 능력, 다양한 자료와 그래프를 해석하여 필요한 정보를 얻는 능력 등을 갖추었는지 평가하는 영역입니다.
출제 기업	1. 많은 기업이 NCS 직업기초능력 중 수리능력을 중요하게 여기며, NCS를 기반으로 필기시험을 출제하는 대부분의 기업이 수리능력을 출제하는 경향을 보입니다. 2. 한국철도공사, 한국전력공사, 국민건강보험공단, 서울교통공사, 한국보훈복지의료공단, 건강보험심사평가원, 한국산업안전보건공단, 근로복지공단, 한국공항공사, 한국수력원자력, 국민연금공단, 한국국토정보공사, 한국토지주택공사, 한국농어촌공사, 한국도로공사, 한국수자원공사, 한전KPS, 한국전기안전공사, IBK기업은행, 한국가스공사, 한전KDN, 신용보증기금, 한국산업인력공단, 인천국제공항공사, 한국남동발전, 한국서부발전, 한국중부발전, 한국동서발전, 한국남부발전 등의 기업에서 출제됩니다.
출제 경향	1. 수리능력 문제는 사칙연산과 방정식을 활용하는 기초연산 문제와 그래프 및 도표를 분석하는 자료해석 문제가 높은 비중으로 출제됩니다. 2. 도표분석 시 계산을 요구하는 문제의 비중이 높은 편이며, 여러 기업에서 계산값이 나누어 떨어지지 않는 문제가 출제되는 경향이 있습니다.
준비 전략	1. 수리능력 문제 풀이에 필요한 방정식과 계산식을 암기하고 그래프나 통계자료로 이루어진 도표를 분석하는 훈련을 꾸준히 하여 실수 없이 문제를 풀 수 있도록 연습해야 합니다. 2. 기업에 따라 자사와 관련 있는 자료를 제시하는 경우도 있으므로 지원하는 기업과 관련한 수치 및 통계 자료를 미리 확인해 두면 도움이 됩니다.

3. 문제해결능력

영역 소개	문제해결능력은 업무수행 시 발생한 문제 상황을 이해하고 논리적인 사고를 통하여 문제를 해결하는 능력을 갖추었는지 평가하는 영역입니다.
출제 기업	1. 많은 기업이 NCS 직업기초능력 중 문제해결능력을 중요하게 여기며, NCS를 기반으로 필기시험을 출제하는 대부분의 기업이 문제해결능력을 출제하는 경향을 보입니다. 2. 한국철도공사, 한국전력공사, 국민건강보험공단, 서울교통공사, 한국보훈복지의료공단, 건강보험심사평가원, 한국산업안전보건공단, 근로복지공단, 한국공항공사, 한국수력원자력, 국민연금공단, 한국국토정보공사, 한국토지주택공사, 한국농어촌공사, 한국도로공사, 한국수자원공사, 한전KPS, 한국전기안전공사, IBK기업은행, 한국가스공사, 한전KDN, 신용보증기금, 한국산업인력공단, 인천국제공항공사, 한국남동발전, 한국서부발전, 한국중부발전, 한국동서발전 등의 기업에서 출제됩니다.
출제 경향	1. 문제해결능력 문제는 제시된 조건들을 토대로 올바른 전제나 결론을 도출하는 문제와 결론의 옳고 그름을 판단하는 언어추리 유형의 문제가 출제되고 있습니다. 2. 실제 업무 상황을 제시하고 다양한 조건을 고려하여 최선의 선택을 고르게 하는 문제가 출제되기도 합니다.
준비 전략	1. 명제, 추론 등에 대한 이론을 익히고 응용하면 언어추리 유형에 대비할 수 있습니다. 2. 문제를 풀 때는 놓치는 조건이나 경우의 수가 발생하지 않도록 제시된 조건을 표와 그림으로 정리하거나 도식화하는 연습을 하는 것이 좋습니다.

4. 자기개발능력

영역 소개	자기개발능력은 자신의 능력 특성을 이해하고, 업무 목표 달성을 위해 스스로 관리하고 개발할 수 있는 능력을 갖추고 있는지 평가하는 영역입니다.
출제 기업	1. NCS 직업기초능력평가에서 자기개발능력을 출제하는 기업이 많지는 않지만, 인성검사 시 자기개발능력을 평가하는 경우가 있습니다. 2. 서울교통공사, 한전KDN 등의 기업에서 출제됩니다.
출제 경향	1. 자기개발능력 문제는 한국산업인력공단의 직업기초능력 가이드북을 토대로 출제되는 경향이 있습니다. 2. 자기개발의 특징, 자기개발방법 및 전략 등을 묻는 문제가 출제되는 편입니다.
준비 전략	1. 반드시 한국산업인력공단의 직업기초능력 가이드북 관련 이론을 숙지해야 하며, 문제를 풀 때는 이론에 기반하여 문제를 풀어야 합니다. 2. 이론을 학습할 때 본인의 상황이라고 가정하면서 공부하면 조금 더 쉽게 내용을 이해할 수 있습니다.

5. 자원관리능력

영역 소개	자원관리능력은 업무수행에 필요한 시간·예산·물적·인적자원을 효율적으로 활용하는 능력을 갖추었는지 평가하는 영역입니다.
출제 기업	1. 최근 NCS 직업기초능력평가에서 자원관리능력 문제를 출제하는 기업이 많아지고 있는 추세입니다. 2. 한국전력공사, 서울교통공사, 한국보훈복지의료공단, 한국산업안전보건공단, 근로복지공단, 한국공항공사, 한국수력원자력, 한국국토정보공사, 한국농어촌공사, 한국도로공사, 한국수자원공사, 한전KPS, 한국전기안전공사, IBK기업은행, 한국가스공사, 한전KDN, 한국산업인력공단, 인천국제공항공사, 한국중부발전, 한국남부발전 등의 기업에서 출제됩니다.
출제 경향	1. 자원관리능력 문제는 제시되는 자료의 수가 많고 다양한 자원을 복합적으로 고려해야 하는 문제가 출제되어 문제 풀이에 다소 시간이 오래 걸릴 수 있습니다. 2. 간단한 계산식을 세워야 하는 문제가 출제되는 경우도 있습니다.
준비 전략	1. 자원관리능력 문제는 풀이에 시간이 오래 소요되므로 평소 다양한 자료를 접하고 분석하는 연습이 필요합니다. 2. 최대한 많은 문제를 풀어보면서 자료를 분석하며 문제 풀이에 필요한 정보를 골라내는 연습을 하는 것이 실전에 도움이 됩니다.

6. 대인관계능력

영역 소개	대인관계능력은 업무수행 시 만나는 사람들과 원만하게 지내는 능력을 갖추었는지 평가하는 영역입니다.
출제 기업	1. NCS 직업기초능력평가에서 대인관계능력을 출제하는 기업이 많지는 않지만, 인성검사 시 대인관계능력을 평가하는 경우가 있습니다. 2. 서울교통공사, 한국산업안전보건공단, 한전KDN, 한국남부발전 등의 기업에서 출제됩니다.
출제 경향	1. 대인관계능력 문제는 한국산업인력공단의 직업기초능력 가이드북을 토대로 출제되는 경향이 있습니다. 2. 비전, 팀워크, 리더십, 갈등관리, 고객서비스 등을 묻는 문제가 출제되는 편입니다.
준비 전략	1. 반드시 한국산업인력공단의 직업기초능력 가이드북 관련 이론을 숙지해야 하며, 문제를 풀 때는 이론에 기반하여 문제를 풀어야 합니다. 2. 리더십, 멤버십, 팀워크 등 동료를 대상으로 형성되는 대인관계에 대한 내용을 확인하고, 직장 내 갈등의 해결방법, 리더십의 유형, 고객서비스 등을 사례를 통해 학습하는 것이 도움이 됩니다.

7. 정보능력

영역 소개	정보능력은 업무와 관련된 정보를 수집하고 분석하여 의미 있는 정보를 찾아내며, 찾은 정보를 업무수행에 적절하도록 조직하는 능력을 갖추었는지 평가하는 영역입니다.
출제 기업	1. 많은 기업이 정보능력 문제를 출제하고 있으며, 일부 기업의 경우 특정 직무 지원자 선발에 한해 정보능력을 평가하기도 합니다. 2. 한국전력공사, 서울교통공사, 건강보험심사평가원, 한국공항공사, 국민연금공단, 한국국토정보공사, 한국농어촌공사, 한국도로공사, 한국전기안전공사, IBK기업은행, 한국가스공사, 한전KDN, 인천국제공항공사, 한국서부발전 등의 기업에서 출제됩니다.
출제 경향	1. 정보능력 문제는 대체로 기본적인 컴퓨터 활용 지식을 묻는 문제로 출제되는 경향이 있습니다. 2. 제시된 자료를 이용하여 적절한 정보를 도출하는 코드 분석 문제나 바코드 문제가 출제되는 경우도 있습니다.
준비 전략	1. 업무에 실제로 활용되는 PC 운영체제나 프로그램의 사용법을 미리 숙지하고 실습해 보며 감각을 익히면 실전에 도움이 됩니다. 2. 코드 분석 문제나 바코드 문제처럼 제시된 자료를 이용해 적절한 정보를 도출해야 하는 문제는 비교적 난도가 낮으므로 예시부터 꼼꼼하게 이해하고 넘어가면 문제 풀이 시간을 단축할 수 있습니다.

8. 기술능력

영역 소개	기술능력은 업무를 수행할 때 필요한 기술이 무엇인지 이해하고 있는지, 실제로 업무수행에 있어서 적절한 기술을 선택하는 능력을 갖추었는지 평가하는 영역입니다.
출제 기업	1. 많은 기업이 기술능력 문제를 출제하고 있으며, 일부 기업의 경우 특정 직무 지원자 선발에 한해 기술능력을 평가하기도 합니다. 2. 서울교통공사, 한국공항공사, 한국수력원자력, 한국국토정보공사, 한국도로공사, 한전KPS, 한전KDN, 한국서부발전, 한국중부발전 등의 기업에서 출제됩니다.
출제 경향	1. 기술능력 문제는 기계 사용 매뉴얼을 제시하고 이를 기반으로 문제 상황을 해결하는 문제가 높은 비중으로 출제되는 경향을 보입니다. 2. 한국산업인력공단의 직업기초능력 가이드북을 토대로 출제되기도 합니다.
준비 전략	1. 매뉴얼 관련 문제가 출제되었을 때는 매뉴얼의 항목, 구성, 특징 등을 먼저 파악하면 풀이 시간을 단축할 수 있습니다. 2. 한국산업인력공단의 직업기초능력 가이드북 관련 이론을 숙지해야 합니다.

9. 조직이해능력

영역 소개	조직이해능력은 기업 및 경영환경을 분석하는 능력, 조직체제를 파악하는 능력, 국제적인 추세를 이해하는 능력 등을 갖추었는지 평가하는 영역입니다.
출제 기업	1. 많은 기업이 조직이해능력 문제를 출제하고 있으며, 일부 기업의 경우 특정 직무 지원자 선발에 한해 조직이해능력을 평가하기도 합니다. 2. 서울교통공사, 한국보훈복지의료공단, 한국산업안전보건공단, 한국수력원자력, 국민연금공단, 한국국토정보공사, 한국도로공사, 한국전기안전공사, IBK기업은행, 한전KDN, 한국산업인력공단, 한국중부발전 등의 기업에서 출제됩니다.
출제 경향	1. 조직이해능력 문제는 출제 범위가 방대한 편이라 대비하는 것이 상대적으로 어려운 편입니다. 2. 기업에 따라 자사와 관련 있는 시사 이슈나 자사의 조직도·비전·가치관에 대한 문제를 출제하기도 합니다. 3. 한국산업인력공단의 직업기초능력 가이드북을 토대로 출제되기도 합니다.
준비 전략	1. 평소에 경제·경영 상식, 국제 상식에 관심을 갖고 지식을 쌓는 것이 중요합니다. 2. 시험 전 미리 자신이 지원한 기업과 관련 있는 시사 이슈를 확인하고, 기업 홈페이지에서 조직도·비전·가치관 등을 파악해 두어야 합니다. 3. 한국산업인력공단의 직업기초능력 가이드북 관련 이론을 숙지해야 합니다.

10. 직업윤리

영역 소개	직업윤리는 업무수행에 있어서 필요한 윤리의식 및 매너 등을 갖추었는지 평가하는 영역입니다.
출제 기업	1. NCS 직업기초능력평가에서 직업윤리를 출제하는 기업이 많지는 않지만, 인성검사 시 직업윤리를 평가하는 경우가 있습니다. 2. 서울교통공사, 국민연금공단, 한전KDN, 한국산업인력공단, 한국남부발전 등의 기업에서 출제됩니다.
출제 경향	1. 직업윤리 문제는 한국산업인력공단의 직업기초능력 가이드북을 토대로 출제되는 경향이 있습니다. 2. 기본적인 윤리의식을 확인하는 문제부터 비즈니스 매너와 직장 내 상호존중의 의미를 묻는 문제까지 다양한 문제가 출제됩니다.
준비 전략	1. 반드시 한국산업인력공단의 직업기초능력 가이드북 관련 이론을 숙지해야 하며, 문제를 풀 때는 이론에 기반하여 문제를 풀어야 합니다. 2. 미리 직장 내 성희롱 및 직장 내 괴롭힘과 관련한 정확한 법률 지식을 숙지해야 합니다.

주요 공기업 출제 영역 일람표

출제 영역 일람표를 통해 주요 공기업의 최근 시험 출제 영역을 확인할 수 있습니다.

기업명	의사소통능력	수리능력	문제해결능력	자기개발능력	자원관리능력
한국철도공사	○	○	○		
한국전력공사	○	○	○		○
국민건강보험공단	○	○	○		
서울교통공사	○	○	○	○	○
한국보훈복지의료공단	○	○	○		○
건강보험심사평가원	○	○	○		
한국산업안전보건공단	○	○	○		○
근로복지공단	○	○	○		○
한국공항공사	○	○	○		○
한국수력원자력	○	○	○		○
국민연금공단	○	○	○		
한국국토정보공사	○	○	○		○
한국토지주택공사	○	○	○		
한국농어촌공사	○	○	○		○
한국도로공사	○	○	○		○
한국수자원공사	○	○	○		○
한전KPS	○	○	○		○
한국전기안전공사	○	○	○		○
IBK기업은행	○	○	○		○
한국가스공사	○	○	○		○
한전KDN	○	○	○	○	○
신용보증기금	○	○	○		
한국산업인력공단	○	○	○		○
인천국제공항공사	○	○	○		○
한국남동발전	○	○	○		
한국서부발전	○	○	○		
한국중부발전	○	○	○		
한국동서발전	○	○	○		
한국남부발전	○	○			○

기업명	대인관계능력	정보능력	기술능력	조직이해능력	직업윤리
한국철도공사					
한국전력공사		○			
국민건강보험공단					
서울교통공사	○	○	○	○	○
한국보훈복지의료공단				○	
건강보험심사평가원		○			
한국산업안전보건공단	○			○	
근로복지공단					
한국공항공사		○	○		
한국수력원자력			○	○	
국민연금공단		○		○	○
한국국토정보공사		○	○	○	
한국토지주택공사					
한국농어촌공사		○			
한국도로공사		○	○	○	
한국수자원공사					
한전KPS			○		
한국전기안전공사		○		○	
IBK기업은행		○		○	
한국가스공사		○			
한전KDN	○	○	○	○	○
신용보증기금					
한국산업인력공단				○	○
인천국제공항공사		○			
한국남동발전					
한국서부발전		○	○		
한국중부발전				○	
한국동서발전					
한국남부발전	○		○		○

* 2022년~2023년에 시행된 직업기초능력평가 기준이며, 시기 및 지원 직군 등에 따라 시험 출제 영역이 상이할 수 있으므로 기업별 채용 공고를 참고하기 바랍니다.

National
Competency
Standards

National Competency Standards

PART 1

NCS 직업기초능력평가

National Competency Standards

1. 의사소통능력

핵심개념정리
출제예상문제

National Competency Standards

핵심개념정리

의사소통능력이란?

일 경험 중 문서나 상대방이 하는 말의 의미를 파악하고, 자신의 의사를 정확하게 표현하고, 간단한 외국어 자료를 읽거나 외국인의 간단한 의사표시를 이해하는 능력이다.

의사소통능력의 하위능력은 문서이해능력, 문서작성능력, 경청능력, 의사표현능력, 기초외국어능력으로 구성된다. 문서이해능력은 일 경험 중 필요한 문서를 확인하고, 문서를 읽고, 내용을 이해하고, 요점을 파악하는 능력을 의미한다. 문서작성능력은 목적과 상황에 적합한 아이디어와 정보를 전달할 수 있는 문서를 작성하는 능력이며, 경청능력은 다른 사람의 말을 주의 깊게 듣고 공감하는 능력을 의미한다. 의사표현능력은 목적과 상황에 맞는 말과 비언어적 행동을 통해서 아이디어와 정보를 효과적으로 전달하는 능력을 의미하며, 기초외국어능력은 직업생활에서 외국어로 된 간단한 자료 또는 외국인의 간단한 의사표현을 이해하는 능력을 의미한다.

실력 업 노트

NCS 전문가의 TIP

최근 의사소통능력에서는 문서이해능력과 문서작성능력이 비중 높게 출제되고 있으므로 문서의 종류에 따른 문서작성법과 문서작성의 원칙 등을 정확하게 이해하고 있어야 문제 풀이 시간을 단축할 수 있습니다.

의사소통능력 하위능력

직업기초능력(10)	영역별 하위능력(34)
의사소통능력	**문서이해 문서작성 경청 의사표현 기초외국어**
수리능력	기초연산 기초통계 도표분석 도표작성
문제해결능력	사고력 문제처리
자기개발능력	자아인식 자기관리 경력개발
자원관리능력	시간관리 예산관리 물적자원관리 인적자원관리
대인관계능력	팀워크 리더십 갈등관리 협상 고객서비스
정보능력	컴퓨터활용 정보처리
기술능력	기술이해 기술선택 기술적용
조직이해능력	경영이해 체제이해 업무이해 국제감각
직업윤리	근로윤리 공동체윤리

의사소통능력 핵심 이론 정리

1 의사소통능력 소개

1. 의사소통의 종류

1) 문서적인 측면

① 문서를 보고 그 내용을 이해하고 요점을 판단하며, 이를 바탕으로 목적과 상황에 적합한 정보를 효과적으로 전달하기 위한 것으로, 문서를 이해하는 능력과 작성하는 능력이 요구됨
② 언어적인 의사소통에 비해 권위감이 있고 정확성을 기하기 쉬우며, 전달성이 높고 보존성이 뛰어남
③ 문서적인 의사소통을 하는 과정에서 혼란과 오해가 생길 여지가 있음

2) 언어적인 측면

① 언어를 수단으로 상대의 이야기를 듣고 의미를 파악하여 적절히 반응하는 것으로, 의사표현능력과 경청능력이 요구됨
② 대화를 통해 상대의 반응이나 감정을 확인할 수 있으며, 상대를 설득시킬 수 있는 유동성을 가짐
③ 다른 의사소통보다 정확성이 떨어진다는 단점이 있음

2. 의사소통능력 개발을 위한 TIP

1) 사후검토와 피드백의 활용

의사소통의 왜곡에서 오는 오해와 부정확성을 줄이기 위해 사후검토나 피드백을 통해 메시지의 내용이 실제로 어떻게 해석되는지 조사할 수 있음

2) 언어의 단순화

듣는 사람을 고려하여 명확하고 쉽게 이해되는 단어를 선택해 이해를 높임

3) 적극적인 경청

감정을 이입하여 능동적으로 집중하여 경청하고, 상대의 입장에서 생각하려고 노력할 때 적극적인 경청이 가능해짐

4) 감정의 억제

감정적으로 메시지를 곡해하지 않도록 의사소통하고, 감정적으로 좋지 못한 상황에서는 침착하게 마음을 비우는 것이 중요하며, 평정을 찾을 때까지 의사소통을 연기하는 것도 하나의 방법임

실력 업 노트

의사소통의 저해요인
- 의사소통 과정에서의 상호작용 부족
- 복잡한 메시지, 경쟁적인 메시지
- 의사소통에 대한 잘못된 선입견

→ 의사소통의 저해요인을 파악하고 이를 제거하기 위해 노력해야 함

유동성
상황이나 경우에 따라 변동되거나 바뀔 수 있는 성질

피드백
상대에게 그의 행동 결과에 대한 정보를 제공하는 것을 말함

곡해
- 사실을 옳지 아니하게 해석함
- 남의 말이나 행동을 본뜻과는 달리 좋지 아니하게 이해함

2 문서이해능력

1. 문서이해능력의 개념

1) 문서란?

글이나 기호 등으로 일정한 의사나 관념 또는 사상을 나타낸 것으로, 공문서, 보고서, 설명서, 기획서, 이메일, 팩스, 메모 등이 대표적임. 직업인은 문서를 통해 상대에게 자신의 의사를 정확하게 전달하고, 상대방이 전하는 의견의 핵심을 이해해야 효율적인 의사소통이 가능해지므로 문서를 보다 정확하게 읽고, 적절하게 이해하여 전달하고자 하는 내용을 명확하게 인식해야 함

2) 문서이해능력이란?

다양한 종류의 문서에서 전달하고자 하는 핵심 내용을 요약 및 정리하여 이해하고, 문서에서 전달하는 정보의 출처를 파악하고 옳고 그름까지 판단하는 능력임

2. 다양한 문서의 종류와 용도

1) 공문서

① 정부기관에서 대내적 혹은 대외적 공무를 집행하기 위해 작성하는 문서

② 정부기관이 일반회사 또는 단체로부터 접수하는 문서와 일반회사에서 정부기관을 상대로 사업을 진행하려고 할 때 작성하는 문서도 포함함

③ 엄격한 규격과 양식에 따라 정당한 권리를 가진 사람이 작성해야 하며, 최종 결재권자의 결재가 있어야 문서의 기능이 성립됨

2) 기획서

적극적으로 아이디어를 내고 기획한 하나의 프로젝트를 문서 형태로 만든 것으로, 상대에게 기획의 내용을 전달하여 기획을 시행하도록 설득하는 문서

3) 기안서

회사의 업무에 대한 협조를 구하거나 의견을 전달할 때 작성하는 문서로, 흔히 사내 공문서라고 불림

4) 보고서

특정한 일에 관한 현황이나 그 진행 상황 또는 연구·검토 결과 등을 보고하고자 할 때 작성하는 문서

5) 설명서

상품의 특성이나 사물의 성질과 가치, 작동 방법이나 과정을 소비자에게 설명하는 것을 목적으로 작성한 문서

6) 보도자료

정부기관이나 기업체, 각종 단체 등이 언론을 상대로 자신들의 정보가 기사로 보도되도록 보내는 자료

실력 업 노트

NCS 전문가의 TIP

문서이해능력은 실제 시험에서 문서별 특징을 묻는 것은 물론 용도에 맞추어 제대로 작성되었는지를 묻는 문제가 출제됩니다. 문서에 대해 정확히 이해한 후 이를 문제에 적용하는 연습을 하는 것이 좋습니다.

다양한 문서의 종류와 용도
우리는 직업생활에서 수많은 문서를 접하게 되는데 문서의 종류는 다양하며 각 문서에 따라 용도가 다름

보고서의 종류
- **영업보고서**: 재무제표와 달리 영업 상황을 문장 형식으로 기재해 보고하는 문서
- **결산보고서**: 진행됐던 사안의 수입과 지출 결과를 보고하는 문서
- **일일 업무보고서**: 매일의 업무를 보고하는 문서
- **주간 업무보고서**: 한 주간에 진행된 업무를 보고하는 문서
- **출장 보고서**: 회사업무로 출장을 다녀와 외부업무나 결과를 보고하는 문서
- **회의 보고서**: 회의 결과를 정리해 보고하는 문서

설명서의 종류
- **상품소개서**: 일반인들이 친근하게 읽고 내용을 쉽게 이해하도록 하는 문서. 소비자에게 상품의 특징을 잘 전달해 상품을 구입하도록 유도하는 것이 궁극적 목적
- **제품설명서**: 제품의 특징과 활용도에 대해 세부적으로 언급하는 문서. 제품 구입도 유도하지만, 제품의 사용법에 대해 더 자세히 알려주는 데 주목적이 있음

7) 자기소개서

개인의 가정 환경과 성장 과정, 입사 동기와 근무 자세 등을 구체적으로 기술하여 자신을 소개하는 문서

8) 비즈니스 레터

① 사업상의 이유로 고객이나 단체에 쓰는 편지
② 직장업무나 개인 간의 연락, 직접 방문하기 어려운 고객관리 등을 위해 사용되는 비공식적 문서이지만, 제안서나 보고서 등 공식적인 문서를 전달할 때도 사용됨

9) 비즈니스 메모

업무상 필요한 중요한 일이나 앞으로 점검해야 할 일이 있을 때 필요한 내용을 메모 형식으로 작성하여 전달하는 글

3. 문서이해의 구체적 절차 6단계

문서의 목적 이해
▼
문서가 작성된 배경과 주제 파악
▼
문서에 제시된 정보와 현안 파악
▼
문서를 통한 상대의 의도 및 나에게 요구되는 행동에 관한 내용 분석
▼
문서에서 이해한 목적을 달성하기 위해 취해야 할 행동을 생각하고 결정
▼
상대의 의도를 도표, 그림 등으로 메모하여 요약, 정리

3 문서작성능력

1. 문서작성의 개념과 중요성

1) 문서작성이란?

① 업무와 관련하여 조직의 비전을 실현시키는 과정으로, 조직의 생존을 위한 필수적인 행위임
② 문서작성은 개인의 의사표현이나 의사소통을 위한 업무일 수도 있지만 이를 넘어 조직의 사활이 걸린 중요한 업무이기도 함

실력 업 노트

비즈니스 메모의 종류
- **전화 메모**: 업무적, 개인적인 전화의 전달사항을 간단히 작성하여 당사자에게 전달하는 메모
- **회의 메모**: 회의에 참석하지 못한 상사나 동료에게 회의 내용에 대해 간략하게 적어 전달하거나, 회의 내용 자체를 기록하여 참고자료로 남기기 위해 작성한 메모
- **업무 메모**: 개인이나 상대의 업무 추진 상황을 적은 메모

문서작성이 필요한 경우
- 요청, 확인을 부탁하는 경우
- 정보제공을 위한 경우
- 명령, 지시가 필요한 경우
- 제안, 기획을 할 경우
- 약속, 추천을 위한 경우

2) 문서작성 시 고려사항

① 문서를 작성하는 이유와 문서를 통해 전달하려는 것을 명확히 한 후에 작성해야 함

② 문서를 작성하는 개인의 사고력과 표현력이 총동원되어야 함

③ 문서에는 대상과 목적, 시기가 포함되어야 하고, 기획서나 제안서 등에는 때에 따라 기대효과 등의 항목이 포함되어야 함

2. 문서의 종류에 따른 문서작성법

구분	문서작성법
공문서	• 회사 외부로 전달되는 글인 만큼 육하원칙에 맞춰 써야 함 • 날짜는 연도, 월, 일을 반드시 함께 기재해야 하며, 날짜 다음에 괄호를 사용할 때에는 마침표를 찍지 않음 • 장기간 보관되므로 정확하게 기술해야 함 • 내용이 복잡할 경우 '-다음-', 또는 '-아래-'와 같은 항목을 만들어 구분함 • 한 장에 담아내는 것이 원칙임 • 마지막엔 반드시 '끝' 자로 마무리 함
설명서	• 상품이나 제품에 대해 설명하는 글이므로 정확하게 기술함 • 정확한 내용을 전달하기 위해 간결하게 작성해야 함 • 소비자들이 이해하기 어려운 전문용어는 가급적 사용하지 않도록 함 • 복잡한 내용은 도표화를 통해 시각화하여 이해도를 높임 • 명령문보다는 평서형으로, 동일한 문장을 반복하기보다는 다양하게 표현하는 것이 이상적임
기획서	• 기획서의 목적을 달성할 수 있는 핵심 사항이 정확하게 기입되었는지 확인해야 함 • 기획 요소가 채택되도록 설득력을 갖춰야 하므로 상대가 요구하는 것이 무엇인지 고려하여 작성해야 함 • 글의 내용이 한눈에 파악되도록 체계적으로 목차를 구성해야 함 • 핵심 내용의 표현에 신경을 써야 함 • 효과적인 내용 전달을 위하여 내용과 적합한 표 또는 그래프를 활용하여 시각화하도록 함 • 충분히 검토한 후에 제출함 • 인용한 자료의 출처가 정확해야 함
보고서	• 핵심 내용을 구체적으로 제시해야 함 • 업무상 상사에게 제출하는 문서이므로 제출 전 반드시 최종 점검을 하고, 문서에 대한 질문에 미리 대비해야 함 • 내용의 중복은 피하고, 산뜻하고 간결하게 작성함 • 복잡한 내용은 도표나 그림을 활용하여 작성함 • 참고자료를 정확하게 제시해야 함

실력 업 노트

육하원칙
'누가, 언제, 어디서, 무엇을, 어떻게, 왜'의 여섯 가지를 이르는 말로, 글을 간결하고 명확히 쓰기 위해서는 육하원칙에 따라야 함

NCS 전문가의 TIP

공문서 작성법과 관련된 문제는 문서이해능력에서 특히 많이 출제되고 있기 때문에 해당 내용을 꼼꼼하게 학습하는 것이 좋습니다.

3. 문서작성의 원칙

1) 문장 구성 시 주의사항

① 문서의 내용을 바로 파악할 수 있도록 간단한 표제를 붙이면 문서 내용을 이해하는 데 도움이 됨
② 문서의 주요 내용을 먼저 씀
③ 문서 내용의 이해를 돕기 위해 문장은 육하원칙에 맞추어 짧고 간결하게 작성하고, 행과 단락을 적절하게 배분하여 문서를 체계적으로 작성하며, 중요하지 않은 경우 한자 사용 등은 자제함
④ 긍정문으로 작성하며, 공문서에서 부정문이나 의문문의 형식은 지양함

2) 문서작성 시 주의사항

① 문서는 작성 시기를 정확하게 기입함
② 문서작성 후 반드시 다시 한번 내용을 검토함
③ 문서의 첨부자료는 반드시 필요한 자료 외에는 첨부하지 않음
④ 문서내용 중 금액, 수량, 일자 등은 정확하게 기재해야 함

4. 문서표현의 시각화 방법

1) 차트 시각화

데이터 정보를 쉽게 이해할 수 있도록 시각적으로 표현. 주로 통계 수치 등을 도표(Graph)나 차트(Chart)를 통해 명확하고 효과적으로 전달

2) 다이어그램 시각화

개념이나 주제 등 중요한 정보를 도형, 선, 화살표 등 여러 상징을 사용하여 시각적으로 표현

3) 이미지 시각화

전달하고자 하는 내용을 관련 그림이나 사진 등으로 나타내는 것

실력 업 노트

표제
제목, 타이틀 등을 이르는 말

문서표현 시각화의 장점
- 문서를 읽는 대상은 문서의 전반적인 내용을 쉽게 파악하고, 문서 내용의 논리적 관계를 더욱 쉽게 이해할 수 있음
- 적절한 이미지 사용으로 문서를 읽는 대상으로 하여금 문서 내용에 대한 기억력을 높일 수 있음

4 경청능력

1. 경청의 개념과 중요성

1) 경청이란?

상대방이 보내는 메시지에 주의를 기울이고 이해하기 위해 노력하는 행동을 의미함

2) 경청의 중요성

① 경청을 함으로써, 상대방을 인간적으로 존중함은 물론 상대방의 감정, 사고, 행동을 평가하거나 비판하지 않고 있는 그대로 받아들일 수 있음
② 경청을 함으로써, 상대방과의 관계에서 느낀 감정과 생각 등을 솔직하고 성실하게 표현할 수 있음
③ 경청을 함으로써, 자신의 생각이나 느낌, 가치, 도덕관 등의 선입견이나 편견을 가지고 상대방을 이해하려 하지 않고, 상대방으로 하여금 자신이 이해받고 있다는 느낌을 갖도록 할 수 있음

3) 경청을 위한 기본적 태도

① 경청의 종류 중 적극적 경청은 의사소통에 있어 기본이 되는 태도로, 관리·감독자를 대상으로 하는 대인 능력 향상 프로그램으로 채택되는 일이 많음
② 적극적 경청을 위해서는 비판적·충고적인 태도를 버리고 상대방이 말하는 의미를 이해하고, 단어 이외의 보여지는 표현에도 신경을 쓰며, 상대방이 말하는 동안 경청하고 있다는 것을 표현하고, 대화 시 흥분하지 않아야 함

2. 올바른 경청을 방해하는 요인

1) 짐작하기

① 상대의 말을 듣고 받아들이기보다 자기 생각에 들어맞는 단서들을 찾아 자기 생각을 확인하는 것
② 짐작하고 넘겨짚으려 하는 사람들은 상대가 하는 말의 내용은 무시하고 자기 생각이 옳다는 것만 확인하려 함

2) 대답할 말 준비하기

① 상대의 말을 듣고 곧 자신이 다음에 할 말을 생각하는 데 집중해 상대의 말을 잘 듣지 않는 것
② 대답할 말을 준비하면 결국 자기 생각에 빠져서 상대의 말에 제대로 반응할 수가 없게 됨

실력 업 노트

NCS 전문가의 TIP

경청과 관련된 문제는 다양한 유형으로 출제될 수 있으므로 해당 개념을 정확하게 익히는 것이 좋습니다.

경청의 종류

- **적극적 경청**: 자신이 상대방의 이야기에 주의를 집중하고 있음을 행동을 통해 외적으로 표현하며 듣는 것으로, 상대방의 말 중 이해가 안 되는 부분을 질문하거나, 자신이 이해한 내용을 확인할 수도 있고, 상대의 발언 내용과 감정에 대해 공감할 수도 있음
- **소극적 경청**: 상대방의 이야기에 특별한 반응을 표현하지 않고 수동적으로 듣는 것으로, 상대방이 하는 말을 중간에 자르거나 다른 화제로 돌리지 않고 상대의 이야기를 수동적으로 따라가는 자세를 의미함

3) 걸러내기

① 상대의 말을 듣기는 하지만 상대의 메시지를 온전하게 듣지 않고 듣고 싶지 않은 상대 메시지는 회피함
② 상대가 분노나 슬픔, 불안을 토로해도 그러한 감정을 받아들이고 싶지 않을 때 자기도 모르는 사이에 상대에게 아무 문제도 없다고 생각하게 됨

4) 판단하기

① 상대에 대한 부정적인 선입견을 갖고 있거나 상대를 비판하기 위해 상대의 말을 듣지 않는 것
② 상대를 어리석고 고집이 세다거나 이기적이라고 생각하면 경청하기를 그만두거나, 듣는다고 해도 상대가 이렇다는 증거를 찾기 위해서만 귀를 기울이게 됨

5) 다른 생각하기

① 상대에게 관심을 기울이는 것이 점차 더 힘들어지고 상대가 말을 할 때 자꾸 다른 생각을 하게 되는 것
② 지금의 대화나 상황을 회피하고 있는 위험 신호임

6) 조언하기

① 다른 사람의 문제를 본인이 해결해 주고자 말끝마다 끼어들어 지나치게 과한 조언을 계속하는 것
② 과한 조언이 반복되면 상대는 무시당하고 이해받지 못한다고 느끼게 되어 마음의 문을 닫아버리게 됨

7) 언쟁하기

① 단순히 논쟁을 하기 위해서만 상대의 말에 귀를 기울이는 것
② 언쟁은 상호 문제가 있는 관계에서 드러나는 전형적인 의사소통 패턴이며, 상대방이 무슨 주제를 꺼내든지 설명하는 것을 무시하고 자신의 생각만을 늘어놓거나 지나치게 논쟁적인 태도로 임함

8) 자존심 세우기

① 자신이 잘못했다는 말을 받아들이지 않기 위해 거짓말을 하고, 고함을 지르고, 주제를 바꾸고, 변명하는 것
② 자존심이 강한 사람은 자존심에 관한 것을 전부 막아버리려 하므로 자신의 부족한 점에 대한 상대의 말을 들을 수 없게 됨

9) 슬쩍 넘어가기

① 대화가 너무 사적이거나 위협적이면 주제를 바꾸거나 농담으로 넘겨서 문제 상황이나 부정적인 감정을 회피하는 것
② 상대의 진정한 고민을 놓치게 됨

10) 비위 맞추기

① 상대를 위로하거나 비위를 맞추기 위해서 너무 빨리 동의하는 것
② 상대에게 본인의 생각이나 감정을 충분히 표현할 시간을 주지 못하게 됨

실력 업 노트

조언하기
도움을 주려는 마음과 별개로 지나친 조언과 간섭은 의사소통에 독이 될 수 있음

3. 경청 훈련

1) 주의 기울이기(바라보기, 듣기, 따라 하기)

상대방의 얼굴과 몸의 움직임뿐만 아니라 호흡하는 자세까지도 주의하여 관찰하고, 상대방이 하는 말의 어조와 억양, 소리의 크기까지도 귀를 기울임

2) 상대방의 경험을 인정하고 더 많은 정보 요청하기

① 다른 사람의 메시지를 인정하는 것은 당신이 상대와 함께하면서 상대가 인도하는 방향으로 따라가고 있다는 것을 언어적·비언어적인 표현을 통하여 상대방에게 알려주는 반응이며, 상대가 말하고 있는 것에 대해 관심과 존경을 보이게 되면, 비록 상대방의 말에 완전히 동의하지 않더라도 상대의 경험이 무엇인지 알 수 있음

② 더 많은 정보를 요청할 때는 부드러운 지시나 진술, 질문의 형태를 취하면 상대가 무엇이든지 당신에게 더 많은 것을 말할 수 있도록 하는 수단이 됨

3) 정확성을 위해 요약하기

상대에 대한 자신의 이해의 정확성을 확인하는 데 도움이 될 뿐만 아니라, 자신과 상대방을 서로 알게 함으로써 자신과 상대방의 메시지를 공유하도록 함

4) 개방적인 질문하기

보통 "누가, 무엇을, 어디에서, 언제 또는 어떻게"라는 어휘로 시작되며, 단답형의 대답이나 반응보다 상대의 다양한 생각을 이해함과 동시에 상대로부터 더욱 많은 정보를 얻음으로써 서로에 대한 이해의 정도를 높일 수 있음

5) '왜?'라는 질문 피하기('왜?'라는 말 삼가기)

'왜?'라는 질문은 보통 진술을 가장한 부정적·추궁적·강압적인 표현이므로 사용하지 않는 것이 좋음

4. 공감 반응

1) 공감이란?

상대방이 하는 말을 상대방의 관점에서 이해하고 그의 감정을 느끼는 것을 의미함

2) 공감 반응을 위한 노력

① 상대의 이야기를 자신의 관점이 아닌 그의 관점에서 이해하려는 태도 가지기
② 상대의 말속에 담겨 있는 감정과 생각에 민감하게 반응하기
③ 대화를 통해 자신이 느낀 상대방의 감정을 전달해 주기

실력 업 노트

경청의 올바른 자세
- 상대방을 정면으로 마주 보는 자세
- 손이나 다리를 꼬지 않는 소위 개방적인 자세
- 상대방을 향하여 상체를 기울여 다가앉은 자세
- 우호적인 눈의 접촉을 통해 자신의 관심을 표현하는 자세
- 전문가다운 자신만만함과 편안한 마음을 전달하는 비교적 편안한 자세

5 의사표현능력

1. 의사표현의 개념과 중요성

1) 의사표현이란?

말하는 사람이 자기 생각과 감정을 듣는 사람에게 음성 언어나 신체 언어로 표현하는 것을 의미함

2) 의사표현의 중요성

자주 하는 말을 통해 우리의 이미지가 결정되므로 의사표현은 중요함

2. 의사표현에 영향을 미치는 비언어적 요소

1) 연단공포증

면접이나 발표 등 청중 앞에서 이야기해야 하는 상황에서 가슴이 두근거리고 입술이 타고 식은땀이 나고 얼굴이 달아오르는 생리적인 현상이며, 누구나 호소하는 불안이므로 이를 걱정하기보다 적절히 통제하는 것을 연습해야 함

2) 말

말의 장단, 발음, 속도, 쉼 등의 비언어적인 요소들이 의사표현에 영향을 미칠 수 있음

3) 몸짓

청자에게 인지되는 비언어적 요소로 대체로 화자의 몸의 움직임, 표정, 신체적 외모 등이 있으며, 몸의 움직임은 몸의 방향, 자세, 몸짓으로 구별할 수 있음

4) 유머

웃음을 주는 것으로 흥미 있는 이야기나, 풍자 또는 비교, 반대표현, 모방, 예기치 못한 방향전환, 아이러니 등의 방법을 활용함

실력 업 노트

연단공포증
연단에 올라 많은 사람 앞에 서서 말을 할 때 지나치게 긴장하여 두려움과 불안감을 느끼는 증상

3. 효과적인 의사표현 방법

① 말하는 이는 자신이 전달하고 싶은 의도, 생각, 감정이 무엇인지 분명하게 인식해야 함
② 전달하고자 하는 내용을 명료하고 적절한 메시지로 바꾸어야 함
③ 메시지를 전달하는 매체와 경로를 신중하게 선택해야 함
④ 듣는 이가 어떻게 자신의 메시지를 받아들였는지 피드백을 받아야 함
⑤ 표정, 몸짓 등 비언어적 요소를 활용하여 의사표현의 메시지를 강조함
⑥ 반복적으로 전달해야 확실한 의사표현이 될 수 있음

4. 상황과 대상에 따른 의사표현법

① 상대방의 잘못을 질책하는 경우에 샌드위치 화법을 사용하면 듣는 사람이 반발하지 않고 부드럽게 받아들일 수 있음
② 상대방에게 충고하는 경우는 예를 들거나 비유법을 사용하면 효과적임
③ 칭찬은 상대방을 기분 좋게 만드는 전략으로 상대에게 중요한 내용을 칭찬하거나 대화 서두에 분위기 전환을 위해 간단한 칭찬을 사용함
④ 상대방에게 부탁할 때는 상대방의 사정을 듣고, 상대방이 가능한 상황인지 확인한 후, 응하기 쉽게 구체적으로 부탁함
⑤ 상대방에게 명령해야 할 때는 강압적 표현보다 청유형으로 부드럽게 하는 것이 효과적임
⑥ 상대방의 요구를 거절해야 할 때는 먼저 거절에 대한 사과를 한 후, 응할 수 없는 이유를 분명하게 설명해야 함
⑦ 설득은 상대방에게 나의 태도와 의견을 받아들이게 하는 과정으로 문 안에 한 발 들여놓기 기법(Foot-in-the-door technique)과 얼굴 부딪히기 기법(Door-in-the-face technique)이 있음

실력 업 노트

샌드위치 화법
'칭찬의 말', '질책의 말', '격려의 말' 순서대로 질책을 가운데 두고 칭찬을 먼저 한 후 끝에 격려의 말을 하는 것을 말함

문 안에 한 발 들여놓기 기법
말하는 이가 요청하고 싶은 도움이 100이라면 처음에는 상대방이 'Yes'라고 할 수 있도록 50~60 정도로 부탁을 하고, 점차 도움의 내용을 늘려서 상대방의 허락을 유도하는 방법

얼굴 부딪히기 기법
말하는 이가 원하는 도움의 크기가 50이라면 처음부터 상대방에게 100을 요청하고, 거절을 유도하여 더 작은 요청은 들어줄 수밖에 없도록 하는 방법

6 기초외국어능력

1. 기초외국어능력의 개념

직업생활 중에 필요한 문서이해나 문서작성, 의사표현, 경청 등 기초적인 의사소통을 기초적인 외국어로 할 수 있는 능력을 의미함

2. 기초외국어능력의 필요성

1) 기초외국어능력이 필요한 상황

① 직업인은 국제 비즈니스에서 자신이 속한 조직의 목적을 달성하기 위해 외국인을 설득하거나 이해시켜야 하며, 기초외국어를 모르면 불편한 경우가 많기 때문에 기초외국어능력이 필요함

② 업무적인 상황에서 외국어로 된 메일을 받고 이를 해결해야 하는 경우, 외국어로 된 업무관련 자료를 읽는 경우, 외국인으로부터 걸려온 전화를 응대해야 하는 경우, 외국인 고객을 상대하는 경우 등 다양한 상황에서 필요함

③ 업무적인 상황 외에도 컴퓨터에서부터 공장의 기계에 이르기까지 외국산 제품의 사용법을 파악해야 하는 경우 등 일상생활에서도 필요함

2) 기초외국어능력이 필요한 상황의 사례

① **비서업무를 보는 사람:** 외국인과의 의사소통 상황에서 전화 응대나 안내 등의 기초외국어를 숙지하는 것이 필요함

② **공장에서 일하는 사람:** 외국에서 새로 들어온 기계가 어떻게 작동되는지 매뉴얼을 이해하기 위해 기초외국어능력이 필요함

③ **일반 회사원:** 다양한 상황에 직면할 수 있지만 주로 외국으로 보낼 서류를 작성하거나, 외국에서 온 서류를 이해하여 업무를 추진해야 하는 상황에서 기초외국어능력이 필요함

3) 기초외국어로 의사소통할 때 필요한 능력

① 자신이 전달하고 싶은 것을 먼저 생각하는 사고력

② 생각한 내용을 어떤 형태로 표현할 것인지를 결정하는 표현력

실력 업 노트

외국인과의 언어적 의사소통에서 피해야 할 행동

- 상대를 볼 때 흘겨보거나, 노려보거나, 아예 보지 않는 행동
- 팔이나 다리를 꼬는 행동
- 표정 없이 말하는 행동
- 다리를 흔들거나 펜을 돌리는 행동
- 맞장구를 치지 않거나, 고개를 끄덕이지 않는 행동
- 생각 없이 메모하는 행동
- 자료만 들여다보는 행동
- 바르지 못한 자세로 앉는 행동
- 한숨, 하품, 신음을 내는 행동
- 다른 일을 하며 듣는 행동
- 상대에게 이름이나 호칭을 어떻게 부를지 묻지 않고 마음대로 부르는 행동

National Competency Standards

출제예상문제

영역: 의사소통능력 **하위능력:** 의사소통능력 **난이도:** ★☆☆

01. **다음 중 일 경험에서 의사소통에 대한 설명으로 가장 적절하지 않은 것은?**

① 조직 구성원 간 원활한 의사소통은 조직의 생산성을 높인다.

② 조직 구성원 간 의사소통은 구성원들의 사기 진작에 영향을 미친다.

③ 조직 내 의사소통은 조직 생활에 필요한 정보와 지식을 전달하는 과정이다.

④ 조직 내 의사소통은 구성원 간 서로에 대한 선입견을 갖게 하므로 주의가 필요하다.

⑤ 조직 구성원 간 의사소통은 조직 내 기본적인 존재 기반으로서의 역할을 한다.

핵심 포인트 해설 **일 경험에서 의사소통**

일 경험에서 의사소통은 구성원들 사이에서 서로에 대한 지각의 차이를 좁혀 주며, 선입견을 줄이거나 제거해 주는 수단으로서의 역할을 하므로 가장 적절하지 않다.

이것도 알면 합격

일 경험에서 의사소통의 목적과 기능

- 원활한 의사소통을 통해 조직의 생산성을 높임
- 조직 내 구성원들의 사기를 진작시킴
- 조직 생활을 위해 필요한 정보를 전달함
- 구성원 간 의견이 다를 경우 설득함
- 집단 내의 기본적 존재 기반이자 성과를 결정하는 핵심 기능임

일 경험에서 의사소통의 중요성

- 구성원들 사이에서 서로에 대한 지각의 차이를 좁혀 주며, 선입견을 줄이거나 제거해 주는 수단임
- 구성원 간 공감이 증가하고, 조직 내 팀워크가 향상되어 직원들의 사기 진작과 능률 향상에 도움을 줌
- 화자와 청자 간의 상호작용에 따라 의사소통의 의도가 다양하게 변형될 수 있다는 사실을 기억해야 함

정답 ④

02. 다음 상황을 읽고 박 대리가 속한 부서의 원활한 의사소통을 저해하는 요인으로 가장 적절한 것은?

박 대리가 근무하고 있는 전략사업본부는 근속기간이 긴 팀원들로만 이루어져 있어 그동안 서로 말하지 않아도 각자 해야 할 일을 눈치껏 수행하는 조직 문화가 형성되어 있다. 담당 업무를 익히면서 모르는 것이 있어 다른 팀원들에게 물어보면 원하는 해답을 얻을 수 있지만, '일은 눈치로 배워야 한다'라는 조언을 듣거나 '경력직이면 알아서 할 법도 한데 일머리가 없다'라는 핀잔이 돌아오곤 한다. 이러한 이유로 박 대리는 최대한 기존 팀원들이 작성했던 자료를 바탕으로 업무를 익히고 있지만, 업무를 완벽히 숙지하는 데는 한계가 있어 고민이다.

① 경쟁적인 메시지
② 복잡한 메시지
③ 잘못된 의사소통 매체
④ 의사소통 과정에서의 상호작용 부족
⑤ 의사소통에 대한 잘못된 선입견

핵심 포인트 해설 **의사소통을 저해하는 요소**

제시된 상황은 직접적인 대화가 아닌 눈치를 살펴 업무를 처리해야 하는 조직 문화로, 직접적인 의사소통보다 말하지 않아도 아는 문화에 안주하는 마음을 유발하고 있으므로 박 대리가 속한 부서의 원활한 의사소통을 저해하는 요인으로 가장 적절한 것은 '의사소통에 대한 잘못된 선입견'이다.

이것도 알면 합격

의사소통을 저해하는 요소

구분	내용
'일방적으로 말하고', '일방적으로 듣는' 무책임한 마음	의사소통 과정에서의 상호작용 부족으로 인해 발생하며, 내 메시지가 상대방에게 정확히 전달되었는지, 상대방이 내 의도를 정확히 이해했는지를 확인하지 않고 넘기게 된다면 서로 엇갈린 정보를 가지게 됨
'그래서 하고 싶은 말이 정확히 뭐야?' 분명하지 않은 메시지	복잡한 메시지나 경쟁적인 메시지로 인해 발생하며, 지나치게 많은 정보를 한 번에 담거나 서로 경쟁하는 메시지를 전달하지 않도록 주의해야 함
'말하지 않아도 아는 문화'에 안주하는 마음	의사소통에 대한 잘못된 선입견으로 인해 발생하며, 직장 생활에서는 눈치보다 직접적인 대화를 통한 정확한 업무처리가 더 중요함

정답 ⑤

영역: 의사소통능력 하위능력: 의사소통능력 난이도: ★☆☆

03. **의사소통능력 개발 방법에 대해 팀원들이 나눈 대화 중 적절하지 않은 이야기를 한 사람을 모두 고르면?**

> 갑 사원: 의사소통 과정에서 부정적인 감정을 느낄 때 자신의 감정에 지나치게 몰입하면 상대의 메시지를 잘못 해석할 수 있으므로 평정심을 찾을 때까지 의사소통을 잠시 미루는 것도 필요해.
> 을 사원: 조직 외부인과 대화할 때는 상대가 이해하지 못할 수 있으니 전문용어를 자제하는 것이 좋지만, 동료와 소통할 때는 오히려 전문용어가 이해도를 높이는 데 도움이 될 수 있어.
> 병 사원: 상대의 행동이 자신에게 어떠한 영향을 미치고 있는지에 대해 피드백을 한다면 그 목적을 고려하여 되도록 긍정적인 면보다 부정적인 면을 위주로 전달해야겠네.
> 정 사원: 의사소통 과정에서 상대의 입장을 헤아리면서 자신의 감정을 이입하는 등 상대가 전달하고자 하는 이야기에 대해 관심을 보이면서 적극적으로 경청하는 태도를 갖는 것이 좋아.

① 갑 사원 ② 병 사원 ③ 갑 사원, 정 사원
④ 을 사원, 병 사원 ⑤ 갑 사원, 병 사원, 정 사원

핵심 포인트 해설 | **의사소통능력 개발 방법**

병 사원: 상대의 행동이 나의 행동에 어떠한 영향을 미치는지에 대해 피드백을 전달할 때 부정적인 피드백을 반복할 경우 역효과가 나타날 가능성이 있어 상대의 긍정적인 면과 부정적인 면을 균형 있게 전달해야 하므로 적절하지 않다.
따라서 의사소통능력 개발 방법에 대해 적절하지 않은 이야기를 한 사람은 '병 사원'이다.

이것도 알면 합격

의사소통능력 개발 방법

- **사후검토와 피드백(Feedback) 주고 받기**: 상대의 행동이 나의 행동에 어떤 영향을 미치는지에 대해 솔직하게 전달하는 것으로, 의사소통의 부정확성을 줄이기 위해 전달자는 사후검토와 피드백을 통해 메시지의 내용이 실제로 어떻게 해석되고 있는지 검토할 수 있으나, 부정적인 피드백을 반복적으로 주는 경우 역효과가 나타날 수 있으므로 상대의 긍정적인 면과 부정적인 면을 균형 있게 전달해야 함
- **언어의 단순화**: 의사소통에서 쓰이는 어휘는 상황에 따라 달라질 수 있지만, 받아들이는 사람을 고려하여 명확하게 이해할 수 있는 어휘를 선택해야 하며 전문용어의 경우 조직 구성원 간의 이해를 촉진시킬 수 있으나, 조직 외부인에게는 예기치 못한 문제를 일으킬 수 있으므로 주의해야 함
- **적극적인 경청**: 상대가 전달하고자 하는 내용에 관심을 보이지 않는다면 대화를 이어 가기 어려우므로 의사소통을 하는 양쪽 모두가 동일한 주제에 대해 생각해야 하며, 이를 위해 상대의 입장에서 생각하고 자신의 감정을 이입해야 함
- **감정의 억제**: 의사소통 과정에서 어떤 감정을 느끼는 것은 자연스러운 일이지만, 자신의 감정에 지나치게 몰입하게 되면 상대의 메시지를 오해하기 쉽고 자신의 의사표현 또한 정확하게 하지 못할 수 있으므로 평정을 찾을 때까지 의사소통을 연기하거나 자기 자신과 조직의 분위기를 개선할 수 있도록 노력해야 함

정답 ②

04. 다음 중 각 문서의 용도에 대한 설명으로 가장 적절하지 않은 것은?

① 공문서: 정부 행정기관에서 대내적, 대외적으로 공무를 집행하기 위해 작성하는 문서이다.

② 기획서: 아이디어를 적극적으로 제출하기 위해 하나의 프로젝트를 문서 형태로 작성한 것으로, 상대방에게 해당 내용을 전달하여 시행하도록 설득하는 문서이다.

③ 기안서: 회사에서 진행한 업무에 관한 결과를 제출하기 위해 사용하는 문서로, 업무 결과 및 의견을 전달하는 문서이다.

④ 보고서: 특정한 일에 관해 그 현황이나 진행 상황, 연구, 검토 결과 등을 전달할 때 활용하는 문서이다.

⑤ 보도자료: 정부 기관이나 기업체, 각종 단체 등이 언론을 상대로 자신들의 정보를 기사화하기 위한 문서이다.

핵심 포인트 해설 **문서의 용도**

기안서는 회사 업무와 관련하여 협조를 구하거나 의견을 전달할 때 작성하는 것으로, 흔히 사내 공문서라 불리는 문서를 의미하므로 가장 적절하지 않다.

이것도 알면 합격

문서란 공문서, 보고서, 설명서, 기획서, 이메일, 팩스, 메모 등 문자로 구성된 것을 말하며, 사람들은 일상생활에서는 물론 일 경험을 하면서 다양한 종류의 문서를 자주 다룸

정답 ③

05. **다음 기사를 읽은 A 씨는 자녀와 소통하는 시간을 가지기 위해 일주일에 한 번 저녁 식사 후 가족회의를 하기로 결심했다. 문서 이해 절차에서 A 씨의 행동이 해당하는 단계로 가장 적절한 것은?**

> 한국의 교육열이 날로 높아지는 가운데, 6남매를 모두 미국의 명문대 박사로 키워낸 한 어머니의 교육 방식이 화제를 끌고 있다. 6남매의 어머니 전○○ 박사는 자신의 특별한 교육 철학으로 부모의 행동과 실천을 꼽았다. 예를 들어 자녀가 공부하기를 원하면 부모가 솔선수범하여 공부하는 자세를 몸소 실천해야 한다. 공부뿐 아니라 자녀에게 귀감이 될 수 있는 행동도 마찬가지이다. 그리고 이와 같은 교육 철학은 가정 내 열린 소통을 바탕으로 이루어진다. 전 박사는 매일 아침 가족 식사를 함께하였으며, 매주 토요일 아침에는 식사 후 가족회의를 열어 끊임없이 자녀들의 의사에 귀 기울이고 가족 모두의 목표를 설정하여 함께 노력했다고 전했다.

① 기사의 정보를 밝혀내고 기사에서 제시된 문제를 파악하는 '문서 이해 절차 3단계'에 해당한다.
② 기사가 작성된 의도를 파악하고 기사에서 요구하는 내용을 분석하는 '문서 이해 절차 4단계'에 해당한다.
③ 기사의 작성 배경과 기사가 말하고자 하는 주제를 파악하는 '문서 이해 절차 2단계'에 해당한다.
④ 기사에서 이해한 바를 실행하기 위해 어떤 행동을 취할지 결정하는 '문서 이해 절차 5단계'에 해당한다.
⑤ 기사의 내용을 도표나 그림 등으로 표현하여 일목요연하게 요약하는 '문서 이해 절차 6단계'에 해당한다.

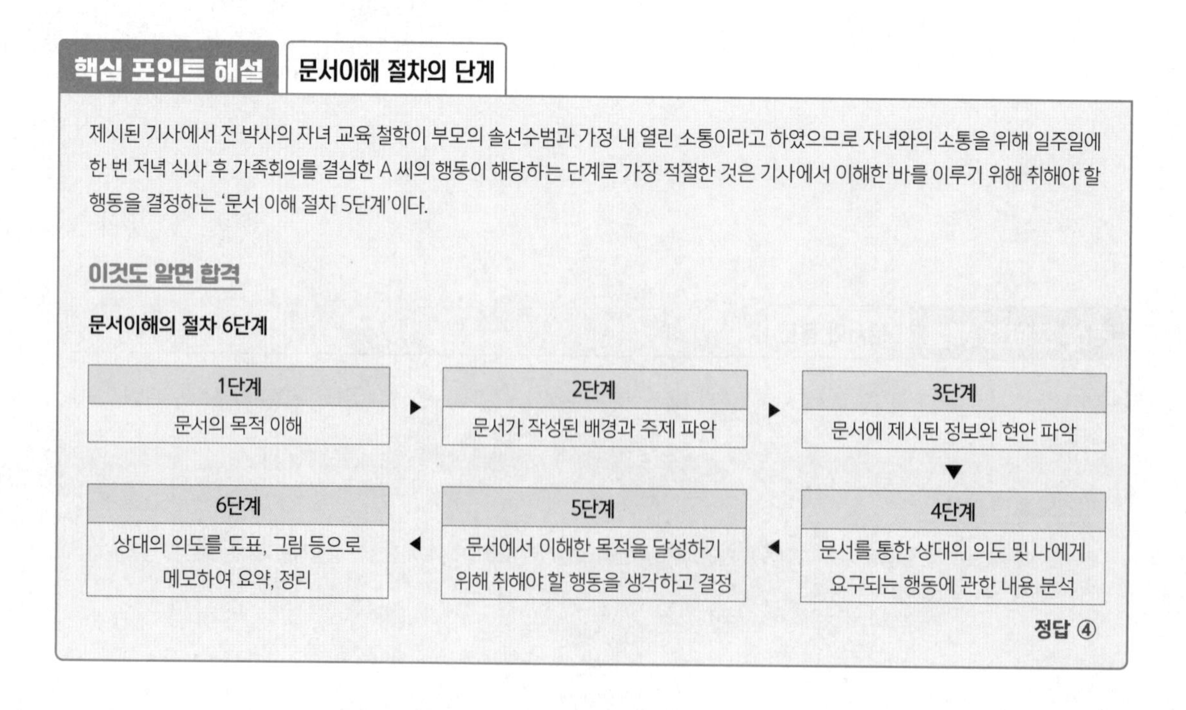

핵심 포인트 해설 **문서이해 절차의 단계**

제시된 기사에서 전 박사의 자녀 교육 철학이 부모의 솔선수범과 가정 내 열린 소통이라고 하였으므로 자녀와의 소통을 위해 일주일에 한 번 저녁 식사 후 가족회의를 결심한 A 씨의 행동이 해당하는 단계로 가장 적절한 것은 기사에서 이해한 바를 이루기 위해 취해야 할 행동을 결정하는 '문서 이해 절차 5단계'이다.

이것도 알면 합격

문서이해의 절차 6단계

단계	내용
1단계	문서의 목적 이해
2단계	문서가 작성된 배경과 주제 파악
3단계	문서에 제시된 정보와 현안 파악
4단계	문서를 통한 상대의 의도 및 나에게 요구되는 행동에 관한 내용 분석
5단계	문서에서 이해한 목적을 달성하기 위해 취해야 할 행동을 생각하고 결정
6단계	상대의 의도를 도표, 그림 등으로 메모하여 요약, 정리

정답 ④

영역: 의사소통능력 **하위능력:** 문서이해능력 **난이도:** ★☆☆

06. 다음 중 문서이해능력에 대한 설명으로 가장 적절하지 않은 것은?

① 문서의 내용을 이해할 수 있을 뿐 아니라 요점을 파악하고 통합할 수 있는 능력이 필요하다.

② 직장생활에서 요구되는 문서이해능력에는 자신이 이해한 업무 지시의 적절성을 판단하는 능력이 포함된다.

③ 문서 내용의 정확한 이해를 위해 문서에서 전달하는 정보를 자신만의 방식으로 정리하는 습관은 지양한다.

④ 문서이해능력에는 문서에서 전달하는 정보의 출처를 파악하고 옳고 그름을 판단하는 능력까지 포함된다.

⑤ 직장생활에서의 문서이해능력은 문서를 통해 필요한 업무를 타인에게 지시하는 역할을 수행하는 데도 영향을 미친다.

핵심 포인트 해설 **문서이해능력**

문서이해능력을 키우기 위해서는 문서에서 전달하는 정보를 자신만의 방식으로 소화하여 작성할 수 있어야 하므로 가장 적절하지 않다.

이것도 알면 합격

현장에서 요구되는 문서이해능력

- 현장에서 업무를 적절히 수행하기 위해서는 문서의 내용을 이해하고, 요점을 파악하며 통합할 수 있는 능력이 필요함
- 문서에서 전달하는 정보를 바탕으로 업무와 관련하여 요구되는 행동이 무엇인지 적절하게 추론하는 능력을 포함함
- 문서에서 전달하는 정보를 바탕으로 생산성과 효율성을 높이기 위해 자신이 이해한 업무 지시의 적절성을 판단하는 능력까지 포함함
- 직장생활에서 사용하는 문서는 업무와 관련된 타인의 의사를 우리에게 전달하고 필요한 업무를 지시하며, 나아가 어떤 업무가 진행 중인지 기록으로 보존하는 역할을 하므로 직장생활에서의 문서이해능력에는 본인의 업무를 이해하고 수행할 수 있는 능력이 포함됨

정답 ③

[07-08] 다음 글을 읽고 각 물음에 답하시오.

미국의 경제학자 조셉 스티글리즈는 도덕적 해이(Moral hazard)의 원인을 (㉠)로 간주하였다. 이해관계에 놓인 당사자들 중 한쪽이 다른 한쪽보다 우월한 정보를 가지고 있기 때문에 도덕적 해이가 발생한다는 것이다. 도덕적 해이는 자신의 행위로 인한 손실을 자신이 책임지지 않고 다른 사람들이 부담할 것이라는 생각으로 행하는 무모한, 혹은 모험적 행위를 의미하며, 정보의 결함과 불완전성이 산재하는 현대 사회에서 쉽게 발견된다.

2008년 미국 서브프라임 모기지 사건은 경제 분야에서 일어난 도덕적 해이의 대표적 사례이다. 과거 미국 금융위기 당시 위기에 빠진 대형 금융사들은 미국뿐만 아니라 세계 금융 시스템 전체를 파탄 낼 수 있는 위험한 상황에 놓여 있었다. 이때 미국정부는 전 세계 금융 시스템에 막대한 피해가 가는 것을 막기 위해 대규모 공적 자금을 투입하여 해당 금융사들을 살리는 쪽을 택했다. 하지만 이런 정부의 지원은 금융사들이 부실 경영으로 막대한 손실을 입더라도 정부가 살려줄 것이라는 믿음으로 무분별한 경영을 일삼게 만드는 도덕적 해이를 키우고 말았다.

전관예우도 도덕적 해이의 한 형태다. 전관예우란 일반적으로 전직 판사 또는 검사가 변호사 개업을 하게 되면 초기 일정 기간은 그 사람이 수임하는 사건의 소송에서 유리하게 처분을 해주는 법조계의 악습(惡習)을 가리키는 말이다. 전직 관료들의 이러한 행태는 사회적 공정성을 훼손시키는 메커니즘으로 작용한다는 점에서 사회에 악영향을 준다.

이처럼 (㉡)로 발생하는 도덕적 해이는 어느 한쪽이 추가적 비용을 부담하거나 물질적 피해를 보는 문제를 낳는다. 그리고 성실하게 살아온 사람들이 상대적 박탈감을 느껴 사회 전반에서 불성실하게 행동하는 분위기를 조성할 수 있다. 이를 막으려면 도덕적 해이를 사전에 차단할 수 있는 시스템을 조성해야 한다. 시스템이 배제된 상태에서 사회의 자정 능력만을 강조할 경우 도덕적 해이를 막는 데 한계가 있기 때문이다. 그러므로 합리적이고도 철저하게 균형 잡힌 법적 제도를 구현하여 도덕적으로 나태해질 여지를 차단하고, 나아가 공정 사회의 모습을 실현할 수 있도록 노력해야 할 것이다.

영역: 의사소통능력 **하위능력:** 문서이해능력 **난이도:** ★★☆

07. ㉠, ㉡에 공통적으로 들어갈 단어로 가장 적절한 것은?

① 사적 정보 ② 미공개 정보 ③ 내부 정보
④ 비대칭 정보 ⑤ 기밀 정보

핵심 포인트 해설 문서이해

㉠이 있는 문장의 뒤에 있는 문장에서 이해관계에 놓인 당사자들 중 한쪽만 우월한 정보를 가지고 있다고 하였고, ㉡이 있는 문장에서 이것으로 도덕적 해이가 발생하면 한쪽이 추가적으로 비용을 부담하거나 물질적으로 피해를 본다고 하였으므로 ㉠, ㉡에 공통적으로 들어갈 단어로 가장 적절한 것은 경제적 이해관계에 놓인 당사자들 중 한쪽이 다른 한쪽보다 우월한 정보를 가지고 있는 상황이라는 의미의 '비대칭 정보'이다.

정답 ④

08. 윗글의 중심 내용으로 가장 적절한 것은?

① 경제적 어려움으로 사회 전반에 만연해진 이기주의는 도덕적 해이가 사회적 문제로 확대되는 데 큰 영향을 미쳤다.

② 비도덕적인 행위가 이루어지지 않는 환경을 구현하여 사회 전반에서 도덕적 해이를 근절해야 한다.

③ 전관예우와 같이 정치에서 일어나는 도덕적 해이는 사회의 공정성 훼손 문제와 밀접한 관련이 있으므로 경제에서 일어나는 도덕적 해이 문제보다 더 위험하다.

④ 개개인 스스로가 도덕적으로 나태해지는 태도를 지양하여 법적인 규제에 의존하지 않고도 우리 사회에서 도덕적 해이가 발생하지 않도록 노력해야 한다.

⑤ 도덕적 해이를 근절하기 위한 정부 정책이 오히려 도덕적 해이를 유발할 수 있다.

핵심 포인트 해설 | **문서이해**

이 글은 합리적이고도 철저하게 균형 잡힌 법적 제도를 마련하여, 비도덕적인 행위가 이루어지지 않는 환경을 구현하고 사회 전반의 도덕적 해이를 근절해야 한다는 내용이므로 이 글의 중심 내용으로 가장 적절한 것은 ②이다.

정답 ②

09. 다음 글을 통해 추론한 내용으로 적절하지 않은 것은?

생물체를 이루는 기본 단위인 세포가 죽는 방식은 크게 네크로시스(Necrosis)와 아포토시스(Apoptosis)로 구분되는데, 네크로시스는 외부 요인에 의해 세포가 타의적으로 죽는 것을 말하며 아포토시스는 세포가 자의적으로 죽는 것을 말한다. 네크로시스는 세포 안팎에서 수만 배의 삼투압 차이가 나면 세포 밖의 물이 세포 안으로 갑자기 유입되면서 세포가 터져서 죽는다. 반면에 아포토시스는 세포가 수명을 다하거나 필요가 없다고 여겨지면 자살을 결심하며 일어난다. 아포토시스가 진행되는 세포는 생체 에너지 ATP를 소모하여 천천히 쪼그라들다가 세포 내의 DNA가 규칙적으로 잘게 잘린다. 이후 세포를 구성하던 물질은 다양한 경로를 통해 재사용되고, 잘린 DNA 조각은 주변의 식세포가 청소하는 것으로 아포토시스가 종료된다. 진화의 관점에 따르면 세포도 생존을 위해 애쓰는 것이 당연지사임에도 아포토시스가 발생하는 이유는 무엇일까? 세포가 스스로 죽는 것이 전체에 이익이 되기 때문이다. 태아의 손이 초기에는 주걱 모양이다가 후기에 손가락에 해당하는 부분 주변의 세포가 죽으면서 손가락의 형태를 갖추게 되는 것과 같이 생물체의 발생, 분화 과정에서 불필요한 부분을 제거하기 위해 일어난다. 이는 세포의 죽음이 예정되어 있다는 점에서 PCD(Programed Cell Death)라고 불린다. 또한, 세포가 방사선, 바이러스, 화학 약품 등의 영향으로 변형이 생기거나 심하게 훼손되어 염증을 일으키고 암세포로 변할 가능성이 있다는 것을 감지하면 본인이 전체 개체에 해를 끼치기 전에 자살을 감행한다. 면역세포의 일종인 T세포도 박테리아나 바이러스 등의 외부 인자가 침입하면 세포 분열로 수를 늘려 외부 인자를 물리치는 역할을 완료한 이후 자살하도록 설정되어 있으며, 혈액세포, 간세포 등도 수명을 다하면 아포토시스로 사라지고 새로운 세포로 바뀌게 된다. 그러나 아포토시스 과정에 문제가 있어서 세포가 자살하지 못하면 암세포로 변이되거나 염증이 악화되는 문제가 생긴다. 이러한 아포토시스와 암세포 사이의 관계성에서 아이디어를 얻은 과학자들은 아포토시스를 유발하는 물질을 활용하여 항암 치료 방법을 연구하고 있다.

① 올챙이가 개구리가 되면서 불필요한 꼬리가 사라지는 과정은 PCD의 일종이다.
② T세포는 박테리아나 바이러스를 제거하는 임무를 완수하면 아포토시스로 소멸한다.
③ 진화의 관점에서 보면 세포들이 생존을 위해 노력하는 것은 당연한 현상이다.
④ 아포토시스 과정에서 불규칙적으로 잘린 세포의 DNA는 주변의 면역세포가 처리한다.
⑤ 화학 약품의 영향으로 손상된 세포가 자살하지 못하면 암세포로 변하기도 한다.

핵심 포인트 해설 문서이해

세포가 생체 에너지 ATP를 소모하여 서서히 쪼그라들다가 세포 내의 DNA가 규칙적으로 잘린 이후 세포를 구성하던 물질은 여러 경로로 다시 사용되고, 잘린 DNA 조각은 주변의 식세포가 청소하는 것으로 아포토시스가 마무리된다고 하였으므로 아포토시스로 인해 불규칙하게 잘린 세포의 DNA를 주변의 면역세포가 처리하는 것은 아님을 알 수 있다.

① 생물체의 발생, 분화 과정에서 불필요한 부분을 제거하기 위해 발생하는 아포토시스가 PCD라고 하였으므로 적절하다.
② T세포는 외부 인자가 침입하면 세포 분열로 수를 늘려 외부 인자를 물리친 뒤 자살하도록 설정돼 있다고 하였으므로 적절하다.
③ 진화의 관점에 따르면 세포도 생존을 위해 애쓰는 것이 당연지사라고 하였으므로 적절하다.
⑤ 세포가 방사선, 바이러스, 화학 약품 등의 영향으로 변형이 생기거나 심하게 훼손되어 염증을 유발하고 암세포로 변할 가능성이 있다는 것을 감지하면 자살을 감행한다고 하였으므로 적절하다.

정답 ④

영역: 의사소통능력 하위능력: 문서작성능력 난이도: ★☆☆

10. 신입사원 보고서 교육을 맡게 된 귀하는 사내에서 사용하는 문서양식을 소개하면서 문서 작성의 원칙 몇 가지를 정리하여 전달하고자 한다. 다음 중 귀하가 신입사원에게 문서작성의 원칙으로 전달할 말로 가장 적절하지 않은 것은?

① "문서를 작성할 때는 문장은 육하원칙에 맞추어 짧고 간결하게 작성하고, 불필요한 한자 사용은 배제해야 해요."

② "문서를 작성할 때 작성 시기를 정확하게 기입하는 것이 좋아요."

③ "문서 내용 중 금액, 수량, 일자 등은 정확하게 기재해야 하는 점을 유의해 주세요."

④ "문서를 작성한 후에는 정확한 내용이 알맞게 들어가 있는지 검토하는 습관을 가지세요."

⑤ "만약 문서 내용을 보충해야 할 자료가 있다면 꼭 필요한 자료가 아니더라도 모두 첨부해 주세요."

핵심 포인트 해설 | **문서작성의 원칙**

작성한 문서에 자료를 첨부할 때는 필요한 자료 외의 자료는 첨부하지 않아야 하므로 가장 적절하지 않다.

이것도 알면 합격

문장 구성 시 주의사항

- 간단한 표제를 붙임
- 문서의 주요 내용을 먼저 씀
- 문장은 육하원칙에 맞추어 짧고 간결하게 작성하며, 불필요한 한자 사용은 배제함
- 긍정문으로 작성함

문서작성 시 주의사항

- 문서는 작성 시기를 정확하게 기입함
- 문서작성 후 반드시 다시 한번 내용을 검토해야 함
- 문서의 첨부자료는 반드시 필요한 자료 외에는 첨부하지 않음
- 문서 내용 중 금액, 수량, 일자 등은 정확하게 기재해야 함

정답 ⑤

[11-12] 다음은 행정안전부에서 제공하는 행정업무 운영편람의 공문서 작성법 중 일부이다. 각 물음에 답하시오.

[문서의 기능과 종류]

1. 문서의 기능
   1) 의사의 기록과 구체화
   2) 의사의 전달
   3) 의사의 보존
   4) 자료 제공
   5) 업무의 연결과 조정

2. 문서의 종류

가) 공문서

행정기관에서 공무상 작성하거나 시행하는 문서(도면, 사진, 디스크, 테이프, 필름, 슬라이드, 전자문서 등 특수매체기록 포함)와 행정기관이 접수한 모든 문서

나) 법규문서

주로 법규사항을 규정하는 문서로서 헌법·법률·대통령령·총리령·부령·조례 및 규칙 등에 관한 문서

다) 지시문서

훈령·지시·예규·일일명령 등 행정기관이 그 하급기관이나 소속 공무원에 대하여 일정한 사항을 지시하는 문서

- 훈령: 상급기관이 하급기관에 대하여 장기간에 걸쳐 그 권한의 행사를 일반적으로 지시하기 위해 발하는 명령
- 지시: 상급기관이 직권 또는 하급기관의 문의에 의하여 하급기관에 개별적이고 구체적으로 발하는 명령
- 예규: 행정업무 통일을 위해 반복적인 행정업무의 처리기준을 제시하는 문서로서 법규문서를 제외한 문서
- 일일명령: 당직·출장·시간외근무·휴가 등 일일업무에 관한 명령

라) 공고문서

고시·공고 등 행정기관이 일정한 사항을 일반에게 알리기 위한 문서

- 고시: 법령이 정하는 바에 따라 일정한 사항을 일반에게 알리는 문서
- 공고: 일정한 사항을 일반에게 알리는 문서

※ 일련번호 구분
- 누년 일련번호: 연도구분과 관계없이 누년 연속되는 일련번호
- 연도별 일련번호: 연도별로 구분하여 매년 새로 시작되는 일련번호로서 연도표시가 없는 번호
- 연도표시 일련번호: 연도표시와 연도별 일련번호를 붙임표(-)로 이은 번호

영역: 의사소통능력 **하위능력:** 문서작성능력 **난이도:** ★★★

11. 다음 중 일련번호 구분 기준과 문서 종류가 가장 올바르게 짝지어진 것은?

	누년 일련번호	연도별 일련번호	연도표시 일련번호
①	법규문서, 훈령, 예규	일일명령	지시, 고시, 공고
②	법규문서, 예규, 고시	지시, 일일명령	훈령, 공고
③	예규, 일일명령, 공고	지시, 고시	법규문서, 훈령
④	법규문서, 고시	훈령, 예규	지시, 일일명령, 공고
⑤	지시, 고시, 공고	훈령, 일일명령	법규문서, 예규

핵심 포인트 해설 문서작성

법규문서·훈령·예규는 누년 일련번호를, 일일명령은 연도별 일련번호를, 지시·고시·공고는 연도표시 일련번호를 사용한다.
따라서 일련번호 구분 기준과 문서 종류가 가장 올바르게 짝지어진 것은 ①이다.

이것도 알면 합격

문서 종류별 일련번호 표기법

문서 종류	작성 형식 및 문서 번호
법규문서	조문 형식, 누년 일련번호 사용 예 법률 제1234호
훈령, 예규	조문 또는 시행문 형식, 누년 일련번호 사용 예 훈령 제5호, 예규 제5호
지시	시행문 형식, 연도표시 일련번호 사용 예 지시 제2020 - 5호
일일명령	시행문 또는 회보 형식, 연도별 일련번호 사용 예 일일명령 제5호
고시, 공고	연도표시 일련번호 사용 예 고시 제2020 - 5호

정답 ①

영역: 의사소통능력 **하위능력:** 문서작성능력 **난이도:** ★★★

12. 다음 중 공문서 작성법으로 가장 적절한 것은?

① 금액은 한글로 기재한 다음에 괄호를 하고 숫자를 기재한다.

② 날짜는 숫자로 쓰되, 한글로 연·월·일을 기재한다.

③ 시간은 숫자로 쓰되, 시·분의 글자로 구분한다.

④ 항목 구분 시 순서대로 표시하되, 숫자로만 표기한다.

⑤ 숫자는 아라비아 숫자로 표기한다.

핵심 포인트 해설 **공문서 작성법**

공문서 작성 시 숫자는 아라비아 숫자로 표기해야 하므로 가장 적절하다.

① 공문서 작성 시 금액은 아라비아 숫자로 쓰되, 숫자 다음에 괄호를 하고 한글로 기재해야 하므로 적절하지 않다.

② 공문서 작성 시 날짜는 숫자로 쓰되, 연·월·일의 글자는 생략하고 그 자리에 마침표를 찍어 표시해야 하므로 적절하지 않다.

③ 공문서 작성 시 시간은 24시각제에 따라 숫자로 쓰되, 시·분의 글자 대신 쌍점을 찍어 구분해야 하므로 적절하지 않다.

④ 공문서 작성 시 문서 내용을 둘 이상의 항목으로 구분할 경우 순서대로 표시하되, 특수 기호로도 표시할 수 있으므로 적절하지 않다.

이것도 알면 합격

공문서 작성법

- 회사 외부로 전달되는 글인 만큼 육하원칙에 맞춰 써야 함
- 날짜는 연도, 월, 일을 반드시 함께 기재해야 하며, 날짜 다음에 괄호를 사용할 때에는 마침표를 찍지 않음
- 장기관 보관되는 문서이므로 정확하게 기술해야 함
- 내용이 복잡할 경우 '-다음-', 또는 '-아래-'와 같은 항목을 만들어 구분함
- 한 장에 담아내는 것이 원칙임
- 마지막엔 반드시 '끝'자로 마무리함

정답 ⑤

영역: 의사소통능력 하위능력: 문서작성능력 난이도: ★★☆

13. 다음 중 '문서 표현의 시각화'에 대해 가장 적절하지 않은 설명을 한 사원은?

차 사원: 문서 내용을 시각화할 때는 한 형태의 시각 자료를 일관적으로 사용해 통일성을 줘야 합니다.
신 사원: 문서에서 더욱 강조하여 표현하고 싶은 내용은 도형을 활용하여 시각화할 수 있습니다.
안 사원: 문서의 내용을 시각화한 시각 자료는 보기에도 이해하기에도 쉬워야 합니다.
문 사원: 문서의 내용을 시각화하기 위해서는 전하고자 하는 내용의 개념이 명확해야 합니다.
최 사원: 문서 내용을 시각화하는 방법에는 차트 시각화, 다이어그램 시각화, 이미지 시각화 등이 있습니다.

① 차 사원 ② 신 사원 ③ 안 사원 ④ 문 사원 ⑤ 최 사원

핵심 포인트 해설 **문서 내용의 시각화**

문서를 시각화하는 포인트에 따르면 시각 자료는 한 가지 형태의 자료만을 사용하는 것이 아닌 다양한 형태의 시각 자료 활용으로 문서가 다채롭게 표현되어야 한다.
따라서 문서표현의 시각화에 대해 가장 적절하지 않은 설명을 한 사원은 '차 사원'이다.

이것도 알면 합격

문서 내용의 시각화 방법

- **차트 시각화:** 데이터 정보를 쉽게 이해할 수 있도록 시각적으로 표현한 것으로, 주로 통계 수치 등을 도표(Graph)나 차트(Chart)를 통해 명확하고 효과적으로 전달함
- **다이어그램 시각화:** 개념이나 주제 등 중요한 정보를 도형, 선, 화살표 등 여러 상징을 사용하여 시각적으로 표현한 것
- **이미지 시각화:** 전달하고자 하는 내용을 관련 그림이나 사진 등으로 나타내는 것

정답 ①

14. ○○공사 기획부의 신입사원인 박동환 사원은 입사 이후 처음으로 기획서 작성 업무를 맡게 되어, 업무 시작에 앞서 기획서 작성 시 고려할 사항에 대해 알고 있는 대로 정리해 보았다. 박동환 사원이 정리한 내용이 다음과 같을 때, ㉠~㉤ 중 적절하지 않은 것을 모두 고르면?

1. 제목
   - ㉠ 제목만으로도 기획서의 전체 내용을 유추할 수 있도록 압축하여 작성한다.
   - 제목의 길이를 너무 길거나 너무 짧게 작성하지 않도록 주의한다.

2. 목차
   - 기획서의 내용을 한눈에 파악할 수 있도록 체계적으로 구성한다.
   - 기획서에서의 중요도와 우선순위를 고려하여 순서를 배치한다.
   - ㉡ 목차의 길이가 너무 길어지지 않도록 상위 항목과 하위 항목을 종합하여 작성한다.

3. 구성 요소
   - 기획서의 목적을 달성할 수 있도록 취지, 배경, 목적, 필요성 등의 핵심 요소를 포함한다.
   - ㉢ 기획을 시행하였을 때 파생될 것으로 예상되는 기대 효과와 의의를 포함한다.

4. 작성법
   - 상대방의 관점에서 상대방이 요구하는 것이 무엇인지 고려하며 작성한다.
   - 상대방이 기획서의 내용을 한 번에 파악할 수 있도록 기획서의 핵심 내용을 먼저 제시한다.
   - ㉣ 작성자의 전문성을 드러내고 정보를 충분히 전달할 수 있도록 간결체보다는 만연체로 작성한다.
   - 내용의 효과적인 전달을 위해 표, 그래프, 이미지 등 다양한 디자인 요소를 적절히 활용한다.

5. 기타
   - 제출 전까지 충분히 검토하고, 인용한 자료의 출처가 정확한지 확인한다.
   - ㉤ 첨부 자료는 필요한 자료 외에는 첨부하지 않는다.

① ㉠, ㉤　　② ㉡, ㉣　　③ ㉢, ㉤　　④ ㉠, ㉢, ㉣　　⑤ ㉡, ㉣, ㉤

핵심 포인트 해설 **기획서 작성법**

㉡ 목차는 기획서의 전체 내용과 흐름을 이해할 수 있도록 상위 항목과 하위 항목을 정확하게 구분하여 작성해야 하므로 적절하지 않다.
㉣ 만연체는 많은 어구를 이용해 반복·부연·수식·설명함으로써 장황하게 표현하여 정보를 충분히 전달할 수 있지만 문장의 긴밀성이 떨어지며 내용을 이해하기 어렵기 때문에 문서작성 시에는 짧은 문장으로 내용을 명쾌하게 표현하는 간결체를 사용해야 하므로 적절하지 않다.

㉠ 문서의 제목은 제목만으로도 전체 내용을 파악할 수 있도록 압축하여 작성해야 하므로 적절하다.
㉢ 기획서는 기획을 실제로 행하였을 때 파생될 것으로 예측되는 기대 효과와 의의를 포함하여 작성해야 하므로 적절하다.
㉤ 문서작성 시 문서의 첨부 자료는 필요한 자료 외에는 첨부하지 않아야 하므로 적절하다.

이것도 알면 합격

기획서 작성법

- 핵심 메시지가 정확하게 도출되었는지 확인해야 함
- 기획 요소가 채택되도록 설득력을 갖춰야 하므로 상대가 요구하는 것이 무엇인지 고려하여 작성해야 함
- 글의 내용이 한눈에 파악되도록 체계적으로 목차를 구성해야 함
- 효과적인 내용 전달을 위하여 표 또는 그래프를 활용함
- 제출 전 충분히 검토해야 함
- 인용한 자료의 출처가 정확해야 함

정답 ②

영역: 의사소통능력 **하위능력:** 경청능력 **난이도:** ★★☆

15. **다음 글을 읽고 오프라 윈프리가 취한 의사소통 기술로 가장 적절한 것은?**

> 오프라 윈프리 쇼는 1986년부터 2011년 5월까지 25년간 방송된 미국의 토크 프로그램으로, 미국 내 시청자만 2,200만 명에 이르고 세계 140개국에서 방영될 만큼 시청자들의 오랜 사랑을 받았다. 오프라 윈프리 쇼가 세계적인 인기를 얻었던 데에는 진행을 맡았던 오프라 윈프리의 힘이 크다. 오프라 윈프리는 미국 토크쇼의 여왕이라는 칭호를 얻을 만큼 출연자들의 마음을 여는 데 탁월한 진행자였다. 출연자들의 사소한 이야기에도 귀 기울여주고, 눈을 맞추거나 고개를 끄덕이는 등 오프라 윈프리가 보여준 태도는 출연자들과 진정한 소통을 이어갈 수 있었던 비결로 통한다.

① 이해하며 설득하기
② 공감하며 경청하기
③ 해결책을 제시해주며 조언하기
④ 다음 대답을 준비하며 대화하기
⑤ 빠르게 동의하며 위로하기

핵심 포인트 해설 **경청**

제시된 글에서 오프라 윈프리가 출연자들의 이야기를 경청하고 눈을 맞추거나 고개를 끄덕이는 등의 태도를 보였다고 하였으므로 오프라 윈프리가 취한 의사소통 기술로 가장 적절한 것은 다른 사람의 말을 주의 깊게 들으며 공감하는 능력인 '공감하며 경청하기'이다.

정답 ②

영역: 의사소통능력 하위능력: 경청능력 난이도: ★★☆

16. 다음 대화 내용을 고려하였을 때, 정 팀장에게 필요한 경청 훈련 방법으로 가장 적절한 것은?

> **정 팀장:** 이 사원, 요즘 따라 기운이 없어 보이는데 혹시 새로 맡은 업무에 대해 무슨 고민이라도 있나요?
> **이 사원:** 네, 팀장님, 신경 써주셔서 감사합니다. 사실 최근 ○○업체와 납품 일정에 대해 커뮤니케이션을 하는데 묘하게 ○○업체 팀장님이 저를 무시하는 것 같아서 걱정입니다.
> **정 팀장:** 거래처와 커뮤니케이션하는 과정에서 어려움을 겪고 있었군요. 혹시 ○○업체 팀장님과 어떤 일이 있었는지 조금 더 자세히 말해줄 수 있나요?
> **이 사원:** ○○업체 팀장님과 2차 공급 물량 납품 일정을 조율하고 있는데, 저희가 요구하는 일정에 대해 말씀드리면 '신입이라 잘 모르나 본데 이전 담당자와는 이렇게 해 왔다.'며 은근슬쩍 ○○업체 측에 유리하게 납품 일정을 미루려고 하시더라고요. 그나저나 혹시 바쁘신데 제가 붙잡고 있는 건 아니죠? 자꾸 시계를 쳐다보셔서…….
> **정 팀장:** 아, 아닙니다. 미안해요. 그간 커뮤니케이션하느라 힘드셨겠어요. 저도 이 문제를 어떻게 해결해야 할지 생각해 볼 테니 조만간 함께 논의해 보도록 해요.

① 주의 기울이기
② 상대의 경험을 인정하고 더 많은 정보 요청하기
③ 정확성을 위해 요약하기
④ 개방적인 질문하기
⑤ '왜?'라는 질문이나 말 피하기

핵심 포인트 해설 **경청 훈련 방법**

정 팀장이 이 사원과의 대화 도중 자꾸 시계를 쳐다보았다고 하였으므로 정 팀장에게 필요한 경청 훈련 방법으로 가장 적절한 것은 산만한 행동을 삼가고 상대방에게 귀를 기울이며 상대방에 대한 관심을 충분히 보여 주는 '주의 기울이기'이다.

이것도 알면 합격

경청 훈련 방법

- **주의 기울이기**: 산만한 행동을 삼가고 상대의 얼굴, 동작, 호흡, 어조, 억양, 소리의 크기 등에 주의를 기울이며 바라보기, 듣기, 따라하기 등을 통해 상대방에 대한 관심을 충분히 보여 주도록 함
- **상대의 경험을 인정하고 더 많은 정보 요청하기**: 상대의 말을 인정함을 언어적·비언어적 표현을 통해 알려주고, 부드러운 지시나 진술, 질문을 통해 상대방이 더 많은 정보를 제공하도록 함
- **정확성을 위해 요약하기**: 상대방의 요점을 자신의 말로 반복하거나 요약을 확인 또는 명료화하기 위한 질문을 통해 상대방의 말에 대한 이해도를 확인하고 상호 메시지를 공유하는 데 도움이 됨
- **개방적인 질문하기**: '누가, 무엇을, 어디에서, 언제, 어떻게'로 시작되는 개방적인 질문을 통해 상대의 다양한 생각을 이해하고 더 많은 정보를 얻을 수 있음
- **'왜?'라는 질문이나 말 삼가기**: '왜?'라는 질문은 보통 진술을 가장한 부정적·강압적·추궁적 표현이므로 지양하는 것이 바람직함

정답 ①

영역: 의사소통능력 하위능력: 의사표현능력 난이도: ★★☆

17. 김 대리와 박 부장의 대화가 다음과 같을 때, 박 부장의 공감적 이해 수준에 대한 설명으로 가장 적절한 것은?

> **김 대리:** 부장님, 지난번 저에게 위임하신 업무 관련하여 말씀드리고 싶은 것이 있습니다.
> **박 부장:** 그래요, 편하게 말해요. 무슨 일인가요?
> **김 대리:** 네, 사실 요즘 부장님과 마주칠 때마다 어떻게 업무가 진행되고 있는지 물어봐 주시고, 또 업무에 필요한 참고 자료를 전달해 주시면서 업무 방향에 대해 한 마디씩 조언해 주시는 것에 감사함을 느끼고 있지만, 가끔은 불편함이 느껴지기도 합니다. 저를 믿고 맡겨주신 만큼 제 소신껏 창의적인 방식으로 좋은 결과를 내보고 싶습니다.
> **박 부장:** 업무에 관해 자주 이야기를 한 것이 간섭받는 것처럼 느껴져서 기분이 상한 모양이군요. 업무는 김 대리한테 맡겨 놓고 정작 내가 너무 이래라저래라 하긴 했죠?
> **김 대리:** 아닙니다. 다 저를 걱정하는 마음에서 우러나와 더 잘되라고 해주시는 말씀인 것 알고 있습니다.
> **박 부장:** 알겠어요. 앞으로는 김 대리를 믿고 크게 관여하지 않을 테니, 도움이 필요하면 주저 말고 물어보세요.

① 상대방이 하는 말을 제대로 듣지 않고 자신의 생각대로 성급하게 판단하여 상투적인 충고를 한다.
② 상대방의 말을 재언급하며 상대방의 마음가짐이나 전달하고자 하는 내용을 정확하게 파악하고 있다.
③ 상대방이 표현하지 않은 내적 감정까지 이해하여 상대방의 적극적인 성장 동기를 이야기하고 있다.
④ 상대방의 말을 듣고도 자신의 생각에만 사로잡혀 상대의 사고와 일치하지 않는 의사소통을 하고 있다.
⑤ 상대방의 의견에 긍정적으로 반응하고 사기를 북돋고 있다.

핵심 포인트 해설 | **공감적 이해의 수준**

제시된 대화에서 박 부장은 김 대리의 말을 재언급하며 상대방이 전달하고자 하는 말과 감정을 정확하게 파악한 공감적 듣기를 하고 있으며, 그에 맞는 반응을 하는 기본적 수준을 보이고 있으므로 박 부장의 공감적 이해 수준으로 가장 적절한 것은 ②이다.

이것도 알면 합격

공감적 이해의 세 가지 수준

- **인습적 수준:** 상대방의 말을 듣고 이에 대한 반응을 보이지만, 자신의 생각에 사로잡혀 자신의 주장만 하거나 상대방의 사고나 감정과 일치된 의사소통을 하지 못하고 어설픈 조언 또는 상투적 충고를 함
- **기본적 수준:** 상대방의 행동이나 말에 주의를 기울여 상대방의 현재 마음 상태나 전달하고자 하는 내용을 정확하게 파악하고 그에 맞는 반응을 하며, 상대방의 의견을 요약하거나 상대방의 말을 재언급하는 등 공감적 듣기를 함
- **심층적 수준:** 말로 명확하게 표현되지 않는 상대방의 내적 감정이나 사고를 지각하여 왜곡하지 않고 충분히 표현함으로써 상대방의 적극적인 성장 동기를 이해하고 표현하는 등 상대의 의견에 긍정적으로 반응하고 사기를 북돋음

정답 ②

영역: 의사소통능력 하위능력: 의사표현능력 난이도: ★★☆

18. 귀하는 '설득의 전략'에 대한 강연을 위해 다음과 같은 발표자료를 준비하였다. 다음 발표자료의 내용으로 미루어 보아 빈칸에 들어갈 제목으로 가장 적절한 것은?

> [   ]
>
> 미국의 심리학자 오버스트리트 교수는 다른 사람을 설득하는 과정에서 "상대방이 한번 '아니요'라고 대답하면, 그것을 '네'라고 바꾸는 것은 거의 불가능에 가깝다."라고 말한 바 있다. 사람들은 자신이 내뱉은 말을 일관성 있게 유지하고자 하는 입장을 고수하기 때문에 설득을 하기 위해서는 처음부터 긍정적인 대답을 하도록 대화를 이끌어 나가야 한다는 말이다. 이러한 인간의 심리를 잘 이용한 사람이 바로 아테네의 잔소리꾼이라 불리던 소크라테스이다. 소크라테스는 처음부터 긍정적인 대답을 이끌어 내는 방법을 통해 상대의 끝없는 동의를 받아냈다. 그는 '네'라는 대답을 할 수밖에 없는 질문을 던져 긍정적인 대답을 계속해서 유도한 후 부정적인 입장에 있던 질문을 던져 자신도 모르게 '네'라는 대답을 하게 되는 심리를 이용하여 설득하였다.

① 권위 있는 사람의 말이나 작품을 인용하라!
② 'Yes'를 유도하여 미리 설득의 분위기를 조성하라!
③ 동조 심리를 이용하여 설득하라!
④ 이상과 현실의 구체적 차이를 확인시켜라!
⑤ 정보전달 공식을 이용하여 설득하라!

핵심 포인트 해설 설득력 있는 의사표현

제시된 발표 자료에서 사람들은 한 번 전달한 자신의 입장을 번복하지 않으려 한다고 하였으며, 소크라테스는 이런 사람들의 심리를 이용하여 애초에 긍정적인 대답을 할 수밖에 없는 단순한 질문들을 이어가며 '네'라는 대답을 유지하도록 했다고 하였으므로 빈칸에 들어갈 제목으로 가장 적절한 것은 ②이다.

이것도 알면 합격

상대방을 설득해야 할 때의 의사표현

- 일반적으로 강요하거나 상대방에게 손해를 보라는 식의 밀어붙이는 대화가 아닌 상대방에게 나의 태도와 의견을 받아들이고 상대방의 태도와 의견을 바꾸도록 하는 과정임
- 설득력 있는 의사표현 지침
  - 말하는 이가 요청하고 싶은 도움이 100이라면 처음에는 상대방이 'Yes'라고 할 수 있도록 50~60 정도로 부탁을 하고 점차 도움의 내용을 늘려서 상대방의 허락을 유도하는 방법인 문 안에 한 발 들여놓기 기법(Foot-in-the-door technique)
  - 말하는 이가 원하는 도움의 크기가 50이라면 처음에 100을 상대방에게 요청하고 거절을 유도하는 방법인 얼굴 부딪히기 기법(Door-in-the-face technique)

정답 ②

영역: 의사소통능력 **하위능력:** 의사표현능력 **난이도:** ★★★

19. **K사의 홍보팀 팀원들은 지난주에 올바른 회의 문화의 정착을 위한 교육을 수료하였고, 교육 내용을 토대로 이번 주 정기 회의를 진행하기로 하였다. 교육 자료의 일부와 실제 회의에서의 발언이 다음과 같을 때, 교육 내용에 따라 가장 적절하게 발언한 사람은?**

[효과적인 회의를 위한 원칙]

첫째, 창의적 사고를 촉진할 수 있도록 편안한 분위기를 조성한다.
둘째, 상대방의 발언에 대해 비난하지 않으며 말투, 표정, 몸짓 등으로 공감을 표한다.
셋째, 한 문장에는 한 가지 생각만 포함하며 완전한 문장으로 구성하여 명확하게 설명한다.
넷째, 모든 참석자는 하나 이상의 의견을 제시하며 긍정적인 화법으로 말한다.
다섯째, 결론에 따른 추후 진행 업무 목록을 정리하여 담당자를 지정하고 회의를 마친다.

진행자: 최근 전국적으로 에너지 사용량이 급증하여 문제가 되고 있다는 사실을 다들 알고 계실 겁니다. 그래서 다음 달에 '에너지 절약 방안'에 대한 보도자료를 작성하여 배포하고자 합니다. 이에 관한 의견이 있으면 자유롭게 말씀해 주세요.

A 주임: 보도자료를 배포해도 사람들은 제대로 읽지도 않고, 권장 내용에 따라 에너지 절약을 실천하지도 않을걸요? 굳이 그런 내용의 보도자료까지 작성해야 하는지 모르겠어요. 보도자료의 대상을 기업으로 할지, 개인으로 할지도 불분명하고요.

B 대리: A 주임, 그런 의견을 내면 어떡해요? 도대체 지난 교육 때 뭘 배운 겁니까? 제 생각에는 개인을 대상으로 보도자료를 작성하면 좋을 것 같습니다. 생활에서 쉽게 실천할 수 있는 에너지 절약 방안을 정리하여 제시하고 우리의 소중한 자원을 지키기 위해 함께 노력해야 한다는 문구를 추가하면 좋을 것 같은데요?

C 과장: 네, 좋은 생각입니다. 그럼 보도자료에 포함할 에너지 절약 방안에 대해 브레인스토밍을 해보는 것은 어떨까요? 생각나는 모든 의견을 열거해 나가다 보면 좋은 의견이 나올 거예요. 우선, 가정에서 시행할 수 있는 에너지 절약 방법에는 무엇이 있을까요? 저는 사용하지 않는 콘센트는 뽑아야 한다는 내용을 포함하고 싶어요.

D 사원: 콘센트를 뽑는 게 중요하죠……. 콘센트를 뽑는 것이 번거롭다면 멀티탭을 사용해서 전력을 차단하는 방법도……. 아, 콘센트를 뽑아야 하는 이유에 대해 설명하는 것도 포함하면 너무 길어질까요? 냉난방기 사용과 LED 조명에 관한 내용도 필요할 것 같고…….

…(중략)…

E 부장: 얼추 결론이 난 것 같네요. A 주임이 오늘 회의록 작성자죠? 회의 시간이 생각보다 길어져서 보도자료 작성을 위한 자료 조사, 보도자료 작성 및 검토 등의 업무 담당자는 A 주임이 회의록을 작성하면서 임의로 정하여 팀원들에게 공유하는 게 좋을 것 같아요. 제가 곧 중요한 거래처 미팅이 있어서 회의는 이것으로 마치겠습니다.

C 과장: 부장님, 업무 효율성을 위해 업무 담당자를 미리 정하는 것이 좋을 것 같습니다. 부장님께서는 미팅 출발하시고, 제가 팀원들과 논의하여 담당자 지정 후 회의 마무리하겠습니다.

① A 주임 ② B 대리 ③ C 과장 ④ D 사원 ⑤ E 부장

핵심 포인트 해설 **의사표현에 영향을 미치는 요인**

C 과장은 B 대리의 말에 공감하며 브레인스토밍 방법을 제안하여 자유롭게 이야기할 수 있는 분위기를 조성하고, 자신의 의견을 완전한 문장으로 구성하여 긍정적인 화법으로 말하였다. 또한, 회의를 마치기 전에 추후 진행 업무의 담당자를 지정하기로 하였다. 따라서 교육 내용에 따라 가장 적절하게 발언한 사람은 'C 과장'이다.

①, ②, ④, ⑤ A 주임은 네 번째 원칙, B 대리는 두 번째 원칙, D 사원은 세 번째 원칙, E 부장은 다섯 번째 원칙에 맞지 않는 발언을 하였으므로 적절하지 않다.

정답 ③

영역: 의사소통능력 **하위능력:** 기초외국어능력 **난이도:** ★★☆

20. 다음 중 외국인과의 의사소통 할 때 주의해야 할 사항으로 가장 적절하지 않은 것은?

① 상대방을 흘겨보거나 상대방의 눈을 마주치지 않는 행동은 삼가야 한다.

② 자신의 감정을 드러내지 않아야 하므로 가급적 표정 없이 말해야 한다.

③ 상대방에게 이름이나 호칭을 먼저 묻지 않고 마음대로 불러서는 안 된다.

④ 상대방이 말을 할 때는 맞장구를 치거나 고개를 끄덕이는 행동으로 경청하고 있음을 표현해야 한다.

⑤ 다리를 흔들거나 들고 있는 펜을 돌리는 행동과 같이 대화에 집중하지 못하는 모습을 보여서는 안 된다.

핵심 포인트 해설 | **외국인과의 의사소통에서 피해야 할 행동**

외국인과 의사소통 할 때는 표정 없이 말하는 태도는 삼가야 하므로 가장 적절하지 않다.

이것도 알면 합격

외국인과의 의사소통에서 피해야 할 행동

- 상대를 볼 때 흘겨보거나 아예 보지 않는 행동
- 팔이나 다리를 꼬는 행동
- 표정 없이 말하는 것
- 대화에 집중하지 않고, 다리를 흔들거나 펜을 돌리는 행동
- 맞장구를 치지 않거나 고개를 끄덕이지 않는 것
- 자료만 보는 행동
- 바르지 못한 자세로 앉는 행동
- 한숨, 하품을 하는 것
- 다른 일을 하면서 듣는 것
- 상대방에게 이름이나 호칭을 어떻게 할지 먼저 묻지 않고 마음대로 부르는 것

정답 ②

National
Competency
Standards

National Competency Standards

2. 수리능력

핵심개념정리

출제예상문제

National Competency Standards

핵심개념정리

수리능력이란?

수리능력이란 업무 상황에서 요구되는 사칙연산과 기초적인 통계방법을 이해하고 도표의 의미를 파악하거나 도표를 이용해서 결과를 효과적으로 제시하는 능력이다. 수리능력의 하위능력은 기초연산능력, 기초통계능력, 도표분석능력, 도표작성능력으로 구성된다. 기초연산능력이란 업무 상황에서 기초적인 사칙연산과 계산방법을 이해하고 활용하는 능력을 의미한다. 기초통계능력이란 업무 상황에서 필요한 평균, 합계, 빈도와 같은 기초적인 통계기법을 활용하여 자료의 특성과 경향성을 파악하는 능력을 의미한다. 도표분석능력이란 업무 상황에서 필요한 도표의 의미를 파악하고, 필요한 정보를 해석하는 능력을 의미한다. 도표작성능력이란 업무 상황에서 도표를 이용하여 결과를 효과적으로 제시하는 능력을 의미한다.

실력 업 노트

NCS 전문가의 TIP

최근 수리능력에서는 기초연산능력과 도표분석능력이 비중 높게 출제되고 있으므로 기초연산에 활용되는 공식과 도표분석 시 활용되는 계산식을 정확하게 암기하는 것이 좋습니다.

수리능력 하위능력

직업기초능력(10)	영역별 하위능력(34)
의사소통능력	문서이해 문서작성 경청 의사표현 기초외국어
수리능력	**기초연산 기초통계 도표분석 도표작성**
문제해결능력	사고력 문제처리
자기개발능력	자아인식 자기관리 경력개발
자원관리능력	시간관리 예산관리 물적자원관리 인적자원관리
대인관계능력	팀워크 리더십 갈등관리 협상 고객서비스
정보능력	컴퓨터활용 정보처리
기술능력	기술이해 기술선택 기술적용
조직이해능력	경영이해 체제이해 업무이해 국제감각
직업윤리	근로윤리 공동체윤리

수리능력 핵심 이론 정리

1 수리능력 소개

1. 수리능력의 개념

업무 상황에서 요구되는 사칙연산과 기초적인 통계를 이해하고, 도표 또는 자료를 정리, 요약하여 의미를 파악하거나 도표를 이용해서 합리적인 의사결정을 위한 객관적 판단근거로 제시하는 능력을 의미함

2. 수리능력의 하위능력

1) 기초연산능력

① 기초연산능력이란?

업무 수행 과정에서 다양한 문제가 발생할 때, 이를 효과적으로 처리하기 위해 필요한 기초적인 사칙연산과 계산방법을 이해하고 활용하는 능력임

② 기초연산능력이 요구되는 상황

- 부서의 연간 예산을 수립해야 하는 경우
- 영수증을 정리하여 정산을 해야 하는 경우
- 업무상 계산을 수행하고 결과를 정리하는 경우
- 업무 비용을 측정하는 경우
- 고객과 소비자의 정보를 조사하고 결과를 종합하는 경우
- 조직의 예산안을 작성하는 경우
- 업무 수행 경비를 제시하는 경우
- 다른 경쟁상품과 가격 비교를 하는 경우

2) 기초통계능력

① 통계란?

- 사회 현상의 상태를 양으로 반영하는 숫자이며, 사회집단의 상황을 숫자로 표현한 것을 의미함
- 자연적인 현상이나 추상적인 수치의 집단도 포함해서 일체의 집단적 현상을 숫자로 나타낸 것을 의미함

예 연령대별 인구수 추이, 금융 상품의 수익률, 고객의 구매 선호도 등

② 통계의 기능

- 많은 수량적 자료를 처리할 수 있고 쉽게 이해할 수 있는 형태로 축소할 수 있음
- 표본을 통해 연구대상 집단의 특성을 유추함
- 의사결정의 보조수단으로 사용됨
- 관찰 가능한 자료를 통해 논리적으로 어떠한 결론을 추출·검증함

실력 업 노트

추이
일이나 형편이 시간의 경과에 따라 변하여 나감. 또는 그런 경향

3) 도표분석능력 및 도표작성능력

① 도표란?

- 내용을 시각적으로 표현함으로써 자신의 주장과 의견을 다른 사람이 한눈에 알아볼 수 있게 한 것을 의미함
- 도표는 한눈에 내용을 파악할 수 있기 때문에 설득력이 있음

② 도표작성의 목적

- 보고·설명하기 위해 사용함
- 상황 분석을 위해 사용함
- 관리 목적을 위해 사용함

3. 수리능력이 중요한 이유

1) 수학적 사고를 통한 문제해결

수학 원리를 활용하면 어려운 문제들에 대한 지구력과 내성이 생겨 업무의 문제해결이 더욱 쉽고 편해질 수 있음

2) 직업세계 변화에 적응

수리능력은 논리적이고 단계적인 학습을 통해 향상되기 때문에 어느 과정의 앞 단계에서 제대로 학습하지 못했다면 다음 단계를 학습하는 것이 매우 힘듦

3) 실용적 가치의 구현

일상생활 혹은 업무 수행에 필요한 수학적 지식이나 기능을 습득할 수 있으며, 수량적인 사고를 할 수 있는 아이디어나 개념을 도출해낼 수 있음

2 기초연산능력

1. 사칙연산

1) 사칙연산이란?

수에 관한 덧셈(+), 뺄셈(−), 곱셈(×), 나눗셈(÷) 네 종류의 계산법으로, 사칙계산이라고도 함

2) 효과적인 연산 수행 방법

① 네 종류의 연산이 포함된 식의 연산에서 곱하기와 나누기는 덧셈과 뺄셈보다 먼저 함

② 곱하기와 나누기만 포함된 식이 연산은 앞에서부터 계산함

③ 덧셈과 뺄셈만 포함된 식의 연산은 앞에서부터 계산함

④ 괄호가 있는 식에서는 괄호 안의 연산을 가장 먼저 한함

실력 업 노트

NCS 전문가의 TIP

실제 시험에서는 문제 풀이 시간이 충분하지 않기 때문에 효과적인 연산 수행 방법을 실제 문제에 적용하는 훈련을 통해 빠르고 정확하게 계산을 할 수 있도록 해야 합니다.

2. 효과적인 검산법

1) 역연산

① 덧셈은 뺄셈으로, 뺄셈은 덧셈으로, 곱셈은 나눗셈으로, 나눗셈은 곱셈으로 본래의 풀이와 반대로 연산을 해가면서 본래의 답이 맞는지를 확인하는 것
② 번거롭고 시간이 오래 걸릴 수 있지만 가장 확실한 검산법

2) 구거법(九去法)

① 계산의 결과를 9로 나누어 검산하는 것
② 원래의 수를 9로 나눈 나머지와 각 자릿수의 합을 9로 나눈 나머지가 같다는 원리를 이용
③ 구거법을 이용한 검산 방법의 예

$1,234+567=1,801$

- 좌변의 1,234와 567의 각 자릿수의 합을 구하면, 각 자릿수의 합은 1,234가 $1+2+3+4=10$이고, 10을 9로 나눈 나머지는 1이며, 567은 $5+6+7=18$이고, 18을 9로 나눈 나머지는 0임
- 우변의 1,801도 각 자릿수의 합을 구하면, $1+8+0+1=10$이고, 10을 9로 나눈 나머지는 1임
- 이렇게 구한 각각의 나머지로 원래의 수를 계산한 것처럼 계산하면 $1+0=1$로 좌변의 계산값과 우변의 값이 같으므로 이 계산은 맞았다고 생각할 수 있음
- 즉, 각 수를 9로 나눈 나머지만 계산해서 좌변과 우변의 9로 나눈 나머지가 같은지 판단함

④ 주의점
- 구거법에 의해 틀린 결과가 나오면 그 계산은 무조건 틀린 것이지만, 맞은 결과가 나오더라도 그 계산이 맞다고 장담할 수는 없음. 예 1,234와 12,934와 같이 실제 숫자가 달라도 9로 나눈 나머지가 같은 경우가 있음
- 다만, 구거법은 역연산보다 간편하기 때문에 애용되고 있음

3. 기초연산의 응용

① 작업량
- 시간당 작업량 $= \frac{\text{작업량}}{\text{시간}}$
- 작업량 = 시간당 작업량 × 시간
- 시간 $= \frac{\text{작업량}}{\text{시간당 작업량}}$

② 거리·속력·시간
- 거리 = 속력 × 시간
- 속력 $= \frac{\text{거리}}{\text{시간}}$
- 시간 $= \frac{\text{거리}}{\text{속력}}$

실력 업 노트

검산
계산의 결과가 맞는지를 다시 조사하는 일

구거법의 예
먼저, 569,342를 9로 나누면 몫이 63,260, 나머지가 2이고, 569,342의 각 자릿수의 합을 구하면 $5+6+9+3+4+2=29$이고 29를 9로 나눈 나머지는 2임. 즉, 원래의 수와 각 자릿수의 합을 각각 9로 나눈 나머지가 2로 같음

NCS 전문가의 TIP
공식을 활용한 기초연산 문제와 수열을 활용한 수추리 문제도 다수 출제되고 있으므로 공식을 확실하게 익혀 문제에 적용하는 연습을 하는 것이 중요합니다.

③ 소금물의 농도

- 소금물의 농도(%) = $\frac{\text{소금의 양}}{\text{소금물의 양}} \times 100$
- 소금의 양 = 소금물의 양 × $\frac{\text{소금물의 농도}}{100}$
- 소금물의 양 = 물의 양 + 소금의 양

④ 정가·이익·할인율·할인가

- 정가 = 원가 × $(1+\frac{\text{이익률}}{100})$
- 이익 = 정가 − 원가 (정가 > 원가)
- 할인율(%) = $(\frac{\text{정가}-\text{할인가}}{\text{정가}}) \times 100$
- 할인가 = 정가 × $(1-\frac{\text{할인률}}{100})$

3 기초통계능력

1. 기본적인 통계치

1) 빈도

어떤 사건이 일어나거나 증상이 나타나는 정도

2) 빈도분포

① 빈도를 표나 그래프로 종합적이면서도 일목요연하게 표시한 것

② 주어진 집단에 대한 빈도분포는 주어진 속성에 대한 그 집단의 특성을 나타내며, 대개 빈도수와 백분율로 나타내는 경우가 많음

③ 상대적 빈도분포와 누가적 빈도분포로 나누어 표시하기도 함

3) 백분율

전체의 수량을 100으로 하여, 나타내려는 수량이 그중 몇이 되는가를 가리키는 수인 %(퍼센트)로 나타내며, 100분의 1이 1%에 해당함

4) 범위

관찰값의 흩어진 정도를 나타내는 도구로, 최곳값에서 최젓값을 뺀 값에 1을 더한 값을 의미함

5) 평균

변량의 총합을 변량의 개수로 나눈 값

6) 분산

① 각 변량과 평균의 차이를 제곱한 값의 평균

② 더욱 구체적으로 설명하면 각 변량과 평균의 차이를 제곱한 값을 모두 더하고 변량의 개수로 나눈 값을 의미함

③ 변량의 흩어진 정도를 계산하는 지표

실력 업 노트

일목요연
한 번 보고 대번에 알 수 있을 만큼 분명하고 뚜렷함

변량
자료 내용을 수량으로 나타낸 것

분산의 예
변량 6, 8, 10, 12의 평균이 9일 때의 분산:
$\frac{(6-9)^2+(8-9)^2+(10-9)^2+(12-9)^2}{4}$
$=5$

7) 표준편차

① 분산값의 제곱근 값으로, 각 변량이 평균을 중심으로 얼마나 퍼져 있는지를 나타내는 도구

② 표준편차가 0일 때는 변량 모두가 같은 크기이고, 표준편차가 클수록 변량 중에는 평균과 떨어진 값이 많이 존재함

8) 최솟값

변량 중 값의 크기가 가장 작은 값

9) 최댓값

변량 중 값의 크기가 가장 큰 값

10) 중앙값

정확하게 중간에 있는 값으로, 최솟값부터 최댓값까지 크기에 의하여 배열하였을 때 중앙에 위치하는 값

4 도표분석능력

1. 도표의 종류

목적별	관리(계획 및 통제) 그래프
	해설(분석) 그래프
	보고 그래프
용도별	경과 그래프
	내역 그래프
	비교 그래프
	분포 그래프
	상관 그래프
	계산 그래프
	기타
형상별	선(절선) 그래프
	막대 그래프
	원 그래프
	점 그래프
	층별 그래프
	레이더 차트
	기타

실력 업 노트

표준편차의 예
변량 6, 8, 10, 12의 평균이 9일 때의 표준편차:
분산이 5이므로 표준편차는 분산의 제곱근 값인 $\sqrt{5}$ 이다.

도표
여러 가지 자료를 분석하여 그 관계를 일정한 양식의 그림으로 나타낸 표

관리(계획 및 통제) 그래프
기업 경영 과정에서 생산되는 자료들을 그래픽 기능을 사용하여 시각적으로 표현한 도표

해설(분석) 그래프
제시된 복잡한 자료를 분석하여 이해하기 쉬운 단순한 형태로 나타낸 도표

경과 그래프
어떠한 시기, 일의 과정 등을 한눈에 보기 쉽도록 체계적으로 나타낸 도표

상관 그래프
서로 관련이 있는 자료 사이의 관계를 한눈에 파악할 수 있도록 시각적으로 표현한 도표

2. 도표의 종류별 활용

1) 선(절선) 그래프

① 꺾은선으로 시간적 추이(시계열 변화)를 표시할 때 주로 사용하는 그래프

② 경과·비교·분포(도수곡선 그래프)를 비롯하여 상관관계 등을 나타낼 때(상관선 그래프·회귀선) 사용함

③ 한 표에 너무 많은 선이 들어가면 복잡하여 알아보기 어려움

예 연도별 방송광고 매출액 추이

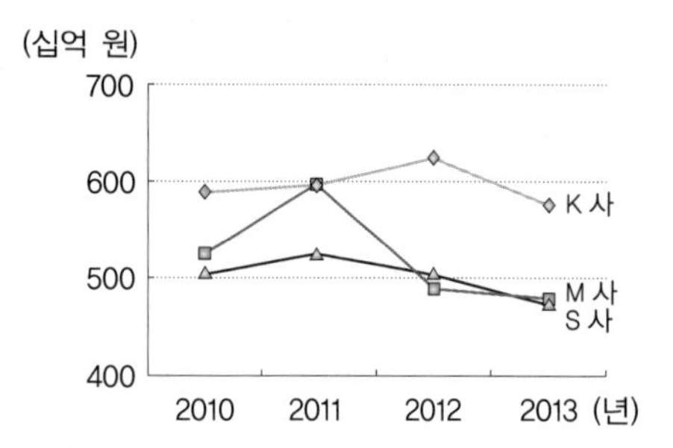

2) 막대 그래프

① 각 수량 간의 대소관계를 나타낼 때 기본적으로 활용하는 그래프

② 내역, 비교, 경과, 도수 등을 표현하기에 적합함

예 산업별 기타 경비 규모

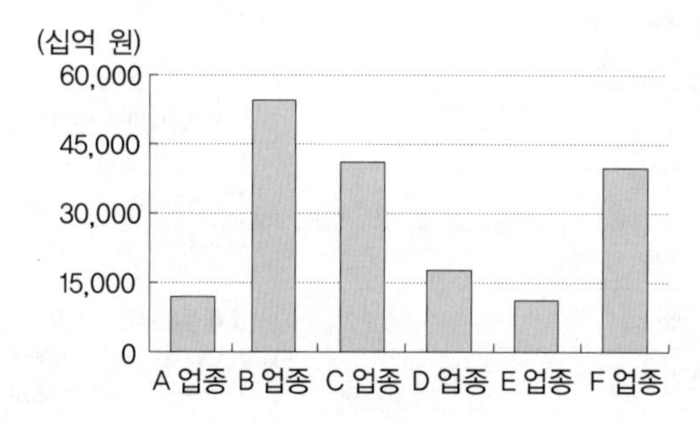

3) 원 그래프

① 전체 통계량에 대한 부분의 비율을 하나의 원의 내부에 부채꼴로 구분한 그래프

② 원의 중심각에서 반지름으로 나누어 만들어지는 부채꼴의 넓이로 크기를 나타내는 면적 그래프의 일종으로, 각 부분의 비율이 파이 조각 모양으로 나타나기 때문에 파이 도표라고도 함

③ 어떤 대상에 대하여 질적 혹은 양적으로 분류할 때 주로 사용하며, 백분율(%)로 나타내면 효과적임

④ 전체에 대한 구성비를 표현하기에 적합함

예 신문산업별 매출액 구성비

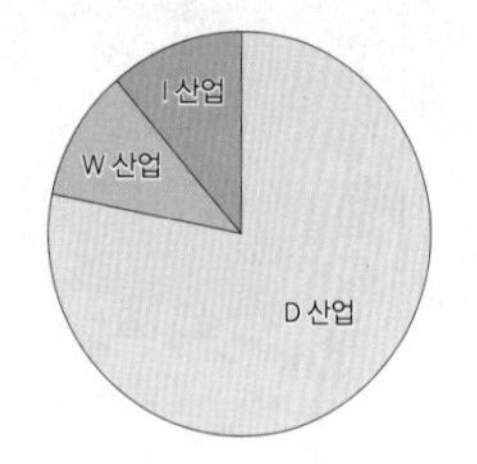

실력 업 노트

도표의 종류별 활용
같은 그래프라도 그 내용에 따라 그래프 종류의 편리함도 다름
- 세금, 국민총생산(GNP), 수익률과 같이 통곗값이 늘거나 줄어든 것을 비교하거나 나타내기: 막대 그래프, 선 그래프
- 물건값의 오르내림과 같이 한 가지 지표를 나타내거나, 가게의 일별 또는 월별 매상 추이를 나타내기: 선 그래프
- 여론 조사 등 투표 시 후보자별 득표비율, 백분율을 이용하여 비교하거나 나타내기: 원 그래프

중심각
원의 두 반지름이 만드는 각

구성비
전체적 집단과 부분적 집단 사이의 비례

4) 점 그래프

① 각기 다른 데이터의 분포를 점으로 나타내는 그래프
② 지역 분포를 비롯하여 도시, 지방, 기업, 상품 등의 평가나 위치, 성적을 표시하는 데 활용할 수 있음
예 업종별 자산과 부채의 관계

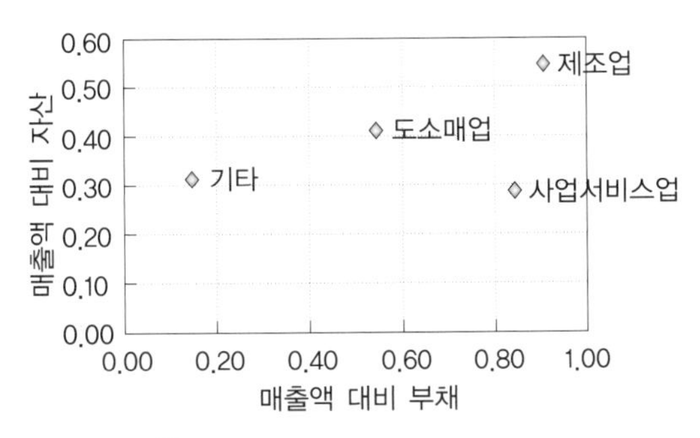

5) 방사형 그래프

① 다양한 요소를 비교할 때, 경과를 나타낼 때 활용할 수 있는 그래프
② 비교하는 수량을 직경, 또는 반경으로 나누어 원의 중심에서의 거리에 따라 각 수량의 관계를 나타냄
예 상반기 월별 출원 건수 추이

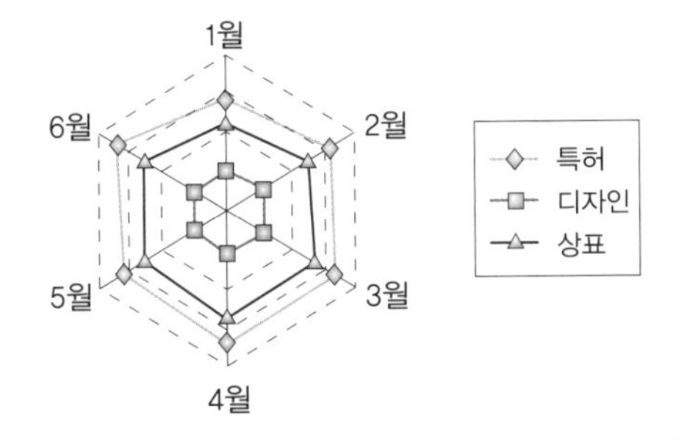

방사형 그래프
레이더 차트, 거미줄 그래프라고도 함

3. 효과적인 도표분석 방법

1) 도표분석 시 유의사항

① 자신의 업무와 관련된 지식을 상식화해야 함
② 도표에 제시된 자료의 의미를 정확히 숙지해야 함
③ 도표로부터 알 수 있는 것과 없는 것을 구별해야 함
④ 총량의 증가와 비율의 증가를 구분해야 함
⑤ 백분위수와 사분위수의 의미를 정확히 이해해야 함

백분위수
크기순으로 배열한 자료를 100 등분 하는 수의 값

사분위수
자료를 4등분한 것으로, 제1사분위수는 제25백분위수, 제2사분위수는 제50백분위수, 제3사분위수는 제75분위수에 해당함

2) 도표분석 시 활용되는 계산식

① 변화량

기준연도 대비 비교연도 A의 변화량 = 비교연도 A − 기준연도 A

예 2022년 매출액이 500억 원, 2023년 매출액이 700억 원일 때, 2022년 대비 2023년 매출액의 변화량: 700 − 500 = 200억 원

② 증감률

기준연도 대비 비교연도 A의 증감률(%) = {(비교연도 A − 기준연도 A) / 기준연도 A} × 100

예 2022년 매출액이 500억 원, 2023년 매출액이 700억 원일 때, 2022년 대비 2023년 매출액의 증감률: {(700 − 500) / 500} × 100 = 40%

③ 비중

전체에서 A가 차지하는 비중(%) = (A / 전체) × 100

예 2023년 S 사가 제조한 A 제품은 100만 개, 전체 제품은 400만 개일 때, 2023년 S 사가 제조한 전체 제품 중 A 제품이 차지하는 비중: (100 / 400) × 100 = 25%

실력 업 노트

도표분석 시 주의사항
기준연도 및 비교연도 시 '이후'는 기준이 되는 때를 포함하여 그보다 뒤를 의미함을 고려하여야 함

5 도표작성능력

1. 도표의 작성 절차

어떠한 도표로 작성할 것인지를 결정

▼

가로축과 세로축에 나타낼 것을 결정

▼

가로축과 세로축의 눈금의 크기를 결정

▼

자료를 가로축과 세로축이 만나는 위치에 표현

▼

표시된 점을 선분으로 연결하여 도표 작성

▼

도표의 제목 및 단위 표시

2. 도표작성 시 유의사항

1) 선(절선) 그래프 작성 시 유의사항

① 일반적으로 세로축에 수량(금액, 매출액 등), 가로축에 명칭 구분(연, 월, 장소 등)을 제시함
② 축의 모양은 L자형으로 나타냄
③ 선의 높이에 따라 수치를 파악하는 경우가 많으므로 세로축의 눈금을 가로축의 눈금보다 크게 하는 것이 효과적임
④ 선이 두 종류 이상이면 반드시 무슨 선인지 명칭을 기입해야 함
⑤ 중요한 선은 다른 선보다 굵게 표시하거나 색을 다르게 나타내어 강조함

2) 막대 그래프 작성 시 유의사항

① 세로 막대 그래프와 가로 막대 그래프 중 일반적으로 세로 막대 그래프를 사용하는 경우가 많음
② 축의 모양은 L자형이 일반적이지만, 가로 막대 그래프는 사방을 틀로 싸는 것이 좋음
③ 가로축은 명칭 구분(연, 월, 장소, 종류 등)으로, 세로축은 수량(금액, 매출액 등)으로 정함
④ 막대 수가 많을 경우에는 눈금선을 기입하는 것이 알아보기 쉬움
⑤ 막대의 폭은 모두 같게 해야 함

3) 원 그래프 작성 시 유의사항

① 일반적으로 정각 12시의 선을 시작선으로 하며, 이를 기점으로 하여 오른쪽으로 그림
② 분할선은 구성비율이 높은 순서로 그리되, '기타' 항목은 구성비율의 크기에 관계없이 가장 뒤에 그리는 것이 좋음
③ 각 항목의 명칭은 일반적으로 같은 방향으로 기록하지만, 각도가 적어서 명칭을 기록하기 힘든 경우에는 지시선을 써서 기록함

도표작성 중 Excel의 활용
호환성이 높고, 도표를 쉽게 작성할 수 있어서 많은 직업인들이 활용하고 있음

지시선
내용을 가리켜 보이게 하는 선

National Competency Standards

출제예상문제

영역: 수리능력 **하위능력:** 기초연산능력 **난이도:** ★★☆

01. 빈칸에 +, −, ×, ÷를 한 번씩 사용하여 혼합 계산식을 만들려고 한다. 제시된 사칙연산 순서 중 왼쪽 빈칸부터 차례로 넣어 혼합 계산식을 계산했을 때, 가장 큰 값을 만들 수 있는 사칙연산 순서를 고르면?

4 ( ) 2 ( ) 0.9 ( ) 1 ( ) 0.8

① +, ×, −, ÷ ② ×, +, −, ÷ ③ ÷, +, −, ×
④ ×, +, ÷, − ⑤ ×, −, +, ÷

핵심 포인트 해설 사칙연산

사칙연산은 왼쪽에서 오른쪽 순서로, ×, ÷를 +, −보다 먼저 계산함을 이용하여 구한다.
제시된 사칙연산을 순서대로 한 번씩 사용하여 계산한 값은 다음과 같다.

사칙연산	계산 값
+, ×, −, ÷	4+2×0.9−1÷0.8=4+1.8−1.25=4.55
×, +, −, ÷	4×2+0.9−1÷0.8=8+0.9−1.25=7.65
÷, +, −, ×	4÷2+0.9−1×0.8=2+0.9−0.8=2.1
×, +, ÷, −	4×2+0.9÷1−0.8=8+0.9−0.8=8.1
×, −, +, ÷	4×2−0.9+1÷0.8=8−0.9+1.25=8.35

따라서 제시된 사칙연산 순서 중 왼쪽 빈칸부터 차례로 넣어 혼합 계산식을 계산했을 때, 가장 큰 값을 만들 수 있는 사칙연산 순서는 '×, −, +, ÷'이다.

이것도 알면 합격

효과적인 연산 수행 방법

- 곱하기와 나누기는 덧셈과 뺄셈보다 먼저 한다.
- 곱하기와 나누기끼리는 앞에서부터 계산한다.
- 덧셈과 뺄셈은 앞에서부터 계산한다.

정답 ⑤

영역: 수리능력 하위능력: 기초연산능력 난이도: ★☆☆

02. 제시된 숫자의 규칙을 찾아 빈칸에 들어갈 알맞은 숫자를 고른 것은?

109 ( ) 100 73 9

① 108 ② 107 ③ 106 ④ 105 ⑤ 104

핵심 포인트 해설 **등차수열**

제시된 각 숫자 간의 값이 -1^3, -2^3, -3^3, -4^3으로 변화하므로 빈칸에 들어갈 알맞은 숫자는 '108'이다.

109	→	(108)	→	100	→	73	→	9
	-1 (=-1^3)		-8 (=-2^3)		-27 (=-3^3)		-64 (=-4^3)	

이것도 알면 합격

등차수열: 앞항에 차례로 일정한 수를 더하거나 빼면 다음 항이 얻어지는 규칙

예)

1	→	3	→	5	→	7	→	9	→	11	→	13
	+2		+2		+2		+2		+2		+2	

예)

13	→	11	→	9	→	7	→	5	→	3	→	1
	-2		-2		-2		-2		-2		-2	

정답 ①

영역: 수리능력 **하위능력:** 기초연산능력 **난이도:** ★★☆

03. 다음은 돼지 열병 예방 접종 및 열병 창궐 여부에 따라 양돈업 종사자가 돼지 한 마리당 얻을 수 있는 이익을 나타낸 자료이다. 제시된 자료에 예방 접종비는 포함되지 않았으며, 돼지 한 마리당 열병 예방 접종비는 300원이다. 양돈업 종사자가 예방 접종을 했을 때의 이익이 예방 접종을 하지 않았을 때의 이익보다 크거나 같기 위한 열병의 최소 창궐 확률은?

구분	예방 접종을 했을 때	예방 접종을 하지 않았을 때
열병이 창궐했을 때	3,000원	1,500원
열병이 창궐하지 않았을 때	2,000원	2,500원

① 36% ② 40% ③ 45% ④ 52% ⑤ 55%

핵심 포인트 해설 **기댓값**

열병이 창궐할 확률을 p, 이때 얻을 수 있는 이익을 x라고 하면 열병이 창궐했을 때 얻을 수 있는 이익의 기댓값은 $p \times x$임을 적용하여 구한다.

(1) 열병 예방 접종을 했을 경우

열병이 창궐했을 때의 이익은 3,000원이고, 예방 접종 비용은 300원이므로 이익에 대한 기댓값은 $p \times 2{,}700$이다.

열병이 창궐하지 않았을 때의 이익은 2,000원이고, 예방 접종 비용은 300원이므로 이익에 대한 기댓값은 $(1-p) \times 1{,}700$이다.

(2) 열병 예방 접종을 하지 않았을 경우

열병이 창궐했을 때의 이익은 1,500원이므로 이익에 대한 기댓값은 $p \times 1{,}500$이고,

열병이 창궐하지 않았을 때의 이익은 2,500원이므로 이익에 대한 기댓값은 $(1-p) \times 2{,}500$이다.

예방 접종을 하지 않았을 때보다 예방 접종을 했을 때의 이익이 더 크거나 같아야 하므로 두 크기를 비교하면

$p \times 2{,}700 + (1-p) \times 1{,}700 \geq p \times 1{,}500 + (1-p) \times 2{,}500 \rightarrow 2{,}000p \geq 800 \rightarrow p \geq \frac{2}{5}$

따라서 양돈업 종사자가 예방 접종을 했을 때의 이익이 예방 접종을 하지 않았을 때의 이익보다 크거나 같기 위한 열병의 최소 창궐 확률은 $\frac{2}{5} \times 100 = 40\%$이다.

이것도 알면 합격

확률의 기댓값

어떤 사건 A가 일어날 확률을 p, 이때의 상금을 a라고 하면

- 1번의 시행에서의 상금의 기댓값: $p \times a$
- n번의 시행에서의 상금의 기댓값: $\underbrace{(p \times a) + (p \times a) + \cdots + (p \times a)}_{(p \times a)\text{가 } n\text{개}} = (p \times a) \times n$

예) 주사위 한 개를 던져서 소수가 나오면 300원을 받게 될 때, 주사위를 3번 던졌을 때의 기댓값: $\left(\frac{3}{6} \times 300\right) \times 3 = 450$원

정답 ②

04. 우주 정복자 도르마무가 새로운 태양계를 발견한 후 행성을 먹기 시작했다. 다음 ㉠+㉡의 최솟값은? (단, 도르마무는 행성을 날마다 정수 단위로 먹었다.)

> 도르마무가 새로운 태양계를 발견한 첫째 날에는 행성 1개를, 둘째 날에는 먹고 남은 행성의 $\frac{1}{2}$을, 셋째 날에는 먹고 남은 행성의 $\frac{1}{3}$을, 넷째 날에는 먹고 남은 행성의 $\frac{1}{4}$을 먹었다. 이후 다섯째 날에는 먹고 남은 행성의 $\frac{1}{5}$을, 여섯째 날에는 먹고 남은 행성의 $\frac{1}{6}$을, 일곱째 날에는 먹고 남은 행성의 $\frac{1}{7}$을, 여덟째 날에는 먹고 남은 행성의 $\frac{1}{8}$을 먹었더니 일부의 행성이 남았다. 이때, 도르마무가 행성을 먹기 전 태양계에 존재하던 전체 행성의 수는 (㉠)개이고, 도르마무가 여덟째 날까지 먹은 행성의 수는 (㉡)개이다.

① 461 ② 841 ③ 946 ④ 1,577 ⑤ 2,038

핵심 포인트 해설 **최소공배수**

도르마무는 행성을 날마다 정수 단위로 먹었으므로 태양계에 존재하던 전체 행성의 수는 도르마무가 둘째 날부터 여덟째 날까지 날마다 먹은 행성 비율 $\frac{1}{2}, \frac{1}{3}, \frac{1}{4}, \frac{1}{5}, \frac{1}{6}, \frac{1}{7}, \frac{1}{8}$에서 각 분모의 최소공배수에 첫째 날에 먹은 행성 1개를 더한 수가 ㉠의 최솟값임을 알 수 있다. 각 분모 2, 3, $4=2^2$, 5, $6=2\times3$, 7, $8=2^3$의 최소공배수는 $2^3\times3\times5\times7=840$이므로 도르마무가 행성을 먹기 전 태양계에 존재하던 전체 행성 수 ㉠의 최솟값은 $840+1=841$개이다. 이때, 도르마무가 여덟째 날까지 먹고 남은 행성의 수는

$(841-1)\times\left(1-\frac{1}{2}\right)\times\left(1-\frac{1}{3}\right)\times\left(1-\frac{1}{4}\right)\times\left(1-\frac{1}{5}\right)\times\left(1-\frac{1}{6}\right)\times\left(1-\frac{1}{7}\right)\times\left(1-\frac{1}{8}\right)=840\times\frac{1}{2}\times\frac{2}{3}\times\frac{3}{4}\times\frac{4}{5}\times\frac{5}{6}\times\frac{6}{7}\times\frac{7}{8}=\frac{840}{8}=105$개이므로

도르마무가 여덟째 날까지 먹은 행성의 수 ㉡은 $841-105=736$개이다.

따라서 ㉠+㉡의 최솟값은 $841+736=1,577$이다.

이것도 알면 합격

최소공배수

각 자연수를 소인수분해 한 후, 적어도 어느 한 자연수에 포함된 인수를 모두 곱한 것

예 $18(2\times3^2)$과 $60(2^2\times3\times5)$의 최소공배수: $2^2\times3^2\times5=180$

최대공약수

각 자연수를 소인수분해 한 후 공통 인수만을 곱한 것

예 $18(2\times3^2)$과 $60(2^2\times3\times5)$의 최대공약수: $2\times3=6$

정답 ④

영역: 수리능력 하위능력: 기초연산능력 난이도: ★★☆

05. H 차장의 질문에 올바르게 대답한 사원을 모두 고르면?

> **H 차장**: 10진수 $21_{(10)}$을 2진수, 8진수, 16진수로 변환하면 얼마인가?
> **A 사원**: 2진수로 변환하면 $10101_{(2)}$입니다.
> **B 사원**: 8진수로 변환하면 $25_{(8)}$입니다.
> **C 사원**: 16진수로 변환하면 $16_{(16)}$입니다.

① A 사원 ② B 사원 ③ A 사원, B 사원
④ B 사원, C 사원 ⑤ A 사원, B 사원, C 사원

핵심 포인트 해설 **진수 변환**

$21_{(10)}$을 2진수로 변환하면
2)21
2)10 … 1
2) 5 … 0
2) 2 … 1
1 … 0
→ $21_{(10)}=1\times2^4+0\times2^3+1\times2^2+0\times2^1+1\times2^0=10101_{(2)}$
$21_{(10)}$을 8진수로 변환하면
8)21
8) 2 … 5
0 … 2
→ $21_{(10)}=2\times8^1+5\times8^0=25_{(8)}$
$21_{(10)}$을 16진수로 변환하면
16)21
16) 1 … 5
0 … 1
→ $21_{(10)}=1\times16^1+5\times16^0=15_{(16)}$
따라서 H 차장의 질문에 올바르게 대답한 사원은 'A 사원, B 사원'이다.

이것도 알면 합격

10진수를 x진수로 변환

10진수를 x로 나누는 과정을 반복한 후, 나머지를 역순으로 조합한다.
예 10진수 $17_{(10)}$을 2진수로 변환하면 $10001_{(2)}$
2)17
2) 8 … 1
2) 4 … 0
2) 2 … 0
1 … 0

정답 ③

영역: 수리능력 하위능력: 기초연산능력 난이도: ★☆☆

06. **다음은 안 부장 가족의 2020년 나이 관계를 나타낸 것이다. 안 부장의 2021년 나이는?**

- 안 부장은 어머니, 아내, 아들, 딸과 살고 있다.
- 아내와 아들, 딸의 나이를 모두 곱하면 2,450이다.
- 아내의 나이를 2배 하면 어머니와 딸의 나이 차와 같다.
- 어머니와 안 부장의 나이 차는 아내의 나이와 같다.
- 아들이 딸보다 나이가 더 많으며, 나이 차이는 2살 이상 5살 이하이다.
- 어머니의 환갑잔치는 2000~2009년에 진행됐다.

① 39세 ② 40세 ③ 41세 ④ 42세 ⑤ 43세

핵심 포인트 해설 소인수분해

아내와 아들, 딸의 나이를 모두 곱하면 2,450이고 2,450을 소인수분해 하면 $2 \times 5^2 \times 7^2$이며, 아들과 딸의 나이 차이는 2살 이상 5살 이하이므로 가능한 경우는 아내, 아들, 딸 순으로 35세, 10세, 7세 또는 49세, 10세, 5세이다. 이에 따라 아내의 나이를 2배 하면 어머니와 딸의 나이 차와 같으므로 어머니의 나이는 $35 \times 2 + 7 = 77$세 또는 $49 \times 2 + 5 = 103$세이다. 이때 어머니의 환갑잔치가 2000~2009년에 진행되어 어머니의 2020년 나이는 72살에서 81살 사이이므로 어머니는 77세, 아내는 35세, 아들은 10세, 딸은 7세임을 알 수 있다. 어머니와 안 부장의 나이 차는 아내의 나이와 같으므로 안 부장의 나이는 $77 - 35 = 42$세이다.
따라서 안 부장의 2020년 나이는 42세이므로 2021년 나이는 43세이다.

이것도 알면 합격

소인수분해

자연수 N을 소인수들의 곱으로 나타내는 것
$N = a^x \times b^y \times c^z$ (단, a, b, c는 서로 다른 소인수)
예 $18 = 2 \times 3 \times 3 = 2^1 \times 3^2$

정답 ⑤

07. 다음은 G 기업에 속한 27개의 부서를 대상으로 흡연율을 조사한 결과이다. 자료의 중앙값과 최빈값을 각각 구하면?

0.48	0.55	0.88	0.75	0.82	0.51	0.68	0.39	0.48
0.91	0.77	0.78	0.39	0.68	0.48	0.55	0.88	0.68
0.82	0.68	0.41	0.46	0.26	0.39	0.91	0.55	0.41

	중앙값	최빈값
①	0.55	0.55
②	0.55	0.68
③	0.61	0.48
④	0.68	0.48
⑤	0.68	0.68

핵심 포인트 해설 **중앙값 & 최빈값**

중앙값은 변량을 최솟값부터 최댓값까지 크기순으로 배열했을 때 정중앙에 위치하는 값이고, 최빈값은 변량 중에서 가장 많이 나오는 값임을 적용하여 구한다.

제시된 자료를 최솟값부터 최댓값까지 크기순으로 배열하면 다음과 같다.

0.26	0.39	0.39	0.39	0.41	0.41	0.46	0.48	0.48
0.48	0.51	0.55	0.55	0.55	0.68	0.68	0.68	0.68
0.75	0.77	0.78	0.82	0.82	0.88	0.88	0.91	0.91

제시된 자료는 총 27개의 변량으로 구성되어 있으므로 중앙값은 변량을 크기순으로 배열했을 때 14번째에 위치하는 0.55이고, 최빈값은 변량 중에서 4번으로 가장 많이 나오는 0.68이다.

정답 ②

영역: 수리능력 **하위능력:** 기초통계능력 **난이도:** ★★☆

08. 다음은 가구당 길러온 애완동물 수의 분포를 나타낸 표일 때, 표준편차는?

애완동물 수(마리)	0	1	2	3	4	5	합계
가구 수(가구)	2	4	4	3	1	1	15

① $\sqrt{\frac{7}{15}}$ ② $2\sqrt{\frac{7}{15}}$ ③ $4\sqrt{\frac{7}{15}}$ ④ $2\frac{7}{15}$ ⑤ $4\frac{7}{15}$

핵심 포인트 해설 **표준편차**

도수분포표 평균 = $\frac{(계급값 \times 도수)의\ 총합}{도수의\ 총합}$ 이므로 평균은 $\frac{0 \times 2+1 \times 4+2 \times 4+3 \times 3+4 \times 1+5 \times 1}{15}$ = 2마리이다.

편차 = 변량 − 평균, 도수분포표에서 표준편차 = $\sqrt{분산}$ = $\sqrt{\frac{\{(편차)^2 \times 도수\}의\ 총합}{도수의\ 총합}}$ 이므로

분산은 $\frac{\{(0-2)^2 \times 2+(1-2)^2 \times 4+(2-2)^2 \times 4+(3-2)^2 \times 3+(4-2)^2 \times 1+(5-2)^2 \times 1\}}{15} = \frac{28}{15}$, 표준편차는 $\sqrt{\frac{28}{15}} = 2\sqrt{\frac{7}{15}}$ 이다.

따라서 가구당 길러온 애완동물 수의 표준편차는 $2\sqrt{\frac{7}{15}}$ 이다.

이것도 알면 합격

도수분포

- **변량**: 자료의 특성을 수량으로 나타낸 것
- **도수**: 각 계급에 속하는 변량의 수
- **계급**: 변량을 일정한 간격으로 나눈 구간
- **계급값**: 각 계급의 양 끝값의 합을 2로 나눈 값

정답 ②

영역: 수리능력 하위능력: 기초통계능력 난이도: ★★☆

09. 김 사원은 이번 달 생활비를 전 달 대비 20%만큼 절약하려고 한다. 전 달 생활비에서 식비는 40%를 차지하며 그중 일부를 절약하고 식비를 제외한 비용의 10%를 절약한다고 할 때, 김 사원이 절약한 식비의 일부가 전 달 식비에서 차지하는 비중은?

① 30% ② 32.5% ③ 35% ④ 37.5% ⑤ 40%

핵심 포인트 해설 **가중평균**

김 사원의 전 달 생활비를 x라 하면 식비는 $\frac{40}{100}x$, 그 외 비용은 $\frac{60}{100}x$이다.

이때 절약한 식비의 일부가 전 달 식비에서 차지하는 비중을 a%라 하면

김 사원은 식비의 일부 a%와 그 외 비용의 10%를 절약하여 전 달 생활비의 20%를 절약하려고 하므로

$\frac{40}{100}x \times \frac{a}{100} + \frac{60}{100}x \times \frac{10}{100} = \frac{20}{100}x \rightarrow \frac{4}{10}a + 6 = 20 \rightarrow a = 35$

따라서 식비의 일부와 식비를 제외한 비용의 10%를 절약하여 전 달 생활비의 20%를 줄이려고 할 때, 김 사원이 절약한 식비의 일부가 전 달 식비에서 차지하는 비중은 35%이다.

정답 ③

영역: 수리능력 하위능력: 기초통계능력 난이도: ★★☆

10. 다음은 A 도시와 B 도시의 용도지역별 소음도를 나타낸 자료이다. A 도시와 B 도시의 용도지역별 소음도의 분산을 각각 a, b라고 할 때, a+b의 값은?

[용도지역별 소음도]

(단위: Leq dB(A))

구분	가 지역	나 지역	다 지역	라 지역	평균
A 도시	54	56	61	61	( )
B 도시	55	( )	58	58	56

① 9.5 ② 13 ③ 13.5 ④ 14 ⑤ 14.5

핵심 포인트 해설 분산

평균 $= \frac{\text{변량의 총합}}{\text{변량의 개수}}$, 분산 $= \frac{(\text{변량} - \text{평균})^2\text{의 총합}}{\text{변량의 개수}}$임을 적용하여 구한다.

A 도시의 용도지역별 소음도의 평균은 $\frac{54+56+61+61}{4} = 58$Leq dB(A)이므로

분산 a는 $\frac{(54-58)^2+(56-58)^2+(61-58)^2+(61-58)^2}{4} = 9.5$이다.

B 도시의 용도지역별 소음도의 평균은 56Leq dB(A)이므로

B 도시의 나 지역 소음도를 x라 하면

$\frac{55+x+58+58}{4} = 56 \rightarrow x = 53$

이에 따라 B 도시의 용도지역별 소음도 분산 b는 $\frac{(55-56)^2+(53-56)^2+(58-56)^2+(58-56)^2}{4} = 4.5$이다.

따라서 a+b의 값은 9.5+4.5=14이다.

정답 ④

영역: 수리능력 하위능력: 기초통계능력 난이도: ★★☆

11. 어떤 한 질병의 여부에 대해 100명을 대상으로 의료 시험기를 사용하여 진단했을 때, 실제 양성자는 90%이고, 실제 양성자 중에서 의료 시험기로 음성으로 오진을 받은 사람은 10%이며, 실제 음성자 중에서 올바르게 진단을 받은 사람은 90%이다. 이때, 음성으로 진단받은 사람 중에서 올바르게 진단을 받은 사람의 확률은?

① 10% ② 18% ③ 50% ④ 82% ⑤ 90%

핵심 포인트 해설 **조건부확률**

전체 100명 중에서 실제 양성자는 90%이므로 100×0.9=90명이고, 이에 따라 실제 음성자는 100-90=10명임을 알 수 있다. 또한, 실제 양성자 중에서 의료 시험기로 음성으로 오진을 받은 사람은 10%이므로 90×0.1=9명이며, 나머지 90-9=81명은 올바르게 진단을 받았음을 알 수 있다. 이와 마찬가지로 실제 음성자 중에서 의료 시험기로 올바르게 진단을 받은 사람은 90%이므로 10×0.9=9명이고, 실제 음성자 중에서 오진을 받은 사람은 10-9=1명이다. 인원수를 유형별로 구분하여 표로 나타내면 다음과 같다.

구분	양성으로 진단	음성으로 진단	합계
실제 양성자	81명	9명	90명
실제 음성자	1명	9명	10명
합계	82명	18명	100명

따라서 음성으로 진단받은 사람은 18명이고 이 중에서 실제 음성자는 9명이므로 올바르게 진단을 받은 사람의 확률은 $\frac{9}{18} \times 100 = 50\%$이다.

이것도 알면 합격

조건부확률

두 사건 A, B에 대하여 A가 일어났다고 가정하였을 때, B가 일어날 확률

사건 A가 일어났을 때의 사건 B의 조건부확률: $P(B|A) = \frac{P(A \cap B)}{P(A)}$

정답 ③

영역: 수리능력 하위능력: 도표분석능력 난이도: ★☆☆

12. 다음은 2019년부터 2022년까지 국가별 소비자 물가지수를 나타낸 자료이다. 다음 중 (가), (나), (다), (라)에 해당하는 국가의 이름을 순서대로 바르게 나열한 것은?

[소비자 물가지수]

구분	(가)	(나)	E 국	(다)	F 국	(라)
2022년	104.0	121.8	99.3	115.2	104.7	119.6
2021년	100.0	115.5	99.6	111.7	104.5	114.5
2020년	97.1	111.8	100.3	109.9	103.8	110.8
2019년	94.5	112.6	101.7	110.2	104.3	108.5

㉠ 2019년 소비자 물가지수가 105 이상인 국가는 A 국, B 국, C 국이다.
㉡ 2020년부터 2022년까지 전년 대비 소비자 물가지수의 증감량이 항상 0.5 이상인 국가는 A 국, B국, D 국이다.
㉢ 2020년부터 2022년까지 소비자 물가지수가 매년 전년 대비 증가한 국가는 B 국, D 국이다.

① A 국, D 국, B 국, C 국
② A 국, D 국, C 국, B 국
③ D 국, A 국, B 국, C 국
④ D 국, A 국, C 국, B 국
⑤ D 국, C 국, A 국, B 국

핵심 포인트 해설 **자료해석**

㉠ 2019년 소비자 물가지수가 105 이상인 국가는 A 국, B 국, C 국이다.
→ 2019년 소비자 물가지수가 105 이상인 국가는 (나), (다), (라)이므로 (가)는 D 국이다.
㉢ 2020년부터 2022년까지 소비자 물가지수가 매년 전년 대비 증가한 국가는 B 국, D 국이다.
→ 2020년부터 2022년까지 소비자 물가지수가 매년 전년 대비 증가한 국가는 (가)와 (라)이고, (가)는 D 국이므로 (라)는 B 국이다.
㉡ 2020년부터 2022년까지 전년 대비 소비자 물가지수의 증감량이 항상 0.5 이상인 국가는 A 국, B국, D 국이다.
→ 2020년부터 2022년까지 전년 대비 소비자 물가지수의 증감량이 항상 0.5 이상인 국가는 (가), (나), (라)이고, (가)는 D국, (라)는 B 국이므로 (나)는 A 국이다. 이에 따라 나머지 (다)는 C 국이다.

정답 ④

영역: 수리능력 하위능력: 도표분석능력 난이도: ★☆☆

13. 다음은 A 지역의 연도별 농민 소득에 대한 자료이다. 2017년부터 2021년까지의 기간 중 농업 소득이 전년 대비 가장 많이 증가한 해의 농업 의존율은?

[연도별 농민 소득]

(단위: 백 원)

구분	2016년	2017년	2018년	2019년	2020년	2021년
농업 소득	630	525	640	665	667	792
농업 이외 소득	1,470	1,575	1,360	1,235	1,633	1,408

※ 1) 전체 소득 = 농업 소득 + 농업 이외 소득
2) 농업 의존율(%) = (농업 소득/전체 소득) × 100

① 25% ② 29% ③ 30% ④ 32% ⑤ 36%

핵심 포인트 해설 자료계산

전체 소득 = 농업 소득 + 농업 이외 소득, 농업 의존율(%) = (농업 소득 / 전체 소득) × 100임을 적용하여 구한다.
2017년부터 2021년까지의 기간 중 농업 소득이 전년 대비 가장 많이 증가한 해는 전년 대비 792 − 667 = 125백 원 증가한 2021년이다.
따라서 2021년 농업 의존율은 {792 / (792 + 1,408)} × 100 = (792 / 2,200) × 100 = 36%이다.

정답 ⑤

14. 다음은 A 국가의 연도별 펀드 수탁액에 대한 자료이다. 자료에 대한 설명으로 옳은 것은?

[연도별 펀드 수탁액]

(단위: 조 원, %)

구분		2015년	2016년	2017년	2018년	2019년	2020년	2021년	2022년
주식형	수탁액	83.9	115.0	102.9	104.2	94.5	85.5	79.3	81.4
	비중	29.0	36.1	32.3	34.9	29.8	25.5	20.8	19.3
채권형	수탁액	31.5	46.9	53.5	44.8	46.9	56.2	70.8	85.2
	비중	10.9	14.7	16.8	15.0	14.8	16.8	18.5	20.2
혼합형	수탁액	34.7	30.9	33.2	30.2	29.1	32.6	37.7	38.6
	비중	12.0	9.7	10.4	10.1	9.2	9.7	9.9	9.2
MMF	수탁액	90.8	72.5	67.7	53.1	63.1	66.4	82.4	93.4
	비중	31.4	22.8	21.2	17.8	19.9	19.8	21.6	22.1
기타	수탁액	48.4	53.2	61.6	66.2	83.4	94.4	111.6	123.1
	비중	16.7	16.7	19.3	22.2	26.3	28.2	29.2	29.2
전체 수탁액		289.3	318.5	318.9	298.5	317.0	335.1	381.8	421.7

① 2017년부터 2022년까지 전체 펀드 수탁액에서 주식형펀드 수탁액이 차지하는 비중은 매년 전년 대비 감소하였다.

② 제시된 기간 중 기타를 제외한 펀드 유형 중에서 MMF 수탁액이 가장 많았던 해는 총 2개 연도이다.

③ 혼합형펀드 수탁액과 MMF 수탁액의 합이 처음으로 100조 원보다 낮아진 해에 채권형펀드 수탁액과 기타 펀드 수탁액의 합은 전년 대비 감소하였다.

④ 2016년 펀드 수탁액의 전년 대비 증가 금액은 주식형펀드가 채권형펀드보다 적다.

⑤ 2015년부터 2019년까지 수탁액이 차지하는 비중이 가장 큰 펀드 유형은 매년 동일하다.

핵심 포인트 해설 **자료해석**

혼합형펀드와 MMF 수탁액의 합이 처음으로 100조 원보다 낮아진 해는 30.2+53.1=83.3조 원인 2018년이고, 그해 채권형펀드와 기타 펀드 수탁액의 합은 전년 대비 (53.5+61.6)-(44.8+66.2)=4.1조 원 감소하였으므로 옳은 설명이다.

① 2018년 주식형펀드 수탁액의 비중은 전년 대비 증가하였으므로 옳지 않은 설명이다.

② 제시된 기간 중 기타를 제외한 펀드 유형 중에서 MMF 수탁액이 가장 많았던 해는 2015년, 2021년, 2022년으로 총 3개 연도이므로 옳지 않은 설명이다.

④ 2016년 펀드 수탁액의 전년 대비 증가 금액은 주식형펀드가 115.0-83.9=31.1조 원, 채권형펀드가 46.9-31.5=15.4조 원으로 주식형펀드가 채권형펀드보다 많으므로 옳지 않은 설명이다.

⑤ 수탁액이 차지하는 비중이 가장 큰 펀드 유형은 2015년에 MMF, 2016~2019년에 주식형펀드이므로 옳지 않은 설명이다.

정답 ③

[15-16] 다음은 A 지역의 가구당 월평균 소비지출 및 비소비지출에 대한 자료이다. 각 물음에 답하시오.

[월평균 소비지출]

(단위: 천 원, %)

구분	2021년			2022년		
	지출액	구성비	전년 대비 증감률	지출액	구성비	전년 대비 증감률
전체	2,551.1	100.0	2.8	2,563.1	100.0	0.5
식료품·비주류음료	351.2	13.8	0.8	354.0	13.8	0.8
주류·담배	27.8	1.1	−0.6	33.1	1.3	19.1
의류·신발	169.4	6.6	−0.1	161.9	6.3	−4.4
주거·수도·광열	264.7	10.4	−0.8	277.5	10.8	4.8
가정용품·가사서비스	104.7	4.1	5.5	105.2	4.1	0.5
보건	168.3	6.6	2.8	174.4	6.8	3.6
교통	334.0	13.1	8.6	321.6	12.5	−3.7
통신	150.4	5.9	−1.6	147.7	5.8	−1.8
오락·문화	146.8	5.8	5.6	149.9	5.8	2.1
교육	284.6	11.1	0.4	283.3	11.1	−0.5
외식	325.3	12.7	4.7	329.9	12.9	1.4
기타	223.9	8.8	6.4	224.6	8.8	0.3

[월평균 비소비지출]

(단위: 천 원, %)

구분	2021년			2022년		
	지출액	구성비	전년 대비 증감률	지출액	구성비	전년 대비 증감률
전체	804.5	100.0	3.0	810.2	100.0	0.7
경상조세	135.9	16.9	5.8	138.5	17.1	1.9
비경상조세	15.5	1.9	14.5	16.9	2.1	9.0
연금	122.1	15.2	5.4	125.1	15.4	2.5
사회보험	124.1	15.4	7.2	128.7	15.9	3.7
이자비용	88.9	11.1	−5.2	83.6	10.3	−6.0
가구 간 이전지출	211.9	26.3	0.9	212.4	26.2	0.2
비영리단체로 이전	106.1	13.2	2.5	105.0	13.0	−1.0

※ 1) 가계지출 = 소비지출 + 비소비지출
2) 전년 대비 증감률은 지출액의 전년 대비 증감률을 의미함

15. **다음 중 자료에 대한 설명으로 옳지 않은 것은?**

① 2022년 월평균 소비지출액의 전년 대비 증가 금액은 외식이 보건보다 적다.

② 2022년 월평균 가계지출액은 2021년보다 크다.

③ 2021년 월평균 연금 지출액은 전년 대비 5천 원 이상 증가하였다.

④ 2021년과 2022년에 월평균 소비지출액에서 가장 큰 비중을 차지하는 항목은 같다.

⑤ 월평균 비소비지출이 2021년에 전년 대비 증가한 항목은 모두 2022년에도 전년 대비 증가하였다.

핵심 포인트 해설 **자료해석**

2021년 월평균 비영리단체로 이전 지출액은 전년 대비 증가하였지만, 2022년 월평균 비영리단체로 이전 지출액은 전년 대비 감소하였으므로 옳지 않은 설명이다.

① 2022년 월평균 외식 지출액의 전년 대비 증가 금액은 329.9 - 325.3 = 4.6천 원으로 보건 지출액의 전년 대비 증가 금액인 174.4 - 168.3 = 6.1천 원보다 적으므로 옳은 설명이다.

② 2022년 월평균 소비지출액과 비소비지출액은 모두 전년 대비 증가하여 2022년 월평균 가계지출액도 전년 대비 증가하였으므로 옳은 설명이다.

③ 2020년 월평균 연금 지출액은 122.1 / (1 + 0.054) ≒ 115.8천 원으로 2021년 월평균 연금 지출액은 전년 대비 122.1 - 115.8 ≒ 6.3천 원 증가하였으므로 옳은 설명이다.

④ 월평균 소비지출액에서 가장 큰 비중을 차지하는 항목은 구성비가 가장 큰 항목으로, 2021년과 2022년 모두 식료품·비주류음료의 구성비가 가장 크므로 옳은 설명이다.

정답 ⑤

영역: 수리능력 **하위능력:** 도표분석능력 **난이도:** ★☆☆

16. 2022년 월평균 소비지출의 구성비가 두 번째로 큰 항목의 2022년 월평균 소비지출 구성비의 전년 대비 증감량은 몇 %p인가?

① −0.6%p　② −0.3%p　③ −0.2%p　④ 0.2%p　⑤ 0.4%p

핵심 포인트 해설 **자료계산**

2022년 월평균 소비지출의 구성비가 두 번째로 큰 항목은 구성비가 12.9%인 외식이고, 월평균 외식 지출액의 구성비는 2021년에 12.7%, 2022년에 12.9%이므로 2022년 월평균 외식 지출액 구성비의 전년 대비 증감량은 12.9 − 12.7 = 0.2%p이다.

이것도 알면 합격

퍼센트(%)와 퍼센트포인트(%p)

- 퍼센트(%): 전체 중 일부가 차지하는 비율을 나타내는 식으로, 전체를 100으로 할 때의 양
- 퍼센트포인트(%p): 퍼센트의 차이

정답 ④

17. 다음은 Z 지역의 여가 산업 중 일부의 산업규모 및 비중을 나타낸 자료이다. 자료에 대한 설명으로 옳지 않은 것은?

[여가 산업별 산업규모 및 비중]

구분	2020년		2021년		
	산업규모(백만 원)	비중(%)	산업규모(백만 원)	비중(%)	전년 대비 증감률(%)
A 산업	28,332	8.2	30,027	8.2	6.0
B 산업	36,962	10.7	35,761	9.8	-3.2
C 산업	9,524	2.8	10,699	2.9	12.3
D 산업	21,204	6.2	25,445	7.0	20.0
E 산업	3,403	1.0	4,320	1.2	26.9
F 산업	9,032	2.6	9,770	2.7	8.2
G 산업	14,450	4.2	16,653	4.6	15.2

※ 비중(%) = (여가 산업별 산업규모 / 전체 여가 산업규모) × 100

① 제시된 산업 중 2021년 산업규모가 가장 큰 여가 산업의 산업규모는 전년 대비 1,200백만 원 이상 감소하였다.

② 자료에 제시되지 않은 2020년 나머지 여가 산업의 산업규모 합은 전체 산업규모에서 65% 이상을 차지한다.

③ 2020년과 2021년 제시된 여가 산업별 산업규모의 순위는 동일하다.

④ 2021년과 2022년 D 산업의 전년 대비 산업규모 증감률이 동일하다면, 2022년 D 산업의 산업규모는 30,000백만 원 이상이다.

⑤ 제시된 산업 중 2021년 산업규모가 전년 대비 증가한 산업은 총 6개이다.

핵심 포인트 해설 **자료해석**

자료에 제시된 2020년 여가 산업의 산업규모 비중의 합은 8.2 + 10.7 + 2.8 + 6.2 + 1.0 + 2.6 + 4.2 = 35.7%이고, 자료에 제시되지 않은 나머지 여가 산업의 산업규모 비중의 합은 100.0 - 35.7 = 64.3%이므로 옳지 않은 설명이다.

① 제시된 산업 중 2021년 산업규모가 가장 큰 여가 산업은 B 산업이고, 2021년 B 산업의 산업규모는 전년 대비 36,962 - 35,761 = 1,201억 원 감소하였으므로 옳은 설명이다.

③ 2020년과 2021년의 여가 산업별 산업규모가 큰 순서대로 나열하면 B 산업, A 산업, D 산업, G 산업, C 산업, F 산업, E 산업 순으로 동일하므로 옳은 설명이다.

④ 2021년과 2022년 D 산업의 전년 대비 산업규모 증감률이 20.0%로 동일하다면, 2022년 D 산업의 산업규모는 25,445 × 1.2 = 30,534백만 원이므로 옳은 설명이다.

⑤ 제시된 산업 중 2021년 산업규모가 전년 대비 증가한 산업은 전년 대비 증감률이 양수인 산업으로, 총 6개이므로 옳은 설명이다.

정답 ②

영역: 수리능력 하위능력: 도표분석능력 난이도: ★☆☆

18. 다음은 지역별 관광지 방문객 수를 나타낸 자료이다. 다음 중 자료에 대한 설명으로 옳은 것을 모두 고르면?

[지역별 관광지 방문객 수]

(단위: 십만 명)

구분	2017년	2018년	2019년	2020년	2021년	2022년
A 지역	442	490	498	524	543	558
B 지역	758	762	351	299	354	336
C 지역	92	153	187	359	142	122
D 지역	109	130	139	144	127	137
E 지역	102	113	109	157	141	171
F 지역	120	136	129	125	124	153
G 지역	548	566	602	648	603	662
H 지역	439	351	391	475	519	634
I 지역	814	753	836	922	831	914
J 지역	342	331	374	407	437	512
K 지역	853	857	866	754	896	1,048
L 지역	792	784	835	921	927	899
M 지역	581	624	793	859	879	959
합계	5,992	6,050	6,110	6,594	6,523	7,105

㉠ 전체 관광지 방문객 수는 매년 전년 대비 증가하였다.
㉡ 2017년부터 2022년까지 총 관광지 방문객의 수는 K 지역이 가장 많다.
㉢ 제시된 기간 중 G 지역의 관광지 방문객 수의 전년 대비 증가 인원이 가장 많은 해는 2022년이다.
㉣ 2022년 모든 지역의 관광지 방문객 수는 2017년 대비 증가하였다.

① ㉠, ㉡ ② ㉠, ㉢ ③ ㉡, ㉢ ④ ㉡, ㉣ ⑤ ㉢, ㉣

핵심 포인트 해설 **자료해석**

㉡ 2020년과 2021년을 제외한 나머지 해에 관광지 방문객의 수는 K 지역이 가장 많고, 2020년 또는 2021년 관광지 방문객 수가 K 지역보다 많은 I 지역, L 지역, M 지역의 관광지 방문객 수를 비교하면 6년 동안 총 관광지 방문객의 수는 K 지역이 가장 많으므로 옳은 설명이다.
㉢ 2022년 G 지역의 관광지 방문객 수의 전년 대비 증가 인원이 662 − 603 = 59십만 명으로 가장 많으므로 옳은 설명이다.
㉠ 2021년 전체 관광지 방문객 수는 전년 대비 감소하였으므로 옳지 않은 설명이다.
㉣ 2022년 B 지역의 관광지 방문객 수는 2017년 대비 감소하였으므로 옳지 않은 설명이다.

정답 ③

영역: 수리능력 **하위능력:** 도표분석능력 **난이도:** ★☆☆

19. 다음은 K 국가의 연도별 토양 중금속 오염도에 대한 자료이다. 이를 바탕으로 만든 자료로 옳지 않은 것은?

[연도별 토양 중금속 오염도]

(단위: mg/kg)

구분	2015년	2016년	2017년	2018년	2019년	2020년	2021년	2022년
카드뮴	0.049	0.059	1.094	1.290	1.000	0.200	0.150	0.280
구리	3.521	2.994	19.934	23.800	21.000	21.600	22.600	18.600
비소	0.241	0.338	4.821	5.640	5.050	5.600	6.100	6.070
수은	0.037	0.042	0.030	0.040	0.040	0.030	0.040	0.030
납	4.042	3.903	26.763	35.800	27.300	25.000	24.100	26.000

① [연도별 비소 오염도]

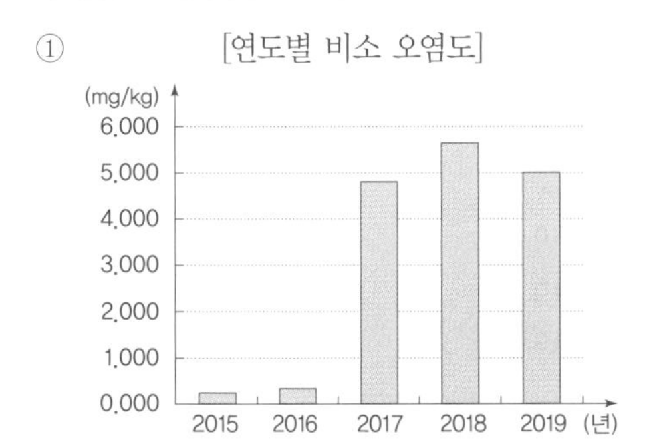

② [카드뮴 오염도의 전년 대비 증감률]

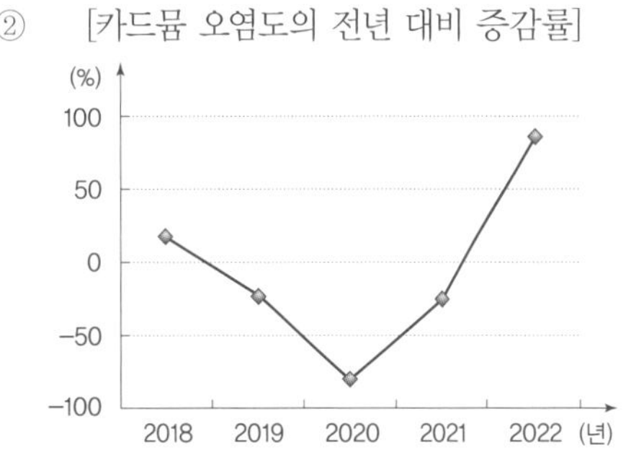

③ [연도별 구리 및 납 오염도]

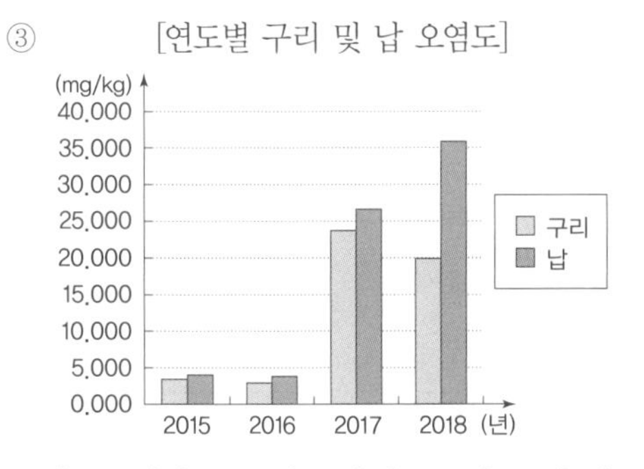

④ [연도별 수은 오염도]

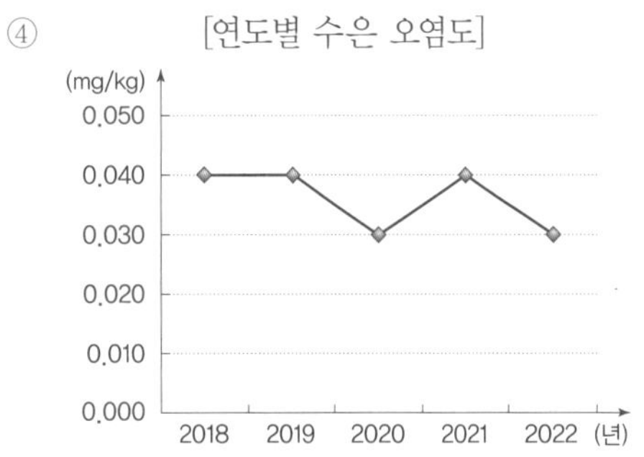

⑤ [2021년과 2022년 토양의 중금속 오염도]

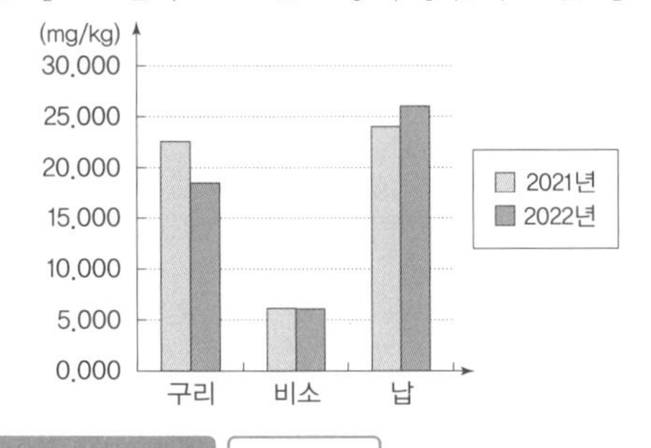

핵심 포인트 해설 **자료변환**

제시된 자료에 따르면 2017년 구리 오염도는 19.934mg/kg으로 2018년 구리 오염도인 23.800mg/kg보다 낮으나 막대 그래프에서는 2017년 구리 오염도가 2018년보다 높으므로 옳지 않은 그래프는 ③이다.

정답 ③

20. 다음은 국가별 BIS 자기자본비율을 나타낸 자료이다. 이를 바탕으로 만든 자료로 옳지 않은 것은?

[국가별 BIS 자기자본비율]

(단위: %)

구분	2016년	2017년	2018년	2019년	2020년	2021년	2022년
A 국가	12.0	11.5	11.7	12.0	22.5	24.2	24.4
B 국가	12.2	12.7	13.3	12.2	12.4	13.5	13.1
C 국가	14.8	14.7	14.5	14.4	14.4	14.1	14.1
D 국가	12.7	12.3	14.5	15.4	16.3	17.1	17.2
E 국가	16.1	16.4	17.9	19.2	18.0	18.3	18.0

①
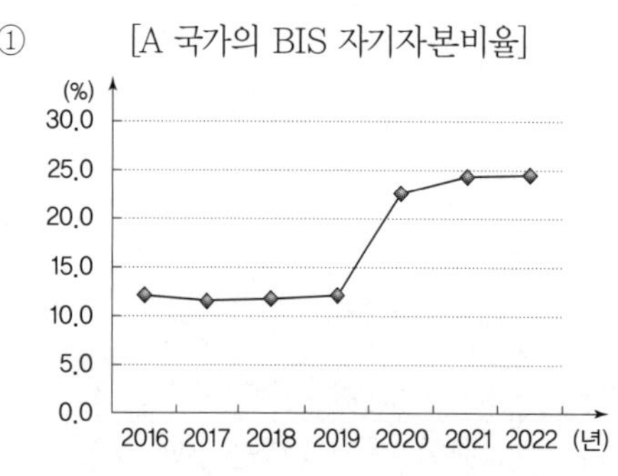

②
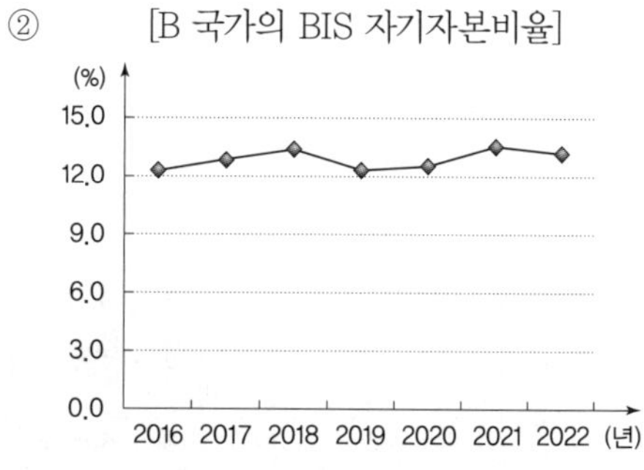

③
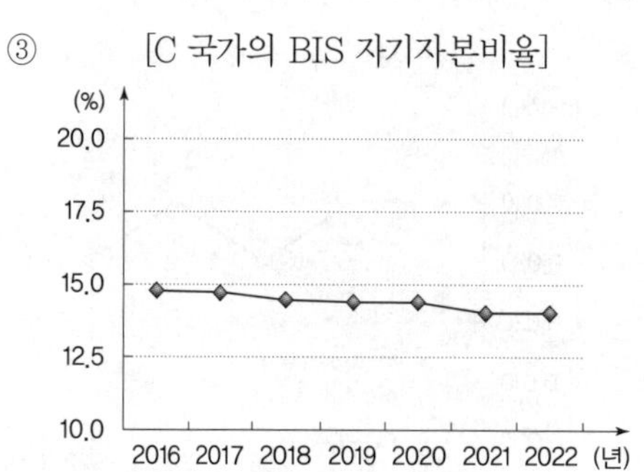

④
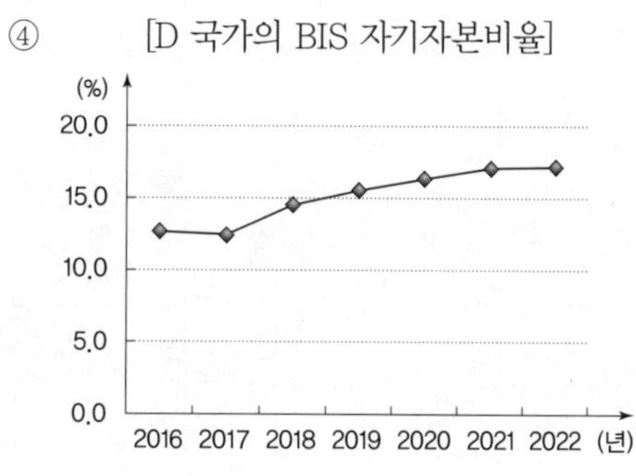

⑤
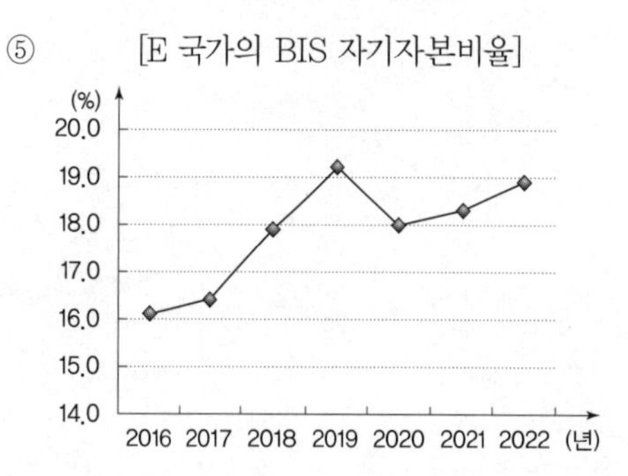

핵심 포인트 해설 **자료변환**

제시된 자료에 따르면 E 국가의 2022년 BIS 자기자본비율은 18.0%이지만, 꺾은선 그래프에서는 18.0%보다 높게 나타났으므로 옳지 않은 그래프는 ⑤이다.

정답 ⑤

National Competency Standards

3. 문제해결능력

핵심개념정리

출제예상문제

National Competency Standards

핵심개념정리

문제해결능력이란?

문제해결능력이란 업무 상황에서 문제 상황 발생 시 창의적이고 논리적인 사고를 통하여 상황을 정확하게 판단하고 적절히 해결하는 능력이다.
문제해결능력의 하위능력은 사고력, 문제처리능력으로 구성된다. 사고력이란 업무와 관련한 문제를 인식하고 해결할 때 창조적, 논리적, 비판적으로 생각하는 능력을 의미한다. 문제처리능력이란 업무와 관련한 문제의 특성을 파악하고, 대안을 제시·적용하고 그 결과를 평가하여 피드백하는 능력을 의미한다.

문제해결능력 하위능력

직업기초능력(10)	영역별 하위능력(34)
의사소통능력	문서이해 문서작성 경청 의사표현 기초외국어
수리능력	기초연산 기초통계 도표분석 도표작성
문제해결능력	**사고력 문제처리**
자기개발능력	자아인식 자기관리 경력개발
자원관리능력	시간관리 예산관리 물적자원관리 인적자원관리
대인관계능력	팀워크 리더십 갈등관리 협상 고객서비스
정보능력	컴퓨터활용 정보처리
기술능력	기술이해 기술선택 기술적용
조직이해능력	경영이해 체제이해 업무이해 국제감각
직업윤리	근로윤리 공동체윤리

실력 업 노트

NCS 전문가의 TIP

문제해결능력에서는 주로 '업무수행과정에서 발생하는 문제의 유형', '문제해결을 위한 방법', '창의적 사고의 개발방법', '논리적 사고 개발방법' 등의 개념이 출제되므로 해당 개념과 관련된 내용을 학습하는 것이 좋습니다.

문제해결능력 핵심 이론 정리

1 문제해결능력 소개

1. 문제의 개념

① 원활한 업무수행을 위해 해결되어야 하는 질문이나 의논 대상을 말함
- 해결해야 하지만 실제로 해결해야 하는 방법을 모르고 있는 상태
- 얻고자 하는 해답은 있으나 그 해답을 얻는 데 필요한 일련의 행동을 알지 못하는 상태

② 목표와 현상의 차이이자 해결이 필요한 사항임

2. 문제의 유형

1) 기준에 따른 문제의 유형

기준	기능	해결방법	시간	업무수행과정
유형	• 제조 문제 • 판매 문제 • 자금 문제 • 인사 문제 • 경리 문제 • 기술상 문제	• 창의적 문제 • 논리적 문제	• 과거 문제 • 현재 문제 • 미래 문제	• 발생형 문제 • 탐색형 문제 • 설정형 문제

2) 업무수행과정에서 발생하는 문제의 유형

발생형 문제(보이는 문제)	탐색형 문제(찾는 문제)	설정형 문제(미래 문제)
• 눈앞에 발생하여 당장 걱정하고 해결하기 위해 고민하는 문제 • 문제의 원인이 내재되어 있는 문제	• 눈에 보이지 않는 문제로 방치할 경우 큰 손실이 따르거나 해결할 수 없는 문제로 확대되는 문제 • 잠재 문제, 예측 문제, 발견 문제의 세 가지 형태로 구분됨	• 미래 상황에 대응하는 경영 전략의 문제로, 미래 지향적으로 새로운 과제 또는 목표를 설정함에 따라 일어나는 문제 • 해결을 위해 창조적인 노력이 요구되는 문제

실력 업 노트

문제와 문제점의 차이
일반적으로 업무 현장에서는 문제와 문제점을 구분하지 않고 사용하는데, 문제점이란 문제의 근본 원인이 되는 핵심사항이자 문제해결에 필요한 주요사항을 말함

발생형 문제
일탈 문제, 미달 문제, 원인 지향적 문제라고도 함

탐색형 문제
개선 문제, 강화 문제, 눈에 보이지 않는 문제라고도 함

설정형 문제
개발 문제, 달성 문제, 목표 지향적 문제, 창조적 문제라고도 함

잠재 문제
문제가 잠재되어 있어 보지 못하고 인식하지 못하다가 결국은 문제가 확대되어 해결이 어려운 문제

예측 문제
현재로는 문제가 없으나, 현 상태의 진행 상황을 통해 앞으로 일어날 수 있는 문제를 예측하는 문제

발견 문제
현재로는 담당 업무에 아무런 문제가 없으나, 유사 타 기업의 업무수행 방식이나 선진기업의 업무수행 방식 등의 정보를 얻음으로써 더욱 좋은 제도나 기법, 기술을 발견하여 개선, 향상할 수 있는 문제

3. 문제해결의 의미와 중요성

1) 문제해결이란?

목표와 현상을 분석하고 분석 결과를 토대로 주요과제를 도출한 뒤, 바람직한 상태나 기대되는 결과가 나타나도록 최적의 해결안을 모색하여 실행 및 평가하는 활동을 의미함

2) 문제해결의 중요성

① **조직 측면**: 자신이 속한 조직의 관련 분야에서 세계 일류수준을 지향하며, 경쟁사 대비 탁월한 우위를 확보할 수 있음

② **고객 측면**: 고객이 불편하다고 느끼는 부분을 찾아 개선하고 고객 감동을 통한 고객 만족을 높일 수 있음

③ **자기 자신 측면**: 불필요한 업무를 제거하거나 단순화하여 업무를 효율적으로 처리하게 되어 자신을 경쟁력 있는 사람으로 만들어 나갈 수 있음

3) 문제해결의 필수 요소

① 문제해결을 위해서는 체계적인 교육훈련을 통해 일정 수준 이상의 문제해결능력을 발휘할 수 있도록 조직과 각 실무자가 노력하여 고정관념과 편견 등 심리적 타성 및 기존의 패러다임을 극복하고 새로운 아이디어를 효과적으로 낼 수 있는 창조적 스킬 등을 습득해야 함

② 개인은 사내외의 체계적인 교육훈련을 통해 문제해결을 위한 기본 지식뿐 아니라 본인이 담당하는 전문영역에 대한 지식도 습득하고, 이를 바탕으로 문제를 조직 전체의 관점과 각 기능 단위별 관점으로 구분한 뒤 스스로 해결할 수 있는 부분과 조직 전체의 노력을 통해서 해결할 수 있는 부분으로 나누어 체계적으로 접근해야 함

4. 문제해결을 위한 기본적인 사고

① 발상의 전환
② 전략적 사고
③ 분석적 사고
④ 내·외부 자원의 효과적인 활용

5. 문제해결의 방해요인

① 문제를 철저하게 분석하지 않는 경우
② 고정관념에 얽매이는 경우
③ 쉽게 떠오르는 단순한 정보에 의지하는 경우
④ 너무 많은 자료를 수집하려고 노력하는 경우

실력 업 노트

발상의 전환을 가로막는 장애요인

고정관념, 선입견, 기계적 반응, 터부, 자기규제, 전례, 관행, 습관 등

문제의 성격에 따라 다르게 요구되는 분석적 사고

- **성과 지향의 문제**: 기대하는 결과를 명시하고, 효과적으로 달성하는 방법을 사전에 구상하고 실행해야 함
- **가설 지향의 문제**: 현상 및 원인 분석 전에 지식과 경험을 바탕으로 일의 과정이나 결과, 결론을 가정한 다음 검증 후 사실일 경우 다음 단계의 일을 수행해야 함
- **사실 지향의 문제**: 일상 업무에서 일어나는 상식, 편견을 타파하고 객관적 사실로부터 사고와 행동을 시작해야 함

6. 문제해결을 위한 방법

구분	내용
소프트 어프로치(Soft approach)	문제해결을 위해서 직접적인 표현이 바람직하지 않다고 여기며, 시사나 암시를 통해 의사를 전달하고, 기분을 서로 통하게 하는 문제해결방법
하드 어프로치(Hard approach)	서로 다른 문화적 토양을 가지고 있는 구성원을 가정하여 서로의 생각을 직설적으로 주장하고 논쟁이나 협상을 통해 서로의 의견을 조정해 가는 문제해결방법
퍼실리테이션(Facilitation)	'촉진'을 의미하며, 깊이 있는 커뮤니케이션을 통해 서로의 문제점을 이해하고 공감함으로써 창조적인 문제해결을 도모하는 문제해결방법

2 사고력

1. 사고력과 창의력의 의미

1) 사고력이란?

이치에 맞게 생각하고 궁리하며 판단하는 능력을 말함

2) 창의력이란?

① 창의력은 대체할 수 없는 인간의 고유한 능력으로, 인간은 누구나 창의적 잠재력을 가짐
② 개인에 따라 차이는 있으나 창의성의 여부는 개인 능력의 차이보다 잠재력을 활용하려는 노력과 활용방법에 따라 결정됨

2. 창의적 사고의 의미와 특징

1) 창의적 사고란?

① 당면한 문제를 해결하기 위해 이미 알고 있는 경험과 지식을 바탕으로 새로운 아이디어를 도출하는 능력을 말함
② 발산적(확산적) 사고로, 아이디어가 많고 다양하며 독특한 것을 의미함
③ 새롭고 유용한 아이디어를 생산해 내는 정신적인 과정임
④ 통상적인 것이 아니라 기발하거나 신기하며 독창적인 것임
⑤ 유용하고 적절하며 가치가 있는 것임
⑥ 기존의 정보(지식, 상상, 개념 등)들을 특정한 요구 조건에 맞거나 유용하도록 새롭게 조합시킨 것임

2) 창의적 사고의 특징

① 정보와 정보를 조합함
② 사회나 개인에게 새로운 가치를 창출함
③ 교육훈련을 통해 개발될 수 있는 능력임

실력 업 노트

시사
어떤 것을 미리 간접적으로 표현해 줌

조직생활에서 사고력의 적용
조직구성원이 조직생활에서 발생하는 문제를 해결하려면, 창의적, 논리적, 비판적으로 생각하는 능력이 필요함

당면
바로 눈앞에 당함

통상
특별하지 아니하고 예사임

3. 창의적 사고의 개발방법

1) 자유연상법

어떤 생각에서 다른 생각을 떠올리는 작용을 통해 생각나는 것을 계속해서 열거해 나가는 방법

예 브레인스토밍

2) 강제연상법

각종 힌트를 강제로 결합하거나 연상하여 아이디어를 떠올리는 방법

예 속성열거법, 희망점열거법, 체크리스트, 결점열거법

3) 비교발상법

① 주제와 본질적으로 닮은 것을 힌트로 하여 새로운 아이디어를 얻는 방법

② 본질적으로 닮은 것은 힌트와 주제가 닮은 것을 의미함

예 NM법, Synectics

4. 논리적 사고

1) 논리적 사고란?

① 공동체 생활에서 지속적으로 요구되는 능력으로, 논리적 규칙과 형식에 따른 사고를 말함

② 사고의 전개에서 전후 관계가 일치하고 있는가를 살피고, 아이디어를 평가하는 능력임

2) 논리적 사고의 개발방법

① 피라미드 구조화 방법

하위의 사실이나 현상부터 사고함으로써 상위의 주장을 만들어가는 것으로, 보조 메시지들을 통해 주요 메인 메시지를 얻고, 다시 메인 메시지를 종합한 최종 정보를 도출해 내는 방법

② So what 기법

눈앞에 있는 정보로부터 의미를 찾아서 가치 있는 정보를 끌어내는 방법

브레인스토밍
두뇌에 폭풍을 일으킨다는 의미로, 문제에 대한 여러 답을 다양하게 내놓을 수 있는 대표적인 사고 기법

속성열거법
문제의 대상이나 아이디어의 다양한 속성을 목록으로 작성하는 방법

희망점열거법
개선하려는 대상에 관한 희망사항을 나열하고 실현을 추구하며 아이디어를 고안하는 방법

결점열거법
대상의 단점을 구체적으로 나열하고 개선방법을 찾으며 아이디어를 고안하는 방법

NM법
아이디어 발상 기법의 하나로, 해결해야 하는 문제 대상과 비슷한 것을 찾아내고 그것을 힌트로 이미지를 확대하여 새로운 아이디어를 고안하는 방법

Synectics
서로 연관이 없어 보이는 대상들을 조합하여 새로운 아이디어를 고안하는 방법

논리적 사고의 5요소
- 생각하는 습관
- 상대 논리의 구조화
- 구체적인 생각
- 타인에 대한 이해
- 설득

피라미드 구조화 방법
메인 메시지들을 모아서 최종적으로 결론을 도출함

So what 기법
"어떻게 될 것인가?", "어떻게 해야 하는가?"라는 내용이 포함되어야 함

3) 논리적 오류의 대표 유형

권위나 인신공격에 의존한 논증의 오류	상대의 주장이 아니라 상대의 인격을 공격하거나 권위자의 말을 근거로 자신의 주장을 합리화하는 오류 예 "제정신을 가진 사람이라면 그런 주장을 펼 수 있겠는가?", "대한민국 최고 권위자인 OOO 박사도 이런 말을 했습니다."
허수아비 공격의 오류	논리가 빈약한 경우 엉뚱한 다른 문제를 공격해 이익을 취하는 오류로, 상대의 주장과 전혀 상관없는 별개의 논리를 만들어 공격함 예 피의자는 평소 사생활이 문란했고 마약을 복용한 전력도 있습니다. 따라서 살인 혐의로 기소되어야 합니다.
성급한 일반화 오류	대표성이 결여된 한정적인 사례를 토대로 일반화하는 오류 예 복권 1등 당첨자가 3명이나 나왔다는 것을 보면 이 가게는 분명 복권 명당이다.
무지의 오류	어떠한 주장이 아직 증명되지 않았음을 근거로 자신의 주장을 받아들이게 할 때 발생하는 오류 예 담배가 암을 일으킨다는 확실한 증거는 없다. 따라서 정부의 금연 정책은 잘못된 정책이다.
결합·분할의 오류	논리적 주장을 확대하여 적용할 때나 논리적 주장을 분할하여 적용할 때 발생하는 논리적 오류 예 결합의 오류: 머리카락 하나가 빠지면 대머리가 되지 않는다. 두 개가 빠져도, 100개가 빠져도 그렇다. 따라서 1만 개가 빠져도 대머리가 되지 않는다. 분할의 오류: 트럭에 실린 모래가 무거우므로 한 알의 모래도 무겁다.
복합 질문의 오류	사실상 두 가지 이상의 내용이 합쳐진 하나의 질문을 함으로써 답변자가 어떻게 대답하든 숨겨진 질문에 수긍하게 만드는 질문을 할 때 발생하는 오류 예 형사가 피의자에게 "또다시 이런 죄를 지을 것인가?"라고 물을 경우 "예"라고 대답하는 것은 물론이고 '아니오'라고 답해도 이미 죄를 지었다는 것을 인정해 버리는 셈이기 때문에 어떠한 대답을 하더라도 불리해짐
과대 해석의 오류	문맥을 무시하고 과도하게 문구에만 집착할 경우 빠지게 되는 논리적 오류 예 일상생활에서 "퇴근길에 조심하세요."라는 가족의 말을 '퇴근길 말고는 조심하지 말라'는 의미로 받아들이는 것
애매성의 오류	애매한 언어를 사용하여 발생하는 논리적 오류 예 우리 할머니께서는 언제나 음식을 푸짐하게 차리는 손이 큰 분이셔. 그래서 이번 할머니 생신 때 드리려고 백화점에서 제일 큰 사이즈의 장갑을 사왔어.
연역법의 오류	'A = B, B = C, so A = C'와 같은 삼단 논법에서 발생하는 논리적 오류 예 TV를 자주 보면 눈이 나빠진다. 철수는 TV를 자주 보지 않는다. 따라서 철수는 눈이 나빠지지 않는다.

실력 업 노트

NCS 전문가의 **TIP**

논리적 오류의 경우 실제 시험에서 사례가 제시된 뒤 해당되는 논리적 오류를 찾거나 논리적 오류에 해당하는 사례를 찾는 문제가 출제되므로 예시를 잘 익혀두는 것이 중요합니다.

5. 비판적 사고

1) 비판적 사고란?

① 어떤 주제나 주장 등에 대해서 적극적으로 분석하고 종합하며 평가하는 능동적인 사고를 말함
② 어떤 논증, 추론, 증거, 가치를 표현한 사례를 타당한 것으로 수용할 것인가 아니면 불합리한 것으로 거절할 것인가에 대한 결정에 필요한 사고임
③ 시시콜콜한 문제가 아닌 문제의 핵심을 중요한 대상으로 함
④ 지식, 정보를 바탕으로 객관적 근거에 기초를 두고 현상을 분석하고 평가하는 사고임

2) 비판적 사고를 개발하기 위해 요구되는 태도

① **지적 호기심**: 여러 가지 다양한 질문이나 문제에 대한 해답을 탐색하고 사건의 원인과 설명을 구하기 위하여 '누가, 언제, 어디서, 무엇을, 어떻게, 왜' 등에 관한 질문을 제기하는 태도
② **객관성**: 결론에 도달하는 데 감정적, 주관적 요소를 배제하고 경험적 증거나 타당한 논증을 근거로 하는 태도
③ **개방성**: 편견이나 선입견에 의하여 결정을 내리지 않는 태도
④ **융통성**: 특정한 신념의 지배를 받는 고정성, 독단적 태도, 경직성을 배척하는 태도
⑤ **지적 회의성**: 적절한 결론이 제시되지 않는 한 결론이 참이라고 받아들이지 않는 태도
⑥ **지적 정직성**: 어떤 진술이 자신의 신념과 대치되는 것이라도 충분한 증거가 있으면 그것을 진실로 받아들이는 태도
⑦ **체계성**: 결론에 이르기까지 논리적 일관성을 유지하는 태도
⑧ **지속성**: 쟁점의 해답을 얻을 때까지 끈질기게 탐색하는 인내심을 갖는 태도
⑨ **결단성**: 증거가 타당할 땐 결론을 맺는 태도
⑩ **다른 관점에 대한 존중**: 내가 틀릴 수 있으며 내가 거절한 아이디어가 옳을 수 있다는 것을 기꺼이 받아들이는 태도

6. 비판적 사고를 위한 태도

비판적인 사고를 하기 위해서는 어떤 상황이나 현상에 대해 문제의식을 가져야 하며, 고정관념을 버려 지각의 폭을 넓혀야 함

7. 명제의 활용

1) 명제란?

① 가정과 결론으로 구성되어 참과 거짓을 명확히 판별할 수 있는 문장
② 어떤 명제를 'p이면 q이다.'의 꼴로 나타낼 때 p를 가정, q를 결론이라 함
예 딸기를 좋아하는 사람은 / 복숭아도 좋아한다.
(가정 / 결론)

실력 업 노트

쟁점
서로 다투는 중심이 되는 점. 이슈

NCS 전문가의 TIP

명제와 관련된 다양한 유형을 풀이하여 실제 시험에 나오는 명제 문제에 대비하는 것이 좋습니다. 역, 이, 대우의 개념뿐만 아니라 명제의 부정에 관련된 개념도 확실하게 숙지하여 학습해야 합니다.

2) 명제의 역, 이, 대우

명제	p이면 q이다. 예 딸기를 좋아하는 사람은 복숭아도 좋아한다.
명제의 '역'	q이면 p이다. 예 복숭아를 좋아하는 사람은 딸기도 좋아한다.
명제의 '이'	p가 아니면 q가 아니다. 예 딸기를 좋아하지 않는 사람은 복숭아도 좋아하지 않는다.
명제의 '대우'	q가 아니면 p가 아니다. 예 복숭아를 좋아하지 않는 사람은 딸기도 좋아하지 않는다.

3) 명제 사이의 관계

① 명제와 '대우' 사이의 관계: 주어진 명제가 참일 때 그 명제의 '대우'만이 참인 것을 알 수 있고, 주어진 명제가 거짓일 때 그 명제의 '대우'만이 거짓인 것을 알 수 있음
② 명제와 '역', '이' 사이의 관계: 주어진 명제의 참/거짓을 판별할 수 있더라도 그 명제의 '역'과 '이'의 참/거짓은 판별할 수 없음

4) 명제의 부정

① 명제에 반대되는 개념이 아니라, 명제를 제외한 나머지 모두를 포함하는 개념
② 어떤 명제 'p'에 대해 'p가 아니다.'를 의미하며, '~p'로 나타냄
③ 어떤 명제 'p이면 q이다.'의 부정은 'p이면 q가 아니다.'가 됨
예 명제: 딸기를 좋아하는 사람은 복숭아도 좋아한다.
명제의 '부정': 딸기를 좋아하는 사람은 복숭아를 좋아하지 않는다.

5) 연결어, 수식어의 부정

① 그리고: '그리고(and)'라는 의미를 갖는 연결어의 부정은 '또는(or)'이라는 의미를 갖는 연결어임
예 명제: 딸기를 좋아하는 사람은/복숭아와 귤을 좋아한다.
명제의 '부정': 딸기를 좋아하는 사람은/복숭아를 좋아하지 않거나 귤을 좋아하지 않는다.
② 또는: '또는(or)'이라는 의미를 갖는 연결어의 부정은 '그리고(and)'라는 의미를 갖는 연결어임
예 명제: 딸기를 좋아하는 사람은/복숭아를 좋아하거나 귤을 좋아한다.
명제의 '부정': 딸기를 좋아하는 사람은/복숭아와 귤을 좋아하지 않는다.
③ 모든: '모든'이라는 의미를 갖는 수식어의 부정은 '어떤'이라는 의미를 갖는 수식어임
예 명제: 딸기를 좋아하는 사람은 모두/복숭아를 좋아한다.
명제의 '부정': 딸기를 좋아하는 사람 중 일부는/복숭아를 좋아하지 않는다.
④ 어떤: '어떤'이라는 의미를 갖는 수식어의 부정은 '모든'이라는 의미를 갖는 수식어임
예 명제: 딸기를 좋아하는 사람 중 일부는/복숭아를 좋아한다.
명제의 '부정': 딸기를 좋아하는 사람은 모두/복숭아를 좋아하지 않는다.

실력 업 노트

역
- 어떤 명제의 가정과 결론을 뒤바꾼 명제
- 명제가 참이라도 명제의 역이 반드시 참은 아님
예 명제: 강아지는 동물이다. (참)
명제의 '역': 동물은 강아지이다. (알 수 없음)

이
- 어떤 명제의 가정과 결론을 부정한 명제
- 명제가 참이라도 명제의 이가 반드시 참은 아님
예 명제: 강아지는 동물이다. (참)
명제의 '이': 강아지가 아니면 동물이 아니다. (알 수 없음)

대우
- 어떤 명제의 가정과 결론을 부정하고 뒤바꾼 명제
- 명제가 참이면 명제의 대우도 반드시 참임
예 명제: 강아지는 동물이다. (참)
명제의 '대우': 동물이 아니면 강아지가 아니다. (참)

6) 명제의 분리

① 주어진 명제가 참일 때 분리된 명제도 참인 경우

(P or Q) → R	P → R (참), Q → R (참) 예 명제: 딸기이거나 복숭아이면 과일이다. (참) 분리된 명제: 딸기이면 과일이다. (참) 복숭아이면 과일이다. (참)
P → (Q and R)	P → Q (참), P → R (참) 예 명제: 축구 경기를 하려면 공과 골대가 필요하다. (참) 분리된 명제: 축구 경기를 하려면 공이 필요하다. (참) 축구 경기를 하려면 골대가 필요하다. (참)

② 주어진 명제가 참일 때 분리된 명제의 참/거짓을 판별할 수 없는 경우

P → (Q or R)	P → Q (알 수 없음), P → R (알 수 없음) 예 명제: 과일이면 딸기이거나 복숭아이다. (참) 분리된 명제: 과일이면 딸기이다. (알 수 없음) 과일이면 복숭아이다. (알 수 없음)
(P and Q) → R	P → R (알 수 없음), Q → R (알 수 없음) 예 명제: 공과 골대가 있으면 축구 경기를 할 수 있다. (참) 분리된 명제: 공이 있으면 축구 경기를 할 수 있다. (알 수 없음) 골대가 있으면 축구 경기를 할 수 있다. (알 수 없음)

3 문제처리능력

1. 문제해결과정의 절차

1) 1단계: 문제 인식

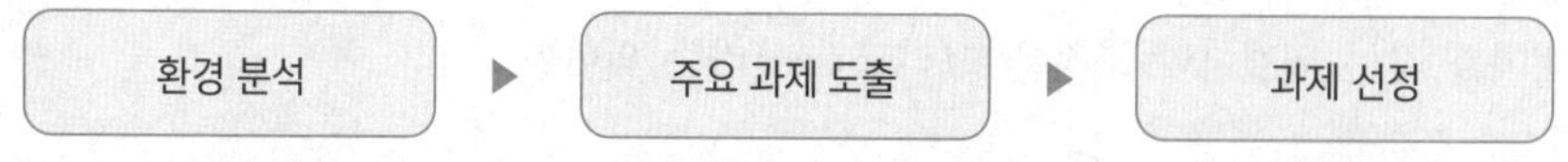

① 환경 분석: 문제가 발생했을 때 가장 먼저 고려해야 하는 것을 말하며, 환경 분석을 위해서 주로 사용되는 기법으로는 3C 분석, SWOT 분석 방법이 있음

② 주요 과제 도출: 환경 분석을 통해 현상을 파악한 후 분석 결과를 검토하여 주요 과제를 도출해야 함

③ 과제 선정: 과제안 중 효과 및 실행 가능성 측면을 평가하여 가장 우선순위가 높은 안을 선정하며, 우선순위 평가 시에는 과제의 목적, 목표, 자원현황 등을 종합적으로 고려하여 평가해야 함

실력 업 노트

명제의 분리
연결어를 포함한 명제는 경우에 따라 분리가 가능함

3C 분석
사업환경의 구성요소인 자사(Company), 경쟁사(Competitor), 고객(Customer)을 의미하며, 3C에 대한 체계적인 분석을 통해서 환경 분석을 수행할 수 있음

SWOT 분석에 따른 전략
- SO전략(강점 - 기회전략)
- ST전략(강점 - 위협전략)
- WO전략(약점 - 기회전략)
- WT전략(약점 - 위협전략)

2) 2단계: 문제 도출

문제 구조 파악 ▶ 핵심 문제 선정

① 문제 구조 파악: 전체 문제를 개별화된 세부 문제로 재구성하는 과정으로 문제의 내용 및 부정적인 영향 등을 파악하여 문제의 구조를 도출해 내는 것으로, 로직트리(Logic Tree) 방법이 사용됨
② 핵심 문제 선정: 문제의 영향력이 큰 이슈를 핵심 이슈로 선정함

3) 3단계: 원인 분석

이슈(Issue) 분석 ▶ 데이터(Data) 분석 ▶ 원인 파악

문제의 요점, 문제의 주변 상황, 문제의 특징, 현상을 만들어 낸 변화의 내용을 자세히 비교한 뒤 분석하여 근본 원인을 도출해 내는 단계임

4) 4단계: 해결안 개발

해결안 도출 ▶ 해결안 평가 및 최적안 선정

① 자신의 지식과 경험에 구애받지 않으며 창조적으로 해결안을 평가하고 최적안을 선정하는 단계임
② 문제, 원인, 방법 등을 고려해서 해결안을 평가하고 가장 최적의 해결안을 결정함
③ 해결안 선정은 중요도와 실현 가능성을 고려해 정량적 방법으로 실행되어야 함

5) 5단계: 실행 및 평가

실행계획 수립 ▶ 실행 및 사후관리(Follow-up)

① 실제 상황에 적용하는 활동으로, 당초 장애가 되는 문제의 원인들을 해결안을 사용하여 제거해 나가는 단계임
② 실행계획은 5W1H에 근거하여 구체적으로 작성하며, 변화에 대응할 수 있도록 유연성이 충족되어야 함

실력 업 노트

로직트리
문제의 원인을 깊이 파고들거나 해결책을 구체화할 때 제한된 시간 속에서 문제의 넓이와 깊이를 추구하는 데 도움이 되는 기술로, 주요 과제를 나무모양으로 분해, 정리함

원인 파악 시 확인해야 하는 인과관계의 종류
- 단순한 인과관계: 원인과 결과를 분명하게 구분할 수 있는 경우
- 닭과 계란의 인과관계: 원인과 결과를 구분하기 어려운 경우
- 복잡한 인과관계: 두 가지 유형이 서로 얽혀 있는 경우

5W1H
- Why: 왜 그것이 필요한가?
- What: 그 목적은 무엇인가?
- Where: 어디서 하는 것이 좋은가?
- When: 언제 하는 것이 좋은가?
- Who: 누가 가장 적격인가?
- How: 어떤 방법이 좋은가?

National Competency Standards

출제예상문제

영역: 문제해결능력 **하위능력:** 문제해결능력 **난이도:** ★☆☆

01. 다음 중 문제해결에 대해 잘못 설명하고 있는 사람은?

> **일우:** 조직 측면에서 문제해결이 요구되는 이유는 경쟁사보다 월등한 우위를 선점하기 위함이지.
> **이현:** 문제해결은 고객이 불편하게 느끼는 부분을 찾아 개선하여 고객 만족을 높이는 데 기여하므로 고객 측면에서도 도움을 줘.
> **상진:** 문제해결을 위해 조직이 수립한 체계적인 교육훈련은 실무자가 일정 수준 이상의 문제해결능력을 발휘하는 데 장애물이 될 수 있으므로 주의해야 해.
> **유나:** 문제해결을 위해서는 고정관념과 편견과 같은 심리적 타성이나 기존의 패러다임을 극복할 수 있는 창조적 스킬을 습득해야겠지.
> **현아:** 문제에 접근할 때는 문제를 조직 전체의 관점과 각 기능단위별 관점으로 구분한 다음 스스로 해결할 수 있는 부분과 조직 전체의 노력을 통해 해결할 수 있는 부분으로 나누어야 해.

① 일우 ② 이현 ③ 상진 ④ 유나 ⑤ 현아

핵심 포인트 해설 **문제해결의 의의 및 필수요소**

문제해결을 위해서는 체계적인 교육훈련을 통해 일정 수준 이상의 문제해결을 발휘할 수 있도록 조직과 각 실무자가 노력해야 한다. 따라서 문제해결에 대해 잘못 설명하고 있는 사람은 '상진'이다.

이것도 알면 합격

문제해결의 의의

문제해결은 조직, 고객, 자신의 세 가지 측면에서 도움을 줄 수 있음

- 조직 측면에서는 자신이 속한 조직의 관련 분야에서 세계 일류 수준을 지향하며, 경쟁사와 비교하여 탁월한 우위를 확보하기 위해서 끊임없는 문제해결이 요구됨
- 고객 측면에서는 고객이 불편하게 느끼는 부분을 찾아 개선과 고객 감동을 통한 고객 만족을 높이는 측면에서 문제해결이 요구됨
- 자기 자신 측면에서는 불필요한 업무를 제거하거나 단순화하여 업무를 효율적으로 처리하게 됨으로써 자신을 경쟁력 있는 사람으로 만들어 나가는 데 문제해결이 요구됨

정답 ③

영역: 문제해결능력 **하위능력:** 문제해결능력 **난이도:** ★☆☆

02. 다음 글을 읽고 창의적 사고에 대한 설명으로 가장 적절하지 않은 것은?

> 창의적 사고는 현재 직면한 문제를 해결하기 위해 이전에 경험했거나 알고 있는 지식을 활용하여 새로이 가치 있는 아이디어를 만들어 내는 것으로 통상적인 것이 아닌 기발하고 독창적인 것이다.

① 창의적 사고는 내적 정보와 외부 정보의 조합이다.

② 창의적 사고는 사회와 개인에게 새로운 가치를 창출한다.

③ 창의적 사고는 자신이 만든 계획을 주위 사람에게 이해시키거나 실현시키기 위해 필요하다.

④ 창의적 사고는 문제에 대해서 다양한 사실을 찾거나 아이디어를 창출하는 발산적 사고가 요구된다.

⑤ 창의적 사고는 통상적인 것이 아니라 기발하거나 신기하며 독창적인 것이다.

핵심 포인트 해설 | **창의적 사고**

자신이 만든 계획이나 주장을 주위 사람들에게 이해시키거나 실현시키기 위해 필요한 것은 '논리적 사고'이므로 가장 적절하지 않다.

이것도 알면 합격

사고력의 종류

- **창의적 사고**: 당면한 문제를 해결하기 위해 이미 알고 있는 경험과 지식을 해체하여 새로운 아이디어를 다시 도출하는 사고
- **논리적 사고**: 업무 수행 중 자신이 만든 계획이나 주장을 주위 사람에게 이해시키거나 실현시키기 위해 필요한 사고
- **비판적 사고**: 어떤 주제나 주장 등에 대해서 적극적으로 분석 및 종합하여 평가하는 능동적인 사고

정답 ③

03. 업무수행 과정 중 발생한 문제는 발생형 문제, 탐색형 문제, 설정형 문제로 구분된다. 다음 중 업무수행 과정 중 발생한 문제 유형에 대한 설명으로 가장 적절한 것은?

① 설정형 문제는 어떤 기준을 일탈함으로써 생기는 일탈 문제와 기준에 미달하여 생기는 미달 문제로 대변된다.

② 발생형 문제의 원인은 문제에 내재되어 있기 때문에 발생형 문제를 원인지향적인 문제라고도 한다.

③ 탐색형 문제는 지금까지 해오던 것과 전혀 관계없이 미래지향적으로 새로운 과제 또는 목표를 설정함에 따라 발생한다.

④ 설정형 문제는 눈에 보이지 않기 때문에 이를 방치하면 뒤에 큰 손실이 따르거나 해결할 수 없는 문제로 확대되기도 한다.

⑤ 발생형 문제는 잠재 문제, 예측 문제, 발견 문제의 세 가지 형태로 구분된다.

핵심 포인트 해설 **업무수행 과정 중 발생한 문제 유형**

문제의 원인이 내재되어 있는 발생형 문제는 원인지향적인 문제라고도 불리므로 가장 적절하다.

① 어떤 기준을 일탈함으로써 생기는 일탈 문제와 기준에 미달하여 생기는 미달 문제로 대변되는 문제는 발생형 문제이므로 적절하지 않다.

③ 지금까지 해오던 것과 전혀 관계없이 미래지향적으로 새로운 과제 또는 목표를 설정함에 따라 발생하는 문제는 설정형 문제이므로 적절하지 않다.

④ 눈에 보이지 않는 문제로, 이를 방치하면 뒤에 큰 손실이 따르거나 해결할 수 없는 문제로 확대되기도 하는 문제는 탐색형 문제이므로 적절하지 않다.

⑤ 잠재 문제, 예측 문제, 발견 문제의 세 가지 형태로 구분되는 문제는 탐색형 문제이므로 적절하지 않다.

이것도 알면 합격

업무수행 과정 중 발생한 문제 유형

- **발생형 문제(보이는 문제)**
  우리 눈앞에 발생되어 당장 걱정하고 해결하기 위해 고민해야 하는 문제를 의미함
- **탐색형 문제(찾는 문제)**
  현재의 상황을 개선하거나 효율을 높이기 위한 문제를 의미함
  - 잠재 문제: 문제가 잠재되어 있어 인식을 하지 못하다가 결국 문제가 확대되어 해결이 어려워진 문제로, 문제가 숨어있기 때문에 문제를 찾기 위해서는 조사 및 분석이 필요함
  - 예측 문제: 현재는 문제가 되지 않지만 현재 상태가 지속될 경우를 가정하고 앞으로 일어날 수 있는 문제를 말함
  - 발견 문제: 현재로서는 담당 업무에 아무런 문제가 없으나 유사한 타 기업의 업무 방식이나 선진 기업의 업무 방법 등의 정보를 얻음으로써 지금보다 더 좋은 제도나 기법, 기술을 발견하여 개선, 향상시킬 수 있는 문제를 뜻함
- **설정형 문제(미래 문제)**
  미래 상황에 대응하는 장래 경영전략의 문제로, 지금까지 해오던 것과 전혀 관계없이 미래지향적으로 새로운 과제 또는 목표를 설정함에 따라 일어나는 문제이기 때문에 목표 지향적 문제라고도 하며, 문제를 해결하는 데 많은 창조적인 노력이 요구되기 때문에 창조적 문제라고도 함

정답 ②

영역: 문제해결능력 하위능력: 문제해결능력 난이도: ★☆☆

04. **다음 중 문제를 해결하는 데 장애가 되는 경우는?**

① 문제의 구도를 심도 있게 분석하는 경우

② 정해진 규정과 틀에 고정된 사고를 하는 경우

③ 단순한 정보들에 의지하지 않는 경우

④ 최대한 많은 자료를 수집하려는 노력을 하지 않는 경우

⑤ 문제의 본질을 명확하게 분석한 후 대책을 수립하는 경우

핵심 포인트 해설 **문제해결의 장애요인**

상황이 무엇인지를 분석하기 전에 개인적인 편견으로 고정관념에 얽매이는 경우 적절한 증거와 논리에도 불구하고 정해진 규정과 틀에 얽매이기 때문에 새로운 아이디어와 가능성을 무시해 버릴 수 있으므로 문제를 해결하는 데 장애가 될 수 있다.

⑤ 어떤 문제가 발생했을 때 직관으로 성급하게 판단하여 문제의 본질을 명확하게 분석하지 않고 대책을 수립하고 실행하면 근본적인 문제를 해결하지 못하거나 새로운 문제를 야기할 수 있으므로 문제의 본질을 명확하게 분석한 후 대책을 수립하는 경우는 문제를 해결하는 데 장애가 되지 않는다.

이것도 알면 합격

문제해결의 장애요인

- 문제를 철저하게 분석하지 않는 경우
- 고정관념에 얽매이는 경우
- 쉽게 떠오르는 단순한 정보에 의지하는 경우
- 너무 많은 자료를 수집하려고 노력하는 경우

정답 ②

영역: 문제해결능력 하위능력: 문제해결능력 난이도: ★☆☆

05. **다음 빈칸에 들어갈 용어에 대한 설명으로 옳지 않은 것은?**

( )은/는 사람과 사람 사이의 상호작용이 활발하게 이루어지게 하여 창조적인 성과를 끌어내는 행위로 어떤 그룹이나 집단이 의사결정을 잘하도록 도와주는 일을 의미한다. 최근 많은 조직에서 ( ) 기술을 갖추고 회의 진행을 돕는 사람들을 활용하는 경우가 늘어나고 있는데, 이들은 조직이 더욱 생산적인 결과를 가져올 수 있도록 그룹이 나아가야 할 방향에 대해 조언하고, 주제에 대한 공감을 이룰 수 있도록 능숙하게 도와주는 역할을 한다.

① 서로의 의견을 직설적으로 주장하고 논쟁이나 협상을 통해 서로의 의견을 조정해 가는 방법이다.
② 구성원의 동기 강화와 팀워크 향상을 이룰 수 있다.
③ 구성원이 자율적으로 문제해결을 실행하는 방법이다.
④ 초기에 생각하지 못했던 창의적인 해결방법이 도출될 수 있는 방법이다.
⑤ 깊이 있는 커뮤니케이션을 통해 서로의 문제점을 이해하고 공감하여 문제를 해결하는 방법이다.

핵심 포인트 해설 **퍼실리테이션**

빈칸에는 사람 사이의 상호작용이 활발하게 이루어지게 하여 어떤 집단이 의사결정을 잘하도록 도와주는 문제해결방법인 '퍼실리테이션'이 들어간다.
① 서로의 의견을 직설적으로 주장하고 논쟁이나 협상을 통해 서로의 의견을 조정해 가는 방법은 하드 어프로치에 해당하므로 옳지 않은 설명이다.

이것도 알면 합격

문제해결을 위한 방법

- **소프트 어프로치(Soft approach)**: 문제해결을 위해서 직접적인 표현이 바람직하지 않다고 여기며, 시사나 암시를 통해 의사를 전달하는 문제해결방법
- **하드 어프로치(Hard approach)**: 서로 다른 문화적 토양을 가지고 있는 구성원을 가정하여 서로의 생각을 직설적으로 주장하고 논쟁이나 협상을 통해 서로의 의견을 조정해 가는 문제해결방법
- **퍼실리테이션(Facilitation)**: '촉진'을 의미하며, 깊이 있는 커뮤니케이션을 통해 서로의 문제점을 이해하고 공감함으로써 창조적인 문제해결을 도모하는 문제해결방법

정답 ①

영역: 문제해결능력 **하위능력:** 사고력 **난이도:** ★★☆

06. 문제는 원활한 업무수행을 위해 해결되어야 하는 질문이나 의논 대상으로, 해결방법에 따라 창의적 문제와 논리적 문제로 구분된다. 다음 ㉠~㉧을 문제 유형별 주요 특징에 따라 바르게 분류한 것은?

㉠ 정성적	㉡ 객관적	㉢ 개별적	㉣ 일반적
㉤ 직관적	㉥ 감각적	㉦ 논리적	㉧ 이성적

	논리적 문제	창의적 문제
①	㉠, ㉡, ㉣, ㉦	㉢, ㉤, ㉥, ㉧
②	㉠, ㉡, ㉤, ㉧	㉢, ㉣, ㉥, ㉦
③	㉠, ㉢, ㉣, ㉦	㉡, ㉤, ㉥, ㉧
④	㉡, ㉢, ㉥, ㉧	㉠, ㉣, ㉤, ㉦
⑤	㉡, ㉣, ㉦, ㉧	㉠, ㉢, ㉤, ㉥

핵심 포인트 해설 **논리적 문제와 창의적 문제**

'논리적 문제'는 현재의 문제점이나 미래의 문제를 의미하며 ㉡, ㉣, ㉦, ㉧이 주요 특징에 해당하고, '창의적 문제'는 현재 문제가 없더라도 보다 나은 방법을 찾기 위한 문제를 의미하며 ㉠, ㉢, ㉤, ㉥이 주요 특징에 해당한다.
따라서 ㉠~㉧을 문제 유형별 주요 특징에 따라 바르게 분류한 것은 ⑤이다.

이것도 알면 합격

해결방법에 따른 문제의 유형

구분	논리적 문제	창의적 문제
문제 제시 방법	• 현재의 문제점이나 미래의 문제로 예견될 것에 대한 문제 탐구 • 문제 자체가 명확함	• 현재 문제가 없더라도 보다 나은 방법을 찾기 위한 문제 탐구 • 문제 자체가 명확하지 않음
해결방법	• 분석, 논리, 귀납과 같은 논리적 방법을 통해 해결	• 창의력에 의한 많은 아이디어의 작성을 통해 해결
해답 수	• 해답의 수가 적음 • 해답이 한정되어 있음	• 해답의 수가 많음 • 많은 해답 중 보다 나은 것을 선택
주요 특징	• 객관적, 논리적, 정량적, 이성적, 일반적, 공통성	• 주관적, 직관적, 감각적, 정성적, 개별적, 특수성

정답 ⑤

영역: 문제해결능력 하위능력: 사고력 난이도: ★☆☆

07. **다음 중 창의적 사고에 대한 설명으로 가장 적절하지 않은 것은?**

① 창의적 사고는 내적 정보와 외부 정보를 조합하여 최종적인 해답으로 통합하는 것으로부터 시작된다.

② 개인이 발휘한 창의력은 경우에 따라 사회발전을 위한 원동력을 제공하기도 한다.

③ 창의적 사고는 유용하고 적절해야 할 뿐 무조건 가치가 있어야 하는 것은 아니다.

④ 창의적 사고는 교육훈련을 통해 개발될 수 있는 능력이다.

⑤ 창의적 사고에는 사고력을 비롯해 성격, 태도에 걸친 전인격적인 가능성까지 포함된다.

핵심 포인트 해설 **창의적 사고의 특징**

창의적 사고는 유용하고 적절하며 가치가 있어야 하므로 가장 적절하지 않다.

이것도 알면 합격

창의적 사고의 특징

- 창의적 사고는 주변에서 발견할 수 있는 지식인 내적 정보와 책 또는 밖에서 본 현상인 외부 정보를 조합하여 최종적인 해답으로 통합하는 것으로부터 출발함
- 창의적 사고는 사회나 개인에게 새로운 가치를 창출함
- 창의적 사고는 교육훈련을 통해 개발될 수 있음
- 창의적 사고에는 문제를 사전에 찾아내는 힘, 문제해결에 있어 다각도로 힌트를 찾아내는 힘, 문제해결을 위해 끈기 있게 도전하는 태도, 사고력을 비롯해 성격, 태도에 걸친 전인격적인 가능성까지 포함함

정답 ③

영역: 문제해결능력 **하위능력:** 사고력 **난이도:** ★★☆

08. 다음은 ○○기업 마케팅 부서 직원들의 신제품 판매량을 높이기 위한 방법에 대한 대화 중 일부이다. 다음 중 직원들의 대화에 나타난 발산적 사고를 개발하는 가장 대표적인 방법으로 적절한 것은?

> **A 팀장:** 올해 하반기에 출시된 신제품 판매량이 예상만큼 높지 않아요. 지금까지 진행해 왔던 것과는 다른 홍보 방법이 필요할 것 같은데, 각자 생각해 본 방법이 있으면 자유롭게 말씀해 주세요.
> **B 대리:** 이번 신제품은 20~30대 고객층을 겨냥하여 출시한 만큼 타깃 고객층이 제품 구매 전에 가장 많이 참고하는 SNS를 이용해 제품 구매 이벤트를 진행해 보는 건 어떨까요?
> **C 사원:** 경쟁사에서도 SNS를 통해 제품 구매 고객에게 샘플을 증정하는 이벤트를 홍보하고 있더라고요. 뿐만 아니라 지하철 내 광고판을 이용해 신제품 홍보를 하고 있던데, 저희 제품도 지하철 내 광고판을 이용해 홍보하는 게 좋을 것 같아요.
> **D 사원:** 블로그를 통한 홍보는 어떨까요? 개인 블로그에 제품 사용 후기를 올리는 체험단을 모집해 홍보하는 것도 하나의 방법이 될 것 같아요.
> **A 팀장:** 다들 신제품 홍보에 대해 고민을 많이 해보신 것 같네요. 또 다른 아이디어가 있다면 떠오르는 대로 자유롭게 말씀해 주세요.

① 브레인스토밍　　② 체크리스트　　③ NM법
④ Synectics　　⑤ SWOT 분석

핵심 포인트 해설 | **창의적 사고 개발방법**

직원들은 신제품 홍보를 위한 방법을 생각나는 대로 계속해서 열거해 나가며 자유롭게 아이디어를 창출하는 자유연상법을 통해 발산적 사고를 개발하고 있으며, 자유연상법을 개발하는 가장 대표적인 방법으로 가장 적절한 것은 '브레인스토밍'이다.

이것도 알면 합격

창의적 사고 개발방법

- **자유연상법**
  어떤 주제에 대해 생각나는 대로 자유롭게 발상하는 방법으로, 브레인스토밍이 가장 대표적인 개발 방법임
  예 '신차 출시'라는 주제에 대해 '홍보를 통해 판매량을 늘린다.', '회사 내 직원들의 반응을 살핀다.', '경쟁사와의 자동차와 비교한다.' 등 자유롭게 아이디어를 창출하는 것
- **강제연상법**
  각종 힌트를 강제로 연결 지어 발상하는 방법으로, 체크리스트가 가장 대표적인 개발 방법임
  예 '신차 출시'라는 주제에 대해 판매 방법, 판매 대상 등의 힌트를 통해 사고 방향을 미리 정해서 발상을 하는 방법으로, 판매 방법이라는 힌트에 대해서 '신규 수출 지역을 물색한다'라는 아이디어를 떠올리는 것
- **비교발상법**
  주제의 본질과 닮은 것을 힌트로 삼아 발상하는 방법으로, NM법, Synectics가 가장 대표적인 개발 방법임
  예 '신차 출시'라는 주제에 대해 신차는 회사에서 새롭게 생산해 낸 제품을 의미하므로 새롭게 생산해 낸 제품이 무엇인지에 대한 힌트를 먼저 찾고 발상하는 방법으로, 만약 새롭게 출시된 스마트폰의 지난달 판매 실적이 높다면, '지난달 새롭게 출시된 스마트폰의 판매 전략을 토대로 신차의 판매 전략을 어떻게 수립할 수 있을까'하는 아이디어를 도출하는 것

정답 ①

영역: 문제해결능력 하위능력: 사고력 난이도: ★☆☆

09. 다음 중 브레인스토밍의 진행 방법으로 가장 적절하지 않은 것은?

① 아이디어에 대해 가감 없이 비판한다.

② 구체적이고 명확하게 주제를 정한다.

③ 누구나 자유롭게 발언할 수 있도록 하고 모든 발언 내용을 기록한다.

④ 다양한 의견을 도출할 수 있는 사람을 리더로 선출한다.

⑤ 구성원의 얼굴을 볼 수 있도록 좌석을 배치하고 큰 용지를 준비한다.

핵심 포인트 해설 | **브레인스토밍 진행 방법**

한 사람보다 다수인 쪽이 제시하는 아이디어가 많으며, 아이디어 수가 많을수록 우수한 아이디어가 나올 가능성이 크고 일반적으로 비판이 가해지지 않으면 아이디어는 많아지므로 가장 적절하지 않다.

이것도 알면 합격

브레인스토밍 진행 방법

- 주제를 구체적이고 명확하게 정하기
- 구성원의 얼굴을 볼 수 있도록 좌석을 배치하고 큰 용지를 준비하기
- 구성원의 다양한 의견을 도출할 수 있는 사람을 리더로 선출하기
- 구성원은 다양한 분야의 5~8명 정도로 구성하기
- 발언은 누구나 자유롭게 하고 모든 발언 내용을 기록하기
- 아이디어를 비판하지 않기

정답 ①

영역: 문제해결능력 하위능력: 사고력 난이도: ★☆☆

10. **논리적 사고는 다른 사람을 공감시켜 움직일 수 있게 하며 쉽게 설득할 수 있게 한다. 다음 중 논리적 사고의 구성요소에 대한 설명으로 가장 적절하지 않은 것은?**

① 일상생활에서 접하는 모든 것들에 대해 항상 생각하는 습관을 가져야 한다.

② 상대의 말을 이해하기 어려울 때는 구체적인 이미지를 떠올리거나 숫자를 활용하여 표현하는 방법을 활용할 수 있다.

③ 상대의 주장에 반론할 경우에는 상대의 주장 전부를 부정해서는 안 되며 동시에 상대의 인격을 존중해야 한다.

④ 설득에 실패했다면 상대의 논리를 구조화하여 약점을 찾고 자신의 생각을 재구축하는 방법으로 상대를 다시 설득해 볼 수 있다.

⑤ 설득은 논증이 아니라 논쟁을 통해 자신의 의견을 관철시킬 수 있으므로 상대에게 자신의 주장을 이해시키기 위해서는 상대와의 논쟁 과정을 거쳐야 한다.

핵심 포인트 해설 **논리적 사고의 구성요소**

논리적 사고는 고정된 견해나 자신의 사상을 강요하는 것이 아니며, 설득은 논쟁이 아니라 논증을 통해 이루어지므로 가장 적절하지 않다.

이것도 알면 합격

논리적 사고의 구성요소

- **생각하는 습관**
  논리적 사고의 가장 기본은 항상 생각하는 습관을 갖는 것임
- **상대 논리의 구조화**
  다른 사람을 설득하는 과정에서 상대에게 자신의 논리를 거부당했다면, 상대의 논리를 구조화하여 약점을 찾고 자신의 생각을 재구축하여 상대를 설득할 수 있음
- **구체적인 생각**
  상대가 말하는 것을 이해하기 어렵다면 구체적인 이미지를 떠올리거나 숫자를 활용하여 표현하는 등의 방법을 활용하여 구체적으로 생각해야 함
- **타인에 대한 이해**
  상대의 주장에 반론할 경우에는 상대의 주장 전부를 부정하지 않고 동시에 상대의 인격을 존중해야 함
- **설득**
  설득의 과정은 나의 주장을 다른 사람에게 이해시켜 공감할 수 있게 하고 자신이 원하는 행동을 할 수 있게끔 한다는 것이며, 논쟁을 통하여 이루어지는 것이 아닌 논증을 통해 이루어짐

정답 ⑤

영역: 문제해결능력 하위능력: 사고력 난이도: ★★☆

11. **논리적 사고를 개발하기 위한 방법에는 피라미드 구조를 이용하는 방법과 so what 방법이 있다. 다음 중 논리적 사고를 개발하기 위한 방법에 대한 설명으로 가장 적절하지 않은 것은?**

① 피라미드 구조를 이용하는 방법은 보조 메시지를 통해 얻은 메인 메시지를 종합하여 최종 정보를 도출해 내는 방법이다.

② 자문자답하는 so what 방법은 눈앞에 있는 정보로부터 의미를 찾아내 가치 있는 정보를 이끌어 내는 사고 개발방법이다.

③ so what 방법은 '어떻게 될 것인가?' 또는 '어떻게 해야 한다.'라는 내용이 논리적 사고의 결과물에 포함되어야 한다.

④ so what 방법을 사용하는 경우 주어진 상황 전체를 고려해야 하며 모순이 없어야 한다.

⑤ 피라미드 구조를 이용하는 방법은 하위의 사실로부터 상위의 주장을 만들어 나가지만 하위 사실과 상위 주장의 교차가 가능하다.

핵심 포인트 해설 **논리적 사고 개발방법**

피라미드 구조를 이용하는 방법은 하위의 사실이나 현상으로부터 사고함으로써 상위의 주장을 만들어 나가는 방법으로, 하위 사실이나 현상과 상위 주장 간의 교차는 불가능하므로 가장 적절하지 않다.

이것도 알면 합격

논리적 사고 개발방법

- **피라미드 구조화 방법**
  하위의 사실이나 현상으로부터 사고함으로써 상위의 주장을 만들어 가는 방법으로, 보조 메시지들을 통해 주요 메시지를 얻고, 다시 주요 메시지를 종합한 최종 정보를 도출해 내는 방법임
- **so what 방법**
  '그래서 무엇이지?'하고 자문자답하는 의미로, 눈앞에 있는 정보로부터 의미를 찾아내어, 가치 있는 정보를 끌어내는 사고임

정답 ⑤

영역: 문제해결능력 **하위능력:** 사고력 **난이도:** ★☆☆

12. 문제를 해결하는 데 필요한 사고에는 창의적 사고, 논리적 사고, 비판적 사고가 있다. 다음 중 비판적 사고를 개발하기 위한 태도로 적절한 것을 모두 고르면?

> ㉠ '누가, 언제, 어디서, 무엇을, 어떻게, 왜' 등에 대한 질문을 제기하는 것
> ㉡ 하위의 사실이나 현상부터 사고함으로써 상위의 주장을 만들어가는 것
> ㉢ 주제와 본질적으로 닮은 것을 기반으로 끈질기게 탐색하며 주제에 대한 의견을 떠올리는 것
> ㉣ 내가 틀릴 수 있으며 내가 거절한 아이디어가 옳을 수 있다는 것을 기꺼이 받아들이는 것
> ㉤ 적절한 결론이 제시되지 않는 한 결론이 참이라고 받아들이지 않는 것

① ㉠ ② ㉠, ㉣ ③ ㉡, ㉢ ④ ㉢, ㉤ ⑤ ㉠, ㉣, ㉤

핵심 포인트 해설 비판적 사고

㉠ '누가, 언제, 어디서, 무엇을, 어떻게, 왜' 등에 대한 질문을 제기하는 것은 비판적 사고를 개발하기 위한 태도 중 '지적 호기심'에 대한 설명이므로 적절하다.
㉣ 내가 틀릴 수도 있으며 내가 거절한 아이디어가 옳을 수 있다는 것을 기꺼이 받아들이는 것은 비판적 사고를 개발하기 위한 태도 중 '다른 관점에 대한 존중'에 대한 설명이므로 적절하다.
㉤ 적절한 결론이 제시되지 않는 한 결론이 참이라고 받아들이지 않는 것은 비판적 사고를 개발하기 위한 태도 중 '지적 회의성'에 대한 설명이므로 적절하다.
㉡ 하위의 사실이나 현상부터 사고함으로써 상위의 주장을 만들어가는 것은 논리적 사고의 개발 방법 중 피라미드 구조화 방법에 대한 설명이므로 적절하지 않다.
㉢ 주제와 본질적으로 닮은 것을 기반으로 탐색하며 주제에 대한 의견을 떠올리는 것은 창의적 사고의 개발 방법 중 비교발상법에 대한 설명이므로 적절하지 않다.

이것도 알면 합격

비판적 사고를 개발하기 위한 태도

지적 호기심	여러 가지 다양한 질문이나 문제에 대한 해답을 탐색하고 사건의 원인과 설명을 구하기 위하여 '누가, 언제, 어디서, 무엇을, 어떻게, 왜' 등에 관한 질문을 제기하는 태도
객관성	결론에 도달하는 데 감정적, 주관적 요소를 배제하고 경험적 증거나 타당한 논증을 근거로 하는 태도
개방성	편견이나 선입견에 의하여 결정을 내리지 않는 태도
융통성	특정한 신념의 지배를 받는 고정성, 독단적 태도, 경직성을 배척하는 태도
지적 회의성	적절한 결론이 제시되지 않는 한 결론이 참이라고 받아들이지 않는 태도
지적 정직성	어떤 진술이 자신의 신념과 대치되는 것이라도 충분한 증거가 있으면 그것을 진실로 받아들이는 태도
체계성	결론에 이르기까지 논리적 일관성을 유지하는 태도
지속성	쟁점의 해답을 얻을 때까지 끈질기게 탐색하는 인내심을 갖는 태도
결단성	증거가 타당할 땐 결론을 맺는 태도
다른 관점에 대한 존중	내가 틀릴 수 있으며 내가 거절한 아이디어가 옳을 수 있다는 것을 기꺼이 받아들이는 태도

정답 ⑤

영역: 문제해결능력 하위능력: 사고력 난이도: ★★☆

13. 다음은 일상생활에서 자주 발견되는 논리적 오류에 대한 설명이다. 다음 중 (가)~(다)의 설명에 해당하는 논리적 오류의 유형이 바르게 연결된 것은?

> (가) 상대방의 주장과는 전혀 상관없는 별개의 논리를 만들어 공격하는 경우로, 주로 논리가 빈약한 때 엉뚱한 다른 문제를 공격해 이익을 취하는 경우가 많으므로 이와 같은 오류를 범할 경우 원래 논점과 완전히 다른 주제라는 점을 분명히 지적해 줘야 한다.
> (나) 특정 주제에 대한 일부 사례만을 토대로 결론을 내리는 경우로, 대표성이 띄지 않는 불확실한 자료만을 토대로 결론을 내림으로써 발생한다.
> (다) 다양한 의미로 해석할 수 있는 단어를 사용하거나 문법이 명확하지 않아 의미를 잘못 해석하는 등의 경우에는 이후 이어지는 주장에서 논리적 오류가 발생한다.

	(가)	(나)	(다)
①	과대 해석의 오류	성급한 일반화의 오류	복합 질문의 오류
②	과대 해석의 오류	애매성의 오류	성급한 일반화 오류
③	애매성의 오류	성급한 일반화 오류	복합 질문의 오류
④	허수아비 공격의 오류	성급한 일반화 오류	애매성의 오류
⑤	허수아비 공격의 오류	애매성의 오류	성급한 일반화 오류

핵심 포인트 해설 **논리적 오류의 종류**

(가)~(다)의 설명에 해당하는 논리적 오류의 유형이 바르게 연결된 것은 ④이다.

이것도 알면 합격

논리적 오류의 종류

- **권위나 인신공격에 의존한 논증의 오류**
  상대의 주장이 아니라 상대의 인격을 공격하거나 권위자의 말을 근거로 자신의 주장을 합리화하는 오류
- **무지의 오류**
  어떠한 주장이 아직 증명되지 않았음을 근거로 자신의 주장을 받아들이게 할 때 발생하는 오류
- **결합·분할의 오류**
  논리적 주장을 확대하여 적용할 때나 논리적 주장을 분할하여 적용할 때 발생하는 논리적 오류
- **복합 질문의 오류**
  사실상 두 가지 이상의 내용이 합쳐진 하나의 질문을 함으로써 답변자가 어떻게 대답하든 숨겨진 질문에 수긍하게 만드는 질문을 할 때 발생하는 오류
- **과대 해석의 오류**
  문맥을 무시하고 과도하게 문구에만 집착할 경우 빠지게 되는 논리적 오류
- **연역법의 오류**
  'A = B, B = C, so A = C'와 같은 삼단 논법에서 발생하는 논리적 오류

정답 ④

영역: 문제해결능력 하위능력: 사고력 난이도: ★☆☆

14. **다음 명제가 모두 참일 때 항상 옳은 것은?**

- 당근을 먹으면 눈이 좋아진다.
- 책을 읽는 사람은 당근을 먹는다.
- 눈이 좋아지면 안경을 쓰지 않는다.

① 안경을 쓰지 않으면 당근을 먹는다.
② 눈이 좋아지면 책을 읽는 사람이다.
③ 당근을 먹으면 안경을 쓴다.
④ 책을 읽는 사람은 안경을 쓰지 않는다.
⑤ 당근을 먹지 않으면 눈이 좋아진다.

핵심 포인트 해설 **명제**

두 번째 명제와 첫 번째 명제와 세 번째 명제를 차례로 결합하면 다음과 같다.

- 두 번째 명제: 책을 읽는 사람은 당근을 먹는다.
- 첫 번째 명제: 당근을 먹으면 눈이 좋아진다.
- 세 번째 명제: 눈이 좋아지면 안경을 쓰지 않는다.
- 결론: 책을 읽는 사람은 안경을 쓰지 않는다.

따라서 명제가 모두 참일 때 항상 옳은 것은 '책을 읽는 사람은 안경을 쓰지 않는다'이다.

정답 ④

영역: 문제해결능력 하위능력: 사고력 난이도: ★★☆

15. H 연구소에서 연구 1팀 직원 7명에게 선물을 나눠주려고 한다. 선물 종류는 다이어리, USB, 휴대폰 케이스, 텀블러일 때, 항상 옳은 것을 모두 고르면?

- 선물은 총 7개이고, 각 직원은 1개의 선물만 받는다.
- 휴대폰 케이스 개수는 USB 개수보다 많다.
- 선물 종류별 개수는 1개 이상 3개 이하이다.

㉠ 다이어리가 1개일 때, 휴대폰 케이스는 2개이다.
㉡ 다이어리가 2개일 때, USB는 1개이다.
㉢ 다이어리가 3개일 때, 텀블러는 2개이다.

① ㉠ ② ㉡ ③ ㉢ ④ ㉠, ㉡ ⑤ ㉡, ㉢

핵심 포인트 해설 **조건추리**

제시된 조건에 따르면 선물은 총 7개이고, 각 직원은 1개의 선물만 받는다. 또한, 선물 종류별 개수는 1개 이상 3개 이하이므로 선물 종류에 상관없이 종류별 개수로 가능한 경우는 (1개, 1개, 2개, 3개), (1개, 2개, 2개, 2개)이다. 이때, 휴대폰 케이스 개수는 USB 개수보다 많으므로 다이어리 개수에 따른 선물 종류별 개수는 다음과 같다.

경우 1. 다이어리가 1개인 경우

다이어리	USB	휴대폰 케이스	텀블러
1개	1개	2개	3개
1개	1개	3개	2개
1개	2개	3개	1개

경우 2. 다이어리가 2개인 경우

다이어리	USB	휴대폰 케이스	텀블러
2개	1개	3개	1개
2개	1개	2개	2개

경우 3. 다이어리가 3개인 경우

다이어리	USB	휴대폰 케이스	텀블러
3개	1개	2개	1개

㉡ 경우 2에 따르면, USB는 1개이므로 항상 옳은 설명이다.

㉠ 경우 1에 따르면, 휴대폰 케이스는 3개일 수도 있으므로 항상 옳은 설명은 아니다.

㉢ 경우 3에 따르면, 텀블러는 1개이므로 항상 옳지 않은 설명이다.

정답 ②

영역: 문제해결능력 하위능력: 문제처리능력 난이도: ★☆☆

16. 다음 중 문제를 해결하는 절차를 순서대로 바르게 나열한 것은?

① 문제 인식 → 문제 도출 → 원인 분석 → 해결안 개발 → 실행 및 평가
② 원인 분석 → 문제 도출 → 문제 인식 → 해결안 개발 → 실행 및 평가
③ 문제 인식 → 원인 분석 → 문제 도출 → 실행 및 평가 → 해결안 개발
④ 원인 분석 → 문제 도출 → 문제 인식 → 실행 및 평가 → 해결안 개발
⑤ 문제 인식 → 원인 분석 → 문제 도출 → 해결안 개발 → 실행 및 평가

핵심 포인트 해설 **문제해결 절차**

문제를 해결하는 절차는 '문제 인식 → 문제 도출 → 원인 분석 → 해결안 개발 → 실행 및 평가'이다.

정답 ①

영역: 문제해결능력 하위능력: 문제처리능력 난이도: ★☆☆

17. 문제해결 절차의 원인 분석 단계 중 이슈 분석 절차에 해당하는 것의 개수는?

> ㉠ 핵심 이슈 설정
> ㉡ 데이터 수집 범위 결정
> ㉢ 가설 설정
> ㉣ Output 이미지 결정

① 0개 ② 1개 ③ 2개 ④ 3개 ⑤ 4개

핵심 포인트 해설 **문제해결 절차 중 원인 분석 단계**

문제해결 절차의 원인 분석 단계 중 이슈 분석 절차에 해당하는 것의 개수는 ㉠, ㉢, ㉣로 '3개'이다.

㉡ 데이터 수집 범위를 결정하는 일은 원인 분석 단계 중 데이터 분석 절차에 해당하는 내용이므로 적절하지 않다.

이것도 알면 합격

문제해결 절차 3단계: 원인 분석

- **이슈(Issue) 분석**
  핵심 이슈 설정, 가설 설정, 분석 결과(Output) 이미지 결정
- **데이터(Data) 분석**
  데이터 수집 계획 수립, 데이터 정리/가공, 데이터 해석
- **원인 파악**
  근본 원인을 파악하고 원인과 결과를 도출

정답 ④

영역: 문제해결능력 **하위능력:** 문제처리능력 **난이도:** ★★★

18. 박 팀장은 회사에서 진행된 교육 내용을 토대로 현재 운영하고 있는 외식 브랜드 상황을 분석하였다. 이를 바탕으로 향후 해결해야 하는 전략 과제를 정리한다고 할 때, 박 팀장이 정리한 전략 과제로 적절하지 않은 것은?

[교육 내용]

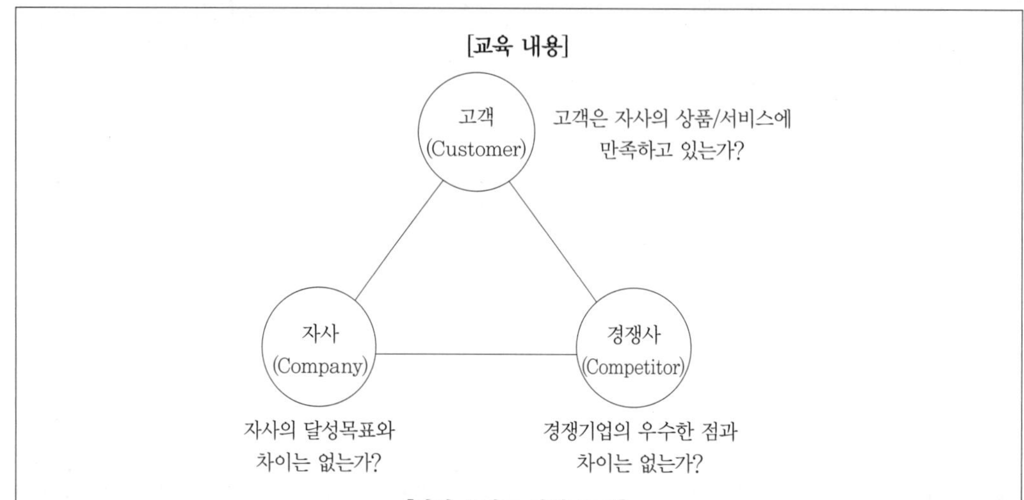

[외식 브랜드 상황 분석]

구분	내용
고객	• 마케팅 강화로 인한 고객 연령층 확대 • 확고한 고객 성향 • 활발한 SNS 소통
자사	• 정직하고 투박한 홈메이드 상품 브랜드 이미지 • 국내 외식 프렌차이즈 시장 압도 • 높은 생산 원가에 따른 낮은 가격 경쟁력 • 경쟁사에 비해 부족한 할인 혜택
경쟁사	• 자사의 메인 메뉴 모방 • 자사와 비슷한 이미지의 직접적인 경쟁자 존재 • 접근성이 낮은 매장 위치 • 질 높은 서비스 제공 • 새롭고 세련된 브랜드 이미지 • 낮은 생산 원가에 따른 높은 가격 경쟁력

① SNS를 통한 할인 혜택 확대

② 번화가 위주의 매장 확대

③ 생산 원가 절감으로 인한 가격 경쟁력 강화

④ 고객 맞춤형 신메뉴 개발

⑤ 타사와 차별화된 브랜드 이미지 구축

핵심 포인트 해설 3C 분석

제시된 [교육 내용]은 취약점을 분석하여 전략 과제를 도출하는 3C 분석에 대한 내용이다. [외식 브랜드 상황 분석]에 따르면 자사의 경우 매장 수 부족에 대한 문제는 없으며 오히려 경쟁사에서 접근성이 낮은 매장 위치 문제가 발견되었다.
따라서 '번화가 위주의 매장 확대'는 향후 해결해야 하는 전략 과제로 적절하지 않다.

① 자사의 경우 경쟁사에 비해 할인 혜택이 부족하므로 SNS 소통이 활발한 고객의 성향을 반영한 'SNS를 통한 할인 혜택 확대'는 전략 과제로 적절하다.
③ 자사의 경우 높은 생산 원가로 인해 경쟁사에 비해 가격 경쟁력이 낮으므로 '생산 원가 절감으로 인한 가격 경쟁력 강화'는 전략 과제로 적절하다.
④ 자사의 경우 고객층이 확고한 성향을 나타내고 있으며, 경쟁사에서 자사의 메인 메뉴를 모방했으므로 '고객 맞춤형 신메뉴 개발'은 전략 과제로 적절하다.
⑤ 자사와 비슷한 이미지의 직접적인 경쟁자가 존재하여 타사와는 차별성 있는 독보적인 브랜드 이미지가 필요하므로 '타사와 차별화된 브랜드 이미지 구축'은 전략 과제로 적절하다.

이것도 알면 합격

3C 분석

사업환경의 구성요소인 자사(Company), 경쟁사(Competitor), 고객(Customer)을 의미한다. 분석 방법으로는 자사(Company)는 자사가 세운 달성 목표와 현상 간에 차이가 없는지를 분석하고, 경쟁사(Competitor)는 경쟁기업의 우수한 점과 자사의 현상 간에 차이가 없는지를 분석하며, 고객(Customer)은 고객이 자사의 상품이나 서비스에 만족하고 있는지를 분석한다.

정답 ②

[19-20] 다음은 △△제약회사의 S(강점), W(약점), O(기회), T(위협)를 구분 없이 나열한 것이다. 각 물음에 답하시오.

> ㉠ 고령화로 인한 의료비 지출 증가
> ㉡ 세계 경제 불황
> ㉢ 신약 기술 독점
> ㉣ 제약회사의 신약 개발에 대한 정부 지원 증가
> ㉤ 경쟁회사 대비 미미한 수준의 R&D 사업 투자 규모
> ㉥ 최근 △△제약회사에 대한 블랙 컨슈머 증가
> ㉦ 10년간 매해 흑자 달성
> ㉧ 경쟁회사의 20% 수준인 국내 시장 점유율

영역: 문제해결능력 **하위능력:** 문제처리능력 **난이도:** ★★☆

19. 다음 중 'T(위협)'에 해당하는 것을 모두 고르면?

① ㉠ ② ㉥ ③ ㉡, ㉥ ④ ㉡, ㉧ ⑤ ㉡, ㉤, ㉧

핵심 포인트 해설 SWOT 분석

SWOT 분석에서 S(강점)는 경쟁기업과 비교하여 우위를 점할 수 있는 것이 무엇인지, W(약점)는 경쟁기업과 비교하여 자원, 기술, 능력 면에서 소비자로부터 약점으로 인식되어 성과를 방해하는 것이 무엇인지, O(기회)는 외부환경에서 조직 활동에 이점을 주는 것이 무엇인지, T(위협)는 외부환경에서 조직 활동에 불이익을 미치는 것이 무엇인지를 찾아내는 것이다.

㉡ 세계 경제 불황은 기업 외부의 'T(위협)'에 해당한다.
㉥ 최근 △△제약회사에 대한 블랙 컨슈머 증가는 기업 외부의 'T(위협)'에 해당한다.
㉠ 고령화로 인한 의료비 지출 증가는 기업 외부의 'O(기회)'에 해당한다.
㉢ 신약 기술 독점은 기업 내부의 'S(강점)'에 해당한다.
㉣ 제약회사의 신약 개발에 대한 정부 지원 증가는 기업 외부의 'O(기회)'에 해당한다.
㉤ 경쟁회사 대비 미미한 수준의 R&D 사업 투자 규모는 기업 내부의 'W(약점)'에 해당한다.
㉦ 10년간 매해 흑자 달성은 기업 내부의 'S(강점)'에 해당한다.
㉧ 경쟁회사의 20% 수준인 국내 시장 점유율은 기업 내부의 'W(약점)'에 해당한다.

이것도 알면 합격

SWOT 분석

기업 내부의 강점(Strength), 약점(Weakness) 요인과 외부 환경의 기회(Opportunity), 위협(Threat) 요인을 분석·평가하고 이들을 서로 연관 지어 전략과 문제해결 방안을 개발하는 방법을 의미하며, SO전략, ST전략, WO전략, WT전략이 있다.

정답 ③

영역: 문제해결능력 하위능력: 문제처리능력 난이도: ★★☆

20. 다음 중 SWOT를 활용한 전략에 해당하는 것을 모두 고르면?

> ㉠ 공적자금을 기반으로 한 R&D 연구소 확대 추진
> ㉡ 상품 및 서비스 단계별 사전 모니터링 강화를 통한 시장 점유율 변화 시도
> ㉢ 신약 기술 광고를 통한 100세 시대의 미래 고객층 확보

① ㉠ ② ㉡ ③ ㉠, ㉢ ④ ㉡, ㉢ ⑤ ㉠, ㉡, ㉢

핵심 포인트 해설 SWOT 분석

㉠ 공적자금을 기반으로 한 R&D 연구소 확대 추진은 ㉣과 ㉤을 활용한 'WO(약점 - 기회)' 전략에 해당한다.
㉡ 상품 및 서비스 단계별 사전 모니터링 강화를 통한 시장 점유율 변화 시도는 ㉥과 ㉦을 활용한 'WT(약점 - 위협)' 전략에 해당한다.
㉢ 신약 기술 광고를 통한 100세 시대의 미래 고객층 확보는 ㉠과 ㉢을 활용한 'SO(강점 - 기회)' 전략에 해당한다.

정답 ⑤

National Competency Standards

4. 자기개발능력

핵심개념정리
출제예상문제

National Competency Standards

핵심개념정리

자기개발능력이란?

자기개발능력이란 자신의 능력, 적성, 특성 등의 이해를 기초로 자기 발전 목표를 스스로 수립하고 성취해 나가는 능력이다.
자기개발능력의 하위능력은 자아인식능력, 자기관리능력, 경력개발능력으로 구성된다. 자아인식능력이란 자신의 흥미, 적성, 특성 등을 이해하고, 이를 바탕으로 자신에게 필요한 것을 파악하는 능력을 의미한다. 자기관리능력이란 업무에 필요한 자질을 지닐 수 있도록 스스로를 관리하는 능력을 의미한다. 경력개발능력이란 끊임없는 자기개발을 위해서 동기를 갖고 필요한 역량을 학습하는 능력을 의미한다.

실력 업 노트

NCS 전문가의 TIP

자기개발능력을 학습할 때는 개별 개념들의 의미를 명확히 파악하고, 의미를 확장하는 방법을 활용하는 것이 좋습니다.

자기개발능력 하위능력

직업기초능력(10)	영역별 하위능력(34)
의사소통능력	문서이해 문서작성 경청 의사표현 기초외국어
수리능력	기초연산 기초통계 도표분석 도표작성
문제해결능력	사고력 문제처리
자기개발능력	**자아인식 자기관리 경력개발**
자원관리능력	시간관리 예산관리 물적자원관리 인적자원관리
대인관계능력	팀워크 리더십 갈등관리 협상 고객서비스
정보능력	컴퓨터활용 정보처리
기술능력	기술이해 기술선택 기술적용
조직이해능력	경영이해 체제이해 업무이해 국제감각
직업윤리	근로윤리 공동체윤리

자기개발능력 핵심 이론 정리

1 자기개발능력 소개

1. 자기개발의 개념과 필요성

1) 자기개발이란?

변화하는 사회에 적응하고자 자신의 능력, 적성, 특성 등에 있어서 강점과 약점을 찾고 확인하여 강점을 강화시키고, 약점을 관리하여 성장을 위한 기회로 활용하는 것을 말함

2) 자기개발의 필요성

① 변화하는 환경에 적응하기 위해 필요함
② 업무 성과의 향상을 위해 필요함
③ 자신의 내면과 시간, 생산성 관리 등의 자기관리를 통해 주변 사람들과 긍정적인 인간관계를 형성하기 위해 필요함
④ 자신이 달성하고자 하는 목표의 성취를 위해 필요함
⑤ 목표를 성취하게 되면 자신감을 얻게 되고 삶의 질이 향상되므로 보다 보람된 삶을 살기 위해 필요함

2. 자기개발이 이루어지는 과정

1) 자아인식이란?

직업생활과 관련하여 자신의 가치, 신념, 흥미, 적성, 성격 등에 대하여 파악하는 것

2) 자기관리란?

자신에 대한 이해를 바탕으로 비전과 목표를 수립하고, 설정한 목표를 성취하기 위해 자신의 행동 및 업무수행을 관리·조정하여 자기관리를 수행하는 것이며, 이 과정들을 반성하여 피드백하는 과정까지 포함함

3) 경력개발이란?

경력은 일생에 걸쳐서 지속적으로 이루어지는 일과 관련된 경험이며, 경력개발은 개인의 경력목표와 전략을 수립하고 실행하며 피드백하는 과정임

실력 업 노트

NCS 전문가의 TIP

자기개발능력의 핵심 이론을 학습한 후에는 자기개발의 의미와 중요성, 자기개발의 방법과 이와 관련된 장애요인, 자기개발 계획과 전략 내용을 정리해보는 것이 시험 대비에 도움이 됩니다.

자기개발의 특징
- 자기개발의 주체는 타인이 아닌 자신
- 개별적인 과정으로서 사람마다 자기개발을 통해 지향하는 바와 선호하는 방법 등이 다름
- 평생에 걸쳐서 이루어지는 과정
- 일과 관련하여 이루어지는 활동
- 일상생활에서 이루어져야 함
- 모든 사람이 해야 하는 것

자아인식 방법
- 내가 아는 나를 확인
- 다른 사람과의 대화
- 표준화된 검사 척도 이용

신념
굳게 믿는 마음

비전
내다보이는 장래의 상황(≒이상, 전망)

경력개발
경력계획, 경력관리로 이루어짐

3. 자기개발 계획 수립

1) 장단기 목표를 수립하기

① 자신의 욕구, 가치, 흥미, 적성 및 기대를 고려하여 수립함
② 직장에서의 업무와 관련하여 직무의 특성, 타인과의 관계 등을 고려해야 함
③ 장기 목표는 보통 5~20년 뒤를 설계하는 것을 말함
④ 장기 목표를 이룩하기 위한 기본단계인 단기 목표는 1~3년 정도로 설정함

2) 구체적인 방법으로 계획하기

① 모호한 방법으로 계획하면 어떻게 해야 하는지 명확하게 알 수 없으므로 수행해야 할 자기개발 방법을 명확하고 구체적으로 수립해야 함
② 장기 목표는 때에 따라 구체적인 방법을 계획하는 것이 어렵거나 바람직하지 않을 수 있음

3) 인간관계를 고려하기

사람은 가족, 친구, 직장동료, 고객 등 다양한 인간관계를 맺으며 살아가고 있으므로 이러한 관계도 고려해야 함

4) 현재의 직무를 고려하기

자기개발 목표 설정 시 자신이 담당하고 있는 현재 업무를 중심으로 요구되는 능력, 현재 자신의 보유 능력 수준, 개발해야 하는 능력, 관련 적성 등을 고려해야 함

5) 자신을 브랜드화하기

① 단순히 자신을 알리는 것을 넘어 자신을 다른 사람과 차별화하는 특징을 밝혀내고 이를 부각시키기 위해 지속적인 자기개발을 하며 알리는 것(PR: Public Relations)을 말함
② 자신을 브랜드화하기 위해서는 남들과는 다른 자신만의 차별성을 강조해야 하며, 소셜네트워크와 인적네트워크 활용, 경력 포트폴리오 구성 등의 구체적인 방법을 통해 자신을 알릴 수 있음

2 자아인식능력

1. 자아인식의 개념

① 자신의 흥미, 적성, 특성 등을 이해하여 자기정체감을 확고히 하는 것을 의미함
② 직업생활에서 자아인식은 자신의 요구를 파악하고 자신의 능력 및 기술을 이해하여 자신의 가치를 높이는 것으로, 개인과 팀의 성과를 높이는 데 필수적으로 요구됨
③ 직업인이 자신의 역량 및 자질을 개발하기 위해서는 자신을 이해하는 것이 선행되어야 함

실력 업 노트

자기개발 계획 수립의 장애 요인
- 자기정보의 부족
- 내부 작업정보 부족
- 외부 작업정보 부족
- 의사결정 시 자신감의 부족
- 일상생활의 요구사항
- 주변 상황의 제약

직무
직책이나 직업상에서 책임을 지고 담당하여 맡은 사무(=맡은 일)

2. 자아와 자아존중감

1) 자아란?

내면적인 성격이자 정신을 말하며, 자신에 대한 인식과 신념의 체계적이고 일관된 집합이라는 점에서 사람이 자신의 삶에서 갖고 있는 경험과 경험에 대한 해석의 영향을 받음

2) 자아존중감이란?

① 개인의 가치에 대한 주관적인 평가와 판단을 통해 자기결정에 도달하는 과정으로, 스스로에 대한 긍정적 또는 부정적 평가를 통해 가치를 결정짓는 것을 말함
② 가치 판단은 자신의 정체성 형성에 영향을 주는 중요한 요소로, 주변의 의미 있는 타인에게 영향을 받으며 환경에 적응할 수 있도록 도움을 주기 때문에 긍정적인 자아형성에 중요한 역할을 함
③ 다른 사람들이 자신을 가치 있게 여기며 좋아한다고 생각하는 정도를 의미하는 가치 차원, 과제를 완수하고 목표를 달성할 수 있다는 것을 의미하는 신념의 능력 차원, 자신이 세상에서 경험하는 일들과 거기에 영향을 미칠 수 있다고 느끼는 정도를 의미하는 통제감 차원으로 구분됨

3. 자아인식의 방법

1) 스스로 질문을 통해 알아내는 방법

① 일과 관련하여 다른 사람이 알 수 없는 나를 위해 스스로 질문하며 자아를 인식할 수 있음
② 질문 내용
- 일을 할 때 나의 성격과 장단점은 무엇인가?
- 현재 일과 관련된 나의 부족한 부분은 무엇인가?
- 일과 관련한 나의 목표는 무엇인가?
- 그것은 나에게 어떠한 의미가 있는가?
- 현재 내가 하고 있는 일이 정말로 내가 원했던 일인가?

2) 다른 사람의 의견을 통해 알아내는 방법

① 다른 사람과 대화를 하다 보면 내가 무심코 지나쳤던 부분들을 알게 되고, 다른 사람들은 나에 대해 어떻게 판단하는지 객관적으로 알 수 있음
② 질문 내용
- 나의 장단점은 무엇인가?
- 내가 무엇을 하고 있을 때 가장 재미있어 보이는가?
- 어려움이나 문제 상황에 처했을 때 나는 어떤 행동을 하는가?

3) 표준화된 검사 도구를 통해 알아내는 방법

직업흥미검사 등 객관적으로 자아의 특성을 다른 사람과 비교해볼 수 있는 척도를 제공함

직업흥미검사
직업과 관련된 관심 또는 활용에 참여하려는 경향성을 측정하기 위해 미국의 심리학자 홀랜드(Holland)가 개발한 검사로, 결과는 현실적, 탐색적, 예술적, 사회적, 진취적, 관습적으로 구분되는 성격유형과 활동, 유능성, 직업, 선호분야, 일반성향으로 구분되는 하위척도로 구성됨

4. 흥미와 적성개발

1) 흥미란?

① 일에 관한 관심이나 재미를 의미함
② 직업에 관한 흥미를 느낄 때 직업에 만족하고 적응할 수 있게 됨

2) 적성이란?

① 개인이 더 쉽게 잘할 수 있는 학습능력이나 개인이 잠재적으로 가지고 있는 재능을 의미함
② 본인에게 맞는 일을 찾고 직업생활을 성공적으로 하기 위해 파악 및 개발할 필요가 있음

실력 업 노트

흥미와 적성개발 방법
- 마인드 컨트롤
- 성취감 느끼기
- 기업의 문화 및 풍토 고려하기

5. 성찰의 필요성

① 노하우가 축적됨
② 성장의 기회가 됨
③ 신뢰감을 형성할 수 있음
④ 창의적인 사고를 가능하게 함

성찰 연습 방법
- 성찰 노트 작성
- 질문하기

3 자기관리능력

1. 자기관리 단계별 계획 수립

단계	내용	세부
1단계	비전 및 목적 정립	• 자신에게 가장 중요한 것을 파악 • 인생의 목적, 삶의 원칙, 보람 있는 삶에 대한 정의, 가치관 등에 대한 정립
2단계	과제 발견	• 현재 맡은 소임과 능력을 파악하고, 역할에 따른 활동목표 수립 • 수행해야 할 역할과 적합한 활동목표를 설정하고 우선순위 설정
3단계	일정 수립	• 월간 → 주간 → 하루 순으로 상세하게 작성 • 가장 중요하고 가장 긴급한 일부터 먼저 일정을 수립하되, 중요한 역할과 활동목표가 제외되지 않도록 수립
4단계	수행	• 시간, 능력, 돈 등 수행에 영향을 미치는 요소 분석 • 수립된 일정대로 계획 실행
5단계	반성 및 피드백	• 결과를 피드백하여 다음 수행에 반영

2. 합리적으로 의사결정하기

1) 합리적 의사결정이란?

목표를 설정하고 목표를 달성하기 위한 대안을 작성하여 특정한 방법으로 이들을 비교·평가함으로써 가장 유효한 대안을 선택하는 과정을 의미함

2) 합리적 의사결정의 유의사항

① 의사결정자는 자기탐색의 과정을 거쳐서 의사결정 기준을 만들어야 함
② 가능하다면 모든 평가 기준과 대안을 탐구·작성해야 함
③ 정보의 수집·획득에 어려움이 없어야 함
④ 대안을 신중하고 객관적으로 정확하게 평가할 수 있어야 함
⑤ 최적 대안을 선택하고 나면 다른 대안은 포기해야 함

3) 합리적인 의사결정 과정

1단계	문제의 근원 파악
▼	
2단계	의사결정 기준과 가중치 결정
▼	
3단계	의사결정에 필요한 정보 수집
▼	
4단계	가능한 모든 대안의 탐색
▼	
5단계	대안의 분석 및 평가
▼	
6단계	최적안 선택
▼	
7단계	의사결정의 결과 평가 및 피드백

3. 자신의 내면을 관리하는 방법

1) 인내심 기르기

① 자신의 목표를 분명히 하기
② 새로운 시각으로 상황을 분석하기

2) 긍정적인 마음 가지기

① 자기 자신을 긍정하기
② 고난과 역경을 통해 성장할 수 있다는 가능성을 믿기

실력 업 노트

대안
어떤 안건을 대신하는 안건

4. 업무수행 성과를 높이는 방법

① 일을 미루지 않기
② 업무를 묶어서 처리하기
③ 다른 사람과 다른 방식으로 일하기
④ 회사와 팀의 업무 지침에 따르기
⑤ 역할 모델을 설정하기

4 경력개발능력

1. 경력개발의 개념과 중요성

1) 경력개발이란?

개인의 경력목표를 달성하기 위한 경력계획을 수립하여 조직의 욕구와 개인의 욕구가 합치될 수 있도록 각 개인의 경력을 개발하는 활동을 말함

2) 경력개발의 중요성

① **환경변화:** 지식정보의 빠른 변화, 인력난 심화, 삶의 질 지향, 이직 증가 등
② **조직의 요구:** 경영전략의 변화, 승진 적체, 직무환경 변화, 능력주의 문화 등
③ **개인의 요구:** 가치관과 신념의 변화, 전문성 제고 및 성장 욕구 증가, 개인의 고용시장 가치 증대 등

2. 나의 경력단계 이해하기

1) 1단계: 직업선택

① 이 단계에서 중요한 과제는 자신에게 적합한 직업상을 형성하고 가능한 여러 직업의 특성을 탐색하는 것임
② 직업 탐색 이후 잠정적으로 선택한 직업의 능력을 함양하는 데 필요한 교육이나 훈련을 받음
③ 사람에 따라 직업선택은 평생 여러 번 일어날 수도 있음

2) 2단계: 조직입사

① 이 단계에서 중요한 과제는 자신이 선택한 경력분야의 직업과 조직을 선택하는 것임
② 자신의 경력 가치를 충족시키고 자신의 재능을 발휘할 수 있는 직업을 선택하는 것이 바람직함

3) 3단계: 경력초기

① 이 단계는 자신의 보금자리를 찾고 선택한 길을 따라 앞으로 나아가는 시기임
② 이 단계에서 중요한 과제는 자신이 맡은 업무의 내용을 파악하고, 새로 들어온 조직의 규칙이나 규범, 분위기를 알고 적응해 나가는 것임

실력 업 노트

합치
의견이나 주장 따위가 서로 맞아 일치함

적체
쌓이고 쌓여 제대로 통하지 못하고 막힘

경력단계 구분
기업의 퇴직 나이를 기준으로 한 것이 아닌 왕성하게 직업관련 활동을 할 수 있는 나이로 구분됨
- 1단계: 0~25세
- 2단계: 18~25세
- 3단계: 25~40세
- 4단계: 40~55세
- 5단계: 55세~퇴직

4) 4단계: 경력중기

이 단계는 그동안 이룬 것을 재평가하고 생산성을 유지하거나 다른 직업으로 이동하는 경력 변화가 일어나는 시기임

5) 5단계: 경력말기

① 이 단계는 조직에 생산적인 기여자로 남아 있어야 하는 동시에 자신의 가치를 유지해야 하는 시기임
② 은퇴 시기를 예측하고 이에 대한 계획을 효과적인 방법으로 수립해야 함

3. 경력개발 계획

1) 경력개발 단계

단계	내용	세부 사항
1단계	직무정보 탐색	직무 요구 능력, 고용이나 승진 전망, 직무만족도 등
2단계	자신과 환경의 이해	자신의 능력, 흥미, 적성, 가치관, 직무환경의 기회와 장애요인 등을 고려
3단계	경력목표 설정	장기 목표 수립, 단기 목표 수립
4단계	경력개발 전략의 수립	현 직무의 성공 수행, 역량 강화, 인적 네트워크 구축 등
5단계	실행 및 평가	실행, 경력목표 및 전략의 수정

2) 경력개발 단계의 특징

① 단계가 명확하게 구분되지 않으며, 중복해서 이루어질 수 있음
② 각 단계는 실행 및 평가를 통해 수정될 수 있음

4. 경력개발 관련 이슈

① 평생학습사회
② 투잡스(Two-jobs)
③ 청년실업
④ 창업경력
⑤ 소셜 네트워크 구인·구직
⑥ 일과 생활의 균형(WLB)

실력 업 노트

자신과 환경을 탐색하는 방법
- **자기탐색**: 자기인식 관련 워크숍 참여, 평가 기관의 전문가 면담 등
- **환경탐색**: 전직 및 경력 상담 회사 및 기관 방문, 직업 관련 홈페이지 탐색 등

WLB
Work and Life Balance라는 의미로 일과 삶의 균형을 뜻함

National Competency Standards

출제예상문제

영역: 자기개발능력 **하위능력:** 자기개발능력 **난이도:** ★☆☆

01. 다음 중 자기개발의 필요성에 대한 설명으로 가장 적절하지 않은 것은?

① 자신이 달성하고자 하는 목표를 성취하기 위해서 자기개발을 해야 한다.

② 자기개발은 변화하는 환경에 적응하기 위해서 필요하다.

③ 자기개발을 통해 자신감을 얻게 되고, 삶의 질이 향상되어 보다 보람된 삶을 살 수 있다.

④ 자기개발은 타인과의 긍정적인 인간관계 형성을 방해하지만 자신의 내면과 시간, 생산성 관리를 위해 필요하다.

⑤ 자기개발은 자신의 업무 성과를 향상시키기 위해 이루어진다.

핵심 포인트 해설 **자기개발의 필요성**

자신의 내면과 시간, 생산성을 관리하는 등의 자기관리는 좋은 인간관계 형성과 유지의 기반이 되기도 하기 때문에 주변 사람들과 긍정적인 인간관계를 형성하기 위해서는 자기개발이 필요하므로 가장 적절하지 않다.

이것도 알면 합격

자기개발의 필요성

- 자기개발은 변화하는 환경에 적응하기 위해서 이루어짐
- 직업생활에서의 자기개발은 효과적으로 업무를 처리하고, 업무의 성과를 향상시키기 위하여 이루어짐
- 자기개발은 주변 사람들과 긍정적인 인간관계를 형성하기 위해서도 필요하며, 자신의 내면과 시간, 생산성을 관리하는 등의 자기관리는 좋은 인간관계의 형성과 유지의 기반이 되기도 함
- 자기개발은 자신이 달성하고자 하는 목표를 성취하기 위해서 해야 함
- 자기개발을 하게 되면 자신감을 얻게 되고, 삶의 질이 향상되어 보다 보람된 삶을 살 수 있음

정답 ④

영역: 자기개발능력 하위능력: 자기개발능력 난이도: ★☆☆

02. 다음 중 자기개발의 특징에 대한 설명으로 적절한 것을 모두 고르면?

> ㉠ 자기개발은 평생에 걸쳐서 이루어지는 과정이다.
> ㉡ 자기개발은 일과 관련하여 이루어지는 활동이기 때문에 직업을 가지고 있지 않은 사람은 자기개발을 수행하기 어렵다.
> ㉢ 자기개발에는 대인관계를 맺고 감정을 관리하며, 의사소통을 하는 것도 포함된다.
> ㉣ 자기개발은 개별적인 과정이기 때문에 사람마다 다르게 이루어진다.
> ㉤ 자기개발에서 개발의 주체와 객체는 서로 다르다.

① ㉠, ㉢ ② ㉡, ㉤ ③ ㉠, ㉡, ㉤ ④ ㉠, ㉢, ㉣ ⑤ ㉡, ㉣, ㉤

핵심 포인트 해설 **자기개발의 특징**

자기개발의 특징에 대한 설명으로 적절한 것은 ㉠, ㉢, ㉣이다.

이것도 알면 합격

자기개발의 특징

- 자기개발은 스스로 계획하고 실행한다는 의미로, 개발의 주체는 타인이 아닌 자기 자신이며, 개발의 객체 역시 자신임
- 자기개발은 개별적인 과정으로, 자기개발을 통해 지향하는 바와 선호하는 방법 등이 사람마다 다름
- 자기개발은 평생에 걸쳐서 이루어지는 과정임
- 자기개발은 일과 관련하여 이루어지는 활동임
- 자기개발은 실생활에서 이루어져야 함
- 자기개발은 모든 사람이 해야 하는 것임

정답 ④

영역: 자기개발능력 하위능력: 자기개발능력 난이도: ★☆☆

03. 다음은 자기개발을 구성하는 요소들에 대한 설명이다. 다음 ㉠~㉢에서 설명하고 있는 자기개발 구성요소를 바르게 연결한 것은?

> ㉠ 자신에 대한 이해를 바탕으로 비전과 목표를 수립하며, 이에 대한 과제를 발견하고, 자신의 일정을 수립 및 조정, 수행, 반성하여 피드백하는 과정으로 이루어진다.
> ㉡ 내가 아는 나를 확인하는 방법, 다른 사람과의 대화를 통해 알아가는 방법, 표준화된 검사 척도를 이용하는 방법 등을 통해 자신을 알아갈 수 있다.
> ㉢ 자신과 상황을 인식하고 경력관련 목표를 설정하여 그 목표를 달성하기 위한 과정인 경력계획과 경력계획을 준비하고 실행하며 피드백하는 경력관리로 이루어진다.

	㉠	㉡	㉢
①	자아인식	경력개발	자기관리
②	자아인식	자기관리	경력개발
③	자기관리	경력개발	자아인식
④	자기관리	자아인식	경력개발
⑤	경력개발	자기관리	자아인식

핵심 포인트 해설 **자기개발 구성요소**

㉠ 자신을 이해하고, 목표를 성취하기 위해 자신의 행동 및 업무수행을 관리하고 조정하는 것으로, 자신에 대한 이해를 바탕으로 비전과 목표를 수립하며, 이에 대한 과제를 발견하고, 자신의 일정을 수립 및 조정, 수행, 반성하여 피드백하는 과정으로 이루어지는 것은 자기개발 구성요소 중 '자기관리'에 해당한다.
㉡ 직업생활과 관련하여 자신의 가치, 신념, 흥미, 적성, 성격 등 자신이 누구인지 파악하는 것으로, 내가 아는 나를 확인하는 방법, 다른 사람과의 대화를 통해 알아가는 방법, 표준화된 검사 척도를 이용하는 방법 등을 통해 자신을 알아갈 수 있는 것은 자기개발 구성요소 중 '자아인식'에 해당한다.
㉢ 개인의 경력목표와 전략을 수립하고 실행하며 피드백하는 과정으로, 자신과 상황을 인식하고 경력관련 목표를 설정하여 그 목표를 달성하기 위한 과정인 경력계획과 경력계획을 준비하고 실행하며 피드백하는 경력관리로 이루어지는 것은 자기개발 구성요소 중 '경력개발'에 해당한다.
따라서 ㉠~㉢을 자기개발 구성요소에 따라 바르게 연결한 것은 ④이다.

정답 ④

영역: 자기개발능력 하위능력: 자기개발능력 난이도: ★☆☆

04. 다음 중 남들과는 다른 자신만의 차별성을 강조해야 하며, 이를 부각시키기 위해 지속적인 자기개발을 하는 자기개발 설계 전략으로 가장 적절한 것은?

① 자신을 브랜드화하기

② 현재의 직무 고려하기

③ 장단기 목표 수립하기

④ 구체적인 방법으로 계획하기

⑤ 인간관계 고려하기

핵심 포인트 해설 **자기개발 설계 전략**

단순히 자신을 알리는 것을 넘어 다른 사람과 차별화된 자신의 특징을 밝혀내고 이를 부각시키기 위해 지속적인 자기개발을 하며 자신을 알리는 자기개발 설계 전략으로 가장 적절한 것은 '자신을 브랜드화하기'이다.

이것도 알면 합격

자기개발 설계 전략

장단기 목표 수립하기	• 장기 목표(5~20년 뒤를 설계): 자신의 욕구, 가치, 흥미, 적성 및 기대를 고려하여 수립하며 직장에서의 일과 관련하여 직무의 특성, 타인과의 관계 등을 고려함 • 단기 목표(1~3년 정도의 목표): 장기목표를 이룩하기 위한 기본 단계가 되며, 이를 위해 필요한 직무관련 경험, 개발해야 될 능력 혹은 자격증, 쌓아두어야 할 인간관계 등을 고려하여 수립함
인간관계 고려하기	인간은 가족, 친구, 직장동료, 부하직원, 상사, 고객 등 많은 인간관계를 맺고 살아가고 있으므로 이러한 관계를 고려하여 자기계발 계획을 수립해야 함
현재의 직무 고려하기	직업인이라면 현재의 직무 상황과 이에 대한 만족도가 자기개발 계획을 수립하는 데 중요한 역할을 하므로 현 직무를 담당하는 데 필요한 능력과 이에 대한 자신의 수준, 개발해야 할 능력, 관련된 적성 등을 고려해야 함
구체적으로 계획하기	자신이 수행해야 할 자기개발 방법을 명확하고 구체적으로 수립하면 자기개발을 집중하여 효율적으로 수행할 수 있고, 이에 대한 진행 과정도 손쉽게 파악할 수 있음
자기 브랜드화하기	단순히 자신을 알리는 것을 넘어 자신이 다른 사람과 차별되는 특징을 밝히고 이를 부각시키기 위해 지속적인 자기개발을 하며, PR(Public Relations)하는 것을 말함

정답 ①

영역: 자기개발능력 하위능력: 자기개발능력 난이도: ★☆☆

05. 다음 글을 읽고 박 사원의 자기개발 계획 수립을 방해하는 요인으로 가장 적절한 것은?

○○공사에서 근무하는 박 사원은 최근 자신이 맡은 직무가 적성과 맞지 않을뿐더러 비전문가도 할 수 있는 업무라고 생각해 경영학도로서 자신의 전공을 살릴 수 있는 전문적인 업무를 맡고 싶다고 느꼈다. 그러나 이직을 하지 않고 현재 있는 직장에서 부서 이동이 가능한지, 부서 이동을 하더라도 정확히 어떤 업무를 하는지에 대해 알지 못해 구체적인 자기개발 계획을 수립하지 못하고 있다.

① 자기정보 부족
② 내부 작업정보 부족
③ 외부 작업정보 부족
④ 의사결정 시 자신감 부족
⑤ 주변상황 제약

핵심 포인트 해설 **자기개발 계획 수립 방해요인**

제시된 글에서 박 사원은 사내 다른 부서로의 이동이 가능한지, 타 부서에서 정확히 어떤 업무를 하는지에 대한 정보가 부족하여 자기개발 계획을 수립하지 못하고 있으며 회사 내 경력기회 및 직무 가능성에 대해 충분히 알지 못해 무엇을 어떻게 해야 할지에 대해 무지한 상태이므로 박 사원의 자기개발 계획 수립을 방해하는 요인으로 가장 적절한 것은 '내부 작업정보 부족'이다.

이것도 알면 합격

자기개발 계획 수립 방해요인

자기정보 부족	자신의 흥미, 장점, 가치, 라이프스타일 등에 대한 무지
내부 작업정보 부족	회사 내 경력기회 및 직무 가능성에 대한 무지
외부 작업정보 부족	다른 작업, 회사 밖의 기회에 대한 무지
의사결정 시 자신감 부족	자기개발과 관련된 결정을 내릴 때 자신감 부족
일상생활 요구사항	개인의 자기개발 목표와 일상생활 간의 갈등
주변상황 제약	재정적 문제, 연령, 시간 등의 제약

정답 ②

06. 다음 중 자아존중감에 대한 설명으로 가장 적절하지 않은 것은?

① 자아존중감은 환경에 적응할 수 있도록 도움을 준다.

② 자신이 세상에서 경험하는 일들과 거기에 영향을 미칠 수 있다고 느끼는 정도를 통제감 차원이라고 한다.

③ 개인의 가치에 대한 객관적인 평가와 주관적인 판단을 통해 자기결정에 도달하는 과정이다.

④ 긍정적인 자아를 형성하기 위해서 자아존중감은 매우 중요한 요소이다.

⑤ 자아존중감의 가치 차원은 다른 사람들이 자신을 가치 있게 여기며 좋아한다고 생각하는 정도이다.

핵심 포인트 해설 **자아존중감**

자아존중감이란 개인의 가치에 대한 주관적인 평가와 판단을 통해 자기결정에 도달하는 과정이므로 가장 적절하지 않다.

이것도 알면 합격

자아존중감

- 개인의 가치에 대한 주관적인 평가와 판단을 통해 자기결정에 도달하는 과정이며, 스스로에 대한 긍정적 또는 부정적 평가를 통해 가치를 결정짓는 것을 의미함
- 주변의 의미 있는 타인에게 영향을 받으며, 환경에 적응할 수 있도록 도움을 줘 긍정적인 자아형성에 매우 중요함
- 다른 사람들이 자신을 가치 있게 여기며 좋아한다고 생각하는 정도인 가치 차원, 과제를 완수하고 목표를 달성할 수 있다는 신념의 능력 차원, 자신이 세상에서 경험하는 일들과 거기에 영향을 미칠 수 있다고 느끼는 정도의 통제감 차원으로 구분할 수 있음

정답 ③

영역: 자기개발능력 **하위능력:** 자아인식능력 **난이도:** ★☆☆

07. 다음 중 흥미와 적성에 대해 바르게 이해하지 못한 사람은 총 몇 명인가?

> **동욱:** 흥미는 일에 대한 관심이나 재미를 의미하는데, 직업에 대한 흥미를 가지고 잘할 수 있을 때 사람들은 그 직업에 만족하고 잘 적응할 수 있지.
>
> **한슬:** 적성은 개인이 잠재적으로 가지고 있는 재능, 개인이 보다 쉽게 잘할 수 있는 주어진 학습 능력을 의미해.
>
> **원우:** 적성은 흥미와 마찬가지로 선천적으로 부여되기도 하지만 후천적으로 개발되어야 되는 측면도 가지고 있어.
>
> **한빈:** 흥미나 적성을 개발하는 데는 단기적으로 이룰 수 있는 작은 단위의 목표보다 장기적인 목표나 추상적인 목표가 더 도움이 돼.

① 0명 ② 1명 ③ 2명 ④ 3명 ⑤ 4명

핵심 포인트 해설 **흥미와 적성**

한빈: 일을 할 때 너무 장기적인 목표나 추상적인 목표를 세우는 것보다 단기적으로 이룰 수 있는 작은 단위로 시작하는 것이 좋으며, 작은 성공의 경험들이 축적되어 조금씩 성취감을 느끼게 되면 다음에 해야 할 일도 흥미를 갖게 되어 더 잘할 수 있으므로 옳지 않은 내용이다.

따라서 흥미와 적성에 대해 바르게 이해하지 못한 사람은 총 '1명'이다.

이것도 알면 합격

흥미와 적성 개발 방법

마인드컨트롤하기	자신을 의식적으로 관리하는 방법으로, '나는 잘할 수 있다.', '나는 지금 주어진 일이 적성에 맞는다.' 등의 지속적인 자기암시를 통해 자신감을 얻고 흥미나 적성을 갖게 될 수 있음
조금씩 성취감 느끼기	작은 성공의 경험들이 축적되어 자신에 대한 믿음이 강화되면 다음에 할 일에도 흥미를 느끼게 되어 더 큰 일을 수행할 수 있게 되므로 일을 할 때는 너무 큰 단위로 처리하기보다 작은 단위로 나누어 수행하는 것이 좋음
기업의 문화 및 풍토 고려하기	직장문화, 직장의 풍토 등의 외부적인 요인으로 인해 기업에 적응하지 못하는 경우가 발생할 수 있으므로 흥미와 적성을 개발하기 위해서는 기업의 문화와 풍토를 고려해야 함

정답 ②

영역: 자기개발능력 하위능력: 자아인식능력 난이도: ★★☆

08. 다음 글을 읽고 김 사원의 태도에서 알 수 있는 성찰이 필요한 요인으로 가장 적절한 것은?

> 지난주 새롭게 ○○ 기업에 입사한 김 사원은 아직 회사에 들어온 지 얼마 되지 않아 업무가 익숙하지 않고, 서툴러서 자주 실수를 한다. 오늘도 회사의 업무 지침대로 업무를 해야 했지만, 본인이 생각하는 방식대로 업무를 진행하여 실수가 발생했다. 김 사원은 자신이 실수한 업무에 대해 돌아보며, 실수가 발생한 원인은 무엇인지, 다른 사람들은 해당 업무를 어떻게 진행하였는지 알아보았고, 같은 실수를 반복하지 않도록 자신이 한 실수와 그 실수에 대한 원인 및 해결방안에 대해 노트에 기록해 두었다. 그러한 모습을 본 조 팀장은 추후 김 사원이 동일한 업무를 진행할 때 같은 실수를 하지 않을 것이라고 생각하게 되었다.

① 지속적인 성장 기회를 제공한다.
② 창의적인 사고능력을 개발할 수 있는 기회를 제공한다.
③ 신뢰감 형성의 원천을 제공한다.
④ 다른 일을 하는 데 필요한 노하우를 축적할 수 있다.
⑤ 자신과 같은 실수를 하는 사람에게 조언을 해줄 수 있다.

핵심 포인트 해설 성찰의 필요성

제시된 글에서 김 사원은 같은 실수를 반복하지 않도록 자신이 한 실수와 그 실수에 대한 원인 및 해결방안에 대해 노트에 기록해 두었으며, 이를 본 조 팀장이 추후 같은 업무를 진행할 때 같은 실수를 하지 않을 것이라고 생각함에 따라 성찰을 통해 현재 저지른 실수에 대한 원인을 파악하고 이를 수정하면 다시는 같은 실수를 하지 않게 되어 다른 사람에게 신뢰감을 줄 수 있으므로 김 사원의 태도에서 알 수 있는 성찰이 필요한 요인으로 가장 적절한 것은 '신뢰감 형성의 원천을 제공한다.'이다.

이것도 알면 합격

성찰의 필요성

구분	내용
다른 일을 하는 데 필요한 노하우 축적	어떤 일을 마친 후에 자신이 잘한 일은 무엇인지, 개선할 점은 무엇인지 깊이 생각해 보면 앞으로 다른 일을 해결해 나가는 노하우를 축적할 수 있음
지속적인 성장의 기회 제공	성찰을 통해 현재의 부족한 부분을 파악하여 보완할 수 있고, 실수를 미연에 방지하면서 미래의 목표에 따라 노력할 수 있어 지속적인 성장의 기회를 만들 수 있음
신뢰감 형성의 원천 제공	성찰을 하면 현재 자신이 저지른 실수에 대하여 원인을 파악하고 이를 수정하게 되어 같은 실수를 반복하지 않게 되므로 다른 사람에게 신뢰감을 줄 수 있음
창의적인 사고능력의 개발 기회 제공	창의력은 지속적인 반성과 사고를 통해 신장될 수 있으므로 새로운 것을 만들기 위해서는 생각을 해야 하며, 생각에서 그치지 않고 성찰을 지속하다 보면 어느 순간 창의적인 생각을 할 수 있게 됨

정답 ③

영역: 자기개발능력 하위능력: 자기관리능력 난이도: ★★☆

09. 자신을 이해하고, 목표를 성취하기 위해 자신의 행동 및 업무수행을 관리하고 조정하는 것을 일컫는 자기관리는 비전 및 목적 정립, 과제 발견, 일정 수립, 수행, 반성 및 피드백 총 5단계로 이루어진다. 다음 중 과제 발견 단계에서 하는 질문으로 적절한 것을 모두 고르면?

㉠ 자신이 현재 수행하고 있는 역할과 능력은 무엇인가?
㉡ 어떤 목표를 성취하였는가?
㉢ 내 삶의 목적은 어디에 있는가?
㉣ 현재 변화되어야 할 것은 없는가?
㉤ 어떻게 결정을 내리고 행동했는가?

① ㉡ ② ㉤ ③ ㉠, ㉣ ④ ㉡, ㉢ ⑤ ㉢, ㉣, ㉤

핵심 포인트 해설 | 자기관리의 단계

과제 발견 단계는 비전과 목표가 정립되면 현재 자신의 역할 및 능력을 '자신이 현재 수행하고 있는 역할과 능력은 무엇인가?', '역할들 간에 상충되는 것은 없는가?', '현재 변화되어야 할 것은 없는가?'와 같은 질문을 통해 검토하고, 할 일을 조정하여 자신이 수행해야 될 역할들을 도출한다.
따라서 과제 발견 단계에서 하는 질문으로 적절한 것은 ㉠, ㉣이다.

이것도 알면 합격

자기관리의 단계에서 하는 질문

비전 및 목적 정립	• 나에게 가장 중요한 것은 무엇인가? • 나의 가치관은? • 내가 생각하는 의미 있는 삶은? • 내가 살아가는 원칙은? • 내 삶의 목적은 어디에 있는가?
과제 발견	• 자신이 현재 수행하고 있는 역할과 능력은 무엇인가? • 역할들 간에 상충되는 것은 없는가? • 현재 변화되어야 할 것은 없는가?
반성 및 피드백	• 어떤 목표를 성취하였는가? • 일을 수행하는 동안 어떤 문제에 직면했는가? • 어떻게 결정을 내리고 행동했는가? • 우선순위, 일정에 따라 계획적으로 수행하였는가?

정답 ③

영역: 자기개발능력 하위능력: 자기관리능력 난이도: ★★☆

10. 다음은 합리적인 의사결정 과정을 나타낸 것이다. ㉠에 대한 설명으로 가장 적절한 것은?

1단계	문제의 근원을 파악한다.
2단계	㉠
3단계	㉡
4단계	㉢
5단계	각 대안을 분석 및 평가한다.
6단계	최적안을 선택한다.
7단계	의사결정 결과를 평가하고 피드백한다.

① 의사결정을 하기 위한 가능한 모든 대안을 찾는다.
② 의사결정에 필요한 정보를 적절히 수집한다.
③ 의사결정 기준에 따라 가능한 대안들의 장단점을 분석하고 평가한다.
④ 문제의 특성이나 유형이 무엇인지 파악한다.
⑤ 개인의 관심, 가치, 목표 및 선호에 따라 의사결정을 할 때 무엇을 중요하게 생각하는지 결정된다.

핵심 포인트 해설 **합리적인 의사결정 과정**

합리적인 의사결정 과정 중 ㉠의 의사결정 기준과 가중치를 정하는 2단계는 개인의 관심, 가치, 목표 및 선호에 따라 의사결정을 할 때 무엇을 중요하게 생각하고, 무엇을 우선시하는지 결정하는 단계이므로 ㉠에 대한 설명으로 가장 적절한 것은 ⑤이다.

① 가능한 모든 대안을 탐색하는 4단계인 ㉢에 대한 설명이므로 적절하지 않다.
② 의사결정에 필요한 정보를 수집하는 3단계인 ㉡에 대한 설명이므로 적절하지 않다.
③ 가능한 대안들을 앞서 수집한 자료에 기초하여 의사결정 기준에 따라 장단점을 분석하고 평가하는 5단계에 대한 설명이므로 적절하지 않다.
④ 의사결정에 앞서 발생된 문제가 어떤 원인에 의한 것인지, 문제의 특성이나 유형은 무엇인지를 파악하는 1단계에 대한 설명이므로 적절하지 않다.

정답 ⑤

영역: 자기개발능력 하위능력: 자기관리능력 난이도: ★☆☆

11. **다음 중 거절의 의사결정을 할 때 염두에 두어야 할 유의사항에 대한 설명으로 가장 적절하지 않은 것은?**

① 상대방의 부탁을 거절할 때에는 분명한 이유를 만들어야 한다.

② 거절의 의사는 되도록 상대방에게 늦게 전달하는 것이 좋다.

③ 일을 거절함으로써 발생될 문제들과 거절하지 못하고 일을 수락했을 때의 기회비용을 비교하여 거절 의사를 결정해야 한다.

④ 상대방의 말을 들을 때에는 주의하여 귀를 기울여서 문제의 본질을 파악해야 한다.

⑤ 상대방에게 거절의 의사를 표시할 때는 대안을 함께 제시하는 것도 하나의 방법이다.

핵심 포인트 해설 **거절의 의사결정**

거절의 의사결정이 오래 지체될수록 상대방은 긍정의 대답을 기대하게 되고, 의사결정자는 거절을 하기 더욱 어려워지기 때문에 거절의 의사 전달은 빠를수록 좋으므로 가장 적절하지 않다.

정답 ②

영역: 자기개발능력 하위능력: 자기관리능력 난이도: ★☆☆

12. 직업인에게 가장 중요한 자기개발은 자신의 직장에서 업무수행 성과를 높이는 것이다. 다음 중 업무수행 성과 향상을 위한 행동 전략에 대해 가장 적절하지 않은 설명을 한 사원은?

> **송 부장:** 다른 사람이 하는 일의 방식과는 다른 방식의 업무 처리 방법을 생각하다 보면 다른 사람들이 발견하지 못한 창의적인 방법을 발견할 수도 있으며 업무 성과도 높일 수 있습니다.
> **강 차장:** 일반적으로 사람은 마감이 가까워질수록 능률이 오르기 때문에 마감 기한이 여유로운 업무는 뒤로 미뤄두었다가 마감 1~2일 전에 빠르게 처리하는 것이 좋습니다.
> **임 과장:** 팀에서 일 잘하기로 소문난 사람을 역할 모델로 설정하여 그 사람이 어떤 방식으로 업무를 수행하는지 주의 깊게 관찰하고 따라 하는 과정을 통해 업무 성과를 높일 수 있습니다.
> **이 대리:** 환경 변화 속에서 해당 업무의 전문가들에 의해 확립된 회사와 팀의 업무 지침을 따르되, 그 안에서 나만의 업무처리 방식을 개발해야 합니다.
> **염 주임:** 속성이 유사한 업무를 묶어서 한꺼번에 진행하면 첫 번째 업무를 할 때 소요된 시간보다 80%가량을 단축할 수 있어 효율적으로 업무를 수행할 수 있습니다.

① 송 부장 ② 강 차장 ③ 임 과장 ④ 이 대리 ⑤ 염 주임

핵심 포인트 해설 **업무수행 성과 향상을 위한 행동전략**

업무를 미루고 급하게 처리하다 보면 다른 업무도 계속 밀리게 되고 업무 처리에 최선을 다하지 못하기 때문에 일을 미루지 않고 즉시 처리하는 습관을 들이는 것이 바람직하다.
따라서 업무수행 성과향상을 위한 행동 전략에 대해 가장 적절하지 않은 설명을 한 사원은 '강 차장'이다.

이것도 알면 합격

업무수행 성과 향상을 위한 행동전략

- 일을 미루지 않기
- 비슷한 업무는 묶어서 처리하기
- 다른 사람과 다른 방식으로 일하기
- 회사와 팀의 업무 지침 따르기
- 역할 모델 설정하기

정답 ②

영역: 자기개발능력 **하위능력:** 경력개발능력 **난이도:** ★☆☆

13. 다음 중 개인 차원과 조직 차원의 경력개발 활동이 가장 올바르게 짝지어진 것은?

㉠ 경력 계획 인식
㉡ 경력개발 세미나 운영
㉢ 인사평가 실시
㉣ 경력자원센터 활동
㉤ 개인 역량 분석
㉥ 인적자원계획 수립
㉦ 직무공시제도

	개인 차원	조직 차원
①	㉠, ㉣, ㉤	㉡, ㉢, ㉥, ㉦
②	㉡, ㉢, ㉦	㉠, ㉣, ㉤, ㉥
③	㉠, ㉣, ㉤, ㉥	㉡, ㉢, ㉦
④	㉡, ㉣, ㉤, ㉥	㉠, ㉢, ㉦
⑤	㉢, ㉣, ㉥, ㉦	㉠, ㉡, ㉤

핵심 포인트 해설 **개인 차원과 조직 차원의 경력개발 활동**

경력개발 활동은 경력 계획 인식, 경력자원센터 활동, 개인의 가치관·관심사·역량 분석 등의 개인 차원과 경력개발 워크숍·세미나 실시, 인사평가, 인적자원계획 수립, 직무공시제도, 멘토링제도, 경력경로 개발 등의 조직 차원으로 나뉜다.
따라서 개인 차원의 경력개발 활동과 조직 차원의 경력개발 활동이 가장 올바르게 짝지어진 것은 ①이다.

정답 ①

영역: 자기개발능력 하위능력: 경력개발능력 난이도: ★★☆

14. 금융회사에서 근무하는 A 씨는 회사 내에서 어느 정도 입지를 굳혔지만 더 이상의 승진이 쉽게 이루어지지 않고 매번 반복되는 업무에 지루함을 느껴 현재와 다른 진로로 이동할지 고민하고 있다. 다음 중 A 씨의 상황에 해당하는 경력단계로 가장 적절한 것은?

① 직업선택 ② 조직입사 ③ 경력초기 ④ 경력중기 ⑤ 경력말기

핵심 포인트 해설 **경력단계의 특징**

A 씨의 상황은 조직 내에서 입지를 굳혔으나 수직적인 승진 가능성이 작은 경력 정체에 머물고, 반복 업무에 따분함을 느껴 현재와 다른 진로로의 이동을 고민하고 있어 경력변화가 발생할 수 있으므로 A 씨의 상황에 해당하는 경력단계로 가장 적절한 것은 '경력중기'이다.

이것도 알면 합격

경력단계

단계	구분	특징
1단계	직업 선택	• 자신에게 맞는 직업상을 탐색 및 선택한 후, 직업역량 증진을 위한 교육·훈련을 받는 시기 • 자신에 대한 탐색과 직업에 대한 탐색이 동시에 이루어져야 함 • 직업선택은 평생 여러 번 일어날 수 있음
2단계	조직 입사	• 자신이 선택한 경력 분야의 직업과 조직에서 직무를 선택하는 시기 • 직업선택 단계와 같이 자신과 환경의 특성 및 조직의 특성을 탐색해야 함
3단계	경력 초기	• 자신이 맡은 업무의 내용을 파악하고, 조직의 규칙과 규범, 분위기를 알고 적응해나가는 시기 • 조직에서 자신의 입지를 확고히 다지고 승진하는 데 많은 관심을 가짐
4단계	경력 중기	• 그동안 이룬 것을 재평가하고 생산성을 유지하거나 다른 직업으로 이동하는 경력변화가 일어나는 시기
5단계	경력 말기	• 조직에 생산적인 기여자로 남아 있어야 하는 동시에 자신의 가치를 유지해야 하는 시기 • 은퇴 시기를 예측하고 이에 대한 계획을 효과적인 방법으로 수립해야 함

정답 ④

영역: 자기개발능력 하위능력: 경력개발능력 난이도: ★☆☆

15. 최근 사회가 빠르게 변화함에 따라 직장과 직업에 대한 인식이 변화하고, 경력관리에 대한 이슈들이 새롭게 등장하고 있다. 다음 중 최근 나타나고 있는 경력개발 관련 이슈로 가장 적절하지 않은 것은?

	관련 이슈	설명
㉠	평생학습사회	개개인이 자아실현, 생활 향상 또는 직업적 지식, 기술 획득 등을 목적으로 생애에 걸쳐서 자주적, 주체적으로 학습을 계속할 수 있는 평생 학습사회가 도래하여 개인이 현재 가지고 있는 능력보다 학습하는 능력과 이에 대한 자기개발 노력이 더욱 중요시되고 있다.
㉡	투잡스 (Two-Jobs)	경제적 이유, 자투리 시간 활용, 경력개발, 취미 및 관심 등 다양한 이유로 두 가지 이상의 일을 하는 것을 의미하며, 경기 불황과 고용불안이 심화됨에 따라 더욱 증가하고 있다.
㉢	창업 감소	나이 및 성별에 차별 받지 않는 블라인드 채용이 증가하고, 글로벌 시대에 도래하여 노동 시장의 규모가 늘어남에 따라 조건에 얽매여 구직 활동을 포기했던 사람들이 취업 시장에 뛰어 들며 창업에 도전하고자 하는 욕구는 줄어들고 있다.
㉣	소셜 네트워크 구인·구직	채용 부분에서 기업 인사 담당자가 SNS를 통해 구인·구직을 하는 사례가 증가하고 있으며, 자신을 나타내기 위해 개인 SNS를 자기 PR의 용도로 사용하는 구직자도 증가하고 있다.
㉤	워라밸	개인 업무와 사생활 간의 균형을 의미하는 단어로, 개인적인 삶과 일, 가정의 양립을 중요시하는 현대인에게 직업 선택 시 고려하는 중요한 요소 중 하나로 떠오르고 있다.

① ㉠ ② ㉡ ③ ㉢ ④ ㉣ ⑤ ㉤

핵심 포인트 해설 **경력개발 관련 이슈**

인터넷의 확산과 발달로 공간과 시간의 제약 없이 창업이 가능해지면서 전 세계적으로 나이 및 성별과 관계없이 창업에 도전하는 사람들이 많아지고 있으므로 가장 적절하지 않다.

정답 ③

National Competency Standards

5. 자원관리능력

핵심개념정리
출제예상문제

National Competency Standards

핵심개념정리

자원관리능력이란?

자원관리능력이란 업무 상황에서 시간, 예산, 물적자원, 인적자원 등의 자원 중 무엇이 얼마나 필요한지를 확인하고, 사용할 수 있는 자원을 최대한 수집하여 실제 업무에 어떻게 활용할 것인지를 계획하고, 계획에 따라 업무 수행에 자원을 할당하는 능력이다.
자원관리능력의 하위능력은 시간관리능력, 예산관리능력, 물적자원관리능력, 인적자원관리능력으로 구성된다. 시간관리능력이란 업무 상황에서 필요한 시간을 검토하고, 이용할 수 있는 시간을 수집하여 실제 업무에 어떻게 활용할 것인지를 계획하고, 할당하는 능력을 의미한다. 예산관리능력이란 업무 상황에서 예산이 얼마나 필요한지를 확인하고, 이용할 수 있는 자본을 수집하여 실제 업무에 어떻게 활용할 것인지를 계획 및 할당하는 능력을 의미한다. 물적자원관리능력이란 업무 상황에서 필요한 물적자원을 확인하고, 이용할 수 있는 재료 및 시설자원을 수집하여 실제 업무에 어떻게 활용할 것인지를 계획 및 할당하는 능력을 의미한다. 인적자원관리능력이란 업무 상황에서 필요한 인적자원을 확인하고, 이용할 수 있는 인적자원을 수집하여 실제 업무에 어떻게 활용할 것인지를 계획 및 할당하는 능력을 의미한다.

실력 업 노트

NCS 전문가의 TIP

자원관리능력을 학습할 때는 자원의 종류와 상관없이 자원관리를 위한 공통된 능력을 함양하는 것이 좋으며, 생소한 자료가 제시되는 경우가 있으므로 평소에 다양한 자료를 접해보는 것이 도움이 됩니다.

자원관리능력 하위능력

직업기초능력(10)	영역별 하위능력(34)
의사소통능력	문서이해 문서작성 경청 의사표현 기초외국어
수리능력	기초연산 기초통계 도표분석 도표작성
문제해결능력	사고력 문제처리
자기개발능력	자아인식 자기관리 경력개발
자원관리능력	**시간관리 예산관리 물적자원관리 인적자원관리**
대인관계능력	팀워크 리더십 갈등관리 협상 고객서비스
정보능력	컴퓨터활용 정보처리
기술능력	기술이해 기술선택 기술적용
조직이해능력	경영이해 체제이해 업무이해 국제감각
직업윤리	근로윤리 공동체윤리

자원관리능력 핵심 이론 정리

1 자원관리능력 소개

1. 자원의 개념

1) 자원이란?

사전적으로는 인간 생활에 도움이 되는 자연계의 일부를 의미하지만, 실제 업무수행에서 자원은 시간, 예산, 물적·인적자원으로 분류됨

2) 자원의 특성

① 자원은 유형과 관계없이 유한하다는 공통점이 있으므로 자원을 효과적으로 확보, 유지, 활용하는 자원관리능력을 갖추는 것이 매우 중요함

② 한 가지 유형의 자원이 고갈되면 다른 유형의 자원을 확보하기 어려울 수도 있음

예 예산이 부족하면 물적자원과 인적자원을 확보하기 어려움

2. 자원의 낭비요인

1) 비계획적 행동

① 계획 없이 충동적, 즉흥적으로 행동하는 경우

② 목표치가 없기 때문에 얼마나 낭비하는지조차 파악하지 못함

2) 편리성 추구

① 자신의 편리함을 최우선으로 추구하는 경우

② 단순히 일회용품의 사용과 같은 물적자원의 낭비뿐만 아니라 늦잠 자기와 같은 시간 낭비, 주변 사람 함부로 대하기와 같은 인적자원의 축소도 이에 해당함

3) 자원에 대한 인식 부족

① 자신이 가지고 있는 것이 중요한 자원임을 인식하지 못하는 경우

② 설비, 비품과 같은 물적자원과 예산 이외의 시간, 인적자원 등이 소중한지 인식하지 못함

4) 노하우 부족

① 자원관리의 중요성은 인식하지만 관리의 방법을 모르는 경우

② 다른 경우와 달리 경험을 통해 노하우를 축적해 나갈 수 있으며, 별도의 학습을 통해서도 극복할 수 있음

실력 업 노트

NCS 전문가의 TIP

자원관리능력의 경우, 실제 시험에서는 핵심 이론의 내용을 그대로 적용하는 문제가 출제될 확률이 비교적 낮습니다.
따라서 핵심 이론의 내용은 반드시 학습한 후 이를 문제에 적용하는 연습을 해 자원관리능력 문제 형식에 익숙해질 수 있는 능력을 키우는 것이 좋습니다.

자원의 낭비요인
- 시간 낭비요인: 늦잠 자기, 무계획, 오늘 할 일을 다음으로 미루기 등
- 예산 낭비요인: 무계획적인 지출, 불필요한 물건의 구입, 돈이면 다 된다는 잘못된 생각 등
- 물적자원 낭비요인: 유행 따라하기, 일회용품 사용하기, 물품의 재구입, 물품의 부실한 관리 등
- 인적자원 낭비요인: 주변 사람과의 소원함, 자신의 주변 사람에 대한 미파악 등

3. 효과적인 자원관리를 위한 기본과정

단계	내용	설명
1단계	필요한 자원의 종류와 양 확인	• 어떤 활동을 할 것이며, 활동을 위해 어떤 자원이 필요한지 파악
2단계	이용 가능한 자원 수집	• 필요한 자원의 종류와 양을 파악한 후 자원을 확보 • 계획한 양보다 여유 있게 확보할 필요가 있음
3단계	자원 활용 계획 수립	• 업무나 활동의 우선순위를 고려하여 자원 활용 계획을 수립
4단계	계획대로 수행	• 가급적 계획대로 업무 수행 • 불가피하게 수정해야 하는 경우에는 전체 계획에 미칠 영향을 고려

2 시간관리능력

1. 시간의 특성

① 시간은 매일 24시간씩 주어짐
② 시간은 똑같은 속도로 흐름
③ 시간의 흐름은 멈추게 할 수 없음
④ 시간은 빌리거나 저축할 수 없음
⑤ 시간은 사용하기에 따라 가치가 달라짐
⑥ 시간은 시기에 따라 밀도와 가치가 다름

2. 시간관리의 효과와 중요성

1) 기업의 입장에서 시간관리의 효과

① 생산성 향상
② 가격 인상
③ 위험 감소
④ 시장 점유율 증가

2) 개인의 입장에서 시간관리의 효과

① **스트레스 감소**: 업무에 대한 부담감, 완료하지 못한 일에 대한 조급함, 급한 결정을 내려야 하는 상황 등으로 인해 스트레스를 받는 것을 줄일 수 있음
② **균형적인 삶**: 일과 여가의 균형을 통해 일의 생산성을 높이고 삶의 만족도를 높일 수 있음

실력 업 노트

시간의 가치
• 시간의 가치는 어떻게 활용하느냐에 따라 달라짐
• 같은 시간에 많이 일한 사람과 적게 일한 사람의 시간은 가치가 다름

가격 인상
기업의 입장에서 일을 수행할 때 소요되는 시간을 단축하면 비용이 절감되고, 상대적으로 이익이 늘어남으로써 사실상 '가격 인상'이 이루어지는 효과가 있음

시장 점유율 증가
기업의 입장에서 제품 생산 시간을 단축하면 상품을 더 빠르게 시장에 선보여 판매할 수 있고, 이로 인해 경쟁 기업 대비 시장 점유율을 증가시킬 수 있음

③ **업무 생산성 향상**: 시간관리능력을 통해 최소의 시간 동안 최대의 효과를 낼 수 있음
④ **목표 달성**: 목표를 이루기 위한 우선순위에 집중하여 개인 및 조직의 목표를 달성할 수 있음

3. 시간 낭비요인

1) 외적 요인

동료, 가족, 세일즈맨, 고객, 문서, 교통 혼잡 등 스스로 조절할 수 없는 외적 요인으로 인한 시간 낭비로, 본인이 스스로 조절할 수 없다는 특징이 있음

2) 내적 요인

일정 연기, 사회 활동, 계획 부족, 우유부단함 등 자신의 습관으로 인한 시간 낭비로, 분명히 하기도 정복하기도 어렵다는 특징이 있음

3) 직장에서의 시간 낭비요인

① 목적이 불분명함
② 우선순위 없이 일함
③ 여러 가지 일을 한 번에 많이 다룸
④ 장기적으로 도움이 되지 않는 일을 함
⑤ 일일계획이 불충분함
⑥ 책상 정리, 서류 정리, 컴퓨터 파일 정리가 되어있지 않음
⑦ 거절하지 못함
⑧ 전화를 비롯하여 잡담이 많음
⑨ 권한 위양이 잘 되지 않음
⑩ 일을 끝내지 않고 남겨둠

4. 효과적인 시간계획 활용

1) 시간계획이란?

① 시간을 최대한 활용하기 위해 가장 많이 반복되는 일에 가장 많은 시간을 분배하고, 최단 시간에 최선의 목표를 달성하는 것을 의미함
② 자신의 시간을 잘 계획할수록 업무적 측면에서의 목표와 개인적 측면에서의 이상 달성 시간을 창출할 수 있음

2) 효과적인 시간계획 순서

① **명확한 목표 설정하기**: 한정된 시간을 효율적으로 활용하기 위해서는 먼저 분명한 목표가 필요하며, 목표를 명확하게 설정하는 것은 시간 관리의 첫걸음이라고 할 수 있음
② **일의 우선순위 정하기**: 일의 우선순위를 결정하는 기법은 매우 다양하지만, 일반적으로 일이 가진 중요성과 긴급성을 바탕으로 구분하여 일의 우선순위 판단 매트릭스를 통해 결정함

실력 업 노트

시간을 낭비하게 만드는 시간관리에 대한 오해
- 시간관리는 상식에 불과하여 지식 및 기술을 학습한 필요가 없음
- 시간에 쫓기면 일을 더 잘하게 됨
- 시간관리는 할 일에 대한 목록만으로 충분함
- 창의적인 일을 하는 사람에게는 시간관리가 맞지 않음

권한 위양
행정 조직 따위의 정치 주체가 자신의 권한을 다른 조직의 주체에게 부여하고 그것을 수행할 책임을 넘기는 일

③ **예상 소요시간 결정하기**: 우선순위가 결정되었다면, 각각의 할 일에 예상되는 소요시간을 결정하는 것이 필요함. 모든 일마다 자세한 계산을 할 필요는 없지만 규모가 크거나 힘든 일을 해야 할 때는 정확한 소요시간을 계산하여 결정하는 것이 효과적임

④ **시간 계획서 작성하기**: 앞서 도출한 해야 할 일의 우선순위와 소요시간을 바탕으로 시간 계획서를 작성함. 시간 계획서는 간단한 서식에 직접 작성할 수 있으며, 개인의 성향에 따라 달력, 다이어리, 일정 관리 소프트웨어, 개인 휴대 단말기 등 다양한 도구를 활용하여 계획서를 작성할 수 있음

3) 시간계획의 기본원리

60:40의 Rule: 자신에게 주어진 시간 중 60%는 계획된 행동을 하기 위해 할애하고, 20%는 계획 외의 행동에, 나머지 20%는 창조성을 발휘할 수 있는 시간인 자발적 행동에 할애해야 한다는 규칙

4) 시간계획 시 명심해야 할 사항

① 일일계획을 세우고 최대한 지키기
② 한 번에 한 가지 업무에만 집중하기
③ 집중력이 요구되는 업무는 가장 능률적인 시간에 처리하기
④ 해야 할 일을 계획하고 시행하기 전에 생각하기
⑤ 업무량이 많은 것은 자신의 능력에 맞게 세분화하기
⑥ 전화 통화 전 계획을 세우고 전화를 걸기
⑦ 권한 위양이 가능한 일은 최대한 위양하기

실력 업 노트

3 예산관리능력

1. 예산관리의 개념과 중요성

1) 예산이란?

① 사전적으로는 필요한 비용을 미리 헤아려 계산하는 것이나 그 비용을 의미함
② 넓은 범위에서 민간기업·공공단체 및 기타 조직체는 물론이고 개인의 수입과 지출에 관한 것도 포함함

2) 예산관리란?

① 하나의 사업이나 활동을 하는 데 필요한 비용을 미리 계산하여 예산을 편성하고 통제하는 것을 말함
② 예산관리는 개인의 생활과 경쟁력에 영향을 미칠 수 있으며, 크게는 팀, 기업, 국가의 경쟁력에 영향을 미침
③ 대부분 정해진 예산 범위 내에서 예산 계획을 세우게 됨

3) 책정 비용과 실제 비용의 균형

책정 비용과 실제 비용의 차이를 줄이고 비슷한 상태가 되는 것이 이상적임

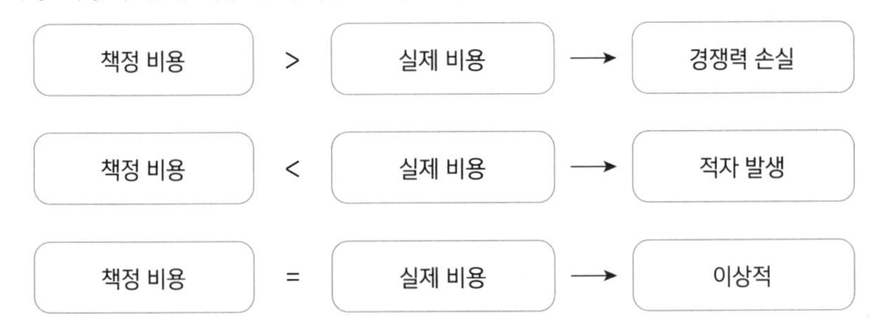

2. 예산의 구성요소

1) 비목

① 예산을 구성하는 모든 원가의 속성을 파악한 뒤 유사한 군별로 묶어 표현한 대분류 원가항목을 의미하며, 직접비용과 간접비용으로 구분됨

② **직접비용**: 제품 생산 또는 서비스를 창출하기 위해 직접 소비된 것으로 여겨지는 비용으로, 재료비, 원료와 장비, 시설비, 인건비, 여행(출장) 및 잡비 등으로 나눌 수 있음

③ **간접비용**: 제품을 생산하거나 서비스를 창출하기 위해 소비된 비용 중에서 직접비용을 제외한 비용으로, 제품 생산에 직접 관련되지 않은 비용을 말하며, 과제의 내용이나 상황에 따라 보험료, 건물관리비, 광고비, 통신비, 사무비품비, 각종 공과금 등 다양하게 나타남

2) 세목

비목의 구성요소인 직접비용과 간접비용을 비교적 상세하게 분류한 원가항목을 의미함

3. 효과적인 예산수립의 방법

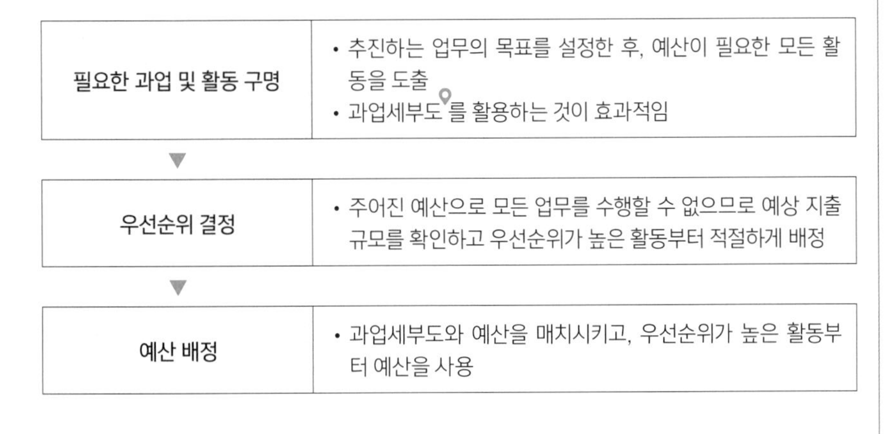

실력 업 노트

재료비
과제의 수행을 위해 구매된 재료에 지출된 비용

원료와 장비
- 과제 수행과정에서 소모된 원료나 과제를 수행하기 위해 필요한 장비에 지출된 비용
- 이 비용에는 실제 구매된 비용이나 혹은 임대한 비용이 모두 포함됨

시설비
시설 자체가 과제를 통한 산출물인 경우에만 시설비로 간주함

인건비
- 과제를 위해 활동이나 과업을 수행하는 사람들에게 지급되는 비용
- 계약에 의해 고용된 외부 인력에 대한 비용도 인건비에 포함됨
- 일반적으로 과제 비용 중에서 가장 비중이 높은 항목

여행(출장) 및 잡비
과제 수행을 위해 출장이나 타 지역으로의 이동이 필요한 경우와 기타 과제 수행상에서 발생하는 다양한 비용을 포함함

과업세부도
과제 및 활동의 계획을 수립하는 데 있어 가장 기본적인 수단으로 활용하는 것으로, 필요한 모든 일을 중요한 범주에 따라 체계화시켜 구분해놓은 그래프

4. 예산집행 관리

1) 예산집행 관리 방법

① **업무적 차원:** 월 단위로 실행 예산 대비 사용 실적에 대한 워크시트를 작성하여 예산을 관리함

② **개인적 차원:** 가계부를 작성하여 한 달에 정해진 생활비에서 자신이 지출하는 항목과 금액 등을 매일 기록하여 생활비 지출을 적절하게 관리함

2) 예산집행 관리 시 주의사항

예산 계획에 차질이 없도록 집행하기 위해서는 예산 집행 내역과 계획을 지속해서 비교하고 검토해야 함

4 물적자원관리능력

1. 물적자원의 개념과 종류

1) 물적자원이란?

인간의 약한 신체적 특성을 보완하기 위해 활용하는 자원들로, 세상에 존재하는 모든 물체가 포함됨

2) 물적자원의 종류

① **자연자원:** 석유, 석탄, 나무 등과 같이 자연 상태에 있는 그대로의 자원

② **인공자원:** 시설, 장비 등 사람들이 인위적으로 가공하여 만든 자원

3) 물적자원관리의 중요성

① 물적자원을 얼마나 확보하고 활용할 수 있느냐가 큰 경쟁력이 됨

② 물적자원을 효과적으로 관리할 경우 경쟁력이 향상되어 과제와 과업을 성공시킬 수 있음

4) 분명한 목적 없이 구입한 경우

① 물품의 활용도가 낮은 경우 물적자원에 대한 관리가 소홀해지므로 물적자원의 활용 및 구입 목적을 명확히 해야 함

② 구입한 물품이 분실 및 훼손되지 않도록 관리하고 적절한 장소에 보관하여 물품이 필요할 때 적재적소에 활용될 수 있도록 해야 함

2. 물적자원 활용의 방해요인

1) 보관 장소를 파악하지 못하는 경우

① 한번 사용한 물건을 앞으로 다시 사용할 것이라는 생각을 하지 않고, 아무 곳에나 놓아두는 경향으로 인해 발생함

② 다음에 다시 그 물건이 필요할 때 찾기 어려워짐

실력 업 노트

물적자원관리의 중요성
- 물적자원의 효과적인 관리: 경쟁력 향상, 과제 및 사업의 성공
- 물적자원의 관리 부족: 경쟁력 손실, 과제 및 사업의 실패

2) 훼손된 경우

① 보유하고 있는 물건을 관리하여 고장 나거나 훼손되지 않도록 해야 함
② 제대로 관리하지 못하여 물건을 새로 구매하게 되면 경제적인 손실을 주게 됨

3) 분실한 경우

① 기존에 보유하고 있던 물적자원을 분실한 것을 말함
② 보관 장소를 파악하지 못한 경우와 달리 분실한 경우는 다시 사지 않으면 앞으로 절대 활용할 수 없음

4) 분명한 목적 없이 구입한 경우

① 물품의 활용도가 낮은 경우 물적자원에 대한 관리가 소홀해지므로 물적자원의 활용 및 구입 목적을 명확히 해야 함
② 구입한 물품이 분실 및 훼손되지 않도록 관리하고 적절한 장소에 보관하여 물품이 필요할 때 적재적소에 활용될 수 있도록 해야 함

3. 효과적인 물적자원관리 과정

과정	내용
사용 물품과 보관 물품의 구분	• 반복 작업 방지 • 물품활용의 편리성
▼	
동일 및 유사 물품으로 분류	• 동일성의 원칙 • 유사성의 원칙
▼	
물품의 특성에 맞는 보관 장소 선정	• 물품의 형상 • 물품의 소재

4. 물적자원관리 방법

1) 바코드(Bar code)

① 컴퓨터가 읽고 입력하기 쉬운 형태로 만들기 위해 문자나 숫자를 막대 기호와 조합한 코드
② 컴퓨터가 판독하기 쉽고 데이터를 빠르게 입력할 수 있음

2) QR코드(Quick Response code)

① 가로, 세로를 활용해 숫자, 문자, 한자 등의 정보를 넣을 수 있는 2차원으로 구성된 코드
② 특정 상품명, 제조사 등의 정보만 기록하는 바코드와 달리, QR코드는 긴 문장의 인터넷 주소, 사진, 동영상 정보 등을 담을 수 있음

실력 업 노트

동일성의 원칙
같은 품종은 같은 장소에 보관

유사성의 원칙
유사품은 인접 장소에 보관

물품의 특성
재질, 무게, 부피 등

형상
사물의 생긴 모양이나 상태

3) 물품관리 프로그램

① 물품관리를 보다 쉽고 체계적으로 수행할 수 있도록 하기 위한 프로그램
② 개인보다는 기업이나 조직차원에서 활용하는 경우가 많으며, 이를 통해 큰 조직이 다량의 물품들을 효과적으로 관리할 수 있음

5 인적자원관리능력

1. 인적자원의 개념

1) 인적자원이란?

① **사전적 의미:** 생산 자원의 하나인 사람의 노동력을 말함
② **조직차원의 의미:** 조직에 고용된 사람을 말하며, 조직의 리더와 관리자들은 인적자원의 중요성을 인식해야 함
③ **개인차원의 의미:** 인맥(人脈)을 뜻하며, 가족, 친구, 직장동료 등 자신이 알고 있거나 관계를 형성하고 있는 사람들을 나타냄

2) 인적자원관리란?

① 기업이 필요로 하는 인적자원의 모집·선발·교육훈련·배치·보상 등의 활동을 계획·조직·지휘·통제하는 일련의 과정임
② 인적자원의 조달 활동, 개발 활동, 유지 활동, 동기유발 활동을 종합적으로 관리함

3) 효율적인 인적자원관리의 원칙

① **적재적소 배치의 원칙:** 해당 직무 수행에 가장 적합한 인재를 배치해야 함
② **공정 보상의 원칙:** 근로자의 인권을 존중하고 공헌도에 따라 노동의 대가를 공정하게 지급해야 함
③ **공정 인사의 원칙:** 직무 배당, 승진, 상벌, 근무 성적의 평가, 임금 등을 공정하게 처리해야 함
④ **종업원 안정의 원칙:** 직장에서 신분이 보장되고 계속해서 근무할 수 있다는 믿음을 갖게 하여 근로자가 안정된 회사 생활을 할 수 있도록 해야 함
⑤ **창의력 계발의 원칙:** 근로자가 창의력을 발휘할 수 있도록 새로운 제안, 건의 등의 기회를 마련하고, 적절한 보상을 하여 인센티브를 제공해야 함
⑥ **단결의 원칙:** 직장 내에서 구성원들이 소외감을 느끼지 않도록 배려하고, 서로 유대감을 가지고 협동, 단결하는 체제를 이루도록 해야 함

2. 인적자원관리의 중요성

1) 개인적 차원

① 일을 수행하는 과정에서 인적자원을 얼마나 활용하느냐에 따라 개인 능력 이상의 성과를 가져올 수 있음
② 각종 정보와 참신한 아이디어를 획득할 수 있음

실력 업 노트

인맥을 활용했을 때의 장점
- 각종 정보 및 아이디어 획득
- 자신을 알 수 있음
- 인생에 탄력이 생김
- 유사시 도움이 됨

인적자원의 조달 활동
모집·면접·시험·선발 등의 채용 활동

인적자원의 개발 활동
훈련개발·배치·승진 등의 활동

인적자원의 유지 활동
직무·보상·복리후생·의사소통·제안제도 등의 활동

2) 기업적 차원

① **능동성**: 인적자원으로부터 발생하는 성과는 인적자원의 욕구와 동기, 태도와 행동 그리고 만족감 여하에 따라 결정되고, 인적자원의 행동 동기와 만족감은 경영관리에 의해 조건화됨
② **개발가능성**: 인적자원은 자연적인 성장과 성숙은 물론, 오랜 기간에 걸쳐서 개발될 수 있는 잠재능력과 자질을 보유하고 있음
③ **전략적 자원**: 조직의 성과는 인적자원, 물적자원 등을 효과적으로 활용하는 데 달려있으며, 자원을 활용하는 것이 인적자원이므로 다른 어느 자원보다도 전략적 중요성이 강조됨

3. 개인의 인맥관리 방법

1) 명함관리

① 가나다순, ABC 순으로 정리하거나 업종 내용에 따라 분류하여 관리함
② 받은 명함은 적극적인 의사소통을 통해 인맥을 만들기 위한 도구로 활용함
③ 상대의 개인 신상, 특징 등 참고할 수 있는 정보를 명함에 메모함
④ 스마트폰이나 태블릿 PC의 명함 관련 애플리케이션을 통해 관리함

2) 인맥관리카드 작성

① 명함 교환을 통해 수집된 정보를 카드에 작성하여 관리함
② 이름, 관계, 직장 및 부서, 학력, 출신지, 연락처, 친한 정도 등의 내용을 포함하는 것이 좋음
③ 핵심 인맥과 파생 인맥을 구분하여 작성하도록 하며, 파생 인맥은 어떤 관계에 의해 파생되었는지를 기록하는 것이 좋음

3) 소셜네트워크(SNS)

초연결사회에서는 직접 대면하지 않고 시간과 공간을 초월하여 네트워크상에서 인맥을 형성하고 관리할 수 있으며, 주로 소셜네트워크 서비스가 활용되나 인맥 구축과 채용에 도움이 되는 비즈니스 특화 인맥관리서비스(Business Social Network Service)에 대한 관심도 증대되고 있음

4. 팀 작업에서의 인적자원관리 방법

1) 인력배치의 원칙

① 적재적소주의
② 능력주의
③ 균형주의

2) 인력배치의 유형

① **양적 배치**: 작업량과 조업도, 여유 또는 부족 인원을 고려하여 소요인원을 결정하여 배치하는 것
② **질적 배치(= 적재적소의 배치)**: 능력과 성격을 고려하여 가장 적합한 위치에 배치하는 것
③ **적성 배치**: 팀원의 적성 및 흥미에 따라 배치하는 것

실력 업 노트

핵심 인맥
자신과 직접적인 관계를 가지는 사람

파생 인맥
핵심 인맥으로부터 파생된 사람

인력배치 시 주의사항
어느 한 방법에 의존하지 않고 다양한 관점과 방법을 바탕으로 배치할 때 효과가 극대화되고 팀원들의 요구도 충족시켜 줄 수 있음

National Competency Standards

출제예상문제

영역: 자원관리능력 **하위능력:** 자원관리능력 **난이도:** ★☆☆

01. 다음 A 사원의 사례를 통해 알 수 있는 자원낭비 요인으로 가장 적절한 것은?

1년 전 입사한 A 사원은 입사 후 처음으로 새로운 프로젝트의 기획 업무를 담당하게 되었다. 업무 일정에 차질이 생기지 않도록 시장 조사를 철저하게 했으며, 경쟁 기업의 현 상황을 파악하는 등 검토해야 하는 자료를 꼼꼼히 읽어보며 기획 업무를 빠르고 완벽하게 수행하기 위해 나름대로 철저한 사전 조사를 시행하였다. 그러나 모든 변수에 대해 철저하게 준비했다는 생각과는 달리 미처 예상치 못했던 일들이 발생하자 계획했던 일정대로 업무를 진행하지 못하는 등 시간계획에 차질이 생겼고, 결국 만족스러운 평가를 듣지 못하였다. A 사원은 다음에 프르젝트 기획 업무를 담당하게 된다면 더 잘할 수 있을 것이라고 생각하였다.

① 비계획적 행동 ② 편리성 추구 ③ 자원에 대한 인식 부재
④ 노하우 부족 ⑤ 부적절한 계획 수립

핵심 포인트 해설 **자원낭비 요인**

A 사원은 업무를 완벽하게 수행하기 위해서는 자원관리가 중요함을 인식하고 철저한 준비를 하였으나 노하우 및 경험 부족으로 시간을 낭비하게 되었으며, 이로 인해 업무 일정에 차질이 생겼을 뿐 아니라 불만족스러운 평가를 듣게 되었으므로 A 사원의 사례를 통해 알 수 있는 자원낭비의 요인으로 가장 적절한 것은 ④이다.

이것도 알면 합격

자원낭비 요인

자원낭비 요인들은 자원의 유형이나 개인에 따라 매우 다양하지만 공통점을 가지고 있으며, 이는 크게 비계획적 행동, 편리성 추구, 자원에 대한 인식 부재, 노하우 부족 4가지로 분류할 수 있음

정답 ④

영역: 자원관리능력 하위능력: 자원관리능력 난이도: ★☆☆

02. 다음 중 효과적인 자원관리를 위한 자원관리의 과정을 순서대로 바르게 나열한 것은?

㉠ 자원활용 계획 수립	㉡ 계획에 따른 수행
㉢ 이용 가능한 자원 수집	㉣ 필요한 자원의 종류와 양 파악

① ㉠-㉢-㉣-㉡ ② ㉠-㉣-㉢-㉡ ③ ㉢-㉣-㉠-㉡
④ ㉣-㉠-㉢-㉡ ⑤ ㉣-㉢-㉠-㉡

핵심 포인트 해설 **효과적인 자원관리 과정**

자원관리의 과정은 '필요한 자원의 종류와 양 파악', '이용 가능한 자원 수집', '자원활용 계획 수립', '계획에 따른 수행' 순으로 이뤄지므로 자원관리의 과정을 순서대로 바르게 나열한 것은 '㉣-㉢-㉠-㉡'이다.

정답 ⑤

영역: 자원관리능력 **하위능력:** 시간관리능력 **난이도:** ★☆☆

03. 다음 중 시간의 특성으로 적절한 것을 모두 고르면?

㉠ 시간은 시절에 상관없이 밀도와 가치가 모두 동일하다.
㉡ 시간은 항상 똑같은 속도로 흐르지 않는다.
㉢ 시간의 흐름은 멈추게 할 수 없다.
㉣ 시간은 빌리거나 저축할 수 없다.
㉤ 시간은 어떻게 사용하느냐에 상관없이 동일한 가치를 가진다.
㉥ 시간은 매일 주어진다.

① ㉠, ㉡, ㉤ ② ㉠, ㉤, ㉥ ③ ㉡, ㉢, ㉣ ④ ㉢, ㉣, ㉥ ⑤ ㉣, ㉤, ㉥

핵심 포인트 해설 **시간의 특성**

시간의 특성으로 적절한 것은 ㉢, ㉣, ㉥이다.

이것도 알면 합격

시간의 특성

- 시간은 매일 주어지는 기적임
- 시간은 항상 똑같은 속도로 흐름
- 시간의 흐름은 멈추게 할 수 없음
- 시간은 빌리거나 저축할 수 없음
- 시간은 어떻게 사용하느냐에 따라 가치가 달라짐
- 시간은 시절에 따라 밀도도 다르고 가치도 다름

정답 ④

영역: 자원관리능력 하위능력: 시간관리능력 난이도: ★☆☆

04. **개인 입장에서의 시간관리 효과로 가장 적절하지 않은 것은?**

① 시간을 적절하게 관리하여 효율적으로 일함으로써 생산성을 향상시킬 수 있다.

② 직장에서의 삶과 일 외적인 삶의 균형이 잡힐 수 있도록 도와준다.

③ 제품 생산 시간을 단축함으로써 상품의 시장 진출을 더욱 빠르게 해 시장 점유율을 증가시킨다.

④ 스스로에게 동기를 부여하는 수단이자 방법인 목표에 매진할 수 있는 시간을 갖게 한다.

⑤ 효율적인 시간관리를 통하여 일에 대한 부담을 줄이면 스트레스를 줄일 수 있다.

핵심 포인트 해설 **개인 입장에서의 시간관리 효과**

시간을 관리함으로써 제품 생산 시간 단축을 통해 더욱 빠르게 상품을 시장에 판매하여 시장 점유율을 증가시킬 수 있는 것은 기업 측면에서의 시간관리 효과이므로 가장 적절하지 않다.

정답 ③

영역: 자원관리능력 하위능력: 시간관리능력 난이도: ★☆☆

05. **다음은 시간계획의 기본 원리에 대한 설명이다. 다음 중 ㉠~㉢에 들어갈 말을 바르게 나열한 것은?**

> 자신에게 주어진 모든 시간을 계획적으로 사용하는 것은 현실적으로 불가능하다. 그렇기에 시간을 계획할 때 어느 정도를 내가 할 수 있는 일에 할당해야 하는지 궁금증을 가질 수 있다. 이와 관련하여 전문가들은 시간계획의 기본 원리를 60:40의 규칙으로 제시하고 있다. 구체적으로 총시간 중 60%는 (㉠)에, 20%는 (㉡)에, 나머지 20%는 (㉢)에 할애하는 것으로 구분하였다.

	㉠	㉡	㉢
①	계획 외의 행동	계획에 포함되는 행동	자발적 행동
②	계획 외의 행동	비자발적 행동	계획에 포함되는 행동
③	계획에 포함되는 행동	계획 외의 행동	자발적 행동
④	계획에 포함되는 행동	계획 외의 행동	비자발적 행동
⑤	비자발적 행동	계획에 포함되는 행동	계획 외의 행동

핵심 포인트 해설 **시간계획의 기본 원리**

시간계획의 기본 원리인 60:40 규칙은 자신의 총시간을 계획에 포함되는 행동 60%, 계획 외의 행동 20%, 자발적 행동 20%로 구분할 수 있다는 뜻이므로 ㉠~㉢에 들어갈 말을 바르게 나열한 것은 ③이다.

이것도 알면 합격

60:40 규칙

자신에게 주어진 시간 중 60%는 계획된 행동을 해야 한다는 뜻으로, 구체적으로 자신의 시간을 계획에 포함되는 행동(60%), 계획 외의 행동(20%, 예정 외의 행동에 대비한 시간), 자발적 행동(20%, 창조성을 발휘하는 시간)의 세 가지 범주로 구분할 수 있음

정답 ③

06. 다음 중 시간관리에 대한 오해로 가장 적절하지 않은 것은?

① 일은 기한을 넘겨 완벽하게 끝내는 것보다 완벽하지 못하더라도 기한 내에 끝내는 것이 더 좋다.
② 시간관리는 상식에 불과하며 회사에서 일을 잘하고 있다면 시간관리도 잘하고 있다고 볼 수 있다.
③ 시간에 쫓겨야 일을 더 잘하는 편이라면 시간관리는 오히려 일 진행에 장애물로 작용할 수 있다.
④ 시간관리는 약속을 표시해 둔 달력과 해야 할 일에 대해 기록해 둔 목록만으로 충분하다.
⑤ 시간관리 자체는 유용하지만 창의적인 일을 하는 사람에게는 적합하지 않다.

핵심 포인트 해설 **시간관리에 대한 오해**

완벽에 가깝지만 기한을 넘겨 끝낸 일보다 완벽하지는 않지만 기한 내에 끝낸 일이 더 좋으며, 어떤 일이든 기한을 넘겨 끝낸 일은 인정받기 어려우므로 가장 적절하지 않다.

이것도 알면 합격

시간관리에 대한 오해

- 시간관리는 상식에 불과함
- 시간에 쫓기면 일을 더 잘함
- 시간관리는 일정과 할 일을 정리해 둔 목록만으로도 충분함
- 시간관리는 창의적인 일을 하는 데 적합하지 않음

정답 ①

영역: 자원관리능력 하위능력: 시간관리능력 난이도: ★☆☆

07. 인사총무부에 근무하는 박 사원은 업무 우선순위 판단 매트릭스를 참고하여 우선순위에 따라 업무 일정을 수립하였다. 박 사원이 수립한 업무 일정에 따라 진행할 업무를 순서대로 바르게 나열한 것은?

[업무 우선순위 판단 매트릭스]

구분	긴급함	긴급하지 않음
중요함	1순위	2순위
중요하지 않음	3순위	4순위

[업무 리스트]

구분	긴급성	중요도
시장 조사	★★	★★
비품 재고 조사	★★	★★★★
사무용품 구입 신청	★★★★	★★
보고서 작성	★★★★	★★★★

※ ★이 많을수록 긴급성이나 중요도가 높은 업무임

① 보고서 작성 – 비품 재고 조사 – 사무용품 구입 신청 – 시장 조사
② 시장 조사 – 비품 재고 조사 – 사무용품 구입 신청 – 보고서 작성
③ 보고서 작성 – 비품 재고 조사 – 시장 조사 – 사무용품 구입 신청
④ 시장 조사 – 사무용품 구입 신청 – 비품 재고 조사 – 보고서 작성
⑤ 보고서 작성 – 사무용품 구입 신청 – 비품 재고 조사 – 시장 조사

핵심 포인트 해설 **효과적인 자원관리 과정**

박 사원이 업무 우선순위 판단 매트릭스를 참고하여 수립한 업무 일정에 따라 진행할 업무 순서는 1순위가 긴급하면서 중요한 업무인 '보고서 작성', 2순위가 긴급하지 않으면서 중요한 업무인 '비품 재고 조사', 3순위가 긴급하면서 중요하지 않은 업무인 '사무용품 구입 신청', 4순위가 긴급하지 않으면서 중요하지 않은 업무인 '시장 조사'이다.
따라서 박 사원이 진행할 업무 순서는 '보고서 작성 – 비품 재고 조사 – 사무용품 구입 신청 – 시장 조사'이다.

정답 ①

영역: 자원관리능력 하위능력: 예산관리능력 난이도: ★☆☆

08. 다음은 예산관리능력에 대해 정리한 자료이다. 다음 ㉠~㉤ 중 예산관리능력에 대한 설명으로 가장 적절하지 않은 것은?

> ㉠ 예산관리능력은 최소의 비용으로 최대의 효과를 얻기 위해 요구되는 능력이므로 비용을 무조건 적게 들이는 것이 좋다. 예를 들어 기업에서 제품을 개발하기 위해 예산을 책정할 때, ㉡ 개발 책정 비용을 실제 비용보다 높게 책정하면 경쟁력을 잃어버리게 된다. 반대로 ㉢ 개발 책정 비용을 실제 비용보다 낮게 책정하면 오히려 적자가 나는 경우가 발생할 수 있다. 따라서 ㉣ 책정 비용과 실제 비용의 차이를 줄여 비슷하게 책정하는 것이 가장 바람직하다. 이처럼 예산관리는 활동이나 사업에 소요되는 비용을 산정하고, 예산을 편성하는 것뿐만 아니라 ㉤ 예산을 통제하는 것을 모두 포함하는 과정이라고 할 수 있다.

① ㉠ ② ㉡ ③ ㉢ ④ ㉣ ⑤ ㉤

핵심 포인트 해설 **예산관리의 개념**

예산관리능력은 최소의 비용으로 최대의 효과를 얻기 위해 요구되는 능력이지만, 무조건 적은 비용을 들여야 좋은 것은 아니므로 가장 적절하지 않다.

이것도 알면 합격

예산관리의 이상적인 상태

개발 책정 비용	>	실제 비용	→	경쟁력 손실
개발 책정 비용	<	실제 비용	→	적자 발생
개발 책정 비용	=	실제 비용	→	이상적인 상태

정답 ①

영역: 자원관리능력 **하위능력:** 예산관리능력 **난이도:** ★★☆

09. 다음은 제과점 사장인 김 씨가 제과점을 운영하는 데 발생하는 비용 중 일부이다. 이 중 간접비용에 해당하는 것을 모두 고르면?

㉠ 빵을 만들기 위한 재료비용
㉡ 화재 발생을 대비한 화재보험비용
㉢ 파트타이머 3명에 대한 인건비용
㉣ 한 달간 사용한 수도세

① ㉠, ㉢ ② ㉠, ㉣ ③ ㉡, ㉢ ④ ㉡, ㉣ ⑤ ㉠, ㉡, ㉣

핵심 포인트 해설 **직접비용과 간접비용**

간접비용은 생산에 직접 관련되지 않는 비용으로, 보험료, 건물관리비, 광고비, 통신비, 사무비품비, 각종 공과금이 이에 해당한다.
따라서 간접비용에 해당하는 것은 ㉡, ㉣이다.

이것도 알면 합격

직접비용과 간접비용

- **직접비용**: 제품을 생산하거나 서비스를 창출하기 위해 직접 소비된 것으로 여겨지는 비용을 의미하며 재료비, 원료와 장비, 시설, 인건비 등이 이에 해당함
- **간접비용**: 직접비용에 상대되는 용어로서 제품을 생산하거나 서비스를 창출하기 위해 소비된 비용 중 생산에 직접 관련되지 않은 비용을 의미하며 보험료, 건물관리비, 광고비, 통신비, 사무비품비, 각종 공과금이 이에 해당함

정답 ④

영역: 자원관리능력 **하위능력:** 예산관리능력 **난이도:** ★☆☆

10. 다음 중 예산수립의 절차를 바르게 나열한 것은?

① 우선순위 결정 – 필요한 과업 및 활동 구명 – 예산 배정
② 우선순위 결정 – 예산 배정 – 필요한 과업 및 활동 구명
③ 필요한 과업 및 활동 구명 – 우선순위 결정 – 예산 배정
④ 필요한 과업 및 활동 구명 – 예산 배정 – 우선순위 결정
⑤ 예산 배정 – 우선순위 결정 – 필요한 과업 및 활동 구명

핵심 포인트 해설 **예산수립의 절차**

예산수립의 절차는 '필요한 과업 및 활동 구명 – 우선순위 결정 – 예산 배정'이다.

이것도 알면 합격

예산수립의 절차

- **1단계:** 업무를 추진하는 과정에서 예산이 필요한 모든 활동을 도출하여 예산을 배정하기 전에 예산 범위 내에서 수행해야 하는 활동과 소요 예산 정리
- **2단계:** 활동별 예산 지출 규모 확인 및 우선적으로 추진해야 하는 활동 선정
- **3단계:** 우선순위가 높은 활동부터 예산 배정 및 실제 예산 사용

정답 ③

영역: 자원관리능력 하위능력: 예산관리능력 난이도: ★★☆

11. 권 대리는 김 과장의 지시에 따라 다음 달에 있을 워크숍 숙소를 예약하려고 한다. 최소 비용으로 숙소를 예약하려고 할 때, 숙소 예약으로 발생할 총비용은?

[과일 펜션 방 정보]

구분	크기	1박 가격	추가 가능 인원
사과	33평	178,000원	3명
오렌지	25평	145,000원	2명
수박	21평	138,000원	없음
포도	38평	210,000원	없음
레몬	55평	289,000원	6명

※ 1) 모든 방의 기본 수용 인원은 2평당 1명임
2) 기본 수용 인원에서 1명씩 추가할 때마다 10,000원의 추가 비용이 발생함

[김 과장 지시 사항]

권 대리, 이번 워크숍은 1박 2일로 진행되며 숙소는 과일 펜션으로 예약하기로 했어요. 이번 워크숍에는 남자 직원 12명, 여자 직원 19명이 참여하므로 인원수에 맞게 남자 직원 방과 여자 직원 방 각각 1개씩 예약해 주시고 참여하는 모든 직원이 함께 프로그램 진행할 수 있도록 전원 수용 가능한 방 하나도 별도로 예약해 주세요.

① 612,000원 ② 642,000원 ③ 644,000원 ④ 682,000원 ⑤ 684,000원

핵심 포인트 해설 예산관리

권 대리는 남자 직원 12명, 여자 직원 19명이 각각 사용할 방과 전원 수용 가능한 방 하나를 예약해야 한다. 모든 방의 기본 수용 인원은 2평당 1명이므로 방별 최대 수용 가능 인원은 다음과 같다.

구분	최대 수용 가능 인원
사과	16+3=19명
오렌지	12+2=14명
수박	10명
포도	19명
레몬	27+6=33명

이에 따라 전체 인원인 31명을 수용 가능한 방은 레몬 방뿐이므로 레몬 방을 예약하며, 남자 직원 방은 최대 수용 가능 인원이 12명 이상인 방 중 가장 저렴한 오렌지 방을 예약한다. 이때 여자 직원 방은 최대 수용 가능 인원이 19명 이상인 사과 방 또는 포도 방을 예약하며, 기본 수용 인원에서 1명씩 추가할 때마다 10,000원의 추가 비용이 발생하여 사과 방은 178,000+(3×10,000)=208,000원, 포도 방은 210,000원이므로 사과 방을 예약한다.
따라서 숙소 예약으로 발생할 총비용은 145,000+208,000+289,000+(4×10,000)=682,000원이다.

정답 ④

12. 귀하는 4개의 버스회사 중 45인승 버스의 요금이 가장 저렴한 회사에서 버스를 대절할 계획이며, 이 경우 5명의 직원은 승용차 한 대로 △△지점과 연수원을 왕복으로 이동하게 된다. 다음 회사별 버스 대절 요금 정보와 승용차 이용 시 △△지점부터 연수원까지의 편도 거리와 유류비, 연비 정보를 참고할 때, △△지점과 연수원을 왕복하는 데 소요될 총교통비는?

[회사별 버스 대절 요금]

회사	버스 구분	요금
동산관광	45인승 버스(1대)	1,445,000원
라목고속	45인승 버스(1대)	1,275,000원
	25인승 버스(2대)	2,390,000원
레일고속	45인승 버스(1대)	1,195,000원
애한투어	45인승 버스(1대)	1,200,000원

※ △△지점과 연수원 경로 왕복 운행 기준

[승용차 이용 정보]

편도 거리	유류비	연비
310km	1,200원/L	1.2km/L

① 1,505,000원 ② 1,585,000원 ③ 1,755,000원
④ 1,815,000원 ⑤ 1,820,000원

핵심 포인트 해설 **예산관리**

4개의 버스 회사 중 45인승 버스의 요금이 가장 저렴한 회사는 요금이 1,195,000원인 레일고속이다. 또한, 승용차로 △△지점과 연수원 경로를 왕복 운행할 때의 교통비는 (310×2)×1,200 / 1.2 = 620,000원이다.
따라서 △△지점 워크숍을 위해 소요될 총교통비는 1,195,000 + 620,000 = 1,815,000원이다.

정답 ④

영역: 자원관리능력 하위능력: 물적자원관리능력 난이도: ★☆☆

13. 다음 글의 빈칸에 들어갈 물품 보관의 원칙으로 가장 적절한 것은?

> 물품 보관이란 물품을 보존 및 관리하는 것으로, 물품의 생산 시점과 소비 시점의 간격을 조정하여 시간적인 효용을 창출하는 기능을 한다. 기업은 재고를 적절하게 보관함으로써 규모의 경제 측면에서 생산비를 절감하고, 상황에 따라 변동되는 수요에 대응하여 물품을 적시에 제공하는 등의 이점을 얻을 수 있다. 이로 인해 기업의 입장에서 물품 보관은 상당히 중요하게 다뤄지는 문제이며, 재고 효율성을 높이기 위해서는 물품의 특성, 창고의 상황 등을 고려하여 물품 보관의 원칙에 따라 보관해야 한다. 물품 보관의 원칙 중에서 (   )은 작업자의 시각에 의거하여 보관되어 있는 물품을 쉽게 구분할 수 있도록 보관하는 원칙으로, 쉽게 말해 창고에서 작업자의 시각에 따라 물품의 보관 장소 혹은 물품 자체를 어려움 없이 파악할 수 있어야 함을 의미한다.

① 명료성의 원칙 ② 네트워크 보관의 원칙 ③ 위치 표시의 원칙
④ 형상 특성의 원칙 ⑤ 동일 및 유사성의 원칙

핵심 포인트 해설 **물품 보관의 원칙**

작업자의 시각에 따라 보관되어 있는 물품의 장소나 물품을 쉽게 파악할 수 있도록 하는 물품 보관의 원칙은 '명료성의 원칙'이다.

이것도 알면 합격

물품 보관의 원칙

원칙	내용
통로대면 보관의 원칙	창고 내에서 물품의 입출고를 용이하게 하고 화물의 흐름을 원활하게 하기 위해 물품을 통로 면에 보관하는 원칙
높이 쌓기의 원칙	창고의 용적 효율을 높이기 위해 물품을 수직으로 높이 쌓아 보관하는 원칙
회전대응 보관의 원칙	입출고 빈도에 따라 물품을 보관하는 것으로, 입출고 빈도가 높은 물품일수록 출입구와 가까운 곳에 보관하는 원칙
명료성의 원칙	작업자의 시각에 따라 보관되어 있는 물품의 장소나 물품을 쉽게 파악할 수 있도록 보관하는 원칙
동일성 및 유사성의 원칙	관리의 효율성 향상을 위해 동일한 물품은 동일한 장소에 보관하고 유사한 물품은 서로에 가까운 장소에 보관하는 원칙
중량 특성의 원칙	물품의 중량에 따라 물품을 보관하는 것으로, 부피가 크고 무거운 물품일수록 출입구에 가까운 곳에, 가벼운 물품보다 낮은 위치에 보관하는 원칙
형상 특성의 원칙	물품 형상의 특징에 따라 물품을 보관하는 것으로, 표준화된 제품은 선반에 보관하고 표준화되지 않은 제품은 형상에 따라 보관하는 원칙
위치 표시의 원칙	물품의 입출고나 재고 파악이 용이하도록 보관하는 것으로, 물품의 장소와 선반의 위치를 특정 기호를 사용하여 표시하는 원칙
선입선출의 원칙	라이프사이클이 짧은 물품 보관에 많이 활용되는 것으로, 먼저 입고된 물품을 먼저 출고하는 원칙
네트워크 보관의 원칙	출하 작업이 용이하도록 관련 있는 물품끼리 한곳에 모아 보관하는 원칙

정답 ①

영역: 자원관리능력 하위능력: 물적자원관리능력 난이도: ★☆☆

14. 다음 ㉠~㉤ 중 효과적인 물적자원관리 과정에 따라 가장 나중에 진행해야 할 행동은?

㉠ 같은 품종의 물품은 같은 장소에 분류되도록 구분한다.
㉡ 재질, 무게와 부피 등의 물품 특성을 반영하여 보관 장소를 선정한다.
㉢ 물품의 활용 계획을 철저히 확인하여 물품 활용의 편리성을 높인다.
㉣ 유사 물품은 서로 인접한 장소에 분류되도록 구분한다.
㉤ 물품의 사용 빈도 및 시기를 고려하여 사용 물품과 보관 물품으로 구분한다.

① ㉠　② ㉡　③ ㉢　④ ㉣　⑤ ㉤

핵심 포인트 해설 **물적자원관리 과정**

효과적인 물적자원관리 과정은 '사용 물품과 보관 물품의 구분 → 동일 및 유사 물품으로의 분류 → 물품 특성에 맞는 보관 장소 선정'의 순서대로 이루어진다.
따라서 ㉠~㉤ 중 가장 나중에 진행해야 할 행동은 재질, 무게와 부피 등의 물품 특성에 맞는 보관 장소를 선정하는 ㉡이다.

㉠, ㉣ 같은 품종의 물품은 같은 장소에 분류되도록 구분하거나 유사 물품은 서로 인접한 장소에 분류되도록 구분하는 것은 '동일 및 유사 물품으로의 분류' 단계에 해당한다.
㉢, ㉤ 물품의 활용 계획을 철저히 확인하여 물품 활용의 편리성을 높이고, 물품의 사용 빈도 및 시기를 고려하여 사용 물품과 보관 물품으로 구분하는 것은 '사용 물품과 보관 물품의 구분' 단계에 해당한다.

정답 ②

영역: 자원관리능력 **하위능력:** 물적자원관리능력 **난이도:** ★★☆

15. **다음 제시된 부품별 정보와 조건을 고려하여 A~E 중 우선적으로 구매할 부품 세 가지를 순서대로 바르게 나열한 것은?** (단, 조건은 1, 2, 3 순서대로 우선순위를 갖는다.)

[부품별 금액 및 작업 시간]

부품	금액(부품 1개당)	작업 시간(부품 1개당)	필요 수량
A	200,000원	2분	3개
B	150,000원	1분 20초	4개
C	300,000원	2분 30초	2개
D	250,000원	5분	2개
E	100,000원	2분	5개

- **조건 1.** 총 금액이 저렴해야 한다.
- **조건 2.** 총 작업 시간이 짧아야 한다.
- **조건 3.** 사용 부품의 필요 수량이 적어야 한다.

① D – E – A ② D – E – B ③ D – E – C
④ E – D – A ⑤ E – D – C

핵심 포인트 해설 **물적자원관리**

부품별 필요 수량에 따른 총 금액 및 총 작업 시간은 다음과 같다.

부품	필요 수량	총금액	총 작업 시간
A	3개	200,000×3=600,000원	2분×3=6분
B	4개	150,000×4=600,000원	1분 20초×4=5분 20초
C	2개	300,000×2=600,000원	2분 30초×2=5분
D	2개	250,000×2=500,000원	5분×2=10분
E	5개	100,000×5=500,000원	2분×5=10분

조건은 1, 2, 3 순서대로 우선순위를 가지며 총 금액이 가장 저렴한 D와 E의 총 작업 시간은 동일하므로 사용 부품의 필요 수량이 더 적은 D를 우선적으로 구매하고, 그다음으로 E를 구매한다. A, B, C는 총금액이 모두 동일하므로 3개의 부품 중 총 작업 시간이 가장 짧은 C를 세 번째로 구매한다.
따라서 A~E 중 우선적으로 구매할 부품 세 가지를 순서대로 바르게 나열하면 'D – E – C'가 된다.

정답 ③

영역: 자원관리능력 하위능력: 물적자원관리능력 난이도: ★☆☆

16. **2월에 물류창고에는 전월로부터 A 물품이 14개, B 물품이 22개, C 물품이 17개 이월되었고, A 물품은 20개, B 물품은 15개, C 물품은 12개가 출고되었다. 물류창고의 3월 출고량은 2월 출고량보다 A 물품이 30%, B 물품이 20%, C 물품이 25% 증가하였다. 물류창고 운영 규칙을 근거로 판단할 때, 4월 1일 창고에 남아있는 물품의 총개수는?** (단, 4월 1일에 출고된 물품은 없다.)

[물류창고 운영 규칙]

- 매월 1일에 A 물품은 25개, B 물품은 20개, C 물품은 15개가 입고된다.
- 입고된 물품은 입고된 달의 바로 다음 달 말일까지 출고되지 않을 경우 해당일에 반품된다.
- 각 물품은 물류창고에 입고된 순서대로 주문 수량만큼 출고되어 모두 판매된다.
- 수량이 없는 물품은 해당월에 더 이상 물류 업무가 진행되지 않는다.

① 108개 ② 113개 ③ 122개 ④ 127개 ⑤ 132개

핵심 포인트 해설 **물적자원관리**

[물류창고 운영 규칙]에 따르면 매월 1일에 A 물품은 25개, B 물품은 20개, C 물품은 15개가 입고되고, 입고된 물품은 입고된 달의 바로 다음 달 말일까지 출고되지 않을 경우 해당일에 반품된다. 또한, 각 물품은 물류창고에 입고된 순서대로 주문 수량만큼 출고되어 모두 판매되므로 해당월에 이월된 물품이 입고된 물품보다 먼저 출고되며, 수량이 없는 물품은 해당월에 더 이상 물류 업무가 진행되지 않는다. 이에 따라 물품의 이월 개수가 출고 개수보다 많을 때, 출고되고 남은 이월 물품은 반품하고, 창고에 남은 물품은 다음 달로 이월한다. 또한, 3월 출고량은 2월 출고량보다 A 물품은 30%, B 물품은 20%, C 물품은 25%가 증가함에 따라 물품별 이월, 입고, 출고, 반품 개수는 다음과 같다.

구분		2월	3월	4월 1일
A 물품	이월	14개	14+25−20=19개	19+25−26=18개
	입고	25개	25개	25개
	출고	20개	20×1.3=26개	0개
	반품	0개	0개	0개
B 물품	이월	22개	20개	20개
	입고	20개	20개	20개
	출고	15개	15×1.2=18개	0개
	반품	22−15=7개	20−18=2개	0개
C 물품	이월	17개	15개	15개
	입고	15개	15개	15개
	출고	12개	12×1.25=15개	0개
	반품	17−12=5개	0개	0개

4월 1일 창고에 남아있는 물품의 개수는 이월 개수와 입고 개수의 합이므로 A 물품이 18+25=43개, B 물품이 20+20=40개, C 물품이 15+15=30개이다.
따라서 4월 1일 창고에 남아있는 물품의 총개수는 43+40+30=113개이다.

정답 ②

영역: 자원관리능력 하위능력: 인적자원관리능력 난이도: ★☆☆

17. ○○기업 생산팀의 관리자인 A는 조직의 성과 향상을 위해 팀원들을 잘 관리하고자 다음과 같이 인적자원관리 시 참고해야 할 사항을 정리하였다. 다음 A가 정리한 내용 중 가장 적절하지 않은 것을 모두 고르면?

[인적자원관리 시 참고 사항]

㉠ 조직의 성과는 인적자원의 욕구와 동기, 태도, 행동, 만족감 여하에 따라 결정되며 인적자원의 행동동기와 만족감은 경영관리에 의해 조건화된다.

㉡ 예산과 물적자원이 수동적인 성격을 지니는 것에 반해 인적자원은 능동적이고 반응적인 성격을 지니고 있다.

㉢ 환경변화와 이에 따른 조직변화가 심할수록 현대조직의 인적자원관리에서 개발가능성의 중요성이 차지하는 비중은 더욱 작아진다.

㉣ 전략적 중요성은 조직의 성과가 자원을 효과적이고 능률적으로 활용하는 데 달려있다.

① ㉡ ② ㉢ ③ ㉠, ㉡ ④ ㉠, ㉣ ⑤ ㉢, ㉣

핵심 포인트 해설 **기업의 인적자원이 가지는 특성**

환경변화와 이에 따른 조직변화가 심할수록 현대조직의 인적자원관리에서 개발가능성이 차지하는 중요성은 더욱 커진다.
따라서 A가 정리한 내용 중 가장 적절하지 않은 것은 ㉢이다.

이것도 알면 합격

기업의 인적자원이 가지는 특성

- **능동성**
  인적자원은 능동적이고 반응적인 성격을 지니고 있으며, 이를 잘 관리할 때 기업의 성과를 높일 수 있음
- **개발가능성**
  인적자원은 자연적인 성장과 성숙은 물론 오랜 기간에 걸쳐서 개발될 수 있는 많은 잠재능력과 자질을 보유하고 있음
- **전략적 중요성**
  조직의 자원을 활용하는 것은 사람, 즉 인적자원이므로 다른 어떤 자원보다도 전략적 중요성이 강조됨

정답 ②

18. 다음 자료에 대한 설명으로 적절하지 않은 것을 모두 고르면?

핵심 인맥카드				
성명	관계	직장 및 부서	출신지	연락처
				핸드폰:
				메일:

파생 인맥카드				
파생 관계	직장 및 부서	출신지	연락처	연락처
				핸드폰:
				메일:

㉠ 파생 인맥카드에는 해당 인맥이 어떤 관계에 의해 파생되었는지 기록하는 것이 좋다.
㉡ 분실 시 정보 유출의 위험이 있으므로 스마트폰이나 컴퓨터를 통해 관리하는 것은 지양한다.
㉢ 직접적인 관계를 가지는 핵심 인맥과 핵심 인맥으로부터 파생된 파생 인맥을 구분하여 작성하면 효과적이다.
㉣ 학력이나 친한 정도를 기입하는 것은 상대방에게 실례가 될 수 있으므로 기입하지 않는다.

① ㉠, ㉢ ② ㉡, ㉢ ③ ㉡, ㉣ ④ ㉠, ㉢, ㉣ ⑤ ㉡, ㉢, ㉣

핵심 포인트 해설 **인맥관리카드의 특징**

제시된 자료는 본인의 인맥을 관리카드로 작성하여 관리하는 '인맥관리카드'이다.

㉡ 인맥관리카드를 문서나 컴퓨터를 통해 작성하고 관리하면 자신의 주위에 어떠한 사람들이 있는지 파악할 때 효율적이므로 적절하지 않다.

㉣ 인맥관리카드에는 성명, 관계, 직장 및 부서, 학력, 출신지, 연락처, 친한 정도 등의 내용을 포함하여 작성할 수 있으므로 적절하지 않다.

㉠ 파생 인맥카드에는 해당 인맥이 어떤 관계에 의해 파생되었는지 기록하는 것이 좋으므로 적절하다.

㉢ 인맥관리카드는 인맥의 종류인 핵심 인맥과 파생 인맥에 따라 구분하여 작성하는 것이 효과적이므로 적절하다.

이것도 알면 합격

인맥관리카드의 특징

- 이름, 관계, 직장 및 부서, 학력, 출신지, 연락처, 친한 정도 등을 포함하여 자신의 주변 인맥을 관리함
- 핵심 인맥과 파생 인맥을 구분하여 작성하도록 하며, 파생 인맥카드에는 어떤 관계에 의해 파생되었는지 기록해야 함
- 문서나 컴퓨터를 통해 관리함으로써 자신의 주위에 어떤 사람들이 있는지 파악하기 용이하므로 도움이 필요할 때 적합한 인맥을 수월하게 찾을 수 있음

정답 ③

영역: 자원관리능력 **하위능력:** 인적자원관리능력 **난이도:** ★☆☆

19. G 회사에 IT 경력이 있는 E 씨가 지원하였다. G 회사에서 E 씨의 능력을 최대한 발휘할 수 있도록 소프트웨어 개발팀에 배치했을 때, 적용한 인력 배치의 원칙으로 가장 적절한 것은?

① 적재적소주의 ② 능력주의 ③ 균형주의
④ 단결의 원칙 ⑤ 종업원 안정의 원칙

핵심 포인트 해설 **인력 배치의 원칙**

E 씨의 능력을 최대한 발휘할 수 있도록 소프트웨어 개발팀에 배치한 것은 팀원의 능력이나 성격과 가장 적합한 위치에 배치해 팀원 개개인의 능력을 최대로 발휘하도록 한 것이므로 G 회사가 적용한 인력 배치의 원칙으로 가장 적절한 것은 '적재적소주의'이다.

이것도 알면 합격

인력 배치의 원칙

- **적재적소주의:** 팀의 효율성을 높이기 위해 팀원의 능력이나 성격 등과 가장 적합한 위치에 배치하여 팀원 개개인의 능력을 최대로 발휘하도록 하는 원칙
- **능력주의:** 개인에게 능력을 발휘할 수 있는 기회와 장소를 부여하고, 그 성과를 바르게 평가하여 평가된 능력과 실적에 대해 그에 상응하는 보상을 주는 원칙
- **균형주의:** 팀 전체와 개인이 균형을 이루도록 모든 팀원에 대해 평등한 적재적소를 고려하여 배치해야 한다는 원칙

정답 ①

영역: 자원관리능력 하위능력: 인적자원관리능력 난이도: ★☆☆

20. 2017년 1월 5일에 입사한 홍길동 사원은 2019년 업무 평가에서 C 등급을 받았다. 홍길동 사원이 최대한 빠른 기간 내에 부장으로 승진한다면 2020년 1월 1일을 기준으로 홍길동 사원이 부장으로 승진하는 데 걸리는 기간은?

[승진 관련 정보]

1. 승진 대상자 여부는 [참고]와 같이 결정되며, 모든 연차 계산은 승진을 진행하는 해의 1월 1일을 기준으로 한다.

[참고]

직급	승진 대상자 여부
사원	근무 기간이 2년 이상인 직원은 자동으로 주임 승진 대상자가 된다.
주임	주임으로 승진한 지 2년 이상이 된 직원은 자동으로 대리 승진 대상자가 된다.
대리	대리로 승진한 지 3년 이상이 된 직원은 자동으로 과장 승진 대상자가 된다.
과장	과장으로 승진한 지 3년 이상이 된 직원은 자동으로 부장 승진 대상자가 된다.
부장	부장으로 승진한 지 3년 이상이 된 직원은 자동으로 파트장 승진 대상자가 된다.

2. 승진을 진행하는 해를 기준으로 전년도 업무 평가에서 S 등급, A 등급, B 등급을 받은 직원에 한해 승진이 진행된다.
3. 승진은 매년 1월 1일을 기준으로 진행된다.

① 8년 ② 9년 ③ 10년 ④ 11년 ⑤ 12년

핵심 포인트 해설 **인적자원관리**

모든 연차 계산은 승진을 진행하는 해의 1월 1일을 기준으로 하며 근무 기간이 2년 이상인 직원은 자동으로 주임 승진 대상자가 되므로 2017년 1월 5일에 입사한 홍길동 사원은 2020년 1월 1일에 주임 승진 대상자가 된다. 이때 승진을 진행하는 해를 기준으로 전년도 업무 평가에서 S 등급, A 등급, B 등급을 받은 직원에 한해 승진이 진행되므로 2019년 업무 평가에서 C 등급을 받은 홍길동 사원은 2020년 1월 1일에 주임으로 승진하지 못한다. 이에 따라 홍길동 사원이 최대한 빠른 기간 내에 부장으로 승진한다면 홍길동 사원은 2021년 1월 1일에 주임으로 승진하며, 주임이 된 2021년 1월 1일로부터 2+3+3=8년 뒤인 2029년 1월 1일에 부장으로 승진한다. 따라서 2020년 1월 1일을 기준으로 홍길동 사원이 부장으로 승진하는 데 걸리는 기간은 '9년'이다.

정답 ②

National
Competency
Standards

National Competency Standards

6. 대인관계능력

핵심개념정리
출제예상문제

National Competency Standards

핵심개념정리

대인관계능력이란?

대인관계능력이란 업무 상황에서 협조적인 관계를 유지하고, 조직내부 및 외부의 갈등을 해결하고 원만히 지내는 능력이다.
대인관계능력의 하위능력으로는 팀워크능력, 리더십능력, 갈등관리능력, 협상능력, 고객서비스능력으로 구성된다. 팀워크능력이란 다양한 배경을 가진 사람들과 함께 업무를 수행하는 능력을 의미한다. 리더십능력이란 업무 상황에서 다른 사람을 이끄는 능력을 의미한다. 갈등관리능력이란 업무 상황에서 사람들 간 갈등 발생 시 조절하는 능력을 의미한다. 협상능력이란 업무 상황에서 다른 사람과 협상하는 능력을 의미한다. 고객서비스능력이란 고객을 만족시키는 자세로 업무를 수행하는 능력을 의미한다.

실력 업 노트

NCS 전문가의 TIP

보통 시험에서는 팀워크, 리더십, 갈등관리, 고객서비스 등과 관련한 다양한 내용이 사례와 함께 출제되는 경우가 많습니다.

대인관계능력 하위능력

직업기초능력(10)	영역별 하위능력(34)
의사소통능력	문서이해 문서작성 경청 의사표현 기초외국어
수리능력	기초연산 기초통계 도표분석 도표작성
문제해결능력	사고력 문제처리
자기개발능력	자아인식 자기관리 경력개발
자원관리능력	시간관리 예산관리 물적자원관리 인적자원관리
대인관계능력	**팀워크 리더십 갈등관리 협상 고객서비스**
정보능력	컴퓨터활용 정보처리
기술능력	기술이해 기술선택 기술적용
조직이해능력	경영이해 체제이해 업무이해 국제감각
직업윤리	근로윤리 공동체윤리

대인관계능력 핵심 이론 정리

실력 업 노트

1 대인관계능력 소개

1. 대인관계능력의 개념

직장생활에서 협조적인 관계를 유지하고 조직구성원들에게 도움을 주며, 조직 내부 및 외부의 갈등을 원만히 해결하고 고객의 요구를 충족시켜줄 수 있는 능력을 의미함

2. 대인관계 향상 방법

상대에 대한 이해와 배려, 사소한 일에 대한 관심, 약속 이행 및 언행일치, 칭찬하고 감사하는 마음, 진정성 있는 태도 등

언행일치
말과 행동이 하나로 들어맞음

3. 대인관계 양식

구분	특징
지배형	• 대인관계에서 주도적이고 자신감이 넘치며 자기주장이 강해 타인을 통제하려는 경향이 있음 • 지도력과 추진력이 있어서 집단적인 일을 잘 지휘함 • 강압적이고 독단적, 논쟁적이어서 타인과 잦은 갈등을 겪을 수 있으며, 윗사람의 지시에 순종적이지 못하고 거만하다는 평가를 받을 수 있음
실리형	• 대인관계에서 실리적인 이익을 추구하는 성향으로 이해관계에 예민하고 치밀하며 성취지향적임 • 자기중심적이고 경쟁적이며 자신의 이익을 우선적으로 생각하여 타인에 대한 관심과 배려가 부족함 • 타인을 신뢰하지 못하고 불공평한 대우에 예민하며 자신에게 피해를 입힌 사람에 보복하는 경향을 보임
냉담형	• 이성적이고 냉철하며 의지력이 강하고, 타인과 거리를 두는 경향성 있음 • 타인의 감정에 무관심하며, 타인에게 쉽게 상처를 줄 수 있음 • 타인에게 따듯하고 긍정적인 감정을 표현하는 것을 어려워 하고, 대인관계가 피상적이며 타인과 오랜 기간 깊게 사귀지 못함
고립형	• 혼자 있거나 혼자 일하는 것을 좋아하며 감정을 잘 드러내지 않음 • 타인과의 만남을 두려워하고, 사회적 상황을 회피하며 자신의 감정을 지나치게 억제함 • 침울한 기분이 지속되고 우유부단하며 사회적으로 고립될 가능성 있음
복종형	• 대인관계에서 수동적이고 의존적이며 타인의 의견을 잘 따르고 주어진 일을 순종적으로 잘함 • 자신감이 부족하며 타인의 주목받는 일을 피하고 자신이 원하는 바를 타인에게 잘 전달하지 못함 • 어떤 일에 대한 자신의 의견과 태도를 확고히 하는 것을 어려워하며, 상급자의 위치에서 일하는 것을 매우 부담스러워 함

순박형	• 대인관계에서 단순하고 솔직하며, 겸손하고 너그러운 경향이 있음 • 타인에게 쉽게 설득되어 주관 없이 타인에게 너무 끌려 다닐 수 있으며 잘 속거나 이용당할 가능성 높음 • 원치 않는 타인의 의견에 반대하지 못하고 화가 나도 타인에게 알리기 어려움
친화형	• 따뜻하고 인정이 많으며 대인관계에서 타인을 잘 배려해 도와주고 자기희생적인 태도를 취함 • 타인을 즐겁게 해주려고 지나치게 노력하며 타인의 고통과 불행을 보면 도와주려고 과도하게 나서는 경향 • 타인의 요구를 잘 거절하지 못하고 타인의 필요를 자신의 것보다 앞세우는 경향이 있어 손해를 볼 수 있음
사교형	• 외향적이고 쾌활하며 타인과 대화하기를 좋아하고 타인에게 인정받고자 하는 욕구가 강함 • 혼자서 시간 보내는 것을 어려워하며 타인의 활동에 관심이 많아 간섭하며 나서는 경향이 있음 • 흥분을 잘하고 충동적인 성향이 있으며 타인의 시선을 끄는 행동을 많이 하거나 자신의 개인적인 일을 타인에게 너무 많이 이야기하는 경향이 있음

2 팀워크능력

1. 팀워크의 개념

① 팀 구성원이 공동의 목적을 달성하기 위하여 상호관계성을 가지고 업무를 수행하는 것을 의미함

② 팀이 단순히 모이는 것을 중요시하는 것이 아니라 목표 달성의 의지를 가지고 성과를 내는 것을 의미함

2. 효과적인 팀워크가 발휘되는 팀의 특성

① 팀의 사명과 목표를 명확하게 기술하고 공유함

② 창조적으로 운영됨

③ 결과에 초점을 맞춤

④ 역할과 책임을 명료화시킴

⑤ 조직화가 잘 되어있음

⑥ 개인의 강점을 활용함

⑦ 리더십 역량을 공유하며 구성원 상호 간에 지원을 아끼지 않음

⑧ 팀의 풍토를 발전시킴

⑨ 의견의 불일치를 건설적으로 해결함

⑩ 개방적으로 의사소통함

⑪ 객관적인 결정을 내림

⑫ 팀 자체의 효과성을 평가함

실력 업 노트

사명
맡겨진 임무

풍토
어떤 일의 바탕이 되는 제도나 조건을 비유적으로 이르는 말

건설적
어떤 일을 좋은 방향으로 이끌어 가려는 것

3. 팔로워십의 개념과 특징

1) 팔로워십이란?

조직구성원으로서 자격과 지위를 갖는 것으로, 훌륭한 팔로워십은 자신의 역할을 충실하게 잘 수행하는 특징을 보임

2) 팔로워십의 유형

소외형, 순응형, 실무형, 수동형, 주도형으로 구분됨

4. 팀워크 촉진 방법

① 동료 피드백을 장려하기
② 갈등을 해결하기
③ 창의력 조성을 위해 협력하기
④ 참여적으로 의사결정하기
⑤ 결정의 질을 높이기
⑥ 모든 구성원을 동참시키기

3 리더십능력

1. 리더십의 개념

① 조직구성원들이 조직 목표를 위해 스스로 노력하도록 영향을 주는 행위임
② 주어진 상황에서 목표 달성을 위해 개인 또는 집단에 영향력을 행사하는 과정임
③ 자신의 주장을 소신 있게 나타내고 다른 사람들을 격려하는 힘을 의미함
④ 어떤 주어진 상황 내에서 목표 달성을 위해 개인 또는 집단에 영향력을 행사하는 과정임

2. 리더십 유형

1) 독재자 유형

① 조직 활동의 모든 결정을 독단적으로 결정하고 행동함
② 자신이 만들어 놓은 규칙에 따르기를 강요하며, 조직구성원들의 질문과 의견을 자신의 권위에 대한 도전으로 받아들임
③ 집단이 통제 없이 방만한 상태일 때, 성과물이 보이지 않을 때 효과적임

2) 민주주의에 근접한 유형

① 조직의 정보를 잘 전달하려 노력하고, 모두가 목표 방향 설정에 참여하게 하여 구성원들에게 확신을 심어주려 노력하지만 최종결정권은 리더에게만 있음
② 탁월한 부하 직원을 거느리고 있고, 같은 방향을 계속 지향할 때 효과적임

실력 업 노트

팔로워십과 리더십
두 개념은 상호 보완적이며 필수적인 관계라는 것을 잊으면 안 됨

훌륭한 팔로워십의 특징
- 부하로서 바람직한 특성과 행동 능력을 갖춘 것으로, 헌신, 전문성, 용기, 정직, 현명한 평가 능력이 있음
- 훌륭한 팔로워들은 융화력뿐만 아니라 겸손함이 있으며, 리더의 결점이 보일 때도 결점을 덮어 주는 아량이 있음

갈등해결에 도움이 되는 질문
- 내가 보기에 상대가 꼭 해야만 하는 행동인가?
- 상대가 보기에 내가 꼭 해야만 하는 행동인가?
- 내가 보기에 내가 꼭 해야만 하는 행동인가?
- 상대가 보기에 스스로 꼭 해야만 하는 행동인가?

결정의 질을 높이는 데 도움이 되는 질문
- 쟁점의 모든 측면을 다루었는가?
- 모든 팀원과 협의하였는가?
- 추가 정보나 조언을 얻기 위해 팀 외부와 협의할 필요가 있는가?

독재자 유형의 특징
- 질문은 금지
- 모든 정보는 본인의 것
- 실수를 용납하지 않음

민주주의에 근접한 유형의 특징
- 참여
- 토론의 장려
- 거부권 행사

3) 파트너십 유형

① 리더와 팀원 간의 명확한 구분이 없으며, 리더가 자신 또한 팀원 중 한 명이라고 생각하고 행동함
② 의사결정 및 팀의 방향 설정에 팀원의 적극적인 참여를 원하고, 그에 따른 결과와 성과에 대한 책임을 공유함
③ 소규모 조직에서 풍부한 경험과 재능을 소유한 조직원이 있을 때 효과적임

4) 변혁적 유형

① 이제까지의 성과나 업무 수행 상태를 뛰어넘으려 하며, 전체 조직이나 팀원들에게 변화를 가져오는 원동력이 됨
② 명확하게 비전을 제시하고, 업무 수행이 성공적인 팀원들에게는 칭찬을 아끼지 않음
③ 조직에 있어서 획기적인 변화가 요구될 때 효과적임

3. 동기부여 방법

1) 동기부여 시 고려할 점

조직원들이 지속적으로 자신의 잠재력을 발휘하도록 만들기 위해서는 외적인 동기유발제 그 이상을 제공해야 함

2) 대표적인 동기부여 방법

① 긍정적 강화를 활용하기
② 새로운 도전의 기회를 부여하기
③ 창의적인 문제해결법을 찾기
④ 자신의 역할과 행동에 책임감을 갖기
⑤ 코칭을 하기
⑥ 변화를 두려워하지 않기
⑦ 지속적으로 교육하기

4. 임파워먼트(Empowerment)의 개념과 특징

1) 임파워먼트란?

① '권한 위임'을 의미하며, 직원들에게 일정 권한을 위임하고, 조직 구성원들을 신뢰하고 그들의 잠재력을 믿으며 잠재력 개발을 통해 고성과 조직이 되도록 하는 일련의 행위를 말함
② 조직구성원들은 자신의 능력을 인정받아 권한을 위임받았다고 생각하는 순간부터 자신이 추진하고 있는 업무에 대한 효율성이 높아지고, 스스로의 역할을 중요하게 생각하게 되는 효과가 있음

실력 업 노트

파트너십 유형의 특징
- 평등
- 집단의 비전
- 책임 공유

변혁적 유형의 특징
- 카리스마
- 자기 확신
- 존경심과 충성심
- 풍부한 칭찬
- 감화

긍정적 강화
목표 달성을 높이 평가하여 조직원에게 곧바로 보상하는 행위
예 성과 달성 시 칭찬 등으로 보상함

2) 임파워먼트의 충족 기준

① 여건의 조성
② 재능과 에너지의 극대화
③ 명확하고 의미 있는 목적에 초점을 맞추는 것

3) 임파워먼트의 장애요인

① **개인 차원**: 주어진 일을 해내는 역량의 결여, 동기의 결여, 결의의 부족, 책임감 부족, 의존성 등
② **대인 차원**: 다른 사람과의 성실성 결여, 약속 불이행, 성과를 제한하는 조직의 규범, 갈등처리 능력 부족, 승패의 태도 등
③ **관리 차원**: 통제적 리더십 스타일, 효과적 리더십 발휘 능력 결여, 경험 부족, 정책 및 기획의 실행 능력 결여, 비전의 효과적 전달능력 결여 등
④ **조직 차원**: 공감대 형성이 없는 구조와 시스템, 제한된 정책과 절차 등

5. 변화관리 방법

1) 변화관리의 필요성

현대 비즈니스는 끊임없이 변하고 유동적이라는 점에서 변화관리가 리더의 주요한 자질로 주목받음

2) 변화관리의 3단계

리더가 효과적인 변화관리를 하기 위해서는 변화이해, 변화인식, 변화수용의 3단계를 거쳐야 함

1단계	변화이해	변화와 관련한 공통기반을 마련하고 변화과정에 어떤 것이 있는지를 파악함

▼

2단계	변화인식	변화에 수반되는 팀원들의 두려움과 스트레스를 제거하기 위해서는 직원들에게 변화에 대한 상세한 정보를 제공함

▼

3단계	변화수용	팀원들에게 변화의 필요성과 이유를 상세히 설명하고 팀원의 노력을 지원함

실력 업 노트

여건의 조성
임파워먼트는 사람들이 자유롭게 참여하고 기여할 수 있는 일련의 여건들을 조성하는 것

재능과 에너지의 극대화
임파워먼트는 사람들의 재능과 욕망을 최대한으로 활용할 뿐만 아니라 더 나아가 확대할 수 있도록 하는 것

명확하고 의미 있는 목적에 초점
임파워먼트는 사람들이 분명하고 의미 있는 목적과 사명을 위해 최대의 노력을 발휘하도록 해주는 것

4 갈등관리능력

1. 갈등의 의미와 원인

1) 갈등이란?

① 상호 간의 의견 차이 때문에 생기는 것으로 당사자 간에 가치, 규범, 이해, 아이디어, 목표 등이 서로 불일치하여 충돌하는 상태를 말함
② 갈등의 결과가 항상 부정적인 것만은 아니며, 갈등은 새로운 해결책을 만들어 주는 기회를 제공함
③ 갈등이 발생했을 때 어떻게 반응하는지가 중요함

2) 갈등의 단서

① 지나치게 감정적인 논평과 제안
② 타인의 의견 발표가 끝나기도 전에 타인의 의견에 공격
③ 핵심을 이해하지 못한 것에 대해 서로 비난
④ 편을 가르고 타협하기를 거부
⑤ 개인적인 수준에서 미묘한 방식으로 서로 공격

3) 갈등을 증폭시키는 원인

① 적대적 행동
② 입장 고수
③ 감정적 관여

2. 갈등해결방법

1) 갈등해결방법 유형

갈등해결방법은 회피형, 경쟁형, 수용형, 타협형, 통합형(협력형)의 다섯 가지 유형으로 구분할 수 있음

2) 갈등해결방법 모색 시 명심해야 할 사항

① 다른 사람들의 입장을 이해하기
② 어려운 문제라도 피하지 않고 맞서기
③ 자신의 의견을 명확하게 밝히고 지속해서 강화하기
④ 사람들과 눈을 자주 마주치기
⑤ 마음을 열어놓고 적극적으로 경청하기
⑥ 타협하려 애쓰기
⑦ 어느 한쪽으로 치우치지 않기
⑧ 논쟁하고 싶은 유혹을 떨쳐내기
⑨ 존중하는 자세로 사람들을 대하기

실력 업 노트

논평
어떤 글이나 말 또는 사건 따위의 내용에 대하여 논하여 비평함. 또는 그런 비평

갈등을 증폭시키는 원인의 예
- **적대적 행동**: 팀원들의 승패경기 시작
- **입장 고수**: 공동의 목표 달성에 대한 필요성을 인식하지 못함
- **감정적 관여**: 팀원들이 자신의 입장에 감정적으로 묶임

갈등해결방법 유형
- **회피형**: 나도 지고 너도 지는 방법
- **경쟁형**: 나는 이기고 너는 지는 방법
- **수용형**: 나는 지고 너는 이기는 방법
- **타협형**: 타협적으로 주고받는 방법
- **통합형**: 나도 이기고 너도 이기는 방법

3. 윈-윈 갈등관리법의 의미와 특징

1) 윈-윈 갈등관리법이란?

갈등과 관련된 모든 사람으로부터 의견을 받아 문제의 본질적인 해결책을 구하는 것을 말함

2) 윈-윈 갈등관리법 모델

① 1단계: 충실한 사전 준비
- 비판적인 패러다임 전환
- 자신의 위치와 관심사를 확인
- 상대가 피력한 입장과 드러내지 않은 관심사를 추측

② 2단계: 긍정적인 접근 방식
- 상대가 필요로 하는 것에 대해 생각해보았다는 점을 인정
- 자신의 '윈윈 의도'를 명시
- 상대가 윈윈 절차, 즉 협동적인 절차에 임할 자세가 되어있는지 알아봄

③ 3단계: 두 사람의 입장을 명확히 하기
- 일부라도 동의하는 것이 있으면 인정
- 기본적으로 다른 부분을 인정
- 자신이 이해한 바를 점검

④ 4단계: 윈-윈에 기초한 기준에 동의하기
- 상대에게 중요한 기준을 명확히 함
- 자신에게 어떤 기준이 중요한지 말함

⑤ 5단계: 몇 가지 해결책을 생각해내기
- 해결책에 대해 함께 브레인스토밍

⑥ 6단계: 몇 가지 해결책을 평가하기
- 4단계에서 세운 기준을 토대로 5단계에서 생각해낸 몇 가지 해결책을 평가

⑦ 7단계: 최종 해결책을 선택하고, 실행하는 것에 동의하기

5 협상능력

1. 협상의 의미와 특징

1) 협상이란?

갈등상태에 있는 이해당사자들이 대화와 논쟁을 통해서 서로를 설득하여 문제를 해결하려는 정보전달과정이자 의사결정과정임

2) 협상의 특징

협상은 크게 의사소통 차원, 갈등해결 차원, 지식과 노력 차원, 의사결정 차원, 교섭 차원에서 살펴볼 수 있음

실력 업 노트

사전 준비
어떤 일이 일어나거나 어떤 일을 시작하기 전에 필요한 것들을 갖추어 놓는 일

상대에게 중요한 기준을 명확히 하는 것의 예
"만약 합당한 개런티가 보장되고, 작년 계약 비용의 10%가 넘지 않으면, 무리 없이 동의하고 2주 안에 실행할 수 있다는 말이죠?"

2. 협상 과정 5단계

1단계	협상 시작	• 협상 당사자들 사이에 상호 친근감 쌓기 • 간접적인 방법으로 협상 의사를 전달하기 • 상대의 협상 의지 확인하기 • 협상 진행을 위한 체제를 구축하기
▼		
2단계	상호 이해	• 갈등문제의 진행 상황과 현재 상황을 점검하기 • 적극적으로 경청하고 자기주장 제시하기 • 협상을 위한 협상 대상 안건을 결정하기
▼		
3단계	실질 이해	• 겉으로 주장하는 것과 실제로 원하는 것을 구분하여 실제로 원하는 것을 찾아내기 • 분할과 통합 기법을 활용하여 이해관계를 분석하기
▼		
4단계	해결 대안	• 협상 안건마다 대안들을 평가하기 • 개발한 대안들을 평가하기 • 최선의 대안에 대해 합의 및 선택하기 • 대안 이행을 위한 실행계획을 수립하기
▼		
5단계	합의 문서	• 합의문 작성하기 • 합의문상의 합의 내용과 용어 등을 재점검하기 • 합의문에 서명하기

3. 협상 전략의 종류

1) 협력 전략

협상 참여자들이 협동과 통합으로 문제를 해결하고자 하는 문제해결전략

2) 유화 전략

양보 전략, 순응 전략, 화해 전략, 수용 전략, 굴복 전략이라고 하며, 상대방이 제시하는 것을 일방적으로 수용하여 협상의 가능성을 높이려는 전략

3) 회피 전략

무행동 전략으로, 협상을 피하거나 잠정적으로 중단하거나 철수하는 전략

4) 강압 전략

공격적 전략, 경쟁 전략이라고 하며, 자신이 상대보다 힘에 있어서 우위를 점유하고 있을 때 자신의 이익을 극대화하기 위한 공격적 전략

실력 업 노트

협상 과정 3단계
- 협상 전단계
  - 협상 기획
  - 협상 준비
- 협상 진행단계
  - 협상 진행
  - 협상 종결
- 협상 후단계
  - 협상 내용 비준
  - 협상 내용 실행
  - 분석 및 평가

협력 전략
나도 잘되고 상대방도 잘되어 모두가 잘되는 전략

유화 전략
당신의 승리를 위해서 나는 손해를 보아도 괜찮다는 전략

회피 전략
나도 손해를 보고 상대방도 피해를 입어 모두가 손해를 보게 되는 전략

강압 전략
내가 승리하기 위해서 당신은 희생되어야 한다는 전략

4. 타인 설득 방법

1) See-Feel-Change 전략

① See 전략: 시각화하고 직접 보게 하여 이해시키는 전략

② Feel 전략: 스스로 느끼게 하여 감동하게 하는 전략

③ Change 전략: 변화시켜 설득에 성공한다는 전략

2) 상대방 이해 전략

갈등해결을 위해서 상대에 대한 이해가 선행되어 있으면 갈등해결이 용이하다는 전략

3) 호혜관계 형성 전략

협상 당사자 간에 어떤 혜택들을 주고받은 관계가 형성되어 있으면 갈등해결이 용이하다는 전략

4) 헌신과 일관성 전략

협상 당사자 간에 기대하는 바에 일관성 있게 헌신적으로 부응하여 행동하게 되면 협상 과정상의 갈등해결이 용이하다는 전략

5) 사회적 입증 전략

어떤 과학적 논리보다 사람들의 행동에 의해서 상대를 설득하면 갈등해결이 용이하다는 전략

6) 연결 전략

갈등상태가 발생했을 때, 그 갈등문제와 갈등 관리자를 연결하는 것이 아니라 그 갈등을 일으킨 사람과 관리자를 연결하면 갈등해결이 용이하다는 전략

7) 권위 전략

직위나 전문성, 외모 등을 활용하여 협상을 용이하게 하는 전략

8) 희소성 해결 전략

인적, 물적 자원 등의 희소성을 해결함으로써 협상과정상의 갈등해결을 용이하게 하는 전략

9) 반항심 극복 전략

억압하면 할수록 더욱 반항하게 될 가능성이 커지므로 이를 피함으로써 협상을 용이하게 하는 전략

실력 업 노트

희소성
인간의 물질적 욕구에 비하여 그 충족 수단이 질적·양적으로 제한되어 있거나 부족한 상태

6 고객서비스능력

1. 고객서비스의 개념

다양한 고객의 요구를 파악하고, 대응법을 마련하여 고객에게 양질의 서비스를 제공하는 것을 말함

2. 고객의 불만 표현 유형 및 대응방안

1) 거만형

① 자신의 과시욕을 드러내고 싶어 하는 고객
② 보통 제품의 품질을 의심하는 고객들이 많아 정중하게 대하는 것이 좋음
③ 과시욕이 충족될 수 있도록 고객의 언행을 제지하지 않고 인정해주는 것이 좋음
④ 의외로 단순한 면이 있으므로 일단 고객의 호감을 얻게 되면 여러 면으로 득이 될 수 있음

2) 의심형

① 직원의 설명 및 제품의 품질을 믿지 못하고 의심을 많이 하는 고객
② 분명한 증거나 근거를 제시하여 고객 스스로 확신을 갖도록 유도하는 게 좋음
③ 때로는 책임자로 하여금 응대하게 하는 것도 좋음

3) 트집형

① 자신이 목적을 이루기 위해 사소하거나 엉뚱한 것을 문제 삼는 고객
② 고객의 이야기를 경청하고, 맞장구치고, 추켜세우고, 설득해 가는 방법이 효과적임
③ 고객의 의견을 경청하고 사과를 하는 응대가 바람직함

4) 빨리빨리형

① 성격이 급하고 확신 있는 말이 아니면 잘 믿지 않는 고객
② 애매한 화법을 사용하면 고객의 신경을 더 곤두서게 할 수 있음
③ 여러가지 일을 신속하게 처리하는 모습을 보이면 응대하기 쉬움

실력 업 노트

고객의 불만 표현
서비스 개선에 매우 중요한 역할을 함

3. 고객 불만 처리 과정 8단계

1) 1단계: 경청

고객의 항의에 경청하고 끝까지 들으며, 선입관을 버리고 문제를 파악하기

2) 2단계: 감사와 공감 표시

고객의 항의에 공감을 표시하며, 일부러 시간을 내서 해결의 기회를 준 것에도 감사를 표시하기

3) 3단계: 사과

고객의 이야기를 듣고 문제점에 대한 인정과 잘못된 부분에 대해 사과하기

4) 4단계: 해결 약속

고객이 불만을 느낀 상황에 대해 관심과 공감을 보이며 문제의 빠른 해결을 약속하기

5) 5단계: 정보 파악

문제해결을 위해 꼭 필요한 질문만 하여 정보를 얻으며, 최선의 해결방법을 찾기 어려우면 고객에게 어떻게 해주면 만족스러운지 묻기

6) 6단계: 신속 처리

잘못된 부분을 신속하게 시정하기

7) 7단계: 처리 확인과 사과

불만 처리 후 고객에게 처리 결과에 만족하는지를 물어보기

8) 8단계: 내부 피드백

고객 불만 사례를 회사 및 전 직원에게 알려 다시는 동일한 문제가 발생하지 않도록 하기

실력 업 노트

선입관
어떤 대상에 대하여 이미 마음속에 가지고 있는 고정적인 관점이나 개념

시정
잘못된 것을 바로잡음

National Competency Standards

출제예상문제

영역: 대인관계능력 **하위능력:** 대인관계능력 **난이도:** ★☆☆

01. 다음 중 감정은행 계좌에서 예입 행위에 해당하는 것의 개수는?

상대방에 대한 불평	작은 불친절	반복되는 사과
진정성 있는 태도	상대방에 대한 배려	언행일치
약간의 공손함	약속 어기기	상대방에 대한 칭찬

① 2개 ② 3개 ③ 4개 ④ 5개 ⑤ 6개

핵심 포인트 해설 **감정은행 계좌**

감정은행 계좌에서 예입 행위에 해당하는 것의 개수는 진정성 있는 태도, 상대방에 대한 배려, 언행일치, 약간의 공손함, 상대방에 대한 칭찬으로 '5개'이다.
'상대방에 대한 불평', '작은 불친절', '반복되는 사과', '약속 어기기'는 감정은행 계좌의 인출 행위에 해당한다.

이것도 알면 합격

감정은행 계좌의 예입 행위 및 인출 행위

구분	내용
예입 행위	• 상대방의 입장을 먼저 이해하고 배려하는 노력 • 약간의 친절함과 공손함 • 책임을 지고 약속을 지키는 것 • 언행일치 • 상대방에 대한 칭찬과 감사의 표시 • 진정성 있는 태도 • 진지한 사과
인출 행위	• 약속을 어기는 것 • 상대방에 대한 불만과 불평 • 반복되는 사과

정답 ④

영역: 대인관계능력 하위능력: 대인관계능력 난이도: ★☆☆

02. **다음 글에서 설명하고 있는 대인관계 양식의 보완점으로 가장 적절한 것은?**

> 대인관계 양식 중 이 양식의 사람은 혼자 있거나 혼자 일하는 것을 좋아하며 자신의 감정을 잘 드러내지 않는다. 타인과의 만남을 두려워하고, 사회적 상황을 회피하며 자신의 감정을 지나치게 억제한다. 또한, 침울한 기분이 지속되고 우유부단하며 사회적으로 고립될 가능성이 있다는 것이 특징이다.

① 타인의 의도를 좀 더 깊게 들여다보고 행동하는 신중함이 필요하다.
② 대인관계의 중요성을 인식하고 대인관계 형성에 좀 더 적극적인 노력을 해야 한다.
③ 타인과의 정서적 거리를 유지하려는 노력이 필요하다.
④ 타인과의 신뢰를 형성하는 일에 깊은 관심을 갖는 것이 바람직하다.
⑤ 타인의 의견을 잘 경청하고 수용하는 자세를 길러야 한다.

핵심 포인트 해설 **대인관계 양식**

제시된 글에서 설명하고 있는 대인관계 양식은 '고립형'이다.
따라서 고립형의 보완점으로 가장 적절한 것은 ②이다.

이것도 알면 합격

대인관계 양식의 보완점

구분	보완점
지배형	• 타인의 의견을 잘 경청하고 수용하는 자세를 길러야 함 • 타인에 대한 자신의 지배적 욕구를 깊이 살펴보는 시간이 필요함
실리형	• 타인의 이익과 입장을 배려하는 노력이 필요함 • 타인과의 신뢰를 형성하는 일에 깊은 관심을 갖는 것이 바람직함
냉담형	• 타인의 감정 상태에 깊은 관심을 지니고 타인에게 긍정적인 감정을 부드럽게 표현하는 기술을 습득하는 것이 필요함
고립형	• 대인관계의 중요성을 인식하고 대인관계 형성에 좀 더 적극적인 노력을 해야 함 • 타인에 대한 불편함과 두려움에 대해 깊이 생각해 보는 것이 바람직함
복종형	• 자기표현이나 자기주장을 할 필요가 있음 • 대인관계에서 독립성을 키우는 것이 바람직함
순박형	• 타인의 의도를 좀 더 깊게 들여다보고 행동하는 신중함이 필요함 • 자신의 의견을 좀 더 강하게 표현하고 주장하는 노력을 해야 함
친화형	• 타인과의 정서적 거리를 유지하는 노력이 필요함 • 타인의 이익만큼 자신의 이익도 중요함을 인식해야 함
사교형	• 타인에 대한 관심보다 혼자만의 내면적 생활에 좀 더 깊은 관심을 갖고 타인에게 인정받으려는 자신의 욕구에 대해 깊이 생각해 볼 필요가 있음

정답 ②

영역: 대인관계능력 하위능력: 팀워크능력 난이도: ★☆☆

03. **다음 중 팀워크에 대한 설명으로 가장 적절하지 않은 것은?**

① 팀 구성원이 공동의 목적을 달성하기 위해 상호 관계성을 가지고 협력하여 행동하는 것을 의미한다.

② 팀워크를 위해서는 팀 구성원 간의 경쟁 의식이 무엇보다 중요하다.

③ 팀이 단순히 모이는 것을 중요시하는 것이 아니라 목표달성의 의지를 가지고 성과를 내는 것이다.

④ 효과적인 팀워크를 형성하기 위해서는 명확한 팀 비전과 목표설정을 공유해야 한다.

⑤ 팀워크를 개발하기 위한 3요소는 팀 구성원 간의 신뢰 쌓기, 참여하기, 성과 내기이다.

핵심 포인트 해설 **팀워크**

팀워크를 위해서는 팀 구성원 간에 상호 신뢰하고 존중하는 것이 경쟁보다 중요하므로 가장 적절하지 않다.

이것도 알면 합격

훌륭한 팀워크 유지를 위해 팀 구성원들이 갖추어야 할 기본요소

- 공동의 목표의식과 강한 도전의식을 갖기
- 팀 구성원 간에 상호 신뢰하고 존중하기
- 각자의 역할과 책임을 다하면서 서로 협력하기
- 솔직한 대화로 각자의 입장을 이해하기
- 강한 자신감으로 서로의 사기를 드높이기

정답 ②

영역: 대인관계능력 하위능력: 팀워크능력 난이도: ★☆☆

04. **다음 중 팀워크를 촉진하는 방법으로 가장 적절하지 않은 것은?**

① 팀원 사이의 갈등을 발견하면 제삼자일지라도 바로 개입하여 중재해야 한다.

② 양질의 결정을 내리기 위해서는 모든 팀원과 협의해야 한다.

③ 팀 내에 갈등이 발생하면 갈등을 일으킨 팀원과의 공개적인 회의를 통해 해결해야 한다.

④ 회의에서 팀원이 상식을 벗어난 아이디어를 제시해도 비판하지 않아야 한다.

⑤ 팀원 간의 피드백은 긍정적인 것과 부정적인 것 모두 즉각적으로 전달해야 한다.

핵심 포인트 해설 **팀워크 촉진 방법**

팀워크를 촉진하기 위해서는 팀원 간 갈등이 발생했을 때 갈등을 유발한 팀원과 비공개적인 회의를 통해 의견을 교환함으로써 갈등을 해결하는 것이 바람직하므로 가장 적절하지 않다.

① 갈등을 바로 해결하지 않으면 시간이 지날수록 증폭되기 때문에 팀원 간의 갈등을 발견하면 제삼자일지라도 빠르게 개입하여 중재해야 하므로 적절하다.

② 올바른 추론이 뒷받침하는 논리적인 결정을 하기 위해서는 모든 팀원과 협의해야 하므로 적절하다.

④ 아이디어에 대해 아무런 제약을 가하지 않음으로써 협력적이고 창의적인 환경을 조성해야 하므로 적절하다.

⑤ 팀원들이 개선 및 성과에 대한 노력을 게을리하지 않기 위해서는 긍정적·부정적 피드백이 필요하며, 동료 피드백을 장려하기 위해 즉각적인 피드백을 제공해야 하므로 적절하다.

정답 ③

05. 팀장인 귀하는 그동안의 팔로워십 평가 자료를 바탕으로 사원 5명의 팔로워십 유형을 고려하여 프로젝트 업무를 분장하고자 한다. 다음 중 각 사원의 팔로워십 유형을 순서대로 바르게 나열한 것은?

[팔로워십 평가 결과]

A	남에게 의지하지 않고 스스로 업무를 처리하며, 고의로 반대되는 의견을 제시함
B	여러 사람과 협력하여 업무를 수행하며, 기존 질서를 따르는 것을 선호함
C	적당한 열정과 수완으로 업무를 수행하며, 규정과 규칙을 준수함
D	타인의 지시에 따라 업무를 수행하며, 업무 수행 시 타인의 관리·감독이 필요함
E	업무에 적극적으로 참여하며, 혁신적인 사고를 통해 건설적으로 비판함

	A	B	C	D	E
①	소외형	유화형	주도형	적당형	과업형
②	소외형	순응형	실무형	수동형	주도형
③	소수형	방임형	적당형	주도형	수동형
④	냉소형	실무형	독립형	비판형	혼합형
⑤	소수형	순응형	유화형	방임형	변혁형

핵심 포인트 해설 팔로워십 유형

A: 자립적이고 일부러 반대되는 의견을 제시하는 팔로워십 유형은 '소외형'에 해당한다.
B: 팀플레이를 수행하며 기존 질서를 따르는 것을 중시하는 팔로워십 유형은 '순응형'에 해당한다.
C: 규정과 규칙에 따라 행동하며 적당한 열의와 평범한 수완으로 업무를 수행하는 팔로워십 유형은 '실무형'에 해당한다.
D: 지시가 있어야 행동하며 업무 수행 시 반드시 감독이 필요한 팔로워십 유형은 '수동형'에 해당한다.
E: 적극적으로 업무에 참여하고 혁신적 사고와 건설적 비판을 하는 팔로워십 유형은 '주도형'에 해당한다.
따라서 각 사원의 팔로워십 유형을 순서대로 바르게 나열한 것은 '소외형 - 순응형 - 실무형 - 수동형 - 주도형'이다.

이것도 알면 합격

팔로워십 유형별 자아상

구분	자아상
소외형	• 자립적이고, 일부러 반대 의견을 제시함 • 조직의 양심
순응형	• 기쁜 마음으로 과업을 수행함 • 팀플레이를 함 • 리더나 조직을 믿고 헌신함
실무형	• 조직의 운영 방침에 민감함 • 균형 잡힌 시각으로 사건을 봄 • 규정과 규칙에 따라 행동함
수동형	• 판단, 사고를 리더에 의존함 • 지시가 있어야 행동함
주도형	• 모범형으로 불리기도 하며, 조직과 팀의 목적 달성을 위해 독립적·혁신적으로 사고하고 적극적으로 역할을 실천함 • 독립적·혁신적 사고 측면에서 스스로 생각하고 건설적인 비판을 하며, 자기 나름의 개성이 있고 혁신적이고 창조적임 • 적극적인 참여와 실천 측면에서 솔선수범하고 주인의식을 가지고 있으며 이를 통해 기대 이상의 성과를 내려고 노력함

정답 ②

영역: 대인관계능력 하위능력: 리더십능력 난이도: ★☆☆

06. 다음 중 S 팀장의 리더십 유형으로 가장 적절한 것은?

> S 팀장은 다른 팀원들 대비 업무와 관련해 다양한 경험을 쌓았지만, 다른 팀원들 역시 역량이 충분하다고 생각하여 자신이 팀을 주도하기보다는 팀원들과 항상 논의하며 업무를 진행하고 있다. 특히 S 팀장은 여타 팀원들과 동일한 대우를 받고 있을 뿐만 아니라 팀의 방향을 설정하거나 의사결정을 할 때 팀장을 포함한 팀원 모두가 함께 참여하도록 하고 있어 팀원들의 존경을 받고 있다. 또한 팀에서 내린 결정으로 인한 결과 및 성과에 대한 책임 역시 모든 팀원이 함께 공유하고 있다.

① 서번트 유형 ② 변혁적 유형 ③ 민주주의에 근접한 유형
④ 독재자 유형 ⑤ 파트너십 유형

핵심 포인트 해설 **리더십 유형**

S 팀장이 속한 팀에서는 리더와 집단 구성원 사이에 명확한 구분이 없고, 모든 팀원이 의사결정 과정이나 결과에 따른 책임 등을 공유함으로써 신뢰와 정직, 구성원들의 능력에 대한 믿음을 기반으로 하므로 S 팀장의 리더십 유형으로 가장 적절한 것은 '파트너십 유형'이다.

이것도 알면 합격

파트너십 유형 리더십의 특징

평등	리더는 다른 조직 구성원들보다 경험이 더 풍부할 수 있어도 조직 구성원 중 한 명일 뿐이므로 다른 사람들보다 더 비중 있게 대우받아서는 안 됨
집단의 비전	집단의 모든 구성원은 의사결정과 팀의 방향, 비전 등을 설정하는 데 참여함
책임 공유	집단의 모든 구성원은 집단행동의 성과 및 결과에 대한 책임을 공유함

정답 ⑤

[07-08] 다음은 임파워먼트에 대한 글이다. 각 물음에 답하시오.

> 임파워먼트란 리더가 업무 수행에 필요한 업무 재량이나 책임 및 권한을 구성원에게 위임함으로써 조직의 성과를 향상시키는 것을 뜻한다. 임파워먼트는 업무 권한을 위임받은 조직 구성원들에게 업무에 대한 흥미를 높이고 자신의 역할에 대한 중요성을 인지시킬 수 있다. 임파워먼트의 효과를 극대화하기 위해서는 3가지 기준을 충족해야 한다. 첫째, 구성원 모두가 자유롭게 참여하고 기여할 수 있는 환경이 조성되어야 한다. 둘째, 구성원의 재능과 욕망을 적극 활용하고 극대화할 수 있도록 해야 한다. 셋째, 명확하고 의미 있는 목적과 사명에 집중하여 모두가 노력할 수 있도록 해야 한다. 이처럼 임파워먼트 환경이 잘 구축된다면 임파워먼트를 통한 구성원들의 창의성이나 동기, 잠재력이 최대한 발휘될 수 있지만, 그렇지 않은 경우 구성원은 조직에서 벌어지는 현상을 유지하고 순응하려는 경향을 보이게 된다. 따라서 리더는 임파워먼트의 환경을 마련하는 것 외에도 임파워먼트를 방해하는 개인, 대인, 관리, 조직 총 4가지 차원의 장애 요인에 대해서도 숙지해야 한다.

영역: 대인관계능력 **하위능력:** 리더십능력 **난이도:** ★☆☆

07. 다음 중 임파워먼트 구성요소로 적절한 것을 모두 고르면?

a. 자율성	b. 적응성	c. 임기응변
d. 통찰력	e. 순응성	f. 유능감
g. 행동력	h. 자기결정력	i. 멤버십
j. 상황대처능력	k. 개인의식	

① a, b, d, h ② a, f, g, h ③ b, h, i, k
④ c, e, g, h, j ⑤ d, f, g, j, k

핵심 포인트 해설 **임파워먼트의 구성요소**

임파워먼트의 구성요소에는 자율성, 유능감, 행동력, 자기결정력, 자기옹호력, 자기효능감, 자존감, 자신감, 통제력, 집단의식, 문제해결력 등이 있다.
따라서 임파워먼트 구성요소로 적절한 것은 'a, f, g, h'이다.

정답 ②

영역: 대인관계능력 **하위능력:** 리더십능력 **난이도:** ★☆☆

08. 다음 중 대인 차원의 임파워먼트 장애요인으로 적절한 것을 모두 고르면?

a. 업무 수행 역량 부족	b. 동기 부족	c. 약속 위반
d. 성실성 부족	e. 책임감 부족	f. 갈등처리능력 결핍
g. 통제적 리더십	h. 경험 부족	i. 성과를 제한하는 조직 규범
j. 승패의 태도	k. 공감대 형성이 어려운 환경	

① a, d, e, h, k ② a, c, d, e, g ③ a, d, f, g, j
④ c, d, f, i, j ⑤ c, e, h, j, k

핵심 포인트 해설 **임파워먼트의 장애요인**

대인 차원의 임파워먼트 장애요인에는 약속 불이행, 성실성 결여, 갈등처리능력 부족, 성과 제한의 조직 규범, 승패의 태도 등이 있다.
따라서 대인 차원의 임파워먼트 장애요인으로 적절한 것은 'c, d, f, i, j'이다.

이것도 알면 합격

임파워먼트의 장애요인

개인 차원	주어진 일을 해내는 역량의 결여, 동기의 결여, 결의 부족, 책임감 부족, 의존성, 빈곤의 정신
대인 차원	성실성의 결여, 약속 불이행, 성과를 제한하는 조직의 규범, 갈등처리능력 부족, 승패의 태도
관리 차원	통제적 리더십, 효과적인 리더십 발휘능력의 결여, 경험 부족, 정책 및 기획 실행능력 결여, 비전 전달능력 결여
조직 차원	공감대 형성이 결여된 구조와 시스템, 제한된 정책과 절차

정답 ④

영역: 대인관계능력 하위능력: 갈등관리능력 난이도: ★☆☆

09. 갈등은 크게 불필요한 갈등과 해결할 수 있는 갈등 두 가지 유형으로 구분된다. 다음 중 해결할 수 있는 갈등에 대한 설명을 모두 고르면?

> ㉠ 개개인이 저마다 문제를 다르게 인식하거나 정보가 부족할 때 발생하는 갈등이다.
> ㉡ 목표와 욕망, 가치, 문제 등을 바라보는 시각과 이해하는 시각이 다를 경우 발생한다.
> ㉢ 스스로 가장 중요하다고 여기는 문제를 타인 때문에 해결하지 못한다고 느낄 때 발생한다.
> ㉣ 편견 때문에 발생한 의견 불일치로 적대적 감정이 생길 때 발생한다.
> ㉤ 상대를 먼저 이해하고 서로가 원하는 것을 만족시켜준다면 저절로 해결될 수 있다.

① ㉠, ㉢ ② ㉡, ㉤ ③ ㉢, ㉣ ④ ㉠, ㉢, ㉣ ⑤ ㉡, ㉣, ㉤

핵심 포인트 해설 갈등의 유형

㉡ 목표와 욕망, 가치, 문제 등을 바라보는 시각과 이해하는 시각이 다를 경우 발생하는 갈등은 '해결할 수 있는 갈등'에 대한 설명이므로 적절하다.
㉤ 상대를 먼저 이해하고 서로가 원하는 것을 만족시켜준다면 저절로 해결될 수 있는 갈등은 '해결할 수 있는 갈등'에 대한 설명이므로 적절하다.
따라서 해결할 수 있는 갈등에 대한 설명은 ㉡, ㉤이다.
㉠, ㉢, ㉣ 모두 불필요한 갈등에 대한 설명이므로 적절하지 않다.

이것도 알면 합격

갈등의 두 가지 유형

불필요한 갈등	• 개개인이 저마다 문제를 다르게 인식하거나 정보가 부족한 경우에 발생함 • 편견 때문에 발생한 의견 불일치로 적대적 감정이 생길 때 발생함 • 스스로 가장 중요하다고 여기는 문제를 다른 사람 때문에 해결하지 못한다고 느낄 때 발생함
해결할 수 있는 갈등	• 목표와 욕망, 가치, 문제를 바라보는 시각과 이해하는 시각이 다를 경우에 발생함 • 상대를 먼저 이해하고 서로가 원하는 것을 만족시켜주면 저절로 해결될 수 있음

정답 ②

영역: 대인관계능력 **하위능력:** 갈등관리능력 **난이도:** ★☆☆

10. 다음 윈-윈 갈등관리법 모델에서 빈칸에 해당하는 활동 방안으로 가장 적절한 것은?

> [윈-윈 갈등관리법 모델]
>
> - **1단계:** 충실한 사전 준비
> - **2단계:** (   )
> - **3단계:** 두 사람의 입장을 명확히 하기
> - **4단계:** 윈-윈에 기초한 기준에 동의하기
> - **5단계:** 몇 가지 해결책을 생각해내기
> - **6단계:** 몇 가지 해결책을 평가하기
> - **7단계:** 최종 해결책을 선택하고, 실행하는 것에 동의하기

① 상대의 입장과 드러내지 않은 관심사를 추측한다.
② 기본적으로 다른 부분을 인정하고 일부라도 동의하는 부분은 인정한다.
③ 함께 브레인스토밍하며 해결책을 찾아본다.
④ 상대가 필요로 하는 것을 고려해 보았다는 점을 인정한다.
⑤ 자신에게 중요한 기준을 말하고 상대에게 중요한 기준을 명확히 한다.

핵심 포인트 해설 **갈등관리법**

윈-윈 갈등관리법 모델에서 2단계는 '긍정적인 접근 방식'으로, 상대가 필요로 하는 것에 대해 생각해 보았다는 점을 인정하고 자신의 윈-윈 의도를 명시하며 상대가 윈-윈 절차에 임할 자세가 되었는지 알아보는 단계이므로 2단계에 해당하는 활동 방안으로 가장 적절한 것은 ④이다.

① 상대의 입장과 드러내지 않은 관심사를 추측하는 것은 1단계 '충실한 사전 준비'에 해당한다.
② 기본적으로 다른 부분을 인정하고 일부라도 동의하는 부분은 인정하는 것은 3단계 '두 사람의 입장을 명확히 하기'에 해당한다.
③ 함께 브레인스토밍하며 해결책을 찾아보는 것은 5단계 '몇 가지 해결책을 생각해내기'에 해당한다.
⑤ 자신에게 중요한 기준을 말하고 상대에게 중요한 기준을 명확히 하는 것은 4단계 '윈-윈에 기초한 기준에 동의하기'에 해당한다.

이것도 알면 합격

윈-윈 갈등관리법 모델

- 1단계: 충실한 사전 준비
- 2단계: 긍정적인 접근방식
- 3단계: 두 사람의 입장을 명확히 하기
- 4단계: 윈-윈에 기초한 기준에 동의하기
- 5단계: 몇 가지 해결책을 생각해내기
- 6단계: 몇 가지 해결책을 평가하기
- 7단계: 최종 해결책을 선택하고, 실행하는 것에 동의하기

정답 ④

영역: 대인관계능력 하위능력: 협상능력 난이도: ★☆☆

11. **다음 중 협상에 대한 설명으로 가장 적절하지 않은 것은?**

① 지식과 노력 차원의 협상은 서로 간의 입장 차이로 상반되는 이익을 조정하고 공통되는 이익을 증대시키는 과정이다.

② 갈등해결 차원의 협상은 서로 갈등관계에 있는 이해당사자들이 대화를 통해 갈등을 해결하고자 하는 상호작용 과정이다.

③ 의사소통 차원의 협상은 상대방으로부터 자신의 욕구를 충족하기 위한 최선의 것을 얻기 위해 상대를 설득하는 커뮤니케이션 과정이다.

④ 교섭 차원의 협상은 선호하는 것이 서로 다른 이해당사자들이 합의에 도달하기 위해 공동으로 의사를 결정하는 과정이다.

⑤ 의사결정 차원의 협상은 최소 둘 이상의 이해당사자가 여러 가지 대안 중 모두가 수용 가능한 대안을 찾는 과정이다.

핵심 포인트 해설 협상의 의미

지식과 노력 차원의 협상은 우리가 얻고자 하는 것을 소유한 사람의 호의를 어떻게 얻을 것인가에 대한 지식과 노력의 의미이므로 가장 적절하지 않다.

이것도 알면 합격

협상의 의미

의사소통 차원	이해당사자들이 자신의 욕구 충족을 위해 상대방으로부터 최선의 것을 얻고자 상대방을 설득하는 커뮤니케이션 과정
갈등해결 차원	갈등관계의 이해당사자들이 대화를 통해 상반되는 이익은 조정하고 공통되는 이익은 증진하여 갈등을 해결하는 상호작용 과정
지식과 노력 차원	승진, 돈, 안전 등 얻고자 하는 것을 다른 사람보다 우위를 차지하여 쟁취하기 위한 지식과 노력의 과정
의사결정 차원	둘 이상의 이해당사자가 여러 가지 대안 중 모두가 수용 가능한 선택을 하기 위한 의사결정 과정
교섭 차원	서로 다른 협상당사자들이 합의를 찾기 위해 공동으로 의사결정 하는 과정

정답 ①

영역: 대인관계능력 **하위능력:** 협상능력 **난이도:** ★☆☆

12. 다음 중 협상 전략에 대한 설명으로 적절하지 않은 것을 모두 고르면?

> ㉠ 협력 전략은 협상에 참여하는 모든 사람이 최선의 결과를 얻기 위해 자신들의 목적과 우선순위에 대한 정보를 교환하고 우선순위가 낮은 것을 상대방에게 양보하여 합의를 통해 문제를 해결하는 전략이다.
> ㉡ 유화 전략은 상대방과의 관계 유지보다 협상 결과를 중시하며, 회유와 강경책을 통해 상대방이 자신의 제안을 일방적으로 받아들이도록 유도하는 전략이다.
> ㉢ 회피 전략은 협상을 철회하거나 잠정적으로 중단하여 협상에 참여하는 모든 사람이 손해를 보게 하는 전략으로, 협상이 더는 자신에게 유리하게 작용하지 않을 때 협상 국면을 전환하기 위해 사용할 수 있다.
> ㉣ 강압 전략은 상대방이 자신보다 압도적으로 우위에 있을 때 사용하는 전략으로, 상대방에게 주장을 수용하지 않을 경우 협상을 결렬하겠다는 협박을 받기도 한다.

① ㉠, ㉢ ② ㉠, ㉣ ③ ㉡, ㉢ ④ ㉡, ㉣ ⑤ ㉡, ㉢, ㉣

핵심 포인트 해설 **협상 전략**

㉡ 유화 전략은 상대방의 욕구와 주장에 맞춰 자신의 욕구와 주장을 조정하고 순응하여 굴복하는 양보 전략으로, 협상 결과보다는 상대방과 우호관계를 유지하는 것을 중시하는 전략이므로 적절하지 않은 설명이다.
㉣ 강압 전략은 상대방보다 우위를 점하고 있을 때 협상 결렬 협박 등의 강압적인 방법으로 자신의 입장을 밀어붙임으로써 상대방을 굴복시키고 일방적인 양보를 얻어내는 전략이므로 적절하지 않은 설명이다.
따라서 협상 전략에 대한 설명으로 적절하지 않은 것은 ㉡, ㉣이다.

이것도 알면 합격

협상 전략의 종류

협력전략	협상 참여자들이 협동과 통합으로 문제를 해결하고자 하는 협력적 문제해결전략
유화전략	상대방의 욕구와 주장에 자신의 욕구와 주장을 조정하고 순응시켜 굴복하는 양보 전략
회피전략	협상을 피하거나 잠정적으로 중단하거나 철수하는 무행동 전략
강압전략	상대방의 주장을 무시하고 힘으로 일방적으로 밀어붙여 상대방에게 자신의 입장을 강요하는 경쟁 전략

정답 ④

13. 다음 글을 읽고 판단할 때, '왕훙 마케팅'과 관련 있는 설득 방법으로 가장 적절한 것은?

> 한때 중국에서는 모바일 마케팅이 급속도로 확대됨에 따라 주요 소비층인 20~30대를 공략하기 위한 왕훙 마케팅이 활발하게 전개된 적이 있다. 왕훙이란 '왕뤄훙런(網絡紅人)'의 줄임말로, 연예인은 아니지만 중국 자체 소셜 미디어 플랫폼을 기반으로 활동하며 많은 팬을 보유하고 엄청난 영향력과 파급력을 지닌 사람을 일컫는다. 왕훙 마케팅은 이들의 영향력을 활용한 바이럴 마케팅으로, 왕훙이 사용하거나 소개하는 제품, 음식, 의류 등은 입소문을 타고 제품 구매로 직결되어 중국 경제를 좌우하였다. 이러한 점을 활용하여 국내 한 도시의 지역 특산물 박물관에서는 중국 역직구 시장을 공략하기 위해 왕훙 마케팅을 전개하였다. 초청된 왕훙들은 생방송에 들어가기에 앞서 사전 촬영한 인터뷰 및 홍보 영상을 SNS에 업로드 한 후, 실시간 방송으로 중국 팔로워들에게 지역 농특산물의 효능, 제조과정 등을 소개하여 약 3천만 원가량의 직접 판매고를 달성하였다.

① 제품을 판매하는 왕훙과 소비자를 직접 연결하여 소비자를 설득하는 연결 전략을 취하였다.
② 전문성을 갖춘 왕훙의 공신력과 외모 등 권위에 기대어 소비자를 설득하는 권위 전략을 취하였다.
③ 영향력 있는 왕훙의 말과 행동을 통해 소비자를 설득하는 사회적 입증 전략을 취하였다.
④ 왕훙과 팬 사이에 서로 이익을 주고받는 관계를 형성하는 호혜관계 형성 전략을 취하였다.
⑤ 팬들이 왕훙을 통해 제품을 간접 체험함으로써 구매를 유도하는 See-feel-change 전략을 취하였다.

핵심 포인트 해설 | **타인 설득 방법**

왕훙 마케팅은 왕훙의 영향력을 활용한 바이럴 마케팅 전략을 의미하며, 영향력 있는 왕훙의 말과 행동을 통해 상대방을 설득하는 사회적 입증 전략을 취하였으므로 가장 적절하다.

① 연결 전략은 갈등을 유발한 사람과 갈등 관리자를 연결하여 상대방을 설득하는 전략이므로 적절하지 않다.
② 권위 전략은 직위나 전문성 등의 권위를 활용하여 상대방을 설득하는 전략이므로 적절하지 않다.
④ 호혜관계 형성 전략은 서로 혜택을 주고받는 호혜관계를 형성하여 상대방을 설득하는 전략이므로 적절하지 않다.
⑤ See-feel-change 전략은 상대방이 직접 보고 느끼고 변화하도록 설득하는 전략이므로 적절하지 않다.

이것도 알면 합격

타인 설득 방법

- See-Feel-Change 전략
- 상대방 이해 전략
- 호혜관계 형성 전략
- 헌신과 일관성 전략
- 사회적 입증 전략
- 연결 전략
- 권위 전략
- 희소성 해결 전략
- 반항심 극복 전략

정답 ③

14. 다음은 상품 오배송으로 인한 고객의 불만에 대해 귀하가 응대한 내역이다. 고객 불만 처리 프로세스에 따라 (가)~(다)에 들어갈 말로 가장 적절한 것은?

[고객 불만 처리 프로세스]

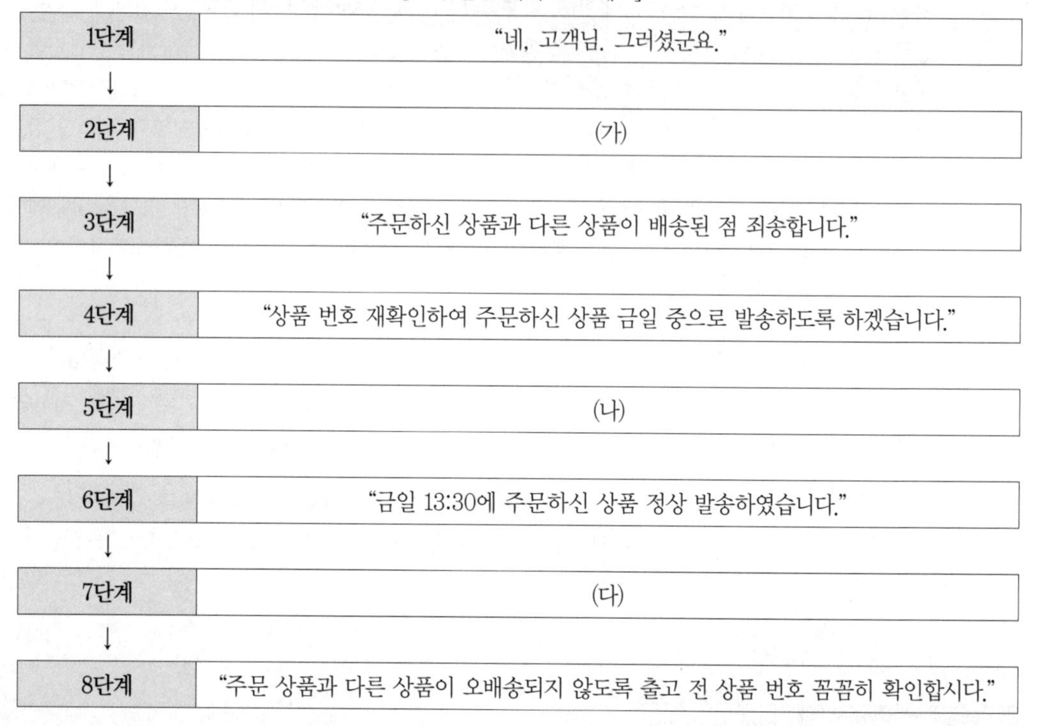

① (가): "죄송합니다. 상품 번호 확인 과정에서 오배송이 발생한 것 같습니다."

② (나): "네, 그런 일이 있으셨군요. 어떤 어려움이 있으셨는지 잘 알겠습니다."

③ (나): "오배송 상품 수령을 위해 택배기사님께서 금일 14~16시 사이에 방문하실 예정입니다."

④ (다): "상품 배송을 원하지 않으실 경우 주문 취소 진행해드려도 괜찮을까요?"

⑤ (다): "배송 드린 주문 상품 잘 수령하셨는지 확인하기 위해 연락드립니다."

핵심 포인트 해설 고객 불만 처리 프로세스

고객 불만 처리 프로세스는 총 8단계로 1단계 경청, 2단계 감사와 공감 표시, 3단계 사과, 4단계 해결 약속, 5단계 정보 파악, 6단계 신속 처리, 7단계 처리 확인과 사과, 8단계 피드백으로 이루어진다.
따라서 (가)~(다)에 들어갈 말 중 (다)에 들어갈 말로 가장 적절한 것은 불만 처리 후 고객에게 처리 결과 및 만족 여부를 묻는 ⑤이다.

① 고객의 이야기를 듣고 문제점을 인정하여 고객에게 사과하는 3단계에 해당하므로 적절하지 않다.
② 선입관을 버리고 문제를 파악하며 고객의 항의를 경청하는 1단계에 해당하므로 적절하지 않다.
③ 잘못된 부분을 신속하게 시정하는 6단계에 해당하므로 적절하지 않다.
④ 최선의 해결방법을 찾기 어려울 경우 어떻게 해야 만족스러울지 고객에게 질문하는 5단계에 해당하므로 적절하지 않다.

이것도 알면 합격

고객 불만 처리 프로세스 8단계

1단계	경청	고객의 항의에 경청하고 끝까지 들으며, 선입관을 버리고 문제를 파악함
2단계	감사와 공감 표시	고객의 항의에 공감을 표시하며, 일부러 시간을 내서 해결의 기회를 준 것에도 감사를 표시함
3단계	사과	고객의 이야기를 듣고 문제점에 대해 인정하고, 잘못된 부분에 대해 사과함
4단계	해결 약속	고객이 불만을 느낀 상황에 대해 관심과 공감을 보이며 문제의 빠른 해결을 약속함
5단계	정보 파악	문제해결을 위해 꼭 필요한 질문만 하여 정보를 얻으며, 최선의 해결방법을 찾기 어려우면 고객에게 어떻게 해주면 만족스러울지를 물음
6단계	신속 처리	잘못된 부분을 신속하게 시정함
7단계	처리 확인과 사과	불만 처리 후 고객에게 처리 결과에 만족하는지 물음
8단계	피드백	고객 불만 사례를 회사 및 전 직원에게 알려 다시는 동일한 문제가 발생하지 않도록 함

정답 ⑤

15. 다음은 △△여행사에 유입되었던 고객 불만 사례이다. 다음 중 각 고객의 태도에 알맞은 응대 방안을 바르게 연결한 것은?

고객	고객의 태도
A	여행사 홈페이지에 지역 이름 중 오타로 기재된 것에 대해 게시판에 꼼꼼히 기재해 달라며 불만을 표시하였다. 또한, 여행 상품 이미지를 보고서도 사진이 예쁘지 않다며 다른 사진으로 바꾸는 것이 어떻겠냐며 사소한 것을 가지고 불만을 말했다.
B	여행사 홈페이지의 공지사항 탭에서 예약 상품 취소 시 환불받을 수 있는 금액을 바로 찾아 확인할 수 있음에도 불구하고 계속 동일한 질문을 되풀이하였다. 또한, 불만 사항에 대해 자세하게 답변한 것에 대해서는 너무 친절한 것이 이상하다며 의아해했다.
C	여행 상품에 대해 궁금한 점을 게시판에 작성한 지 1시간도 채 지나지 않아 전화를 통해 빠르게 답변해 주지 않았다며 불만을 표하였다. 이에 대해 다음부터는 신속하게 처리하겠다고 하였으나, 전에도 그랬었다며 여전히 믿지 않는다는 반응을 보였다.
D	다짜고짜 여행사에 찾아와 예전에 다른 여행사에서 여행 상품을 예약했을 때와 예약 방식이 너무 다르다며, 요즘 여행사들은 이런 복잡한 방식으로 예약을 진행하지 않다고 하면서 직원보다 많이 안다는 식으로 따졌다. 또한, 직원보다 윗사람을 불러내어 예약한 여행 상품을 폄하하기도 하였다.

㉠ 최대한 정중하게 대하고, 고객의 과시욕이 채워지도록 마음껏 뽐내고 자랑하게 둔다.
㉡ 고객의 이야기를 경청하고, 맞장구쳐주며, 설득하고, 잘못된 부분에 대해서는 사과를 한다.
㉢ 시원시원한 목소리로 빨리 처리하겠다는 언어적 표현과 함께 신속한 행동을 보여준다.
㉣ 분명한 증거나 근거를 제시하여 고객이 확신을 갖도록 유도하고, 책임자로 하여금 응대하도록 한다.

① 고객 A에게는 ㉢ 전략으로 응대해야 한다.
② 고객 B에게는 ㉣ 전략으로 응대해야 한다.
③ 고객 C에게는 ㉠ 전략으로 응대해야 한다.
④ 고객 D에게는 ㉡ 전략으로 응대해야 한다.
⑤ 고객 D에게는 ㉢ 전략으로 응대해야 한다.

핵심 포인트 해설 **고객 불만 대응 방법**

고객 B는 직원의 설명이나 제품의 품질에 대해 의심을 많이 하는 사람으로 '의심형'에 해당하며, 이러한 유형의 고객을 응대할 때는 분명한 증거나 근거를 제시하여 스스로 확신을 갖도록 유도하거나 때로는 책임자로 하여금 응대하게 하는 것도 좋으므로 ㉣ 전략으로 응대하는 것이 적절하다.

① 고객 A는 사소한 것으로 트집을 잡는 까다로운 고객으로 '트집형'에 해당하며, 이러한 유형의 고객을 응대할 때는 이야기를 경청하고 맞장구치고 설득하는 방법이 효과적이므로 ㉡ 전략으로 응대하는 것이 적절하다.
③ 고객 C는 성격이 급하고 확신 있는 말이 아니면 잘 믿지 않는 고객으로 '빨리빨리형'에 해당하며, 이러한 유형의 고객을 응대할 때는 애매한 화법을 지양하고, 시원스럽게 처리하는 모습을 보이는 것이 효과적이므로 ㉢ 전략으로 응대하는 것이 적절하다.
④, ⑤ 고객 D는 자신의 과시욕을 드러내고 싶어 하는 고객으로 '거만형'에 해당하며, 이러한 유형의 고객을 응대할 때는 정중하게 대하되 과시욕이 채워지도록 내버려 두는 것이 좋으므로 ㉠ 전략으로 응대하는 것이 적절하다.

이것도 알면 합격

고객 불만 표현 유형 및 대응 방법

고객 불만 표현 유형	대응 방법
거만형	정중하게 대응하는 것이 좋으며, 과시욕이 충족될 수 있도록 언행을 제지하지 않고 인정해 주어야 하고, 의외로 단순한 면이 있으므로 일단 고객의 호감을 얻는 것이 좋음
의심형	분명한 증거나 근거를 제시하여 고객 스스로 확신을 갖도록 유도하고, 책임자가 직접 응대하는 것이 좋음
트집형	고객의 의견을 경청하고 사과하는 응대가 바람직함
빨리빨리형	애매한 화법을 사용하면 고객의 신경을 더 곤두서게 할 수 있으므로 주의해야 하며, 여러 가지 일을 신속하게 처리하는 모습을 보이는 것이 좋음

정답 ②

National Competency Standards

7. 정보능력

핵심개념정리
출제예상문제

National Competency Standards

핵심개념정리

정보능력이란?

정보능력이란 업무 상황에서 기본적으로 컴퓨터를 활용하여 필요한 정보를 수집, 분석, 활용하는 능력으로, 수많은 정보가 빠르게 생성되고 소멸되는 현대사회에서 필수적인 능력이다.

정보능력의 하위능력은 컴퓨터활용능력, 정보처리능력으로 구성된다. 컴퓨터활용능력이란 업무와 관련된 정보를 수집, 분석, 조직, 관리, 활용하는 데 있어 컴퓨터를 사용하는 능력을 의미한다. 정보처리능력이란 업무와 관련된 정보를 수집하고 분석하여 의미 있는 정보를 찾아내며, 의미 있는 정보를 업무수행에 적절하도록 조직·관리하고 활용하는 능력을 의미한다.

실력 업 노트

NCS 전문가의 TIP

컴퓨터활용능력에서는 업무 상황에서 활용해야 하는 프로그램과 관련된 문제가 자주 출제되므로 프로그램별 사용 방법을 익혀두는 것도 도움이 됩니다.

정보능력 하위능력

직업기초능력(10)	영역별 하위능력(34)
의사소통능력	문서이해 문서작성 경청 의사표현 기초외국어
수리능력	기초연산 기초통계 도표분석 도표작성
문제해결능력	사고력 문제처리
자기개발능력	자아인식 자기관리 경력개발
자원관리능력	시간관리 예산관리 물적자원관리 인적자원관리
대인관계능력	팀워크 리더십 갈등관리 협상 고객서비스
정보능력	**컴퓨터활용 정보처리**
기술능력	기술이해 기술선택 기술적용
조직이해능력	경영이해 체제이해 업무이해 국제감각
직업윤리	근로윤리 공동체윤리

정보능력 핵심 이론 정리

1 정보능력 소개

1. 자료, 정보, 지식의 차이

구분	내용
자료	• 정보 작성을 위해 필요한 데이터 • 아직 특정한 목적으로 평가되지 않은 상태의 숫자나 문자들의 단순한 나열
정보	• 자료를 일정한 프로그램에 따라 컴퓨터가 처리·가공하여 특정한 목적을 달성하는 데 필요하거나 특정한 의미를 가진 것으로 재생산한 것
지식	• 어떤 특정한 목적을 달성하기 위해 과학적 또는 이론적으로 정립되어 일반화된 정보 • 어떤 대상에 대하여 원리적·통일적으로 조직되어 객관적 타당성을 요구할 수 있는 판단의 체계 • 정보를 모으고 체계화하여 장래의 일반적인 사항에 대비해 보편성을 갖도록 한 것

2. 정보화 사회

1) 정보화 사회란?

① 세상에서 필요로 하는 정보가 사회의 중심이 되는 사회를 의미함

② 컴퓨터 기술과 정보통신 기술을 활용하여 사회 각 분야에서 필요로 하는 가치 있는 정보를 창출하고, 더욱 유익하고 윤택한 생활을 영위하는 사회로 발전시켜 나가는 것을 말함

2) 미래의 사회

① 부가가치 창출 요인이 토지, 자본, 노동에서 지식 및 정보 생산 요소로 전환되는 사회

② 세계화가 진전하는 사회

③ 지식이 폭발적으로 증가하는 사회

3. 업무수행에서의 컴퓨터활용 분야

1) 기업 경영 분야에서의 활용

① 생산에서부터 판매, 회계, 재무, 인사, 조직관리는 물론 금융 업무까지도 컴퓨터를 널리 활용하고 있음

② 경영정보시스템(MIS), 의사결정지원시스템(DSS) 등이 기업경영에 필요한 정보를 효과적으로 활용할 수 있도록 지원해 주어 경영자가 신속한 의사결정을 할 수 있도록 함

실력 업 노트

NCS 전문가의 TIP

실제 시험에서는 주로 정보능력과 관련된 핵심 이론을 묻습니다.
따라서 자료, 정보, 지식의 구분, 정보화 사회의 특징, 컴퓨터활용 분야, 사이버 예절, 개인정보 등의 이론을 익혀두는 것이 좋습니다.

자료의 예
고객의 주소, 성별, 나이, 휴대전화 기종, 휴대전화 활용 횟수 등

정보의 예
중년층의 휴대전화 기종, 중년층의 휴대전화 활용 횟수 등

지식의 예
휴대전화 디자인에 대한 중년층의 취향 분석, 중년층을 주요 타깃으로 한 신종 휴대전화 개발 등

MIS
Management Information System

DSS
Decision Support System

③ 사무 자동화(OA)가 이루어지고 문서 작성과 보관, 전자 결재 시스템이 도입되어 업무 처리의 효율이 높음
④ 인터넷과 모바일 기술이 발달하고 글로벌 시장이 성장함에 따라 국가와 지역, 고객 등 경계를 넘어서 플랫폼을 활용한 B2B(Business to Business, 기업 간 거래), B2C(Business to Customer, 인터넷소매업), B2B(Business to Business, 기업과 정부 간 전자상거래)가 활발하게 이루어지고 있음

2) 행정 분야에서의 활용

① 민원처리, 각종 행정 통계 등 여러 행정에 관련된 데이터베이스를 구축하여 활용하고 있음
② 행정 업무의 사무 자동화가 이루어져 있고, 모든 민원서류를 원격지에서 정보통신망을 이용해 발급받을 수 있을 뿐만 아니라 가까운 은행에서도 세금과 공과금을 납부할 수 있음

3) 산업 분야에서의 활용

① 공업: 제품의 수주에서부터 설계, 제조, 검사, 출하에 이르기까지의 모든 제품 공정 과정을 자동화하여 생산성 향상과 원가 절감, 불량품 감소 등으로 제품의 경쟁력을 높임
② 상업: 편의점이나 백화점 등에서 상품의 판매 시점 관리(POS)시스템을 이용해서 매출액 계산, 원가 및 재고 관리 등에 활용함

4. IT기기를 활용한 정보처리 과정

정보는 일정한 절차에 따라 활용하는 것이 효과적이며, 일반적으로 기획, 수집, 관리, 활용의 절차에 따라 처리됨

기획	정보활동의 가장 첫 단계로, 정보관리의 가장 중요한 단계이며 보통 5W2H에 의해 기획됨

▼

수집	다양한 정보원으로부터 목적에 적합한 정보를 입수하는 것

▼

관리	수집된 다양한 형태의 정보를 분석·가공·체계화하여 정보가 필요할 때 활용하기 쉬운 형태로 정리하는 것

▼

활용	정보기기에 대한 지식, 정보기술의 기능, 활용에 대한 윤리 의식, 문제해결에 대한 정보활용, 문제의 상황인식과 같은 종합적인 능력이 뒷받침되어야 함

실력 업 노트

OA
Office Automation

전자상거래의 장점
- 시간과 공간의 제약이 없음
- 기업은 유통비용, 광고비용, 건물임대료 등의 거래비용을 절감할 수 있음
- 소비자는 값싸고 질 좋은 제품을 집에서 쉽게 구매할 수 있음

공장 자동화의 예
컴퓨터 이용 설계(CAD), 컴퓨터 이용 생산(CAM), 스마트팩토리 등

POS
Point of Sales

5W2H
- What: 정보의 입수 대상 확인
- Where: 정보원 파악
- When: 정보수집 시점 고려
- Why: 정보의 필요 목적 고려
- Who: 정보활동의 주체 확정
- How: 정보수집 방법 검토
- How much: 정보수집의 효용성 중시

정보관리의 3원칙
- 목적성: 사용 목적을 명확히 설명해야 함
- 용이성: 쉽게 작업할 수 있어야 함
- 유용성: 즉시 사용할 수 있어야 함

2 컴퓨터활용능력

1. 다양한 인터넷 서비스

1) 이메일(E-mail)

인터넷을 통해 편지나 정보를 주고받는 서비스

2) 메신저(messenger)

인터넷에서 실시간으로 메시지와 데이터를 주고받을 수 있는 소프트웨어

3) 인터넷디스크/웹 하드

웹 서버에 대용량의 저장 기능을 갖추고 사용자가 개인용 컴퓨터의 하드디스크와 같은 기능을 인터넷을 통하여 이용할 수 있게 하는 서비스

4) 클라우드(Cloud)

사용자들이 복잡한 정보를 보관하기 위해 별도의 데이터 센터를 구축하지 않고도 인터넷을 통해 제공되는 서버를 활용해 정보를 보관하고 있다가 필요할 때 꺼내 쓰는 기술

5) SNS(Social Networking Service)

온라인 인맥 구축을 목적으로 개설된 커뮤니티형 웹사이트

6) 전자상거래

① 협의: 인터넷이라는 전자적인 매체를 통하여 상품을 사고팔거나, 재화나 용역을 거래하는 사이버 비즈니스

② 광의: 소비자와의 거래뿐만 아니라 거래와 관련된 공급자, 금융기관, 정부 기관, 운송 기관 등과 같이 거래에 관련되는 모든 기관과의 관련 행위

2. 인터넷을 활용하여 원하는 정보 찾기

1) 정보검색이란?

여러 곳에 분산된 수많은 정보 중에서 특정 목적에 적합한 정보만을 신속하고 정확하게 찾아내어 수집·분류·축적하는 과정을 말함

2) 검색엔진의 유형

① 키워드 검색 방식

- 찾고자 하는 정보와 관련된 키워드를 직접 입력하여 검색 엔진이 키워드와 관련된 정보를 찾는 방식
- 키워드만 입력하여 간단하게 정보를 검색할 수 있음
- 키워드가 불명확하게 입력된 경우에는 검색 결과가 너무 많아 효율적인 검색이 어려울 수 있음

실력 업 노트

NCS 전문가의 TIP

실제 시험에서는 인터넷 서비스, 정보검색, 소프트웨어의 종류 등 이론 측면의 문항과 한글, 엑셀과 같은 소프트웨어의 활용 방법, JAVA, C++와 같은 프로그래밍 언어를 묻는 실무적인 문제가 출제됩니다.
따라서 기본적인 이론을 숙지한 후 숙지 여부를 실제 프로그램에 적용해가며 확인하도록 하고, 실무 프로그램의 기본적인 기능과 단축키 등의 활용 방법을 익혀 두는 것이 좋습니다.

구체적인 키워드 검색 방식의 예시

- 만약 아이폰의 사파리 북마크 관리에 대한 글을 찾아보고 싶다면 단순히 '아이폰 북마크 관리'라고만 검색하지 않고 '북마크 관리 사파리 아이폰'이라고 검색함
- 검색 엔진에 자세한 정보를 제공할수록 더 유용한 검색 결과를 얻을 수 있으며, 가급적 단어별로 끊고, 원하는 정보에 가장 근접한 키워드를 우선적으로 검색하는 것이 좋음

② 주제별 검색 방식

- 인터넷상에 존재하는 웹 문서들을 주제별, 계층별로 정리하여 데이터베이스를 구축한 후 이용하는 방식
- 원하는 정보를 찾을 때까지 상위 주제부터 하위 주제까지 분류된 내용을 선택하여 검색하면 원하는 정보를 찾을 수 있음

③ 자연어 검색 방식

- 검색엔진에서 문장 형태의 질의어를 형태소 분석을 거쳐 언제(when), 어디서(where), 누가(who), 무엇을(what), 왜(why), 어떻게(how), 얼마나(How much)에 해당하는 5W2H를 읽어 내고 분석하여 각 질문에 답이 들어 있는 사이트를 연결해 주는 방식

④ 통합형 검색 방식

- 사용자가 입력하는 검색어들을 연계된 다른 검색 엔진에 보내고, 이를 통하여 얻은 검색 결과를 사용자에게 보여주는 방식

3. 업무에 필요한 소프트웨어 활용하기

1) 워드프로세서

① 여러 형태의 문서를 작성, 편집, 저장, 인쇄할 때 사용하는 프로그램

② 주요 기능으로는 입력 기능, 표시 기능, 저장 기능, 편집 기능, 인쇄 기능이 있음

2) 스프레드시트

① 전자 계산표 또는 표 계산 프로그램으로 문서 작성, 수치 계산 등의 업무를 가능하게 하는 프로그램

② 응용소프트웨어의 도표, 수치계산, 통계, 그래프 작업 등을 편리하게 처리할 수 있게 도와줌

③ 문서를 작성하고 편집하는 기능 이외에 수치나 공식을 입력하여 그 값을 계산해 내고, 계산 결과를 도표로 표시할 수 있는 특별한 기능이 있음

3) 프레젠테이션

발표, 회의, 교육 등 프레젠테이션을 할 때 시각적 보조 자료로 사용하는 대표적인 소프트웨어

4) 데이터베이스

① 대량의 자료를 관리하고 내용을 구조화하여 검색이나 자료 관리 작업을 효과적으로 실행하는 프로그램

② 테이블, 질의, 폼, 보고서 등을 작성할 수 있는 기능을 가지고 있음

5) 그래픽 소프트웨어

① 새로운 그림을 그리거나 그림 또는 사진 파일을 불러와 편집하는 프로그램

② 그림 확대, 그림 축소, 필터 기능을 가지고 있음

6) 유틸리티 프로그램

사용자가 컴퓨터를 좀 더 쉽게 사용할 수 있도록 도와주는 소프트웨어

실력 업 노트

워드프로세서의 예
Microsoft Office Word, 한글과 컴퓨터 한글 프로그램 등

스프레드시트의 예
Microsoft Office Excel 등

프레젠테이션의 예
Microsoft Office Powerpoint, 프리랜스 그래픽스 등

데이터베이스의 대표적인 프로그램
오라클(Oracle), 액세스(Access) 등

그래픽 소프트웨어의 대표적인 프로그램
포토샵(Photoshop), 3DS MAX, 코렐드로(Coreldraw) 등

유틸리티 프로그램의 예
파일 압축 유틸리티, 바이러스 백신 프로그램, 화면 캡처 프로그램, 이미지 뷰어 프로그램, 동영상 재생 프로그램 등

4. 데이터베이스 구축의 필요성

1) 데이터베이스란?

① 여러 개의 서로 연결된 유용한 데이터의 집합을 의미함
② 검색이 용이하도록 데이터를 저장하는 것으로, 데이터의 안정성을 높이고 데이터의 중복을 줄일 수 있으며 검색이 쉬워짐

2) 데이터베이스의 필요성

① 데이터 중복을 줄일 수 있음
② 데이터 무결성을 높일 수 있음
③ 검색을 쉽게 해줌
④ 데이터의 안정성을 높일 수 있음
⑤ 개발기간을 단축할 수 있음

3 정보처리능력

1. 필요한 정보 수집하기

1) 정보의 필요성

① 의사결정을 하거나 문제의 답을 알아내고자 할 때, 가지고 있는 정보로는 부족하여 새로운 정보가 필요하다는 상황을 인식하는 순간부터 정보가 필요해짐
② 필요한 정보를 효과적으로 수집하려면 문제해결이나 의사결정과 관련한 정보가 어떤 것인지를 구체적으로 인식하고 탐색해야 함

2) 정보원의 종류

1차 자료	원래의 연구성과가 기록된 자료
2차 자료	1차 자료를 효과적으로 찾아보기 위한 자료 혹은 1차 자료에 포함된 정보를 압축하고 정리하여 읽기 쉬운 형태로 제공하는 자료

3) 효과적인 정보수집 방법

① 단순한 인포메이션보다 직접 도움을 줄 수 있는 인텔리전스를 수집하기
② 다른 사람보다 빠르게 정보를 습득해야 함
③ 머릿속에 서랍을 만들어 수집한 정보를 정리하기
④ 사람의 기억력에는 한계가 있으므로 정보수집용 하드웨어를 활용하기

실력 업 노트

NCS 전문가의 TIP

정보처리능력의 경우, 실제 시험에서 정보 수집, 분석, 활용 등과 같은 문항이 출제되며, 상품 코드 부여 및 분석 방법 등의 실무에서 활용하는 측면에서의 문제가 출제됩니다.
따라서 핵심 이론을 깊게 학습하기 보다 기본적인 내용을 숙지한 후 이를 실무적인 측면에 적용할 수 있는지 확인하는 학습 방법이 유용합니다.

데이터 무결성
데이터의 내용이 수정 또는 삭제되지 않고 보존되는 특성

정보원
필요한 정보를 수집할 수 있는 원천

1차 자료의 예
단행본, 학술지와 학술지 논문, 학술 회의자료, 연구보고서, 학위논문, 특허정보, 표준 및 규격자료, 편지, 출판 전 배포자료, 신문, 잡지, 웹 정보자원 등

2차 자료의 예
사전, 백과사전, 편람, 연감, 서지 데이터베이스 등

인포메이션(Information)
하나하나의 개별적인 정보

인텔리전스(Intelligence)
여러 인포메이션 중에 몇 가지를 선별해 그것을 연결시켜 판단하기 쉽게 도와주는 정보 덩어리

2. 정보분석의 개념과 절차

실력 업 노트

1) 정보분석이란?

① 여러 정보를 상호 관련지어 새로운 정보를 생성해내는 활동을 말함

② 정보분석은 정보의 분류와 활용을 능률적으로 처리하게 함

2) 정보분석의 절차

분석과제의 발생

▼

과제(요구)의 분석

▼

조사항목의 선정

▼

관련 정보의 수집

기존 자료 조사 ▼ 신규 자료 조사

수집정보의 분류

▼

항목별 분석

▼

종합 · 결론

▼

활용 · 정리

3. 정보를 효율적으로 관리하기

1) 목록을 이용한 정보관리
정보에서 중요한 항목을 찾아 기술한 후 정리함

2) 색인을 이용한 정보관리
정보 내에 포함된 키워드나 단락과 같은 세부적인 요소나 정보의 주제, 사용했던 용도로 정리함

3) 분류를 이용한 정보관리
정보를 특정 기준에 맞추어 유사한 것끼리 모아 체계적으로 정리함

4. 정보를 효과적으로 활용하기

1) 정적정보
유효 기간이 비교적 길고, 보존되어 멈추어 있는 정보
예 서적, CD-ROM에 수록된 동영상 등

2) 동적정보
유효 기간이 짧고, 시시각각으로 변화하는 정보
예 신문, TV 뉴스, E-mail 등

3) 정보 활용 시 유의사항
정보를 수집할 때에는 모아만 두지 말고 정적정보와 동적정보로 분류하여 주기적으로 정리하고 점검하여 불필요한 자료는 버리는 것이 좋음

실력 업 노트

정보를 효율적으로 관리하기
- 한 주제나 문제 상황에 대하여 필요한 정보를 찾아 활용하고 나면 다시 그 정보를 이용하지 않는 경우도 있지만, 대부분 같은 정보를 다시 이용할 필요가 발생하게 됨
- 한번 이용한 정보를 버리는 것이 아니라 정보관리를 잘하는 것은 정보 활용의 중요한 과정임

정보관리에 쓰이는 분류의 기준
시간적 기준, 주제적 기준, 기능적/용도별 기준, 유형적 기준 등

유효 기간
주로 상품 따위에서, 그 상품의 효력이나 효과를 정상적으로 사용할 수 있는 기간

5. 사이버공간에서 지켜야 할 예절(네티켓)

1) 전자우편을 사용할 때의 네티켓

① 메시지는 가능한 한 짧게 요점만 작성하기
② 메일을 보내기 전에 주소가 올바른지 다시 한번 확인하기
③ 제목은 메시지 내용을 함축해 간략하게 쓰기
④ 메시지 끝에 Signature(성명, 직위, 단체명, 메일주소, 전화번호 등)를 포함하되, 너무 길지 않게 작성하기
⑤ 메일에서 타인에 대해 말할 때는 정중함을 지키기
⑥ 비방이나 욕설과 같이 타인에게 피해를 주는 속어와 상대가 알아듣지 못하는 은어는 쓰지 않기

2) 온라인 대화(채팅)를 할 때의 네티켓

① 대화의 내용을 전송하기 전에 한 번 더 생각하기
② 마주 보고 이야기한다는 마음가짐으로 대화하기
③ 아무 때나 접속하여 대화를 시도하지 않기
④ 대화방에 들어가면 지금까지 진행된 대화의 내용과 분위기를 경청하기
⑤ 광고, 홍보 등을 목적으로 악용하지 않기
⑥ 속어와 욕설 게재는 삼가고, 유언비어와 상호비방의 내용은 금지하기

3) 게시판을 사용할 때의 네티켓

① 글의 내용은 간결하게 요점만 작성하기
② 제목에는 글의 내용을 파악할 수 있는 함축된 단어를 쓰기
③ 타인의 의견에 대한 무조건적인 비판 및 비방, 유언비어를 남기지 않기
④ 글의 내용 중에 잘못된 점이 있으면 빨리 수정하거나 삭제하기
⑤ 게시판의 주제와 관련 없는 내용은 올리지 않기

4) 공개 자료실에서의 네티켓

① 음란물을 올리지 않기
② 상업용 소프트웨어를 올리지 않기
③ 공개 자료실에 등록한 자료는 가급적 압축하기
④ 프로그램을 올릴 때에는 사전에 바이러스 감염 여부를 점검하기
⑤ 유익한 자료를 받았을 때에는 올린 사람에게 감사의 편지를 보내기

5) 인터넷 게임을 할 때의 네티켓

① 상대방을 존중하며, 경어를 사용하기
② 인터넷 게임에 너무 집착하지 않기
③ 온라인 게임은 온라인상의 오락으로 끝내기
④ 게임 중에 일방적으로 퇴장하는 것은 무례한 일임을 인지하기
⑤ 게이머도 일종의 스포츠맨이므로 스포츠맨십을 갖기
⑥ 이겼을 때는 상대를 위로하고 졌을 때는 깨끗하게 물러서기

실력 업 노트

네티켓
통신망을 뜻하는 네트워크와 예절을 뜻하는 에티켓의 합성어로, 사이버 공간에서 지켜야 하는 예절

6. 개인정보 유출 방지 방법

① 회원 가입 시 이용 약관을 확인하기
② 이용 목적에 부합하는 정보를 요구하는지 확인하기
③ 정기적으로 비밀번호를 교체하기
④ 정체불명의 사이트를 멀리하기
⑤ 가입 해지 시 정보 파기 여부를 확인하기
⑥ 뻔한 비밀번호를 사용하지 않기

실력 업 노트

개인정보의 종류
일반 정보, 가족 정보, 교육 및 훈련 정보, 병역 정보, 부동산 및 동산 정보, 소득 정보, 기타 수익 정보, 신용 정보, 고용 정보, 법적 정보, 의료 정보, 조직 정보, 습관 및 취미 정보 등

National Competency Standards

출제예상문제

영역: 정보능력 **하위능력:** 정보능력 **난이도:** ★☆☆

01. 자동차 회사 기획팀의 신입사원인 귀하는 상사의 지시로 판매 전략 보고서를 작성하기 위해 다양한 자료를 수집하였다. 귀하가 수집한 다음 자료들을 정보, 자료, 지식으로 구분하고자 할 때, 지식에 해당하는 것을 모두 고르면?

> ㉠ 자사 자동차의 리콜 발생률을 줄이기 위한 향후 대책
> ㉡ 자사 자동차 구매 고객의 성별, 나이, 구매 내역
> ㉢ 소득 수준과 1인당 평균 자동차 보유 대수 사이의 연관성 분석
> ㉣ 4차 산업혁명 시대의 자동차 업계 전망
> ㉤ 자사에서 판매 중인 자동차의 종류와 디자인

① ㉠, ㉣ ② ㉡, ㉤ ③ ㉢, ㉣ ④ ㉠, ㉡, ㉤ ⑤ ㉠, ㉢, ㉣

핵심 포인트 해설 **정보와 자료 및 지식**

지식은 특정 목적을 달성하기 위해 과학적 또는 이론적으로 추상화되거나 정립되어 있는 일반화된 정보를 의미하므로 '자사 자동차의 리콜 발생률을 줄이기 위한 향후 대책' 및 '4차 산업혁명 시대의 자동차 업계 전망'은 지식에 해당한다.
따라서 지식에 해당하는 것은 ㉠, ㉣이다.

㉡, ㉤ 자료는 정보 작성을 위해 필요한 것으로 아직 특정 목적으로 평가되지 않은 상태의 숫자나 문자들의 단순한 나열을 의미하므로 '자사 자동차 구매 고객의 성별, 나이, 구매 내역' 및 '자사에서 판매 중인 자동차의 종류와 디자인'은 자료에 해당한다.
㉢ 정보는 자료를 일정한 프로그램에 따라 특정한 목적 달성이나 문제해결에 도움이 되도록 가공한 것으로 '소득 수준과 1인당 평균 자동차 보유 대수 사이의 연관성 분석'은 정보에 해당한다.

이것도 알면 합격

정보와 자료 및 지식의 차이점

구분	내용
정보	자료를 일정한 프로그램에 따라 컴퓨터가 처리·가공함으로써 특정한 목적을 달성하는 데 필요하거나 특정한 의미를 가진 것으로 다시 생산된 것을 의미함
자료	정보 작성을 위하여 필요한 데이터를 말하는 것으로, 이는 아직 특정의 목적에 대하여 평가되지 않은 상태의 숫자는 문자들의 단순한 나열을 의미함
지식	어떤 특정의 목적을 달성하기 위해 과학적 또는 이론적으로 추상화되거나 정립되어 있는 일반화된 정보를 의미하며 어떤 대상에 대하여 원리적·통일적으로 조직되어 객관적 타당성을 요구할 수 있는 판단의 체계를 제시함

정답 ①

영역: 정보능력 하위능력: 정보능력 난이도: ★☆☆

02. 다음 지문의 정보화가 이루어진 미래 사회에 대한 설명으로 가장 적절하지 않은 것은?

> 정보화 사회란 정보가 사회의 중심이 되는 사회로서, 컴퓨터 및 정보통신 기술을 통해 사회 각 분야에서 요구하는 가치 있는 정보를 만들어 내고 더 나은 삶을 영위할 수 있도록 발전시키는 사회를 의미한다. 정보화 사회는 정보통신 기술의 발전과 관련 소프트웨어의 개발을 바탕으로 네트워크화가 이루어짐으로써 전 세계를 하나의 공간으로 통합하는 수평적 네트워크 의사소통이 가능하다. 또한, 정보화 사회는 상품의 정보, 서비스, 지식의 생산으로 경제 활동의 중심이 이동하면서 지식정보 관련 산업이 높은 부가가치를 얻게 된다. 따라서 정보화 사회는 정보가 물질적인 것 그 이상의 중요 자원으로 여겨지는 사회이므로 사회 전체가 정보의 가치를 창출하는 것을 중심으로 움직인다. 그러므로 정보화 사회에서 정보의 사회적 중요성이 높아짐에 따라 개인 생활의 차원을 넘어 거의 모든 분야의 사회생활에서 정보의 의존성이 커지는 것은 필연적인 일이다.
>
> 한편 정보화가 달성된 미래 사회에서는 지식 또는 정보가 전체 부가 가치 창출 요인의 4분의 3을 차지하게 될 것이다. 특히 미래에는 IT 산업을 비롯하여 생명공학, 나노공학, 환경공학, 문화산업, 우주항공 기술이 미래를 이끌어갈 것으로 전망된다. 이에 따라 미래 사회에서는 종전의 3대 생산 요소인 토지, 노동, 자본보다 새로운 지식·기술을 개발하고 활용하며 공유, 저장할 수 있는 능력이 더 높은 가치를 얻게 될 것으로 보인다. 그뿐만 아니라 국가의 경계가 무너지고 모든 세계가 하나의 시장으로 통합될 것으로 예상되는데, 이때 세계 시장에는 현물 외에도 국가 간 노동, 자본, 기술과 같은 생산 요소와 서비스의 교류도 포함한다. 대표적인 사례로는 WTO, FTA에 의한 무역 개방화는 물론이거니와 가상은행, 사이버 대학교, 다국적 기업의 국내 설치 등을 들 수 있다. 또한 지식, 그중에서도 과학적 지식이 높은 속도로 증가할 것으로 예측된다. 일각에서는 2050년에 도달하면 지식의 증가 속도가 더욱 빨라져 현재 지식의 1%만 사용할 수 있게 될 것이라고 주장하기도 한다.
>
> 이와 같이 전망되는 정보화 사회에서는 정보 검색, 정보 관리, 정보 전파를 필수적으로 해야 한다. 인터넷에는 수많은 정보가 있으며, 그 속에서 내가 원하는 정보를 찾는 것은 생각보다 쉽지 않은 일이다. 요즘은 포털 사이트 외에도 유튜브 등 정보를 얻을 수 있는 플랫폼이 매우 다양화되어 있기 때문에 정보를 얻기 위해 반드시 정보 검색 단계를 거쳐야 한다. 하지만 어렵게 찾은 정보를 머릿속에서만 기억할 경우 컴퓨터를 끄면 정보를 잊어버릴 가능성이 크다. 따라서 검색한 내용을 파일로 만들어 저장하거나 언제든지 다시 볼 수 있도록 출력하여 정보를 관리해야 하며, 정보 관리를 못 하는 사람은 정보를 전파하기도 어렵다는 점을 유념해야 한다.

① 정보의 검색·관리·전파가 필수적인 요소로 자리 잡는다.

② 지식 중에서도 과학과 관련된 지식이 폭발적으로 증가한다.

③ 실물 상품, 서비스, 생산 요소 등이 하나의 세계 시장으로 통합된다.

④ 기존의 3대 생산 요소의 부가 가치가 더욱 극대화된다.

⑤ 전체 부가 가치 창출 요인 중 약 75%는 지식 혹은 정보가 될 것이다.

핵심 포인트 해설 **정보화 사회**

2문단에서 정보화가 달성된 미래 사회에서는 기존의 3대 생산 요소인 토지, 자본, 노동보다 지식과 기술이 생산해내는 새로운 지식과 기술을 개발·활용·공유·저장할 수 있는 능력이 더 높은 가치를 얻게 될 것으로 전망된다고 하였으므로 가장 적절하지 않다.

정답 ④

영역: 정보능력 하위능력: 컴퓨터활용능력 난이도: ★☆☆

03. 다음은 워드 프로그램으로 작성한 문서의 일부이다. 표시된 부분에 해당하는 기능은?

> 동해 물과 백두산[1]이 마르고 닳도록
>
> [1]북한 양강도에 있는 산

① 머리글 ② 각주 ③ 미주 ④ 메모 ⑤ 꼬리말

핵심 포인트 해설 **워드 프로그램**

표시된 부분은 본문의 뜻을 알기 쉽게 풀이한 것을 본문 아래쪽에 작은 활자로 적은 '각주'에 해당한다.

이것도 알면 합격

워드 프로그램의 기능

구분	내용
머리글	책이나 논문의 첫머리에 내용이나 목적 등을 간략하게 적은 글
미주	논문과 같은 글을 쓸 때, 본문의 특정 부분의 뜻을 보충하거나 풀이한 글을 본문이나 책이 끝나는 뒷부분에 별도로 단 것
메모	다른 사람에게 전하거나 자신의 기억을 돕기 위하여 짤막하게 글로 남긴 기록
꼬리말	문서 각 페이지의 하단에 문서의 표제, 날짜 등 페이지마다 같은 내용을 동일 형식으로 인쇄한 것

정답 ②

영역: 정보능력 하위능력: 컴퓨터활용능력 난이도: ★☆☆

04. 다음 중 한글 프로그램에 입력 가능한 동영상 파일의 확장자명으로 가장 적절하지 않은 것은?

① avi ② wmv ③ mpg ④ asf ⑤ mpeg

핵심 포인트 해설 한글 프로그램

한글 프로그램에 입력할 수 있는 동영상 파일의 확장자명은 avi, wmv, mpg, mpeg이므로 'asf'가 가장 적절하지 않다.

정답 ④

05. **귀하는 ○○공사 체험형 청년 인턴 지원자의 채용 전형별 점수를 정리하여 보고하는 업무를 담당하고 있다. 다음 엑셀 시트를 이용하여 보고서를 작성하려고 할 때, 귀하가 빈칸에 입력할 함수식으로 적절하지 않은 것은?** (단, 최종 점수는 면접 점수에 우대사항 면접 가점을 더한 값이다.)

	A	B	C	D	E	F	G
1	수험번호	성명	서류 점수	면접 점수	우대사항	최종 점수	
2	56060036	김철수	75	100	지역인재	105	
3	56060177	박민주	85	85	–	85	
4	56060238	최지호	100	75	기초생활수급자	82.5	
5	56060319	민석영	90	90	–	90	
6	56060440	우영호	85	95	–	95	
7	56060541	원지아	95	80	국가유공자	84	
8	56060542	임승묵	95	85	–	(①)	
9	56060683	김우석	80	95	–	95	
10	56060847	배지은	85	80	국가유공자	84	
11	56061039	노진우	85	85	–	85	
12	56061224	신영석	90	85	–	85	
13	56061232	이수정	90	90	지역인재	94.5	
14	56061348	민원주	95	85	–	85	
15	56061546	이행원	85	95	지역인재	99.75	
16							
17	표1						
18	우대사항	국가유공자	기초생활수급자	지역인재			
19	면접 가점	5%	10%	5%			
20							
21	면접 점수의 최저점					(②)	
22	서류 점수가 90점인 사람의 수					(③)	
23	지원자 면접 점수의 평균					(④)	
24	서류 점수가 가장 높은 합격자의 성명					(⑤)	
25							

① =IFERROR(D8*(1+VLOOKUP(E8, $B$18:$D$19, 2, TRUE)), D8)

② =MIN(D2:D15)

③ =COUNTIF(C2:C15, "=90")

④ =AVERAGE(D2:D15)

⑤ =INDEX(B2:B15, MATCH(MAX(C2:C15), C2:C15, 0))

핵심 포인트 해설 **엑셀 함수**

임승묵 지원자의 최종 점수를 구하기 위해서는 표1의 우대사항에서 임승묵 지원자의 우대사항에 해당하는 면접 가점을 찾아 면접 점수에 우대사항 면접 가점만큼 가산한 값인 최종 점수를 반환해야 한다.
따라서 행 방향의 표나 범위에서 원하는 값을 반환할 때 사용하는 함수인 HLOOKUP 함수를 사용하는 것이 적절하며, HLOOKUP 함수식인 '=HLOOKUP(기준값, 지정한 범위, 행 번호, 옵션)'을 적용하면
'=D8*(1+HLOOKUP(E8, $B$18:$D$19, 2, TRUE)'가 된다.
이때, 우대사항이 없는 임승묵 지원자의 경우 #N/A의 오류가 발생하므로 수식의 오류가 발생할 때 사용자가 지정한 값을 반환하는 함수인 IFERROR 함수를 사용하는 것이 적절하며, IFERROR 함수식인 '=IFERROR(값, 값이 오류일 때 반환할 값)으로 면접 점수를 반환하면
'=IFERROR(D8*(1+HLOOKUP(E8, $B$18:$D$19, 2, TRUE)), D8)'이 된다.

② 면접 점수의 최저점을 구하기 위해서는 가장 작은 숫자를 반환할 때 사용하는 함수인 MIN 함수를 사용하는 것이 적절하다.
③ 서류 점수가 90점인 사람의 수를 구하기 위해서는 조건에 맞는 셀의 개수를 반환할 때 사용하는 함수인 COUNTIF 함수를 사용하는 것이 적절하다.
④ 지원자 면접 점수의 평균을 구하기 위해서는 평균을 구할 때 사용하는 함수인 AVERAGE 함수를 사용하는 것이 적절하다.
⑤ 서류 점수가 가장 높은 합격자의 성명을 구하기 위해서는 가장 큰 숫자를 반환할 때 사용하는 함수인 MAX 함수를 사용하여 가장 높은 서류 점수를 구하고, 해당 항목이 차지하는 상대 위치를 반환할 때 사용하는 함수인 MATCH 함수를 사용하여 가장 높은 서류 점수의 상대 위치를 찾는다. 또한, 값이나 참조 영역을 반환할 때 사용하는 함수인 INDEX 함수를 사용하여 상대 위치의 성명 열의 값을 찾으므로 MAX 함수, MATCH 함수, INDEX 함수를 사용하는 것이 적절하다.

이것도 알면 합격

엑셀 함수

함수	설명
IFERROR	수식의 오류가 발생할 때 사용자가 지정한 값을 반환하는 함수 식 =IFERROR(값, 값이 오류일 때 반환할 값)
COUNTIF	조건에 맞는 셀의 개수를 반환할 때 사용하는 함수 식 =COUNTIF(지정한 범위, 조건)
MATCH	표나 범위 내에서 지정된 항목을 검색하고 범위에서 해당 항목이 차지하는 상대 위치를 반환할 때 사용하는 함수 식 =MATCH(기준값, 지정한 범위, 옵션)
INDEX	표나 범위 내에서 값이나 참조 영역을 반환할 때 사용하는 함수 식 =INDEX(지정한 범위, 행 번호, 열 번호)

정답 ①

영역: 정보능력 하위능력: 컴퓨터활용능력 난이도: ★☆☆

06. S 기업의 인사팀 소속인 최 대리는 올해 채용 지원자의 입사 시험 점수를 정리하고 있다. 다음 엑셀 시트에서 언어 점수가 70점 이상이면서 수리 점수가 80점 이상인 사람의 수를 찾고자 할 때, [E11] 셀에 입력할 함수식으로 가장 적절한 것은?

	A	B	C	D	E	F
1					(단위: 점)	
2		구분	언어	수리	영어	
3		김하나	75	82	과락	
4		이두나	42		67	
5		박세나	58	95		
6		정사랑		78	82	
7		한오영	87		80	
8		이육사	93	97		
9		최칠혜	65	과락	55	
10						
11		언어 점수가 70점 이상이면서 수리 점수가 80점 이상인 사람의 수				
12						

① =COUNT(C2:C9, ">=70", D2:D9, ">=80")
② =COUNTIF(C3:D9, ">=70", ">=80")
③ =COUNTIF(B2:E9, C2, ">=70", D2, ">=80")
④ =COUNTIFS(C3:C9, ">=70", D3:D9, ">=80")
⑤ =COUNTIFS(B2:E9, C3:C9, ">=70", D3:D9, ">=80")

핵심 포인트 해설 **엑셀 함수**

언어 점수가 70점 이상이면서 수리 점수가 80점 이상인 사람의 수를 찾기 위해서는 언어 점수에 해당하는 영역과 수리 점수에 해당하는 영역을 찾아 각각의 조건을 동시에 만족하는 셀의 개수를 구해야 한다.
따라서 지정한 여러 범위에서 각 범위에 해당하는 조건을 동시에 만족하는 셀의 개수를 구하고자 할 때 사용하는 함수인 COUNTIFS를 사용하는 것이 적절하며, COUNTIFS 함수식인 '=COUNTIFS(지정한 범위1, 조건식1, 지정한 범위2, 조건식2, …)'를 적용하면 '=COUNTIFS(C3:C9, ">=70", D3:D9, ">=80")'이 된다.

구분	설명	적용
지정한 범위1	언어 점수가 70점 이상이라는 조건을 만족하는 셀의 개수를 구할 범위	C3:C9
조건식1	언어 점수가 70점 이상인 셀의 개수를 구하는 조건식	">=70"
지정한 범위2	수학 점수가 80점 이상이라는 조건을 만족하는 셀의 개수를 구할 범위	D3:D9
조건식2	수학 점수가 80점 이상인 셀의 개수를 구하는 조건식	">=80"

이것도 알면 합격

엑셀 함수

COUNT 함수	지정한 범위에서 숫자 셀의 개수를 구할 때 사용하는 함수 식 =COUNT(지정한 범위)
COUNTA 함수	지정한 범위에서 빈 셀을 제외한 셀의 개수를 구할 때 사용하는 함수 식 =COUNTA(지정한 범위)
COUNTBLANK 함수	지정한 범위에서 빈 셀의 개수를 구할 때 사용하는 함수 식 =COUNTBLANK(지정한 범위)
COUNTIF 함수	지정한 범위의 셀 값 중 조건을 만족하는 셀의 개수를 구할 때 사용하는 함수 식 =COUNTIF(지정한 범위, 조건식)
COUNTIFS 함수	지정한 여러 범위에서 각 범위에 해당하는 조건을 동시에 만족하는 셀의 개수를 구할 때 사용하는 함수 식 =COUNTIFS(지정한 범위1, 조건식1, 지정한 범위2, 조건식2, …)

정답 ④

영역: 정보능력 **하위능력:** 컴퓨터활용능력 **난이도:** ★☆☆

07. 기획팀 소속 안 사원은 기획안을 발표하기 위해 파워포인트 자료를 제작하였다. 자료를 검토한 정 대리가 가장 마지막에 하나의 슬라이드를 추가하여 참고 자료 목록을 기재할 것을 요청하였을 때, 안 사원이 사용할 단축키로 가장 적절한 것은?

> 정보를 수집하고 관리했다고 하더라도 모두 활용할 수 있는 것은 아니며 모두 유용한 것도 아니다. 따라서 정보의 활용은 수집한 정보를 그대로 사용하는 경우도 있지만, 필요한 정보만 일정한 형태로 정리하여 활용하기도 한다.

① Ctrl + T ② Ctrl + J ③ Ctrl + N ④ Ctrl + M ⑤ Ctrl + O

핵심 포인트 해설 **단축키**

안 사원은 하나의 슬라이드를 추가하여 참고 자료 목록을 기재할 것을 요청받아 새로운 슬라이드를 삽입할 때 사용하는 단축키를 사용해야 하므로 안 사원이 사용할 단축키로 가장 적절한 것은 'Ctrl+M'이다.

① Ctrl+T: 글꼴 서식
② Ctrl+J: 양쪽 정렬
③ Ctrl+N: 새로운 프레젠테이션 만들기
⑤ Ctrl+O: 프레젠테이션 열기

정답 ④

08. 귀하는 최근 진행한 회사 마스코트 캐릭터 공모전 당첨자를 발표하기 위해 수상자 목록을 정리하고 있다. 다음 엑셀 시트에서 당첨자 이름의 가운데 글자를 '○'로 바꾸어 표시하고자 할 때, [F2] 셀에 입력할 함수식으로 가장 적절한 것은?

	A	B	C	D	E	F
1	순위	상품	ID	접수번호	이름	가려진 이름
2	1등	해외여행 비행기 티켓 2매	Pink95	A10E45	고길동	
3	2등	무선 진공청소기	Sky123	B20K78	박희동	박○동
4	3등	카페 음료 쿠폰	Think89	A37N83	이공실	이○실
5						
6						

① =TURN(E2, 2, 1, "○")

② =CHANGE(E2, 1, 2, "○")

③ =CHANGE(E2, 2, "○", 1)

④ =REPLACE(E2, 2, 1, "○")

⑤ =REPLACE(E2, 2, "○", 1)

핵심 포인트 해설 **엑셀 함수**

당첨자 이름의 가운데 글자를 '○'로 바꾸기 위해서는 바꾸고자 하는 이름이 입력된 행과 열을 찾아 이름의 둘째 자리에 위치한 문자를 '○'로 대체해야 한다.

따라서 텍스트의 일부를 다른 텍스트로 바꿀 때 사용하는 REPLACE 함수가 적절하며, REPLACE 함수식인 '=REPLACE(바꿀 텍스트의 셀 위치, 바꾸기를 시작할 문자 위치, 바꾸려는 문자 개수, 대체할 새 텍스트)'를 적용하면 '=REPLACE(E2, 2, 1, "○")'가 된다.

①, ②, ③ TURN과 CHANGE는 존재하지 않는 함수이므로 적절하지 않다.

정답 ④

영역: 정보능력 하위능력: 컴퓨터활용능력 난이도: ★☆☆

09. 다음 중 Windows10의 단축키와 그 기능이 가장 적절하지 않은 것은?

① Ctrl + W: 새 탭 열기

② Alt + D: 주소창으로 커서 이동

③ Shift + F10: 바로가기 메뉴 표시

④ F11: 전체 화면 모드로 전환

⑤ Ctrl + Esc: [시작] 메뉴 열기

핵심 포인트 해설 | **Windows 단축키**

Ctrl+W는 현재 활성화되어 있는 탭을 닫는 단축키이므로 가장 적절하지 않다.

정답 ①

영역: 정보능력 하위능력: 컴퓨터활용능력 난이도: ★☆☆

10. 다음 지문의 C++에 대한 설명으로 가장 적절하지 않은 것은?

> 프로그래밍 언어는 자연어를 사용하는 인간과 기계어만을 이해하는 컴퓨터 간 원활한 의사소통을 하기 위한 수단으로 작용한다. 즉, 프로그래밍 언어는 사람이 쉽게 사용할 수 있는 문자로 명령을 입력하면 컴퓨터가 인식할 수 있도록 그 명령을 기계어로 변환하는 도구이다. 프로그래밍 언어는 컴퓨터에 내리는 명령을 해석하는 방식에 따라 크게 어셈블리 언어, 인터프리터 언어, 컴파일 언어로 나뉜다. 어셈블리 언어는 프로그래밍 연구 초창기에 사용되던 언어로, 컴퓨터를 위한 단순 형태의 언어이므로 실행 속도가 빠르다. 그리고 Basic, 스크래치와 같은 인터프리터 언어는 인간이 쉽게 이해할 수 있도록 인간이 사용하는 부호를 기계어로 바꾸어 실행한다. 이 경우 개별 명령어를 해석해야 해서 실행 속도가 느린 대신 프로그램 오류 발생 시 쉽게 수정할 수 있다. 한편 C언어로 대표되는 컴파일 언어는 인터프리터 언어보다 더 인간 사고에 적합한 고수준의 언어로 프로그래밍하는 언어이다. 모든 명령어를 한 번에 처리하기 때문에 수행 속도가 빠르고 높은 보안성을 지니지만, 프로그램 오류가 발생하면 수정이 어려운 편이다.
>
> 오늘날 가장 대중적인 C언어는 UNIX 오퍼레이팅 시스템 기술 언어로서 설계되어 대부분의 UNIX OS가 C언어로 개발되었으나, 범용 프로그래밍 언어의 일종으로 컴파일러나 소프트웨어 개발용 도구로써도 사용된다. 기계어 명령에 가깝게 프로그램을 직접 기술할 수 있으며, 고수준 언어에서 자주 발견되는 기술상의 제약이 적어 쉽게 프로그래밍할 수 있는 편리한 언어로 평가된다. 또한, 연산자가 풍부하고 다른 기종에 쉽게 프로그램을 이식할 수 있다는 점이 특징이다. 그러나 C언어는 절차 지향 언어로서 크고 복잡한 프로그램을 구축하기 어렵다는 단점이 있다. 프로그램을 여러 기능으로 나누고 각 기능 부분을 구성하는 코드를 모듈이라고 하는데, 절차 지향 언어는 개별 모듈이 처리하는 데이터를 고려하지 않아 데이터 취급이 불완전하여 복잡한 현실의 문제를 프로그램으로 표현하는 데 한계가 있다. 따라서 이러한 문제를 해결하기 위해 모든 데이터를 객체 단위에서 처리하여 프로그램을 단순화함으로써 복잡한 프로그램은 물론이고 생산성과 신뢰성이 높은 시스템을 구축할 수 있는 객체 지향 프로그래밍이 개발되었고, C언어에 객체 지향 개념을 더해 개선한 C++가 개발되었다. C++는 C언어의 대부분의 특징을 포함하고 있어 쉽게 대중화 및 사용될 수 있었을 뿐만 아니라 시스템 프로그래밍에도 적합하다. 또한, C언어의 기능 외에도 클래스, 가상 함수, 연산자 중복 등의 기능을 갖춰 객체 지향형 프로그래밍에도 적절하다.

① 자연어보다 기계어에 더 가까운 언어이다.
② C언어와 달리 크고 복잡한 프로그램도 구축할 수 있다.
③ C언어의 기능에 객체 지향형 프로그램에 적합한 기능을 추가로 가지고 있다.
④ C언어와의 유사성으로 인해 프로그래머가 쉽게 사용할 수 있다.
⑤ 클래스, 가상 함수, 연산자 중복 등의 기능을 갖추고 있다.

핵심 포인트 해설 | **C 언어와 C++(프로그래밍 언어)**

1문단에서 C언어는 인간이 사용하는 부호를 기계어로 바꾸어 실행하는 인터프리터 언어보다 더 인간 사고에 적합한 언어인 컴파일 언어라고 하였으며, 2문단에서 C++는 C언어에서 객체 지향의 개념을 더해 개선한 언어라고 하였으므로 C++가 자연어보다 기계어에 더 가까운 언어라는 것은 가장 적절하지 않다.

정답 ①

영역: 정보능력 하위능력: 컴퓨터활용능력 난이도: ★☆☆

11. 다음은 H 공사의 지출결의서 미상신 내역을 정리한 엑셀 파일의 일부이다. 귀하가 서울 지사의 6월 법인카드 지출결의서 미상신 건수의 합계를 구한다고 할 때, [G4] 셀에 들어갈 함수식으로 가장 적절한 것은?

	A	B	C	D	E	F	G	H
1								
2		6월 법인카드 지출결의서 미상신 건수						
3		부서명	지사	건수		지사	건수 합계	
4		인사	서울	4		서울		
5		기획	서울	5				
6		연구개발	화성	7				
7		총무	화성	6				
8		총무	서울	3				
9		생산설계	화성	1				
10		인사	화성	2				
11								

① Sum(D4:D10)
② Sumif(D4:D10, "서울")
③ Sumif(D4:D10, "서울", C4:C10)
④ Dsum(B3:D10, F4, D4:D10)
⑤ Dsum(B3:D10, D3, F3:F4)

핵심 포인트 해설 **엑셀 함수**

서울 지사의 법인카드 지출결의서 미상신 건수의 합계를 구하기 위해서는 지정한 범위에서 서울 지사라는 조건에 맞는 건수 데이터의 합을 구해야 한다.
따라서 데이터베이스 범위 내에서 특정 조건에 맞는 데이터 값들의 합을 구할 때 사용하는 Dsum 함수를 활용하고, Dsum 함수식인 '= Dsum(데이터베이스 범위, 합을 구하려는 필드 또는 열 번호, 조건)'을 적용하면 '= Dsum(B3:D10, D3, F3:F4)'가 된다.
① Sum 함수를 사용하여 서울 지사의 법인카드 지출결의서 미상신 건수의 합계를 구하기 위한 함수식은 '= Sum(D4, D5, D8)'이다.
②, ③ Sumif 함수를 사용하여 서울 지사의 법인카드 지출결의서 미상신 건수의 합계를 구하기 위한 함수식은 '= Sumif(C4:C10, "서울", D4:D10)'이다.

이것도 알면 합격

합계를 구할 때 사용하는 엑셀 함수

- **Sum 함수**: 지정한 범위 또는 셀값의 합계를 사용하는 함수
  식 = Sum(인수1, 인수2, 인수3 …)
- **Sumif 함수**: 지정한 범위의 셀값 중 조건에 만족하는 셀의 합을 구할 때 사용하는 함수
  식 = Sumif(조건을 찾을 범위, 조건식, 합을 구할 범위)
- **Dsum 함수**: 데이터베이스의 범위 내에서 특정 조건에 맞는 데이터 값들의 합을 구할 때 사용하는 함수
  식 = Dsum(데이터베이스 범위, 합을 구하려는 필드 또는 열 번호, 조건)

정답 ⑤

12. 메모장은 간단한 텍스트 파일로 문서를 작성할 수 있는 Windows 보조프로그램이다. 다음 중 메모장에 대한 설명으로 가장 적절한 것은?

① txt 확장자를 가진 파일은 불러오기와 내용 수정이 가능하지만, odt 확장자를 가진 파일은 불러오기만 가능하고 내용 수정은 불가능하다.

② 도표를 제외한 그림, 동영상, 음향 자료, 그래프, 수식은 문서 내에 삽입할 수 없다.

③ 파일 저장 시 UTF-8, ANSI, 유니코드 등 인코딩 형식을 선택하여 저장할 수 있다.

④ 메모장의 첫 번째 행에 '.TIME'을 입력 후 파일을 저장하면 메모장을 열 때마다 현재 시각과 날짜가 문서에 표시된다.

⑤ 문서 보호 메뉴에서 용지의 크기, 방향, 여백, 머리글/바닥글 입력 등을 설정할 수 있다.

핵심 포인트 해설 **메모장**

메모장은 운영체제에 따라 UTF-8 또는 ANSI 인코딩 형식으로 기본 설정이 되어있으며, UTF-8, ANSI, 유니코드 등 인코딩 형식을 선택하여 파일을 저장할 수 있으므로 가장 적절하다.

① 메모장은 txt 확장자를 가진 파일만 불러오기와 저장하기, 내용 수정이 가능하므로 적절하지 않다.

② 메모장에 도표를 포함한 그림, 동영상, 음향 자료, 그래프, 수식 등의 OLE 개체는 모두 삽입할 수 없으므로 적절하지 않다.

④ 메모장의 첫 번째 행 가장 왼쪽에 '.LOG'를 입력 후 파일을 저장하면 메모장을 열 때마다 현재 시각과 날짜가 문서에 표시되므로 적절하지 않다.

⑤ 메모장에 문서 보호 메뉴는 존재하지 않으며, 페이지 설정 메뉴에서 용지의 크기, 방향, 여백, 머리글/바닥글 입력 등을 설정할 수 있으므로 적절하지 않다.

정답 ③

13. 수민이의 담임 선생님은 진로 상담에 앞서 기말고사 시험에서 국어 90점, 영어 73점, 수학 86점을 받은 수민이의 점수를 프로그램에 입력하여 등급을 확인하려고 한다. 이 프로그램을 실행하였을 때, 출력될 문장으로 가장 적절한 것은?

```
#include <stdio.h>

int main()
{
    int kor_score=90;
    int eng_score=73;
    int math_score=86;

    switch((kor_score+eng_score+math_score)/3)
    {
      case 95:
          printf("학생의 기말고사 등급은 A등급입니다.");
          break;
      case 90:
          printf("학생의 기말고사 등급은 B등급입니다.");
          break;
      case 85:
          printf("학생의 기말고사 등급은 C등급입니다.");
          break;
      case 80:
          printf("학생의 기말고사 등급은 D등급입니다.");
          break;
      default:
          printf("등급 설정을 다시 하십시오.");
    }
    return 0;
}
```

① 학생의 기말고사 등급은 A등급입니다.
② 학생의 기말고사 등급은 B등급입니다.
③ 학생의 기말고사 등급은 C등급입니다.
④ 학생의 기말고사 등급은 D등급입니다.
⑤ 등급 설정을 다시 하십시오.

핵심 포인트 해설 **프로그램 실행**

프로그램이 실행 후 정상적으로 종료되기 위해서는 먼저 main 함수 내 switch 조건문이 정상적으로 종료되어야 한다. 먼저, switch문에 조건으로 설정된 (kor_score+eng_score+math_score)/3을 통해 국어, 영어, 수학 점수의 평균값인 (90+73+86)/3=83을 연산하고, 이 값을 switch문 내에 case별로 선언된 상수와 하나씩 비교한다. 이때, switch문에 조건으로 설정된 값이 case별로 선언된 상수와 일치하는 경우에 해당 case의 printf문이 출력되고, 일치하는 값이 없으면 default의 printf문이 출력되므로 이 프로그램을 실행하면 switch문에 조건으로 설정된 값과 case별로 선언된 상수가 일치하는 경우가 없어 default의 print문이 출력됨을 알 수 있다. 따라서 출력될 문장으로 가장 적절한 것은 '등급 설정을 다시 하십시오.'이다.

정답 ⑤

영역: 정보능력 하위능력: 컴퓨터활용능력 난이도: ★☆☆

14. 다음 중 Microsoft Office Word 단축키와 그 기능이 가장 적절하지 않은 것은?

① Ctrl + U : 글자 밑줄 긋기
② Alt + Ctrl + M : 메모 삽입하기
③ Ctrl + M : 내어쓰기
④ Alt + Page Up : 표 내 열의 첫 셀로 커서 이동
⑤ Ctrl + D : 글꼴 실행 창 열기

핵심 포인트 해설 Microsoft Office Word 단축키

Ctrl + M는 들여쓰기 기능의 단축키이며, 내어쓰기 기능이 있는 단축키는 Ctrl + Shift + M이므로 가장 적절하지 않다.

이것도 알면 합격

Microsoft Office Word 단축키

Alt 조합 단축키	• Alt + Home / End : 표 내 행의 첫 셀/마지막 셀 • Alt + Page Up / Page Down : 표 내 열의 첫 셀/마지막 셀 • Alt + Ctrl + M : 메모 삽입
Ctrl 조합 단축키	• Ctrl +] / [, Ctrl + Shift + > / < : 글꼴 크기 확대/축소 • Ctrl + B / I / U : 글자 굵게 하기/기울이기/밑줄 긋기 • Ctrl + D : 글꼴 실행 창 열기 • Ctrl + L / E / R : 글자 왼쪽/가운데/오른쪽 정렬 • Ctrl + M : 들여쓰기 • Ctrl + Shift + M : 내어쓰기 • Ctrl + A : 문서 전체 선택 • Ctrl + F : 특정 문자 찾기 • Ctrl + H : 특정 문자 바꾸기 • Ctrl + S : 문서 저장

정답 ③

영역: 정보능력 하위능력: 정보처리능력 난이도: ★☆☆

15. 다음 중 데이터와 정보의 관계를 나타내는 DIKW 피라미드에 대한 설명으로 가장 적절하지 않은 것은?

[DIKW 피라미드]

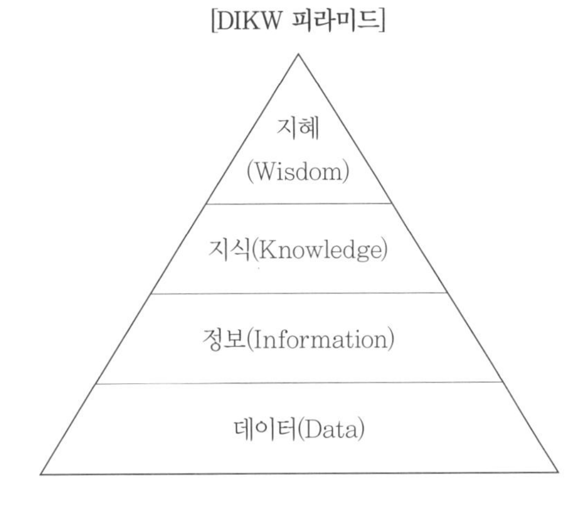

① 데이터는 문자, 숫자, 소리, 그림 등 다양한 형태로 된 자료로, 그 자체로는 가치 판단이 불가능하다.
② 정보는 관찰이나 측정을 통해 얻은 것을 바탕으로 의사결정이나 문제해결의 의미를 담은 자료를 말한다.
③ DIKW 피라미드는 단계별 상관관계를 밝혀 데이터가 지혜로 발전하는 과정을 나타낸 모형이다.
④ 사물의 근원적인 원리를 깊이 이해하여 창의적인 결과물을 도출함으로써 지식을 얻을 수 있다.
⑤ 지혜의 단계에서는 축적된 지식을 바탕으로 개인의 아이디어가 결합한 형태로 나타난다.

핵심 포인트 해설 DIKW 피라미드

DIKW 피라미드는 데이터(Data), 정보(Information), 지식(Knowledge), 지혜(Wisdom)의 상관관계를 도식화한 모형으로, 데이터가 정보, 지식을 거쳐 최종적으로 지혜로 발전하는 과정을 나타낸다.
따라서 DIKW 피라미드에서 근원적인 원리를 깊이 이해하고 창의적인 결과물을 도출하여 얻을 수 있는 것은 지혜이므로 가장 적절하지 않다.

이것도 알면 합격

DIKW 피라미드

구분	내용
지혜 (Wisdom)	• 근본 원리에 대한 깊은 이해를 바탕으로 도출된 창의적 결과물 • 구조화된 지식을 통해 축적된 지식과 개인의 아이디어를 결합함
지식 (Knowledge)	• 정보를 바탕으로 사물을 이해하고 행위를 유발하는 실제적·경험적 인식 • 내재화된 정보를 통해 유의미한 정보를 분류하고 일반화함
정보 (Information)	• 데이터를 바탕으로 의사결정이나 문제해결에 의미를 부여한 자료 • 수집한 데이터를 통해 하나 이상의 규칙이 부여됨
데이터 (Data)	• 문자, 숫자, 소리, 그림 등 다양한 형태로 존재하는 가공되지 않은 자료 • 데이터 간 상관관계가 없으며 가치 판단이 불가능함

정답 ④

영역: 정보능력 **하위능력:** 정보처리능력 **난이도:** ★☆☆

16. **J 대리는 신입사원을 위한 IT 교육을 진행하였다. 교육 후 관련 퀴즈를 출제하여 정답을 맞힌 사람들에게 각각 상금 1만 원을 수여했다고 할 때, J 대리가 수여한 총상금은?**

> **J 대리:** 2진수 $110010_{(2)}$을 변환한 값과 보수는 얼마일까요?
> **A 사원:** 10진수로 변환하면 $50_{(10)}$입니다.
> **B 사원:** 8진수로 변환하면 $62_{(8)}$입니다.
> **C 사원:** 16진수로 변환하면 $31_{(16)}$입니다.
> **D 사원:** 1의 보수는 $001101_{(2)}$입니다.
> **E 사원:** 2의 보수는 $001110_{(2)}$입니다.

① 1만 원 ② 2만 원 ③ 3만 원 ④ 4만 원 ⑤ 5만 원

핵심 포인트 해설 **진수 변환과 보수**

A 사원: 2진수 $110010_{(2)}$을 10진수로 변환하면

$(1\times2^5)+(1\times2^4)+(0\times2^3)+(0\times2^2)+(1\times2^1)+(0\times2^0)=50_{(10)}$

B 사원: 10진수 $50_{(10)}$을 8진수로 변환하면

8)50
8) 6 … 2
0 … 6

이므로 $110010_{(2)}=50_{(10)}=(6\times8^1)+(2\times8^0)=62_{(8)}$

D 사원: 2진수에서 1의 보수는 각 자리의 숫자를 0은 1로, 1은 0으로 변환한 수이므로 $110010_{(2)}$의 1의 보수는 $001101_{(2)}$

E 사원: 2진수에서 2의 보수는 1의 보수에 1을 더한 값이므로 $110010_{(2)}$의 2의 보수는 $001101_{(2)}+000001_{(2)}=001110_{(2)}$

따라서 퀴즈 정답을 맞힌 사람은 A 사원, B 사원, D 사원, E 사원이므로 J 대리가 수여한 총상금은 '4만 원'이다.

C 사원: 10진수 $50_{(10)}$을 16진수로 변환하면

16)50
16) 3 … 2
0 … 3

이므로 $110010_{(2)}=50_{(10)}=(3\times16^1)+(2\times16^0)=32_{(16)}$

이것도 알면 합격

진수 변환 방법과 보수

2진수를 10진수로 변환	2진수의 가장 오른쪽 숫자부터 왼쪽으로 차례대로 1, 2, 2^2, 2^3…을 각각 곱하여 더한다. 예 2진수 $10001_{(2)}$을 10진수로 변환하면 $(1\times2^4)+(0\times2^3)+(0\times2^2)+(0\times2)+(1\times1)=17_{(10)}$
10진수를 x진수로 변환	10진수를 x로 나누는 과정을 반복한 후, 나머지를 역순으로 조합한다. 예 10진수 $17_{(10)}$을 2진수로 변환하면 $10001_{(2)}$ 2)17 2) 8 … 1 2) 4 … 0 2) 2 … 0 1 … 0
보수	m에서 n을 만들기 위해 보충해야 하는 수 예 10에 대한 7의 보수=10−7=3
1의 보수	2진수에서 각 자리의 숫자를 0은 1로, 1은 0으로 변환한 수 예 $10001_{(2)}$의 1의 보수=$01110_{(2)}$
2의 보수	2진수에서 1의 보수에 1을 더한 값 예 $10001_{(2)}$의 2의 보수=$01110_{(2)}+00001_{(2)}=01111_{(2)}$

정답 ④

영역: 정보능력 **하위능력:** 정보처리능력 **난이도:** ★★☆

17. 다음은 C 기업 물류 창고의 생산 제품별 코드 번호 생성 시스템에 대한 자료이다. 다음 중 생산 정보와 코드 번호가 가장 올바르게 짝지어진 것은?

[생산 제품별 코드 번호 생성 시스템]

생산 제품			생산 일자 번호	생산 지역		생산 순서 번호
종류	크기	코드		지역	코드	
컵	중형	A2	20XX년 YY월 XXYY	서울특별시	A	생산 순서에 따라 00001부터 순서대로 번호 부여
	대형	A3				
텀블러		B0		경기도	B	
접시	소형	C1				
	중형	C2		강원도	C	
	대형	C3				
그릇	소형	D1		충청도	D	
	중형	D2				
	대형	D3		전라도	E	
냄비	중형	E2				
	대형	E3		경상도	F	
코스터		F0				

[코드 번호 생성 예시]

2021년 9월 전라도에서 429번째로 생산한 중형 냄비
E22109E00429

생산 정보	코드 번호
① 2021년 11월 경기도에서 11번째로 생산한 코스터	F02111B00111
② 2019년 2월 서울특별시에서 75,142번째로 생산한 소형 그릇	D31902A75142
③ 2020년 5월 경상도에서 4,542번째로 생산한 텀블러	B02005F04542
④ 2021년 12월 강원도에서 975번째로 생산한 대형 접시	C32012C00975
⑤ 2018년 7월 충청도에서 18,274번째로 생산한 중형 컵	A21807E18274

핵심 포인트 해설 **코드 번호 생성**

텀블러의 코드는 B0, 2020년 5월의 생산 일자 번호는 2005, 경상도의 코드는 F, 4,542번째 생산 순서 번호는 04542임에 따라 2020년 5월 경상도에서 4,542번째로 생산한 텀블러의 코드 번호는 B02005F04542이므로 생산 정보와 코드 번호가 가장 올바르게 짝지어진 것은 ③이다.

① 2021년 11월 경기도에서 11번째로 생산한 코스터의 생산 순서 번호는 00011임에 따라 코드 번호는 F02111B00011이므로 적절하지 않다.
② 2019년 2월 서울특별시에서 75,142번째로 생산한 소형 그릇의 생산 제품 코드는 D1임에 따라 코드 번호는 D11902A75142이므로 적절하지 않다.
④ 2021년 12월 강원도에서 975번째로 생산한 대형 접시의 생산 일자 번호는 2112임에 따라 코드 번호는 C32112C00975이므로 적절하지 않다.
⑤ 2018년 7월 충청도에서 18,274번째로 생산한 중형 컵의 생산 지역 코드는 D임에 따라 코드 번호는 A21807D18274이므로 적절하지 않다.

정답 ③

영역: 정보능력 **하위능력:** 정보처리능력 **난이도:** ★★☆

18. **다음 중 동적정보와 정적정보의 사례로 가장 적절하지 않은 것은?**

① 달러의 환율 변동에 따른 원화 가치를 정리한 7월 인터넷 기사는 정적정보에 해당한다.

② 나라별 해외여행 가이드 책을 통해 알아본 각국의 예절 문화는 정적정보에 해당한다.

③ 매일 아침 TV를 통해 확인하는 기상 상태는 동적정보에 해당한다.

④ 비자 발급이 필수인 국가가 변동되었음을 알리는 신문 기사는 동적정보에 해당한다.

⑤ 항해 도중 틈틈이 확인해야 하는 GPS상 위치 정보는 동적정보에 해당한다.

핵심 포인트 해설 **동적정보와 정적정보**

정보는 크게 시시각각으로 변화하는 동적정보와 보존되어 멈추어 있는 정적정보로 나뉜다.
따라서 상황에 따라 변하는 환율과 그에 따른 원화 가치를 나타낸 인터넷 기사는 시시각각 변화하는 정보를 제공하는 동적정보에 해당하므로 가장 적절하지 않다.

② 책에 들어있는 정보는 정적정보에 해당하므로 적절하다.
③ 텔레비전의 뉴스를 통해 알 수 있는 정보는 상황 변화에 따라 수시로 변하는 동적정보에 해당하므로 적절하다.
④ 신문을 통해 알 수 있는 정보는 상황 변화에 따라 수시로 변하는 동적정보에 해당하므로 적절하다.
⑤ 항해 중에 확인하는 GPS상 위치 정보는 시시각각으로 변화하는 동적정보에 해당하므로 적절하다.

정답 ①

영역: 정보능력 하위능력: 정보처리능력 난이도: ★★☆

19. **다음은 인터넷을 사용하면서 겪은 A 씨의 사례를 나타낸 글이다. 다음 중 인터넷의 역기능과 관련된 상황으로 가장 적절하지 않은 것은?**

> A 씨는 주로 컴퓨터를 이용하여 업무를 진행하며, 업무 외적으로도 컴퓨터를 사용하는 시간이 많다. 그래서인지 인터넷을 사용하며 다양한 문제에 직면하기도 했다. 먼저 회사에서 ① 평소 인터넷 용어를 자주 쓰는 신입사원의 보고서를 검토하던 중 소리 나는 대로 적힌 단어들을 보며 경악했던 경험이 있다. 생각보다 많은 사원이 인터넷 용어에 익숙해져 있고, 이를 실제 생활에서도 습관적으로 사용하게 되면서 업무보고서와 같은 공식적인 자료에도 사용하게 되는 것 같았다. 이뿐만 아니라 ② 인터넷 신문을 즐겨 읽는 A 씨는 신문 기사를 클릭하여 나타난 인터넷 광고 팝업창을 무심코 클릭했다가 불건전한 사이트가 화면에 떠 당혹스러웠던 적도 있었다. 그러나 인터넷 이용 비율이 높아지면서 생겨나는 문제는 비단 회사생활에서뿐만이 아니었다. 퇴근 후 취미로 작곡을 배우고 있는 A 씨는 자신의 블로그에 작곡한 음원을 올려 평가받는 것을 좋아했다. 그러던 어느 날 ③ 자신이 작곡한 음원이 자신의 동의를 구하지 않고 이곳저곳으로 복제되고 있는 것을 발견하곤 더이상 블로그에 공개하지 못하게 됐다. 답답한 마음에 A 씨는 자신의 음원을 복제한 사이트 곳곳에 자신의 이야기를 작성하여 올렸다. 그러나 ④ 익명의 사람들로부터 달린 댓글에는 오히려 A 씨가 복제한 것이 아니냐는 말과 함께 욕설도 적혀 있어 당황하였다. ⑤ 이 때문에 충격을 받은 A 씨는 해결 방법을 찾기 위해 결국 사이버 상담실까지 찾아가게 되었다.

핵심 포인트 해설 **인터넷의 역기능과 순기능**

사이버 상담은 상담실에 직접 방문하지 않고도 생활하면서 겪는 여러 가지 고민을 사이버 공간을 통해 전문가의 도움을 받아 해결할 수 있는 인터넷의 순기능에 해당하므로 가장 적절하지 않다.

정답 ⑤

영역: 정보능력 하위능력: 정보처리능력 난이도: ★★☆

20. 다음 설명을 읽고 ㉠, ㉡에 들어갈 해킹 수법을 순서대로 바르게 연결한 것은?

> • (㉠)은 악성 프로그램에 감염된 PC를 조작하여 사용자가 인터넷에서 정상적인 홈페이지 주소로 접속을 시도하여 도메인을 중간에 탈취하거나 프락시 서버의 주소를 변조하는 방법 등을 이용해 가짜 사이트로 유도하고, 이를 통해 개인 정보나 금융 정보를 몰래 훔치는 범죄 수법이다.
> • (㉡)은 네트워크상에서 자신이 아닌 다른 상대방의 패킷 정보를 탈취하는 수법을 말한다. 네트워크상의 패킷들은 암호화가 되어 있지 않은 것들이 많기 때문에 그것을 이용하여 네트워크상에서 전달되는 모든 패킷을 분석한 뒤, 사용자의 계정과 암호 등을 알아내는 범죄 수법이다.

	㉠	㉡
①	스푸핑(Spoofing)	스미싱(Smishing)
②	스푸핑(Spoofing)	스니핑(Sniffing)
③	피싱(Phishing)	스니핑(Sniffing)
④	파밍(Pharming)	스니핑(Sniffing)
⑤	파밍(Pharming)	스미싱(Smishing)

핵심 포인트 해설 **해킹**

㉠ 피싱(Phishing)보다 한 단계 진화한 형태로, 사이트가 공식적으로 소유·운영하고 있던 도메인을 중간에서 탈취하여 개인정보를 탈취하는 해킹 수법은 '파밍(Pharming)'이다.
㉡ 네트워크 주위의 패킷을 엿보면서 자신이 아닌 다른 사용자의 계정과 패스워드 등을 알아내는 해킹 수법은 '스니핑(Sniffing)'이다.
따라서 ㉠, ㉡에 들어갈 해킹 수법을 바르게 연결한 것은 ④이다.

이것도 알면 합격

악성 프로그램과 해킹 수법

구분	종류	내용
악성 프로그램	랜섬웨어	컴퓨터에 저장된 데이터에 암호를 걸어 사용자가 파일을 실행할 수 없도록 하고 이를 볼모로 금전을 요구하는 프로그램
	스파이 웨어	다른 사람의 컴퓨터에 몰래 설치되어 중요한 개인정보를 빼가는 프로그램
	트로이 목마	정상적인 기능을 하는 프로그램으로 가장하여 이를 설치하고 실행할 때 부작용을 일으키는 프로그램
해킹 수법	파밍	가짜 사이트를 진짜로 오인해 접속하도록 한 뒤 금융정보나 개인정보를 빼내는 수법
	스미싱	문자메시지(SMS)와 낚시(Fishing)의 합성어로, 문자메시지 내 인터넷 주소를 클릭하면 악성코드가 스마트폰에 설치되어 소액결제 또는 개인정보를 유출하도록 하는 수법
	스푸핑	인터넷 프로토콜인 TCP/IP의 구조적 결함을 이용하거나 임의로 웹사이트를 구성하여 사용자들의 방문을 유도하고 정보를 빼내는 수법
	스머핑	고성능 컴퓨터를 이용하여 한 사이트에 엄청난 양의 접속 신호를 집중적으로 보내 상대 컴퓨터의 서버를 접속 불능 상태로 만드는 수법

정답 ④

National
Competency
Standards

취업강의 1위, 해커스잡

ejob.Hackers.com

National Competency Standards

8. 기술능력

핵심개념정리
출제예상문제

National Competency Standards

핵심개념정리

기술능력이란?

기술능력이란 일상적으로 요구되는 수단, 도구, 조직 등에 관한 기술적인 요소들을 이해하고, 업무 상황에서 적절한 기술을 선택하여 적용하는 능력이다.
기술능력의 하위능력은 기술이해능력, 기술선택능력, 기술적용능력으로 구성된다. 기술이해능력이란 업무 상황에서 필요한 기술적 원리를 올바르게 이해하는 능력을 의미한다. 기술선택능력이란 도구, 장치를 포함하여 업무 상황에서 필요한 기술을 선택하는 능력을 의미한다. 기술적용능력이란 업무 상황에서 필요한 기술을 실제로 적용하는 능력을 의미한다.

실력 업 노트

NCS 전문가의 TIP

기술능력은 실제 시험에서 단순히 이론을 묻는 문제도 출제되지만, 사례 제시형이나 다양한 기술 매뉴얼이 자료로 제시되는 문제가 출제되므로 이론을 문제에 적용하는 연습을 해야 합니다.

기술능력 하위능력

직업기초능력(10)	영역별 하위능력(34)
의사소통능력	문서이해 문서작성 경청 의사표현 기초외국어
수리능력	기초연산 기초통계 도표분석 도표작성
문제해결능력	사고력 문제처리
자기개발능력	자아인식 자기관리 경력개발
자원관리능력	시간관리 예산관리 물적자원관리 인적자원관리
대인관계능력	팀워크 리더십 갈등관리 협상 고객서비스
정보능력	컴퓨터활용 정보처리
기술능력	**기술이해 기술선택 기술적용**
조직이해능력	경영이해 체제이해 업무이해 국제감각
직업윤리	근로윤리 공동체윤리

기술능력 핵심 이론 정리

1 기술능력 소개

1. 기술의 개념

1) 기술이란?

① 제품이나 용역을 생산하는 원료, 생산공정, 생산방법, 자본재 등에 관한 지식의 집합체를 말함
② 기술은 원래 Know-how의 개념이 강하였으나 시대가 지남에 따라 Know-why가 결합하게 되었으며, 현대 기술은 주로 과학을 기반으로 하는 기술을 말함

2) 기술의 특징

① 하드웨어나 인간에 의해 만들어진 비자연적인 대상, 혹은 그 이상을 의미함
② Know-how를 포함함
③ 하드웨어를 생산하는 과정임
④ 인간의 능력을 확장하기 위한 하드웨어와 그것의 활용을 뜻함
⑤ 정의 가능한 문제를 해결하기 위해 순서화되고 이해 가능한 노력임

2. 지속 가능한 기술

① 이용 가능한 자원과 에너지를 고려하는 기술임
② 자원이 사용되고 그것이 재생산되는 비율의 조화를 추구함
③ 자원의 질을 생각함
④ 자원이 생산적인 방식으로 사용되는가에 주의를 기울임

3. 기술능력의 개념과 특징

1) 기술능력이란?

① 일상적으로 요구되는 수단, 도구, 조작 등에 관한 기술적인 요소들을 이해하고, 적절한 기술을 선택하며 적용하는 능력임
② 직업에 종사하기 위해 모든 사람이 필요로 하는 능력임

2) 기술능력이 뛰어난 사람의 특징

① 실질적인 해결을 필요로 하는 문제를 인식함
② 인식된 문제를 위한 다양한 해결책을 개발하고 평가함
③ 실제적 문제를 해결하기 위해 지식이나 기타 자원을 선택하고, 최적화시켜 적용함
④ 주어진 한계 속에서 제한된 자원을 가지고 일함
⑤ 기술적 해결에 대한 효용성을 평가함
⑥ 여러 상황 속에서 기술의 체계와 도구를 사용하고 배울 수 있음

실력 업 노트

Know-how
- 특허권을 수반하지 않는 과학자, 엔지니어 등이 가지고 있는 체화된 기술
- 경험적이고 반복적인 행위로 얻어지는 것

Know-why
- 어떻게 기술이 성립하고 작용하는가에 관한 원리적 측면에 중심을 둔 것
- 이론적인 지식으로서 과학적인 탐구에 의해 얻어지는 것

지속 가능한 발전
지속 가능한 발전은 우리의 현재 욕구를 충족시키지만, 동시에 후속세대의 욕구충족을 침해하지 않는 발전을 의미하며 지속 가능한 발전을 가능케 하는 기술을 '지속 가능한 기술'이라 함

지속 가능한 기술의 방향
되도록 태양 에너지와 같이 고갈되지 않는 자연 에너지를 활용하며, 낭비적인 소비 행태를 지양하고, 기술적 효용만이 아닌 환경 효용을 추구함

효용성
재화의 효능

3) 새로운 기술능력 습득방법

① 전문 연수원을 통한 기술과정 연수
② E-learning을 활용한 기술교육
③ 상급학교 진학을 통한 기술교육
④ OJT를 활용한 기술교육

4. 산업재해의 개념

1) 산업재해란?

산업활동 중의 사고로 인해 사망하거나 부상을 당하고, 또는 유해 물질에 의한 중독 등으로 직업성 질환에 걸리거나 신체적 장애를 가져오는 것을 말함

2) 산업재해의 기본적 원인

① 교육적 원인
안전 지식의 불충분, 안전 수칙의 오해, 경험이나 훈련의 불충분 등
② 기술적 원인
건물·기계 장치의 설계 불량, 구조물의 불안정, 재료의 부적합 등
③ 작업 관리상 원인
안전 관리 조직의 결함, 안전 수칙 미(未)제정, 작업 준비 불충분 등

3) 산업재해의 직접적 원인

① 불안전한 행동
위험 장소 접근, 안전장치 기능 제거, 보호 장비의 미착용 및 잘못 사용 등
② 불안전한 상태
시설물 자체 결함, 소방기구의 미확보, 안전장치 결함 등

4) 산업재해의 예방과 대책

단계	내용	설명
1단계	안전 관리 조직	경영자는 사업장의 안전 목표를 설정하고, 안전 관리 책임자를 선정해야 하며, 안전 관리 책임자는 안전 계획을 수립하고, 이를 시행·후원·감독해야 함
2단계	사실의 발견	사고 조사, 안전 점검, 현장 분석, 작업자의 제안 및 여론 조사, 관찰 및 보고서 연구, 면담 등을 통해 사실을 발견함
3단계	원인 분석	재해 발생 장소, 재해 형태, 재해 정도, 관련 인원, 직원 감독의 적절성, 공구 및 장비의 상태 등을 정확히 분석함
4단계	기술 공고화	원인 분석을 토대로 적절한 시정책, 즉 기술적 개선, 인사 조정 및 교체, 교육, 설득, 호소, 공학적 조치 등을 선정함
5단계	시정책 적용 및 뒤처리	안전에 대한 교육 및 훈련 실시, 안전시설과 장비의 결함 개선, 안전 감독 실시 등의 선정된 시정책을 적용함

실력 업 노트

OJT
On the Job Training의 약자로 직장 내 교육 훈련을 의미함

시정책
잘못된 것을 바로잡는 방책

2 기술이해능력

1. 기술시스템이란?

① 현대 기술의 특성을 이해하는 데 중요한 개념임
② 인공물의 집합체뿐만 아니라 회사, 투자 회사, 법적 제도, 정치, 과학, 자연자원을 모두 포함함
③ 기술적인 것과 사회적인 것이 결합하여 공존하고 있으므로 사회기술시스템이라고 함

2. 기술시스템의 발전 4단계

1단계	발명, 개발, 혁신의 단계	기술시스템이 탄생하고 성장함

▼

2단계	기술 이전의 단계	성공적인 기술이 다른 지역으로 이동함

▼

3단계	기술 경쟁의 단계	기술시스템 사이의 경쟁이 진행됨

▼

4단계	기술 공고화 단계	경쟁에서 승리한 기술시스템이 관성화함

3. 기술혁신

1) 기술혁신의 특성

① 과정 자체가 매우 불확실하고 긴 시간이 필요함
② 지식 집약적인 활동임
③ 혁신 과정의 불확실성과 모호함은 기업에서 많은 논쟁과 갈등을 유발할 수 있음
④ 조직의 경계를 넘나드는 특성이 있음

2) 기술혁신의 과정 및 역할

기술혁신 과정	혁신 활동	필요한 자질과 능력
아이디어 창안	• 아이디어를 창출하고 가능성을 검증 • 일을 수행하는 새로운 방법 고안 • 혁신적인 진보를 위한 탐색	• 각 분야의 전문지식 • 추상화와 개념화 능력 • 새로운 분야의 일을 즐김
챔피언	• 아이디어의 전파 • 혁신을 위한 자원 확보 • 아이디어 실현을 위한 헌신	• 정력적이고 위험을 감수함 • 아이디어의 응용에 대한 관심
프로젝트 관리	• 리더십 발휘 • 프로젝트의 기획 및 조직 • 프로젝트의 효과적인 진행 감독	• 의사결정 능력 • 업무수행 방법에 대한 지식

실력 업 노트

공고화
굳고 단단하게 함

창안
어떤 방안, 물건 따위를 처음으로 생각하여 냄. 또는 그런 생각이나 방안

정보 수문장	• 조직 외부의 정보를 내부 구성원들에게 전달 • 조직 내 정보원 기능	• 높은 수준의 기술적 역량 • 원만한 대인 관계 능력
후원	• 혁신에 대한 격려와 안내 • 불필요한 제약에서 프로젝트 보호 • 혁신에 대한 자원 획득을 지원	• 조직의 주요 의사결정에 대한 영향력

3 기술선택능력

1. 기술선택

1) 기술선택이란?

기업이 어떤 기술을 외부로부터 도입하거나 자체 개발하여 활용할 것인가를 결정하는 것을 말함

2) 기술선택을 위한 의사결정

① 상향식 기술선택: 기업 전체 차원에서 필요한 기술에 대한 체계적인 분석이나 검토 없이 연구자나 엔지니어가 자율적으로 기술을 선택하는 것

② 하향식 기술선택: 기술경영진과 기술기획담당자들에 의한 체계적인 분석을 통해 기업이 획득해야 하는 대상 기술과 목표 기술 수준을 결정하는 것

2. 기술선택을 위한 절차

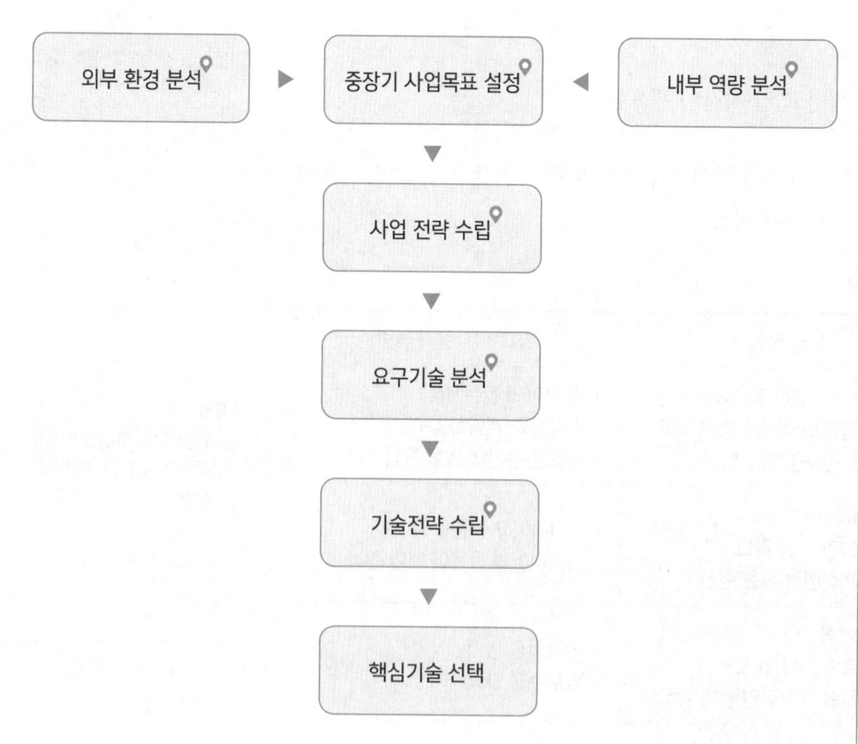

실력 업 노트

NCS 전문가의 TIP

모듈형 문제 출제 기업에서는 기술혁신의 과정 및 역할에 대해서 묻는 문제를 출제하는 경우도 있기 때문에 각각의 혁신 활동과 필요한 자질, 능력을 정확하게 학습해야 합니다.

외부 환경 분석
수요변화 및 경쟁자 변화, 기술 변화 등 분석

중장기 사업목표 설정
기업의 장기비전, 중장기 매출목표 및 이익목표 설정

내부 역량 분석
기술능력, 생산능력, 마케팅능력, 영업능력, 재무능력 등 분석

사업 전략 수립
사업 영역결정, 경쟁 우위 확보 방안 수립

요구기술 분석
제품 설계 및 디자인 기술, 제품 생산공정, 원재료 및 부품 제조 기술 분석

기술전략 수립
핵심 기술의 선택, 기술 획득 방법 결정

3. 기술선택을 위한 우선순위 결정 요소

① 제품의 성능이나 원가에 미치는 영향력이 큰 기술
② 기술을 활용한 제품의 매출과 이익 창출 잠재력이 큰 기술
③ 쉽게 구할 수 없는 기술
④ 기업 간에 모방이 어려운 기술
⑤ 기업이 생산하는 제품 및 서비스에 더욱 광범위하게 활용할 수 있는 기술
⑥ 최신 기술로 진부화 손실이 일어날 가능성이 적은 기술

4. 벤치마킹의 개념과 종류

1) 벤치마킹이란?

① 특정 분야에서 뛰어난 업체나 상품, 기술, 경영 방식 등을 배워 합법적으로 응용하는 것을 말함
② 단순한 모방과는 달리 우수한 기업이나 성공한 상품, 기술, 경영 방식 등의 장점을 충분히 배우고 익힌 후 자신의 환경에 맞추어 재창조하는 것임

2) 벤치마킹의 종류

① 비교 대상에 따른 분류
- 내부 벤치마킹: 같은 기업 내의 다른 지역, 타 부서, 국가 간의 유사한 활동을 대상으로 하는 벤치마킹
- 경쟁적 벤치마킹: 동일 업종에서 고객을 직접 공유하는 경쟁 기업을 대상으로 하는 벤치마킹
- 비경쟁적 벤치마킹: 제품, 서비스 및 프로세스의 단위 분야에 있어 가장 우수한 실무를 보이는 비경쟁적 기업 내 유사 분야를 대상으로 하는 벤치마킹
- 글로벌 벤치마킹: 프로세스에 있어 최고로 우수한 성과를 보유한 동일 업종의 비경쟁적 기업을 대상으로 하는 벤치마킹

② 수행 방식에 따른 분류
- 직접적 벤치마킹: 벤치마킹 대상을 직접 방문해 수행하는 벤치마킹
- 간접적 벤치마킹: 인터넷 및 문서 형태의 자료를 통해 수행하는 벤치마킹

5. 매뉴얼의 개념 및 종류

1) 매뉴얼이란?

기계 조작 방법을 설명해 놓은 사용 지침서를 말함

2) 매뉴얼의 종류

① 제품 매뉴얼
② 업무 매뉴얼

3) 매뉴얼 작성을 위한 Tip

① 내용이 정확해야 함
② 사용자가 알기 쉽게 쉬운 문장으로 쓰여야 함
③ 사용자를 심리적으로 배려해야 함

모방
다른 것을 본뜨거나 본받음

진부화 손실
시간이 지나며 기술의 발전, 유행의 변화 등과 같은 경제적·사회적 변화로 경제적 가치가 감소하여 발생하는 손실

NCS 전문가의 TIP

벤치마킹의 종류를 묻는 문제가 종종 출제되고 있으므로 각 벤치마킹의 특징이 무엇인지 정확하게 구분할 수 있어야 합니다.

제품 매뉴얼
제품의 특징이나 기능, 사용방법과 고장 조치방법, A/S 등 제품 관련 서비스에 대해 소비자가 알아야 할 정보를 기재한 지침서

업무 매뉴얼
일의 진행 방식, 지켜야 할 규칙, 관리상의 절차 등 업무와 관련된 정보를 표준화한 지침서

④ 사용자가 찾고자 하는 정보를 쉽게 찾을 수 있어야 함
⑤ 사용하기 쉬워야 함

4 기술적용능력

1. 기술적용의 형태와 고려사항

1) 기술적용 형태

① 선택한 기술을 그대로 적용함
② 선택한 기술을 그대로 적용하되, 불필요한 기술은 과감히 버리고 적용함
③ 선택한 기술을 분석하고 가공하여 활용함

2) 기술적용 시 고려사항

① 기술적용에 따른 비용이 많이 드는가?
② 기술의 수명 주기는 얼마인가?
③ 기술의 전략적 중요도는 어느 정도인가?
④ 잠재적인 응용 가능성이 있는가?

2. 기술경영자에게 필요한 능력

① 기술을 기업의 전반적인 전략 목표에 통합시키는 능력
② 빠르고 효율적으로 새로운 기술을 습득하고 기존의 기술에서 탈피하는 능력
③ 기술을 효과적으로 평가할 수 있는 능력
④ 기술 이전을 효과적으로 할 수 있는 능력
⑤ 새로운 제품 개발 시간을 단축할 수 있는 능력
⑥ 복잡하고 서로 다른 분야에 걸쳐 있는 프로젝트를 수행할 수 있는 능력
⑦ 조직 내의 기술을 이용하여 업무를 수행할 수 있는 능력
⑧ 기술 전문 인력을 운용할 수 있는 능력

3. 기술관리자에게 필요한 능력

1) 기술능력

① 기술을 운용하거나 문제를 해결할 수 있는 능력
② 기술직과 의사소통을 할 수 있는 능력
③ 혁신적인 환경을 조성할 수 있는 능력
④ 기술적, 사업적, 인간적인 능력을 통합할 수 있는 능력
⑤ 시스템적인 관점에서 인식하는 능력
⑥ 공학적 도구나 지원방식을 이해할 수 있는 능력
⑦ 기술이나 추세를 이해할 수 있는 능력
⑧ 기술팀을 통합할 수 있는 능력

실력 업 노트

기술을 그대로 적용할 때의 장단점
- **장점**: 시간 절약, 비용 절감, 쉽게 받아들여 적용 가능
- **단점**: 선택한 기술이 적합하지 않을 시 실패로 돌아갈 위험부담

기술을 그대로 적용하되, 불필요한 기술은 과감히 버리고 적용할 때의 장단점
- **장점**: 시간 절약, 비용 절감, 프로세스 효율성이 높음
- **단점**: 선택한 기술이 적합하지 않을 시 실패로 돌아갈 위험부담, 버린 기술이 불필요한지에 대한 문제점

기술을 분석하고 가공하여 활용할 때의 장단점
- **장점**: 자신의 직장에 대한 환경 분석, 업무 프로세스의 효율성 최대화 가능
- **단점**: 시간적인 부담

탈피
일정한 상태나 처지에서 완전히 벗어남

2) 행정능력

① 다기능적인 프로그램을 계획하고 조직할 수 있는 능력
② 우수한 인력을 유인하고 확보할 수 있는 능력
③ 자원을 측정하거나 협상할 수 있는 능력
④ 타 조직과 협력할 수 있는 능력
⑤ 업무의 상태, 진행 및 실적을 측정할 수 있는 능력
⑥ 다양한 분야에 걸쳐 있는 업무를 계획할 수 있는 능력
⑦ 정책이나 운영 절차를 이해할 수 있는 능력
⑧ 권한 위임을 효과적으로 할 수 있는 능력
⑨ 의사소통을 효과적으로 할 수 있는 능력

4. 네트워크 혁명의 법칙과 역기능

1) 네트워크 혁명의 3가지 법칙

① **무어의 법칙**: 컴퓨터의 파워가 18개월마다 2배씩 증가한다는 법칙
② **메트칼프의 법칙**: 네트워크의 가치는 사용자 수의 제곱에 비례한다는 법칙
③ **카오의 법칙**: 창조성은 네트워크에 접속되어 있는 다양한 지수함수로 비례한다는 법칙

2) 네트워크 혁명의 역기능

디지털 격차, 정보화에 따른 실업 문제, 인터넷 게임과 채팅 중독, 범죄 및 반사회적인 사이트의 활성화, 정보기술을 이용한 감시 등

5. 4대 핵심 기술의 융합

① 제조, 건설, 교통, 의학과 과학기술 연구에서 사용되는 새로운 범주의 물질, 장치, 시스템을 위해 나노기술과 정보기술의 융합이 필요함
② 나노 규모의 부품과 공정의 시스템을 가진 물질 중에서 가장 복잡한 생물 세포 연구를 위해 나노기술, 생명공학기술, 정보기술의 융합이 필요함
③ 유비쿼터스 및 글로벌 네트워크 요소를 통합하는 컴퓨터 및 통신시스템의 기본 원리가 되는 나노기술과 인간에게 가장 효과적으로 정보를 제공하는 인지과학기술이 필요함
④ 사람의 뇌와 마음의 구조 및 기능 연구를 위해 생명공학기술, 나노기술, 정보기술, 인지과학기술이 필요함

실력 업 노트

디지털격차
디지털을 제대로 활용할 수 있는 계층과 활용하지 못하는 계층 사이에 발생하는 지식, 정보, 소득의 격차

National Competency Standards

출제예상문제

영역: 기술능력 **하위능력:** 기술능력 **난이도:** ★☆☆

01. 다음 중 기술과 기술능력에 대한 설명으로 가장 적절하지 않은 것은?

① 기술은 물리적인 것뿐만 아니라 사회적인 개념으로서 지적 도구를 알맞은 목적에 사용하는 지식체계이다.

② 기술은 인간이 주변 환경에 대한 통제를 가하기 위해 필요한 지식의 적용으로 정의된다.

③ 기술이란 제품 생산에 필요한 원료, 자본재, 생산공정 등에 관련된 지식의 집합체를 말한다.

④ 기술능력은 기술 관련 종사자와 같은 소수만이 필요로 하는 교양 학문에 해당한다.

⑤ 기술능력을 함양하기 위해서는 전반적인 직업 및 기술 프로그램을 통해 학습할 필요가 있다.

핵심 포인트 해설 **기술과 기술능력의 특징**

기술능력은 기술직 종사자뿐만 아니라 우리 사회의 모든 직업인이 갖추어야 할 능력으로 이해해야 하므로 가장 적절하지 않다.

이것도 알면 합격

기술능력의 의미

- 직업에 종사하기 위해 모든 사람이 필요로 하는 능력으로, 기술교양의 개념을 구체화한 개념이라고 할 수 있음
- 일상적으로 요구되는 수단, 도구, 조작 등에 관한 기술적인 요소들을 이해하고, 적절한 기술을 선택하며 적용하는 능력임
- 기술능력을 일반적으로 사용되는 기술교양을 구체화한 개념으로 볼 경우, 기술능력은 기술직 종사자뿐만 아니라 사회 모든 직업인이 지녀야 할 능력으로 이해되어야 함

정답 ④

02. ○○공사에 입사한 귀하는 기술능력 향상을 위한 신입사원 교육에 참석하였다. 교육이 끝난 후 동료들과 기술능력이 뛰어난 사람이 되기 위한 방법에 대해 이야기를 나누었다고 할 때, 다음 중 기술능력에 대한 인식이 가장 높은 사원은?

A 사원: 여러 문제가 제기되었을 때, 명목적으로 해결할 수 있는 순으로 빠르게 개선책을 마련해야 해요.
B 사원: 문제를 해결하기 위해 필요한 지식이나 자원을 선택하고, 이를 최대한 가공하지 않고 그대로 적용할 줄 알아야 해요.
C 사원: 오직 한 가지 상황에서만 도구나 기술 체계를 적용하고 배울 줄 알아야 기술능력이 뛰어난 사람이 될 수 있어요.
D 사원: 문제를 해결할 때 자원의 종류나 수량에 제한을 두지 않고 최대한 많은 자원을 이용해서 문제를 해결할 수 있어야 해요.
E 사원: 기술능력이 뛰어난 사람이 되려면 기술을 활용하여 문제 상황을 해결하고 기술적 해결의 효능을 평가해야 해요.

① A 사원 ② B 사원 ③ C 사원 ④ D 사원 ⑤ E 사원

핵심 포인트 해설 기술능력이 뛰어난 사람의 특징

기술능력이 뛰어난 사람은 문제 상황을 기술적으로 해결하고 기술적 효용성을 평가하므로 기술능력에 대한 인식이 가장 높은 사원은 'E 사원'이다.

① 기술능력이 뛰어난 사람은 실질적인 해결이 필요한 문제를 우선적으로 인식하여 다양한 해결책을 개발하므로 적절하지 않다.
② 기술능력이 뛰어난 사람은 문제 해결에 필요한 지식이나 자원을 선택하고 이를 문제 상황에 최적화하여 적용하므로 적절하지 않다.
③ 기술능력이 뛰어난 사람은 여러 가지 상황에서 기술의 체계와 도구를 사용하고 배울 수 있으므로 적절하지 않다.
④ 기술능력이 뛰어난 사람은 주어진 한계 속에서 제한된 자원을 통해 업무를 수행할 수 있으므로 적절하지 않다.

이것도 알면 합격

기술능력이 뛰어난 사람의 특징

- 실질적 해결을 필요로 하는 문제를 인식함
- 인식된 문제를 위한 다양한 해결책을 개발하고 평가함
- 실질적 문제를 해결하기 위해 지식이나 기타 자원을 선택하고, 최적화하며, 적용함
- 주어진 한계 속에서 제한된 자원을 가지고 일함
- 기술적 해결에 대한 효용성을 평가함
- 여러 상황 속에서 기술의 체계와 도구를 사용하고 배울 수 있음

정답 ⑤

영역: 기술능력 하위능력: 기술능력 난이도: ★☆☆

03. **연구 개발팀에서 근무하는 귀하는 지속 가능한 발전에 대한 특강에 참석하게 되었다. 특강에는 다음과 같은 자료가 배부되었으며 특강이 끝난 뒤 팀원들과 함께 관련 사례를 논의하기로 하였다. 다음 중 지속 가능한 기술의 사례로 가장 적절하지 않은 것은?**

> 지속 가능한 발전이란 1987년 세계환경개발위원회에서 처음으로 제시된 개념으로, 현세대의 개발 욕구를 충족하면서도 후세대의 개발 능력을 침해하지 않는 환경친화적 개발을 뜻한다. 이는 1992년 브라질에서 열린 리우 유엔 환경개발 회의에서 세계 환경 정책의 기본 규범으로 채택되었으며, 이에 따라 각국은 지속 가능한 발전을 위한 정책과 기술 개발에 열중하고 있다. 지속 가능한 기술의 특징은 다음과 같다. 우선, 이용 가능한 자원과 에너지를 고려하여 자원이 사용되고 재생산되는 비율의 조화를 추구해야 한다. 또한, 자연의 수용 범위를 넘는 자원의 무분별한 개발이나 공급을 방지하고 자연 자원에 대한 수요를 철저히 관리하여 기술 효용과 환경 효용을 추구해야 한다. 이처럼 지속 가능한 기술은 모두가 상생할 수 있는 미래 유망 기술로, 관련 연구를 꾸준히 진행하여 개발하는 것이 중요하다.

① "최근 철도 분야에서도 환경친화적인 저탄소 제품을 인증받아 철도가 온실가스 배출량을 줄이는 데 앞장서는 교통수단으로 인정받았다고 해요."

② "페트병의 라벨을 쉽게 제거할 수 있는 디자인을 적용하는 등 재활용률을 높일 수 있도록 친환경 패키지가 개발되었다는군요."

③ "대기오염 물질을 배출하는 공장에서는 배기가스 처리 장치를 설치하여 미세먼지와 같은 대기오염 물질의 배출량을 줄여 환경오염을 최소화할 수 있어요."

④ "온실가스를 감축하고 에너지를 절감하기 위해 건물 내 에너지 소비량과 자체 생산량이 동일한 제로 에너지 빌딩이 확대되고 있다고 해요."

⑤ "발전소의 노후화된 시설물을 교체하여 안전을 강화할 수 있도록 데이터베이스 구축 기술을 적극 도입하여 체계적인 안전관리 시스템을 마련하기도 한다더군요."

핵심 포인트 해설 **지속 가능한 기술**

지속 가능한 기술은 한정된 환경 자원을 고려하여 자원과 에너지가 재생산될 수 있도록 무분별한 개발을 방지하고 자원에 대한 수요를 관리하여 기술 및 환경 효용을 추구해야 한다고 하였으므로 발전소의 노후 시설 교체를 통한 안전 강화를 위해 데이터베이스 기술을 도입하여 안전관리 시스템을 마련하는 사례가 가장 적절하지 않다.

이것도 알면 합격

지속 가능한 기술의 의미

- 이용 가능한 자원과 에너지를 고려하는 기술임
- 자원이 사용되고 그것이 재생산되는 비율의 조화를 추구하는 기술임
- 자원의 질을 고려하는 기술임
- 고갈되지 않는 자연 에너지를 활용하며, 낭비적인 소비 행태를 지양하고, 기술적 효용만이 아닌 환경 효용까지 추구하는 기술임

정답 ⑤

04. 다음 중 산업재해에 대한 설명으로 가장 적절하지 않은 것은?

① 산업재해란 근로자가 업무와 관련된 건설물, 설비, 원재료 등에 의하거나 직업과 관련된 기타 업무에 의해 사망 또는 부상이나 질병에 해를 입는 것을 의미한다.

② 통근 중에 다친 경우는 산업재해에 포함되며, 여기서 통근은 근로자가 근무지와 주거지 사이를 합리적인 경로와 방법으로 왕복하는 것을 의미한다.

③ 오랫동안 건설 현장에서 근무하던 근로자가 분진에 노출되어 폐 질환에 걸린 경우는 산업재해에 포함하지 않는다.

④ 사업주는 산업재해로 인해 휴업 중인 근로자에게 요양급여뿐만 아니라 요양기간동안 근무하지 못한 것에 대한 보상금액을 지불해야 하는 책임이 있다.

⑤ 사업주뿐만 아니라 산업재해를 유발한 것으로 간주되는 자는 산업안전보건법에 따라 관할 수사기관의 조사 및 손해배상 청구 등의 조치를 받을 수 있다.

핵심 포인트 해설 산업재해

산업재해보상보험법 제37조 제1항 제2호에 따르면 업무수행 과정에서 물리적 인자, 화학물질, 분진, 병원체, 신체에 부담을 주는 업무 등 근로자의 건강에 장해를 유발할 수 있는 요인을 취급하거나 이에 노출되어 발생한 질병은 산업재해에 포함된다.
따라서 건설 현장에서 장기 근무하며 분진에 노출되어 폐 질환에 걸린 경우는 산업재해에 포함되므로 가장 적절하지 않다.

이것도 알면 합격

산업재해의 직접적 원인

불완전한 행동	불완전한 상태
• 위험 장소 접근 • 안전 장치 기능 제거 • 보호 장비의 미착용 및 잘못된 사용 • 운전 중인 기계의 속도 조작 • 기계 및 기구의 잘못된 사용 • 위험물 취급 부주의 • 불완전한 상태 방치 및 불완전한 자세와 동작 • 잘못된 감독 및 연락	• 시설물 자체 결함 • 전기시설물의 누전 • 구조물의 불안정 • 소방 기구의 미확보 • 안전 보호 장치와 복장 및 보호구의 결함 • 시설물의 배치 및 장소 불량 • 작업 환경 미 생산 공정의 결함 • 경계 표시 설비의 결함

정답 ③

영역: 기술능력 **하위능력:** 기술이해능력 **난이도:** ★☆☆

05. **철도부품관리를 담당하는 귀하는 신입사원 기술 교육을 맡게 되었다. 교육 중 기술에 대한 전반적인 이해도가 부족하다는 신입사원의 고민을 들은 귀하가 다음과 같이 조언하고자 할 때, 빈칸에 들어갈 말로 가장 적절한 것은?**

> **귀하:** 기술을 단순히 인공적인 형태라고만 생각하면 기술의 개념이 모호할 수 있어요. (　　　)은/는 회사, 법적 제도뿐 아니라 정치와 과학, 자연 자원까지 모두 포괄하는 개념으로, 개별 기술이 네트워크와 결합된 것을 의미합니다.

① 기술 교양　　② 기술 시스템　　③ 기술의 절차
④ 기술의 차별성　　⑤ 기술의 원리

핵심 포인트 해설 **기술 시스템**

네트워크와 결합된 개별 기술로서 인공물의 집합체뿐만 아니라 회사, 법적 제도, 정치, 과학, 자연 자원 모두를 포함하는 사회·기술적인 개념은 '기술 시스템'이다.

이것도 알면 합격

기술 시스템의 의미

- 개별 기술이 네트워크와 결합하여 만들어진 것으로, 인공물의 집합체만이 아니라 회사, 투자회사, 법적 제도, 더 나아가 정치, 과학, 과학자원을 모두 포함하는 개념임
- 기술적인 것과 사회적이 것이 결합하여 공존하므로 사회기술 시스템이라고도 함

정답 ②

영역: 기술능력 하위능력: 기술이해능력 난이도: ★☆☆

06. 다음 중 기술혁신의 특성으로 가장 적절하지 않은 것은?

① 기술혁신 과정에 따른 불확실성은 기업 내에서 논쟁과 갈등을 유발할 수 있다.

② 기술혁신은 하나의 부서에서 단독으로 수행될 수 없으며 여러 부서의 경계를 넘나들며 수행된다.

③ 기술혁신 과정에서 성과가 가시적으로 나타나기까지는 장기간의 시간이 필요하다.

④ 기술혁신은 특정 기술의 개발이 다른 기술의 개발에 영향을 줄 수 있는 상호의존성을 가진다.

⑤ 기술혁신 과정에 참여한 전문가들의 지식은 문서화가 가능하여 다른 사람에게 쉽게 전파할 수 있다.

핵심 포인트 해설 **기술혁신의 특성**

기술혁신은 지식 집약적 활동으로서 기술개발에 참여한 전문인의 지식은 문서화가 어려워 다른 사람에게 쉽게 전파될 수 없으므로 가장 적절하지 않다.

이것도 알면 합격

기술혁신의 특성

- 기술혁신은 그 과정 자체가 불확실하고 장기간의 시간을 필요로 함
- 기술혁신은 지식 집약적인 활동임
- 기술혁신 과정의 불확실함과 모호함은 기업 내 많은 논쟁과 갈등을 유발할 수 있음
- 기술혁신은 조직의 경계를 넘나듦

정답 ⑤

영역: 기술능력 하위능력: 기술이해능력 난이도: ★☆☆

07. 다음 기술혁신 과정에서의 핵심역할에 대한 글을 읽고 빈칸에 들어갈 말로 가장 적절한 것은?

> 기술혁신의 모든 과정이 성공적으로 이루어지기 위해서는 다섯 가지의 핵심적인 역할이 수행되어야 한다. 이 중 (　　　　　　) 역할은 불필요한 제약으로부터 프로젝트를 보호하고 혁신에 필요한 자원 획득을 지원하여 조직원들을 격려하고 안내해야 하며, 조직의 주요 의사결정에 대한 영향력이 필요하다.

① 아이디어 창안　② 챔피언　③ 프로젝트 관리
④ 정보 수문장　⑤ 후원

핵심 포인트 해설 기술혁신 과정에서의 핵심역할

기술혁신의 과정에서 불필요한 제약으로부터의 프로젝트 보호, 혁신에 필요한 자원 획득 지원, 조직원에 대한 격려와 안내의 활동을 수행하며, 조직의 주요 의사결정에 대한 영향력을 갖추어야 한다고 하였으므로 빈칸에 들어갈 기술혁신 과정에서의 핵심역할은 '후원'이다.

이것도 알면 합격

기술혁신 과정에서의 핵심역할

핵심역할	활동	필요한 자질 및 능력
아이디어 창안	• 아이디어 고안 및 가능성 검증 • 일을 수행하기 위한 새로운 방법 모색 • 혁신적인 진보를 목적으로 한 탐색	• 각 분야의 전문지식 • 개념화와 추상화 능력 • 새로운 분야의 일을 즐기려는 태도
챔피언	• 아이디어 전파 • 기술혁신을 위한 자원 확보 • 아이디어 실현을 위한 헌신	• 리스크를 감수하려는 태도 • 아이디어 응용에 대한 관심
프로젝트 관리	• 리더십 발휘 • 프로젝트 기획 및 조직 • 프로젝트의 효율적인 진행 감독	• 의사결정 능력 • 업무 수행 방법에 대한 지식
정보 수문장	• 조직 외부의 정보를 내부 조직원들에게 전달 • 조직 내 정보원 역할	• 높은 기술적 역량 • 원만한 대인관계능력
후원	• 기술혁신에 대한 격려와 안내 • 불필요한 제약으로부터 프로젝트 보호 • 기술혁신에 대한 자원 수집을 지원	• 조직의 주요 결정에 대한 영향력

정답 ⑤

영역: 기술능력 하위능력: 기술선택능력 난이도: ★☆☆

08. 다음 중 매뉴얼 작성 시 유의사항으로 가장 적절하지 않은 것은?

① 매뉴얼 개발자는 해당 제품에 대해 충분히 이해해야 하며 추측성 내용을 서술해서는 안 된다.
② 사용자가 읽고 쉽게 정보를 찾을 수 있어야 하며, 여러 번 정독하여 읽게끔 제작해야 한다.
③ 매뉴얼의 제작 형태를 복잡한 구조가 아닌 사용하기 용이한 형태로 구성해야 한다.
④ 매뉴얼의 의미 전달을 명확하게 하기 위해서 추상적 명사나 수동태 동사 사용을 지양한다.
⑤ 사용자가 매뉴얼을 한 번 본 이후 빠르게 숙지할 수 있도록 해 더 이상 매뉴얼이 필요하지 않도록 배려해야 한다.

핵심 포인트 해설 **매뉴얼 작성 시 유의사항**

매뉴얼 작성 시 사용자가 매뉴얼을 한 번 본 후 더는 매뉴얼이 필요하지 않도록 배려해야 하므로 가장 적절하지 않다.

이것도 알면 합격

매뉴얼 작성 시 유의사항

- 매뉴얼 내용이 정확해야 함
- 사용자가 알기 쉽도록 이해하기 쉬운 문장을 사용해야 함
- 사용자에 대한 심리적인 배려가 있어야 함
- 사용자가 원하는 정보를 쉽고 빠르게 찾을 수 있도록 해야 함
- 매뉴얼의 사용이 용이해야 함

정답 ②

09. 다음 지문의 기술선택에 대한 설명으로 가장 적절하지 않은 것은?

> 기술선택은 기업이 어떠한 기술을 외부로부터 도입할지, 자체적으로 개발하여 활용할지 결정하는 것을 말한다. 기술선택의 의사결정 방법은 크게 상향식 기술선택과 하향식 기술선택으로 구분할 수 있다. 먼저 상향식 기술선택은 기업 전체 차원에서 필요한 기술을 체계적인 분석이나 검토 없이 연구자나 엔지니어가 자율적으로 선택하는 것으로, 기술개발자들의 흥미를 유발하고 창의적인 아이디어를 활용할 수 있다는 장점이 있다. 그러나 흥미만을 고려할 경우 고객수요 및 서비스 개발에 부적합한 기술이 선택되는 등의 문제가 발생하기도 한다. 하향식 기술선택은 기술경영진과 기술기획담당자들에 의한 체계적인 분석을 통해 기업이 획득해야 하는 대상 기술과 목표 기술 수준을 결정하는 것으로, 다음과 같은 절차에 따라 진행된다. 우선 기업이 직면한 외부환경과 기업의 보유 자원에 대한 분석을 통해 중장기적인 사업목표를 설정하고, 사업목표를 달성하기 위해 확보해야 하는 핵심 고객층과 제품 및 서비스를 결정한다. 그리고 사업전략의 성공을 위해 필요한 기술들을 열거하여 각 기술의 획득을 위한 우선순위를 결정한다.

① 기술개발자의 기발한 아이디어를 활용하여 선택한 기술이 고객의 욕구 충족에는 부족하다고 여겨지는 경우도 있다.

② 기술경영진과 기술기획담당자가 기업이 획득해야 하는 목표 기술 수준을 결정하는 방법의 경우 기술 획득을 위한 우선순위가 고려된다.

③ 기업이 필요한 기술을 내부에서 개발할지 외부에서 도입할지 결정해야 하는 상황에서 기술선택이 요구된다.

④ 엔지니어가 기술을 자율적으로 선택하여 도입하는 방법은 기술 도입 전에 체계적인 분석이 선행되어야 한다.

⑤ 중장기적인 사업목표를 설정할 때는 기업이 직면한 외부환경과 기업의 보유 자원에 대한 분석을 진행한다.

핵심 포인트 해설 | **기술선택의 의사결정 방법**

엔지니어나 연구자가 기술을 자율적으로 선택하여 도입하는 방법은 상향식 기술선택이며, 기술 도입 전에 체계적인 분석이 선행되어야 하는 것은 하향식 기술선택이므로 가장 적절하지 않다.

이것도 알면 합격

기술선택의 의사결정 방법

상향식 기술선택	• 의미: 기업 전체 차원에서 필요한 기술을 체계적인 분석이나 검토 없이 연구자나 엔지니어가 자율적으로 선택하는 것임 • 장점: 기술개발의 실무를 담당하는 기술자들의 흥미를 유발하고 창의적인 아이디어를 활용할 수 있음 • 단점: 흥미만을 고려할 경우 고객들이 요구하는 제품이나 서비스 개발에 부적합한 기술이 선택되거나 경쟁기업과의 경쟁에서 승리할 수 없는 기술이 선택될 수 있음
하향식 기술선택	• 의미: 기술경영진과 기술기획담당자들에 의한 체계적이 분석을 통해 기업이 획득해야 하는 대상 기술과 목표 기술 수준을 결정하는 것임 • 절차 - 기업이 직면한 외부환경과 기업의 보유 자원에 대한 분석을 통해 중장기적인 사업목표를 설정함 - 사업목표를 달성하기 위해 확보해야 하는 핵심 고객층과 제품 및 서비스를 결정함 - 사업전략의 성공을 위해 필요한 기술들을 열거하여 각 기술의 획득을 위한 우선순위를 결정함

정답 ④

영역: 기술능력 하위능력: 기술선택능력 난이도: ★☆☆

10. **기업이 어떤 기술을 외부로부터 도입할 것인지, 자체 개발하여 활용할 것인지 결정하는 것을 기술선택이라고 한다. 기술선택의 방식 중 특정 분야에서 이미 뛰어난 역량을 가지고 있는 업체나 상품, 기술, 경영 방식 등을 배워 합법적으로 응용하는 것을 벤치마킹이라고 할 때, 다음 중 벤치마킹에 대한 설명으로 가장 적절하지 않은 것은?**

① 벤치마킹의 대상을 직접 방문하여 수행하는 직접적 벤치마킹의 경우, 벤치마킹 수행에 대한 비용과 시간의 소요가 크게 발생한다는 단점이 있다.

② 벤치마킹의 주요 단계 중 1단계에 해당하는 '개선계획 수립' 단계에서는 벤치마킹이 필요한 상세 분야를 정의하고, 목표와 범위, 벤치마킹 수행 인력 등을 결정한다.

③ 단순한 모방과는 다르게 대상의 장점을 충분히 배운 후, 현재 기업의 상황에 맞추어 재창조하는 것을 의미한다.

④ 동일 업종에서 고객을 직접적으로 공유하는 경쟁기업을 대상으로 하는 벤치마킹을 경쟁적 벤치마킹이라고 한다.

⑤ 같은 기업 내에서도 다른 지역, 타 부서 등에 뛰어난 역량을 가지고 있는 조직이 있다면 벤치마킹을 적용할 수 있다.

핵심 포인트 해설 **벤치마킹의 주요 단계**

'개선계획 수립' 단계는 벤치마킹의 주요 단계 중 6단계에 해당하며, 개선계획 수립 단계에서는 성과차이에 대한 원인을 분석하고, 개선을 위한 성과목표를 결정하며, 성과목표 달성을 위한 개선계획을 수립하므로 가장 적절하지 않다.

① 벤치마킹의 대상을 직접적으로 방문하여 수행하는 직접적 벤치마킹의 경우, 인터넷 또는 문서 형태의 자료를 통해 수행하는 간접적 벤치마킹보다 벤치마킹 수행에 대한 비용과 시간의 소요가 크게 발생한다는 단점이 있으므로 적절하다.

③ 벤치마킹이란 단순한 모방과는 다르게 대상의 장점을 충분히 배운 후, 현재 기업의 상황에 맞추어 재창조하는 것을 의미하므로 적절하다.

④ 동일 업종에서 고객을 직접 공유하는 경쟁기업을 대상으로 하는 벤치마킹은 경쟁적 벤치마킹이므로 적절하다.

⑤ 같은 기업 내에서도 다른 지역, 타 부서 등에 뛰어난 역량을 가지고 있는 조직을 벤치마킹하는 것을 내부 벤치마킹이라고 하므로 적절하다.

이것도 알면 합격

벤치마킹의 주요 단계

1단계	범위 결정	벤치마킹이 필요한 상세 분야를 정의하고, 목표와 범위, 벤치마킹 수행 인력을 결정함
2단계	측정범위 결정	상세 분야에 대한 측정항목을 결정하고, 벤치마킹의 목표를 달성하는 데 측정항목이 적정한가를 검토함
3단계	대상 결정	비교분석의 대상이 될 기업 및 기관을 결정하고, 대상 후보별 벤치마킹 수행의 타당성을 검토하여 최종 대상 및 대상별 수행 방식을 결정함
4단계	벤치마킹	직접적 또는 간접적인 벤치마킹을 진행함
5단계	성과차이 분석	벤치마킹 결과를 바탕으로 성과차이를 측정항목별로 분석함
6단계	개선계획 수립	성과차이에 대한 원인을 분석하고, 개선을 위한 성과목표를 결정하며, 성과목표 달성을 위한 개선계획을 수립함
7단계	변화관리	개선목표 달성을 위한 변화사항을 지속적으로 관리하고, 개선 후 변화사항과 예상했던 변화사항을 비교함

정답 ②

영역: 기술능력 하위능력: 기술선택능력 난이도: ★☆☆

11. 다음은 △△공사 고객의 소리로 인입된 건의 사항이다. △△공사의 승강기 관리단에 근무하는 귀하는 해당 건의 사항을 반영하여 휠체어 리프트 이용과 관련된 불편 사항을 개선하고자 한다. 귀하가 고객의 건의 사항을 실현하기 위해 작성해야 하는 문서로 가장 적절한 것은?

제 목	휠체어 리프트 이용 관련 건의 사항		
작 성 자	김○○		
작 성 일	20XX-XX-XX	조 회	17
처리단계	접수대기	접수부서	승강기 관리단
내 용			
안녕하세요. 저는 휠체어를 타고 △△공사가 운영하는 수도권 전철을 이용하는 시민입니다. 얼마 전 휠체어 리프트를 이용하면서 불편한 상황을 겪어 개선을 요청하고자 건의드립니다. 제가 주로 다니는 역에는 승강기가 있어 휠체어 리프트를 사용할 일이 별로 없었지만, 얼마 전에 ☆☆역을 방문하며 오랜만에 휠체어 리프트를 이용하게 되었습니다. 그런데 리프트 앞에 작동 버튼과 호출 버튼만 있고 구체적인 사용 방법이나 주의 사항이 없어서 리프트를 이용하는 데 애를 먹었습니다. 다행히 직원의 도움을 받아 휠체어 리프트를 이용할 수 있었지만 내려가는 도중에 리프트가 멈춰 결국 약속에 늦고 말았습니다. 저처럼 휠체어 리프트를 처음 이용하는 사람들이 관리자 없이도 휠체어 리프트를 쉽게 이용할 수 있고, 고장이 났을 경우 당황하지 않고 대처할 수 있도록 휠체어 리프트 앞에 관련 정보를 제공하면 좋을 것 같습니다.			

① 매뉴얼 ② 계약서 ③ 견적서 ④ 작업지시서 ⑤ 체크리스트

핵심 포인트 해설 **매뉴얼 응용**

제시된 건의 사항에서 휠체어 이용자가 관리자 없이도 휠체어 리프트를 쉽게 이용하고 고장에 대처할 수 있도록 관련 정보를 제공할 것을 요청하고 있으므로 귀하가 고객의 건의 사항을 실현하기 위해 작성해야 하는 문서로 가장 적절한 것은 사용방법과 고장 조치방법 등 사용자가 알아야 할 정보를 기재한 지침서인 '매뉴얼'이다.

정답 ①

영역: 기술능력 하위능력: 기술선택능력 난이도: ★☆☆

12. 다음은 S공사의 산업재산권 등록 현황을 나타낸 그래프이다. 다음 중 그래프에 대한 설명으로 옳은 것을 모두 고르면?

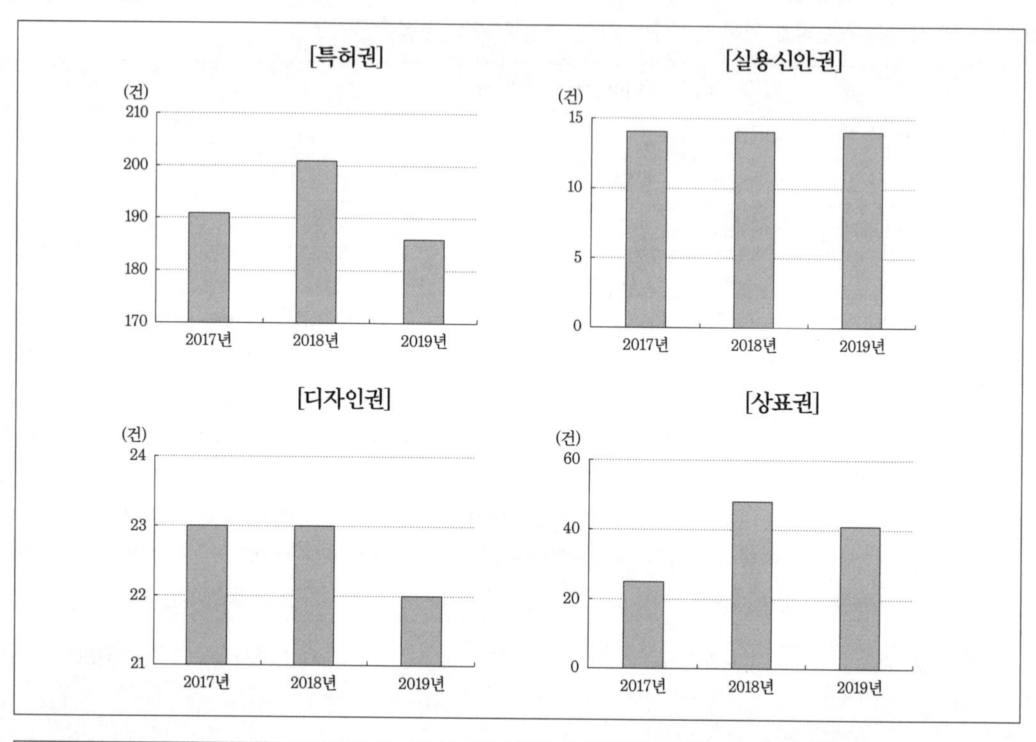

㉠ 상품을 제조한 업체에서 그 신용을 유지하고 타사 제품과의 식별을 위해서 해당 제품 등에 표시한 상호를 보호하는 권리에 대한 등록 현황은 2017년에 가장 적었다.
㉡ 물품을 개량하거나 실용성을 높일 수 있는 고안을 보호하는 권리에 대한 등록 현황은 2018년에 전년 대비 증가하였으며, 2019년에는 전년 대비 감소하였다.
㉢ 물품의 모양이나 색채 등의 외관에 미적인 감각을 일으키는 심미적 고안을 보호하는 권리에 대한 등록 현황은 2017년과 2018년에 동일하다.

① ㉢ ② ㉠, ㉡ ③ ㉠, ㉢ ④ ㉡, ㉢ ⑤ ㉠, ㉡, ㉢

핵심 포인트 해설 **산업재산권의 종류**

산업재산권은 산업 분야의 창작물에 대한 지식재산권으로, 특허권, 실용신안권, 디자인권, 상표권으로 분류된다.

ㄱ. 제조회사가 자사 제품의 신용을 유지하고 타사의 제품과 구별하기 위해 표시한 상호를 보호하는 권리인 상표권의 등록 현황은 2017년에 가장 적었으므로 옳은 설명이다.

㉢ 모양, 색채, 형상 등 물품의 외관에 미적인 감각을 불러일으켜 심미성을 지닌 고안을 보호하는 권리인 디자인권의 등록 현황은 2017년과 2018년에 23건으로 동일하므로 옳은 설명이다.

㉡ 기술의 창작 수준이 특허권에 비해 높지 않으나 물품의 형상이나 구조를 개량하여 실용성을 높인 고안을 보호하는 권리인 실용신안권의 등록 현황은 2017년부터 2019년까지 모두 동일하므로 옳지 않은 설명이다.

정답 ③

영역: 기술능력 하위능력: 기술적용능력 난이도: ★☆☆

13. 다음 중 기술적용 시 고려사항에 대해 적절하지 않은 설명을 한 사람을 모두 고르면?

A: 이번에 기술을 적용하고 나면 더는 새로운 기술을 연구하고 개발하는 데 시간과 비용을 들이지 않아도 되겠군.
B: 업무 효율성을 높여 성과를 올릴 수 있는 기술이라면 기술 도입에 따른 비용이 성과보다 비합리적이더라도 장기적으로 보았을 때 투자할 가치가 있지.
C: 신기술 도입을 검토할 때는 회사의 비전과 전략에 맞춰 다양하게 응용하고 발전시킬 수 있는 기술인지 고려하는 것이 좋겠어.
D: 기술적용 시점으로부터 이른 시일 내에 변화하거나 발전할 것으로 예상되는 기술을 적용한다면 기술 경쟁력을 확보할 수 있어.
E: 환경의 변화나 경영혁신을 이루기 위해 신기술을 적용하는 경우라면 회사의 전략과 조화롭게 운영할 수 있는 기술인지 검토해야 해.

① A, C ② C, D ③ A, B, D ④ B, C, E ⑤ C, D, E

핵심 포인트 해설 기술적용 시 고려사항

A: 기술은 더욱 발전된 방향으로 변화하려는 특성이 있어 끊임없는 연구와 개발에 대한 투자가 필요하므로 적절하지 않다.
B: 현재의 직장에 적합하고 성과를 향상할 수 있는 기술이라 할지라도 기술 적용 시 요구되는 비용이 성과 대비 합리적이어야 하므로 적절하지 않다.
D: 기술의 수명 주기가 짧아 단기간에 기술이 변화하거나 발전하는 기술을 적용하는 경우 기술의 가치가 떨어지므로 적절하지 않다.

C: 적용하고자 하는 기술이 회사의 비전과 전략에 맞추어 응용 가능성이 있는지를 고려해야 하므로 적절하다.
E: 환경의 변화나 경영혁신을 위해 기술을 적용할 때는 회사의 전략과 적용하는 기술의 조합이 이루어져야 하므로 적절하다.

이것도 알면 합격

기술적용 시 고려사항

- 자신의 직장에 적합하면서 성과를 높일 수 있는 기술이라 할지라도 기술적용에 따른 비용이 성과보다 더 많이 들면 안 되며, 업무 효율성과 성과를 향상시키면서 기술적용의 비용이 합리적이어야 함
- 적용한 기술에 적응하는 데는 일정한 시간이 필요하며, 그사이에 새로운 기술이 등장할 경우 그 기술의 가치는 떨어질 수 있으므로 현재 자신의 직장에서 요구되는 기술이라도 단기간에 진보하거나 변화할 것이라 예상되는지 기술의 수명 주기를 고려해야 함
- 새로운 기술의 도입은 환경의 변화를 시도하거나 경영혁신을 위해 이루어지는 경우가 많으므로 적용할 기술이 회사의 전략과 얼마나 조화를 이루는지, 성과 향상을 위해 전략적으로 중요한지를 판단해야 함
- 새롭게 적용할 기술이 회사의 비전과 전략에 맞추어 또 다른 발전된 기술로 응용될 가능성이 있는지를 검토해야 함

정답 ③

영역: 기술능력 하위능력: 기술적용능력 난이도: ★☆☆

14. 다음 중 기술경영자와 기술관리자에게 필요한 능력으로 가장 올바르게 짝지어진 것은?

㉠ 기술직과 의사소통을 할 수 있는 능력
㉡ 신제품 개발 시간을 단축할 수 있는 능력
㉢ 기술 전문 인력을 운용할 수 있는 능력
㉣ 기술을 활용하거나 문제를 해결할 수 있는 능력
㉤ 인간적·기술적·사업적 능력을 통합할 수 있는 능력
㉥ 효과적으로 기술 이전을 할 수 있는 능력
㉦ 혁신적인 환경을 조성할 수 있는 능력

	기술경영자	기술관리자
①	㉡, ㉢, ㉥	㉠, ㉣, ㉤, ㉦
②	㉡, ㉤, ㉦	㉠, ㉢, ㉣, ㉥
③	㉢, ㉣, ㉥	㉠, ㉡, ㉤, ㉦
④	㉢, ㉤, ㉥	㉠, ㉡, ㉣, ㉦
⑤	㉣, ㉤, ㉦	㉠, ㉡, ㉢, ㉥

핵심 포인트 해설 **기술경영자와 기술관리자**

기술경영자에게 필요한 능력은 신제품 개발 시간을 단축할 수 있는 능력, 기술 전문 인력을 운용할 수 있는 능력, 효과적으로 기술 이전을 할 수 있는 능력이고, 기술관리자에게 필요한 능력은 기술직과 의사소통을 할 수 있는 능력, 기술을 활용하거나 문제를 해결할 수 있는 능력, 인간적·기술적·사업적 능력을 통합할 수 있는 능력, 혁신적인 분위기를 조성할 수 있는 능력이다.
따라서 기술경영자와 기술관리자에게 필요한 능력으로 가장 올바르게 짝지어진 것은 ①이다.

이것도 알면 합격

기술경영자와 기술관리자에게 필요한 능력

구분	능력
기술경영자	• 기업의 전반적인 전략 목표에 기술을 통합시키는 능력 • 빠르고 효과적으로 새로운 기술을 습득하고, 이전의 기술에서 탈피하는 능력 • 효과적으로 기술을 평가할 수 있는 능력 • 효과적으로 기술 이전을 할 수 있는 능력 • 새로운 제품의 개발 시간을 단축할 수 있는 능력 • 서로 다른 분야에 걸친 크고 복잡한 프로젝트를 수행할 수 있는 능력 • 조직 내 기술 이용을 수행할 수 있는 능력 • 기술 전문 인력을 운용할 수 있는 능력
기술관리자	• 기술 운용 및 문제 해결 능력 • 기술직과의 의사소통 능력 • 혁신적인 환경을 조성할 수 있는 능력 • 기술적, 사업적, 인간적인 능력을 통합할 수 있는 능력 • 공학적 도구 또는 지원 방식, 기술 또는 추세에 대한 이해 능력 • 기술팀을 통합할 수 있는 능력

정답 ①

영역: 기술능력 하위능력: 기술적용능력 난이도: ★☆☆

15. 다음 중 네트워크 혁명의 3가지 법칙으로 적절한 것을 모두 고르면?

㉠ 카오의 법칙
㉡ 메트칼프의 법칙
㉢ 샐리의 법칙
㉣ 무어의 법칙

① ㉠, ㉡ ② ㉢, ㉣ ③ ㉠, ㉡, ㉢ ④ ㉠, ㉡, ㉣ ⑤ ㉡, ㉢, ㉣

핵심 포인트 해설 **네트워크 혁명의 3가지 법칙**

네트워크 혁명의 3가지 법칙으로 적절한 것은 ㉠, ㉡, ㉣이다.
㉠ 카오의 법칙: 창조성은 네트워크에 접속되어 있는 다양한 지수함수로 비례한다는 법칙
㉡ 메트칼프의 법칙: 네트워크의 가치는 사용자 수의 제곱에 비례한다는 법칙
㉣ 무어의 법칙: 마이크로칩의 밀도가 24개월마다 2배씩 증가한다는 법칙
㉢ 샐리의 법칙은 반복적으로 자신에게 유리한 상황만이 발생하는 경우를 뜻하는 용어로, 네트워크 3가지 법칙에 포함되지 않으므로 적절하지 않다.

정답 ④

National Competency Standards

9. 조직이해능력

핵심개념정리
출제예상문제

National Competency Standards

핵심개념정리

조직이해능력이란?

조직이해능력이란 일 경험을 할 때, 자신이 속한 조직의 경영과 체제, 업무를 이해하고, 일 경험에 관련된 국제감각을 갖는 능력이다.
조직이해능력의 하위능력은 경영이해능력, 체제이해능력, 업무이해능력, 국제감각으로 구성된다. 경영이해능력이란 사업 또는 조직의 경영에 대해 이해하는 능력을 의미한다. 체제이해능력이란 업무 상황에서 조직의 체제를 올바르게 이해하는 능력을 의미한다. 업무이해능력이란 조직의 업무를 이해하는 능력을 의미한다. 국제감각이란 주어진 업무에 관한 국제적인 추세를 이해하는 능력을 의미한다.

실력 업 노트

NCS 전문가의 TIP

조직이해능력에서는 개별 개념들의 의미를 묻는 문제가 출제되는 경향이 있습니다. 비슷한 이론 내용을 정확히 구분할 수 있어야 합니다.

조직이해능력 하위능력

직업기초능력(10)	영역별 하위능력(34)
의사소통능력	문서이해 문서작성 경청 의사표현 기초외국어
수리능력	기초연산 기초통계 도표분석 도표작성
문제해결능력	사고력 문제처리
자기개발능력	자아인식 자기관리 경력개발
자원관리능력	시간관리 예산관리 물적자원관리 인적자원관리
대인관계능력	팀워크 리더십 갈등관리 협상 고객서비스
정보능력	컴퓨터활용 정보처리
기술능력	기술이해 기술선택 기술적용
조직이해능력	**경영이해 체제이해 업무이해 국제감각**
직업윤리	근로윤리 공동체윤리

조직이해능력 핵심 이론 정리

1 조직이해능력 소개

1. 조직의 개념과 분류

1) 조직이란?

① 두 사람 이상이 공동의 목표를 달성하기 위해 의식적으로 구성된 상호작용과 조정을 행하는 행동의 집합체를 말함
② 조직은 목적과 구조가 있으며, 구성원들은 목적을 달성하기 위해 협동하고 외부 환경과 긴밀한 관계를 맺음
③ 조직은 일반적으로 재화나 서비스를 생산하는 경제적 기능과 조직구성원에게 만족감을 주는 사회적 기능을 가짐

2) 조직의 분류

① 공식성에 따른 분류
- 공식 조직: 조직의 규모, 기능, 규정이 조직화된 조직
- 비공식 조직: 인간관계에 따라 형성된 자발적 조직

② 영리성에 따른 분류
- 영리 조직: 기업과 같이 이윤을 목적으로 하는 조직
- 비영리 조직: 정부조직을 비롯하여 공익을 추구하는 조직

③ 규모에 따른 분류
- 소규모 조직: 규모가 작은 조직
- 대규모 조직: 규모가 큰 조직

2. 조직이해능력의 필요성

① 조직에서 자신에게 주어진 일을 성공적으로 수행하기 위해서는 조직이 돌아가는 기본적인 원리를 알아야 하므로 조직이해능력이 필요함
② 구성원들을 연결하는 조직의 목적, 구조, 환경 등을 알아야 조직을 제대로 이해할 수 있게 되어 업무 성과도 높일 수 있음

실력 업 노트

영리 조직의 예
사기업 등

비영리 조직의 예
정부조직, 병원, 대학, 시민단체 등

소규모 조직의 예
가족 소유의 상점 등

대규모 조직의 예
대기업 등

3. 조직의 체제이해

1) 체제란?

① 구성 요소들이 특정한 방식으로 서로 결합된 부분들의 총체를 의미함
② 인풋, 업무 프로세스, 아웃풋 관점에서 살펴볼 수 있음

2) 조직체제의 구성요소

조직목표, 조직구조, 업무 프로세스, 조직문화, 규칙 및 규정으로 이루어짐

4. 환경변화에 따른 조직변화 계획 수립

1) 조직변화의 과정

단계	내용
환경변화 인지	• 조직의 변화는 환경의 변화를 인지하는 데에서 시작됨
조직변화 방향 수립	• 인지된 환경변화에 따라 적응하기 위한 조직변화 방향을 수립함 • 조직의 세부목표와 경영방식을 수정하거나, 규칙과 규정 등을 새로 제정하기도 함 • 체계적으로 구체적인 추진전략을 수립하고, 추진전략별 우선순위를 마련해야 함
조직변화 실행	• 조직변화 방향 수립에 따라 변화를 실행함
변화 결과 평가	• 조직개혁의 진행 상황과 성과를 평가함

2) 조직변화의 유형

① **제품과 서비스의 변화**: 기존 제품이나 서비스의 문제점을 인식하고 고객의 요구에 부응하기 위한 것으로, 고객을 늘리거나 새로운 시장을 확대하기 위해서 필요함
② **전략과 구조의 변화**: 조직의 경영과 관계되며, 조직구조, 경영방식, 각종 시스템 등을 조직의 목적을 달성하고 효율성을 높이기 위해서 개선함
③ **기술의 변화**: 신기술이 발명되었을 때나 생산성을 높이기 위해 새로운 기술을 도입함
④ **문화의 변화**: 구성원들의 사고방식이나 가치체계를 변화시키는 것으로, 조직의 목적과 일치시키기 위해 문화를 유도하기도 함

실력 업 노트

인풋
시스템에 유입되는 것

업무 프로세스
시스템의 연결망으로, 조직의 구조를 통해서 인풋이 아웃풋으로 전환되는 과정

아웃풋
업무 프로세스를 통해 창출된 시스템의 결과물

2 경영이해능력

1. 경영의 구성요소와 과정

1) 경영의 구성요소

① 경영목적: 조직의 목적을 어떤 과정과 방법을 택하여 수행할 것인가를 구체적으로 제시해 줌

② 조직구성원: 조직에서 일하고 있는 임직원으로, 이들이 어떠한 역량을 가지고 어떻게 직무를 수행하는지에 따라 경영성과가 달라짐

③ 자금: 경영활동에 요구되는 돈으로, 조직의 지속가능성을 유지하기 위한 재무적 기초가 됨

④ 전략: 변화하는 환경에 적응하고 경영목적을 달성하기 위해 기업 내 모든 역량과 자원을 조직화하고, 이를 실행에 옮겨 경쟁우위를 달성하는 일련의 방침 및 활동을 의미함

2) 경영의 과정

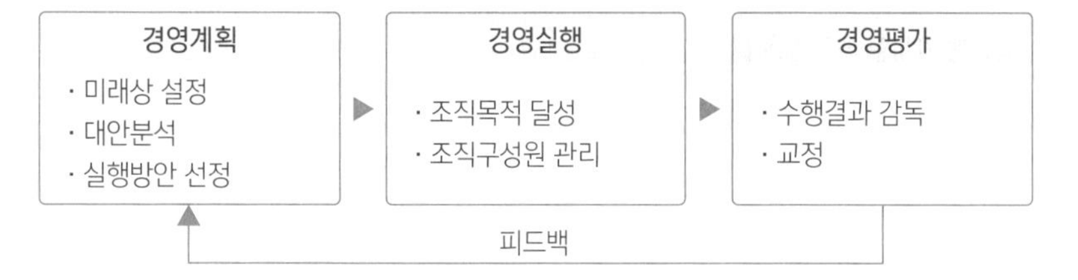

3) 경영활동 유형

① 외부 경영활동: 조직 외부에서 조직의 효과성을 높이기 위해 이루어지는 활동

② 내부 경영활동: 조직 내부에서 인적·물적자원 및 생산기술을 관리하는 활동

4) 경영참가제도

① 경영참가제도의 목적
- 경영의 민주성을 높이기 위한 것으로, 근로자 또는 노동조합이 경영과정에 참여하여 자신의 의사를 반영함으로써 공동으로 문제를 해결하고, 노사 간의 세력 균형을 이룰 수 있음
- 근로자나 노동조합이 새로운 아이디어를 제시하거나 현장에 적합한 개선방안을 마련함으로써 경영의 효율성을 높일 수 있음
- 궁극적으로 노사 간 대화의 장이 마련되고 상호 신뢰를 증진할 수 있음

② 경영참가제도의 유형
- 경영참가: 공동의사결정제도, 노사협의제도 등
- 이윤참가: 이윤배분제도 등
- 자본참가: 종업원지주제도, 노동주제도 등

실력 업 노트

경영
조직의 목적을 달성하기 위한 전략, 관리, 운영 활동

경영목적과 경영자
경영자는 조직의 목적이 어느 정도 달성되었는지, 얼마나 효율적으로 달성되었는지에 대해 평가를 받게 됨

조직구성원과 경영자
경영자는 조직의 목적과 필요에 부합하는 조직구성원을 채용하고 적재적소에 배치하여 활용할 수 있어야 함

외부 경영활동의 예
이윤추구를 위한 마케팅 등

내부 경영활동의 예
인사관리, 재무관리, 생산관리 등

경영참가제도
근로자 또는 노동조합으로 경영의 파트너로 인정하는 협력적 노사관계가 중시됨에 따라 이들을 조직의 경영 의사결정과정에 참여시키는 제도

2. 조직의 의사결정과정

1) 의사결정과정

확인단계	• 의사결정이 필요한 문제를 인식하고 진단하는 단계 • 진단은 문제의 중요도나 긴급도에 따라서 체계적으로 이루어지기도 하며, 비공식적으로 이루어지기도 함 • 문제를 신속히 해결해야 할 때는 진단 시간을 줄이고 즉각 대응해야 함 • 일반적으로는 다양한 문제를 리스트한 후 주요 문제를 선별하거나, 문제의 증상을 리스트한 후 그러한 증상이 나타나는 근본원인을 찾아야 함

▼

개발단계	• 확인된 주요 문제나 근본 원인에 대하여 해결방안을 모색하는 단계 • 개발 단계는 탐색과 설계 2가지 방식으로 이루어짐 - 탐색: 조직 내 기존 해결방법 중에서 당면한 문제의 해결방법을 찾는 과정 - 설계: 이전에 없던 새로운 문제인 경우에 실시해야 하며, 불확실한 해결방법만을 가지고 있는 의사결정자들이 다양한 의사결정 기법을 통하여 시행착오적 과정을 거치면서 적합한 해결방법을 찾아 나감

▼

선택단계	• 해결방안을 마련하고 실행 가능한 해결안을 선택 • 의사결정권자의 판단에 의한 선택, 경영과학 기법과 같은 분석에 의한 선택, 이해관계집단의 토의와 교섭에 의한 선택 등이 있음

2) 집단 의사결정의 특징

① 한 사람이 가진 지식보다 집단이 가지고 있는 지식과 정보가 더 많아 효과적인 결정을 할 수 있음

② 다양한 집단구성원이 가진 능력이 각기 달라서 각자 다른 시각으로 문제를 바라봄에 따라 다양한 견해를 가지고 접근할 수 있음

③ 결정된 사항에 대하여 의사결정에 참여한 사람들이 해결책을 수월하게 수용하고, 의사소통의 기회도 향상된다는 장점이 있음

④ 의견이 불일치 하는 경우 의사결정을 내리는 데 시간이 많이 소요되며, 특정 구성원에 의해 의사결정이 독점될 가능성이 있음

3. 조직의 경영전략

1) 조직의 경영전략이란?

① 조직이 변화하는 환경에 적응하기 위하여 경영활동을 체계화하는 것으로, 전략은 목표가 아니라 목표달성을 위한 수단임

② 경영전략은 조직의 경영자가 수립하지만, 모든 조직구성원이 자신이 속한 조직의 경영전략을 이해해야 조직목표를 달성하는 데 기여할 수 있음

실력 업 노트

조직의 의사결정과정
- 조직에서 의사결정을 내릴 때 문제가 분석 가능하고 해결방안이 확실한 경우도 있지만, 대부분 정보가 제한되어 있고 여러 견해들이 공존하게 됨
- 혁신적인 결정뿐만 아니라 현재의 체제 내에서 기존의 결정을 지속적으로 개선해 나가는 방식이 자주 활용됨

교섭
어떤 일을 이루기 위하여 서로 의논하고 절충함

2) 경영전략의 추진과정

전략목표 설정	비전 설정　미션 설정
▼	
환경분석	내부환경 분석　외부환경 분석
▼	
경영전략 도출	조직전략　사업전략　부문전략
▼	
경영전략 실행	경영목적 달성
▼	
평가 및 피드백	경영전략 결과 평가　전략목표 및 경영전략 재조정

3) 경영전략의 유형(마이클 포터의 본원적 경영전략)

① 원가 우위 전략

- 원가 절감을 통해 해당 산업에서 원가상 우위를 점하는 전략
- 원가절감은 경쟁기업 대비 자사의 경쟁력을 강화할 수 있는 요인으로, 대량생산을 통해 단위 원가를 낮추거나 새로운 생산기술을 개발할 필요가 있음

② 차별화 전략

- 제품이나 서비스를 차별화하여 기업이 산업 전반에서 독특하다고 인식될 수 있는 것을 창조함으로써 경쟁우위를 달성하고자 하는 전략
- 연구개발이나 광고를 통하여 기술, 품질, 서비스, 브랜드 이미지를 개선할 필요가 있음

③ 집중화 전략

- 특정 시장이나 고객에게 한정된 기업의 자원을 투입하는 전략
- 경쟁조직이 소홀히 하고 있는 한정된 시장을 원가우위나 차별화 전략을 써서 집중 공략함

실력 업 노트

환경분석 방법
SWOT 분석

원가 우위 전략의 예시
온라인 소매업체가 오프라인에 비해 저렴한 가격과 구매의 편의성을 내세워 시장 점유율을 넓힘

차별화 전략의 예시
국내 주요 가전업체들이 경쟁업체의 저가 전략에 맞서 고급 기술을 적용한 고품질의 프리미엄 제품으로 차별화를 하여 고가 시장의 점유율을 높임

집중화 전략의 예시
저가 항공사는 국내외 단거리 지역으로 비즈니스 출장이나 여행을 가는 사람들이 매우 저렴하게 비행기를 이용할 수 있도록 함으로써 새로운 시장 수요를 만들어 냄

NCS 전문가의 TIP

경영전략의 유형은 사례제시형으로 출제될 수 있습니다. 관련 개념을 정확하게 숙지하고, 사례에 적용시킬 수 있도록 학습해야 합니다.

3 체제이해능력

1. 조직목표의 기능과 특징

1) 조직목표란?

① 조직이 달성하려는 장래의 상태를 말함
② 미래지향적이지만 현재 조직행동의 방향을 결정해주는 역할을 함

2) 조직목표의 기능

① 조직이 존재하는 정당성과 합법성을 제공함
② 조직이 나아갈 방향을 제시함
③ 조직구성원 의사결정의 기준이 됨
④ 조직구성원 행동 수행의 동기를 유발함
⑤ 수행 평가의 기준이 됨
⑥ 조직 설계의 기준이 됨

3) 조직목표의 특징

① 공식적 목표와 실제적 목표가 다를 수 있음
② 다수의 조직목표 추구가 가능함
③ 조직목표 간 위계적 상호관계가 있고, 가변적임
④ 조직의 구성요소와 상호관계를 가짐

4) 조직목표의 분류

조직이 일차적으로 수행해야 할 과업인 운영목표에는 조직 전체의 성과, 자원, 시장, 인력개발, 혁신과 변화, 생산성에 관한 목표가 포함됨

2. 조직구조

1) 조직구조란?

① 조직 내의 부문 사이에 형성된 관계를 말함
② 조직목표를 달성하기 위한 구성원들의 유형화된 상호작용과 이에 영향을 미치는 매개체임

2) 조직구조의 구분

① 기계적 조직
- 구성원들의 업무가 분명하게 규정되고 많은 규칙과 규제가 있는 조직
- 상하 간 의사소통이 공식적인 경로를 통해 이루어지며, 엄격한 위계질서가 존재함

② 유기적 조직
- 의사결정권한이 조직의 하부구성원들에게 많이 위임되어 있으며, 업무 또한 고정되지 않아 공유 가능한 조직
- 비공식적인 상호 의사소통이 원활히 이루어지며, 규제나 통제의 정도가 낮아 변화에 맞춰 쉽게 변할 수 있음

실력 업 노트

조직의 체제이해
- 조직은 하나의 체제이고, 다양한 요소들로 구성되어 있으므로 조직을 이해하기 위해서는 조직의 한 단면만을 보고 판단해서는 안 됨
- 조직은 목적과 목표를 가지고 있으며, 이를 달성하기 위해 다양한 조직구조를 사용함
- 조직이 형성되고 발전하면 조직구성원들이 공유하는 가치관, 신념, 규범 등의 조직문화가 형성되게 됨
- 조직의 효율성을 높이기 위해서 규칙과 규정을 제정하고 업무를 분화함

가변적
바꿀 수 있거나 바뀔 수 있는 것

조직구조의 구분
조직구조는 의사결정 권한의 집중 정도, 명령계통, 최고경영자의 통제, 규칙과 규제의 정도 등에 따라 기계적 조직과 유기적 조직으로 구분할 수 있음

기계적 조직의 예
군대, 정부, 공공기관 등

유기적 조직의 예
권한위임을 받아서 독자적으로 활동하는 사내 벤처팀, 특정한 과제 수행을 위해 조직된 프로젝트팀 등

3) 조직구조의 결정요인

① **조직전략**: 조직의 목적을 달성하기 위하여 수립한 계획으로, 조직의 전략이 바뀌면 조직구조도 바뀌게 됨

② **규모**: 대규모 조직은 소규모 조직보다 업무가 전문화, 분화되고 있으며 많은 규칙과 규정이 존재함

③ **기술**: 조직이 투입요소를 산출물로 전환하는 지식, 기계, 절차 등을 의미함. 소량 생산 기술을 가진 조직은 유기적 조직구조를, 대량 생산 기술을 가진 조직은 기계적 조직구조를 따름

④ **환경**: 안정적이고 확실한 환경에는 기계적 조직이, 급변하는 환경에는 유기적 조직이 적합함

4) 조직구조의 형태

① 기능적 조직구조
- CEO가 조직의 최상층에 있고, 조직구성원들이 단계적으로 배열되는 구조
- 환경이 안정적이거나 일상적인 기술, 조직의 내부 효율성을 중요시하며 기업의 규모가 작을 때에는 관련 있는 업무를 결합함

② 사업별 조직구조
- 급변하는 환경변화에 효과적으로 대응하고 제품, 지역, 고객별 차이에 신속하게 적응하기 위하여 분권화된 의사결정이 가능한 구조
- 제품, 서비스, 제품그룹, 주요 프로젝트나 프로그램 등에 따라 조직화됨
- 제품에 따라 조직이 구성되고 사업별 구조 아래 생산, 판매, 회계 등의 역할이 이루어짐

3. 조직 내 집단의 유형과 특성

1) 집단의 유형

① 공식적 집단
- 조직의 공식적인 목표를 추구하기 위해 조직에서 의도적으로 만든 집단
- 목표와 임무가 비교적 명확하게 규정되어 있고, 참여하는 구성원들도 인위적으로 결정되는 경우가 많음

② 비공식적 집단
- 조직구성원들의 요구에 따라 업무수행능력 향상을 위해 자발적으로 형성된 집단

2) 집단 간 경쟁

① **원인**: 조직 내에는 다양한 집단이 존재하며, 조직 내의 한정된 자원을 더 많이 가지려고 하거나 상반되는 목표를 추구하기 때문에 집단 간 경쟁이 발생함

② **장점**: 집단 내부에서는 응집성이 강화되고 집단의 활동이 더욱 조직화됨

③ **단점**: 집단 간 경쟁이 과열되면 자원의 낭비, 업무 방해, 비능률 등의 문제를 초래하게 됨

④ **해결방법**: 집단 간 경쟁이 심화되어 조직 전체의 효율성을 저해하는 일이 없도록 원활한 상호작용을 위해 노력해야 함

실력 업 노트

조직전략
조직이 자원을 배분하고 경쟁적 우위를 달성하기 위한 주요방침

분권화
통치 권력이나 권리 따위가 분산됨. 또는 그렇게 되게 함

공식적 집단의 예
상설 혹은 임시위원회, 임무 수행을 위한 작업팀 등

비공식적 집단의 예
스터디 모임, 봉사활동 동아리, 각종 친목회 등

4 업무이해능력

1. 업무의 개념과 특징

1) 업무란?

① 조직이 개인에게 부여한 의무이자 책임임
② 조직은 목표달성을 위해서 통합되어야 하기 때문에, 자신에게 주어진 업무의 성격과 내용을 알고 그에 필요한 지식과 기술, 행동을 확인하는 업무이해능력을 길러야 함
③ 직업인은 자신이 속한 조직의 다양한 업무를 통해 조직의 체제를 이해할 수 있음

2) 업무의 특징

① 공통된 조직의 목적 지향
② 요구되는 지식, 기술, 도구의 다양성
③ 다른 업무와의 관계, 독립성
④ 업무수행의 자율성, 재량권

2. 조직문화와 업무수행 계획 수립

1) 조직문화

① 개념: 조직구성원들의 공유된 생활양식이나 가치
② 조직문화 이해의 필요성
- 한 조직체의 구성원들이 모두 공유하고 있는 가치관과 신념, 이데올로기와 관습, 규범과 전통 및 지식과 기술 등을 모두 포함한 종합적인 개념으로 조직 전체와 구성원들의 행동에 영향을 미침
- 자신이 속한 조직에서 사람과 일을 바라보는 관점이 무엇인지, 일을 수행하는 적절한 방식은 무엇인지 등을 파악하여 업무에 적절히 활용함으로써 조직문화의 특징을 알지 못해 발생하는 조직적응 문제를 일으키지 않을 수 있음
- 조직문화에 대한 이해를 바탕으로 자신에게 주어진 자원과 제약요건을 확인하고, 이에 따라 구체적인 계획을 수립함으로써 업무를 효과적으로 수행할 수 있음

실력 업 노트

공통된 조직의 목적 지향
업무는 상품이나 서비스를 창출하기 위한 생산적인 활동으로, 조직의 목적달성을 위한 중요한 근거이며 조직의 구조를 결정함

요구되는 지식, 기술, 도구의 다양성
- 어떤 업무는 구매에서 출고와 같이 일련의 과정을 거치는 반면, 어떤 업무는 상대적으로 독립되어 이루어지기도 함
- 연구, 개발 등과 같은 업무는 자율적이고 재량권이 많지만, 조립, 생산 등과 같은 업무는 주어진 절차에 따라 이루어지는 경우도 있음

업무수행 계획 수립
- 조직에는 다양한 업무가 있으며, 업무에 따라 이를 수행하는 절차나 과정이 다름
- 개인의 선호도에 따라서 효과적인 업무수행 방법이나 노하우가 있지만, 일반적으로 조직에서의 업무는 조직이 정한 규칙, 시간 등의 제약이 있으므로 자신에게 주어진 자원과 제약 조건을 확인하고, 이에 따른 구체적인 계획을 세우는 것이 필요함

2) 업무수행 계획 수립

업무 지침 확인	• 조직의 업무 지침은 개인이 임의로 업무를 수행하지 않고, 조직의 목적에 부합되도록 제시 • 개인이 업무 지침을 작성할 때에는 조직의 업무 지침, 장단기 목표, 경영 전략, 조직구조, 규칙 및 규정 등을 고려하도록 하며 환경 변화에 따라 지속적인 개정이 필요함

▼

활용 자원 확인	• 업무와 관련한 자원을 확인 • 업무와 관련한 자원에는 시간, 예산, 기술 등의 물적자원과 인적자원이 있음

▼

업무수행 시트 작성	• 업무수행 시트로 일정을 계획해 주어진 시간 내에 종료할 수 있음 • 업무수행 시트에는 간트 차트, 워크 플로 시트, 체크리스트 등이 있음

3. 업무수행 방해요인과 극복법

1) 타인의 방문, 인터넷, 전화, 메신저 등

① 반드시 모든 메일에 즉각적으로 대답할 필요가 없으며, 걸려오는 모든 전화를 그 시간에 통화할 필요는 없음

② 일과 중 메일을 확인하는 시간을 3시간에 10분 단위로 계획하거나, 외부 방문 시간을 정하거나, 메신저에 접속하는 시간을 정하는 것이 좋음

③ 통화마다 3분 이내 통화 원칙을 세우거나, 사적인 전화는 나중에 다시 걸겠다고 한 후 업무 시간 외에 통화함

2) 갈등관리

① 갈등상황을 받아들이고 이를 객관적으로 평가해 보아야 함

② 갈등을 유발한 원인, 장기적으로 조직에 이익이 될 수 있는 해결책을 생각함

③ 갈등이 중대한 분열을 초래할 가능성이 있을 때는 충분한 해결시간을 가지고 서서히 접근하는 것이 좋음

3) 스트레스

① 시간 관리를 통해 업무 과중을 극복하고, 명상과 같은 방법으로 긍정적인 사고방식을 가지며, 신체적 운동을 하거나 전문가의 도움을 받는 것이 좋음

② 조직차원에서는 직무를 재설계하거나 역할을 재설정하고 심리적으로 안정을 찾을 수 있도록 학습동아리 활동과 같은 사회적 관계를 형성하는 것이 좋음

실력 업 노트

간트 차트
전체 일정을 한눈에 볼 수 있고, 단계별로 소요되는 시간과 각 업무 활동 사이의 관계를 알 수 있음

워크 플로 시트
사용하는 도형을 다르게 표현함으로써 업무의 성격을 구분하고, 각 업무별 소요 시간을 표기함으로써 일의 흐름을 동적으로 확인할 수 있음

체크리스트
업무의 각 단계를 효과적으로 수행했는지 스스로 점검해 볼 수 있는 도구

5 국제감각

1. 글로벌화의 개념과 국제감각의 필요성

1) 글로벌화란?

활동 범위가 세계로 확대되는 것을 의미함

2) 국제감각의 필요성

① 글로벌화가 이루어지면 조직은 해외 직접 투자, 저렴한 원자재 수입, 수송비 절감, 시장 확대 등 경제적인 이익을 얻을 수 있음

② 조직의 시장이 세계로 확대되는 것에 맞춰 조직구성원들은 의식과 태도, 행동이 세계수준에 이르러야 함

③ 세계를 하나의 공동체로 인식하고, 문화적 배경을 달리하는 다른 나라 사람과의 효과적인 커뮤니케이션을 위해 각 국가의 문화적 특징, 의식, 예절 등 세계 각국의 시장과 다양성에 적응할 수 있는 국제적 감각을 길러야 함

2. 국제동향 파악 방법

① 국제학술대회, 세미나에 참석함

② 외국인과 다양하게 교류하며 인간관계를 형성함

③ 관련 분야 해외사이트를 방문하여 최신 이슈를 확인함

④ 업무와 관련된 국제잡지를 정기 구독하거나 신문의 국제면을 읽음

⑤ 고용노동부, 한국산업인력공단, 산업통상자원부, 중소벤처기업부, 상공회의소, 산업별인적자원개발협의체 등의 사이트를 방문해 국제동향을 확인함

⑥ 업무와 관련된 주요 용어의 외국어를 알아둠

⑦ 해외서점 사이트를 방문해 최신 서적 목록과 주요 내용을 파악함

3. 다른 나라의 문화 이해 방법

1) 문화충격

① 개념: 한 문화권에 속한 사람이 다른 문화를 접하게 되었을 때 체험하는 충격

② 문화충격에 대비하는 방법

- 다른 문화에 대해 개방적인 태도를 가짐
- 자신이 속한 문화의 기준으로 다른 문화를 평가하지 말고, 자신의 정체성은 유지하되, 새롭고 다른 것을 경험하는 데 즐거움을 느끼도록 적극적 자세를 취해야 함

2) 이(異)문화 커뮤니케이션

① 개념: 서로 다른 문화 간의 커뮤니케이션

② 분류: 이문화 커뮤니케이션은 언어적 커뮤니케이션과 비언어적 커뮤니케이션으로 구분됨

실력 업 노트

언어적 커뮤니케이션
의사를 전달할 때 직접적으로 이용되는 것으로, 외국어 사용 능력과 직결됨

비언어적 커뮤니케이션
상대국의 문화적 배경에 입각한 생활양식, 행동규범, 가치관 등

4. 글로벌시대에서 국제 매너의 중요성

인사법	• 영미권 인사법 - 악수는 일어서서, 상대의 눈이나 얼굴을 보면서, 오른손으로 상대의 오른손을 잠시 힘주어서 잡았다가 놓음 - 이름이나 호칭을 자신의 마음대로 부르지 않고 어떻게 부를지 먼저 물어보는 것이 예의 • 영미권의 명함 교환법 - 영미권의 명함은 사교용과 업무용으로 나뉘며, 업무용 명함에는 이름, 직장 주소, 직위를 표기 - 명함은 악수를 한 이후 교환하며, 아랫사람이나 손님이 먼저 꺼내 오른손으로 상대에게 주고, 받는 사람은 두 손으로 받는 것이 예의 - 받은 명함은 보고 나서 탁자 위에 보이게 놓은 채로 대화를 하거나, 명함 지갑에 넣음 - 명함을 구기거나 계속 만지는 것은 예의에 어긋남 • 아프리카의 대화법 - 상대와 시선을 마주 보며 대화하면 실례이므로 코끝 정도를 보면서 대화하는 것이 좋음 • 러시아와 라틴아메리카의 인사법 - 주로 포옹을 하는데 이는 매우 친밀함의 표현이므로 이를 이해하고 자연스럽게 받아주는 것이 좋음
시간 약속	• 미국 - 시간을 돈과 같이 생각하여 시간 엄수를 매우 중요하게 생각하므로 시간을 지키지 않는 사람과는 같이 일을 하려고 하지 않음 • 라틴아메리카나 동부 유럽, 아랍지역 - 시간 약속은 형식적이며 상대가 기다려줄 것으로 생각하기 때문에 이 지역 사람들과 일을 같이할 때는 인내를 가지고 예의 바르게 기다려주는 것이 필요함
식사예절	• 서양요리 - 수프는 소리 내면서 먹지 않으며 입으로 불어서 식히지 않고 숟가락으로 저어서 식힘 - 포크와 나이프는 바깥쪽에서 안쪽 순으로 사용함 - 빵은 수프를 먹고 난 후부터 먹으며 디저트가 나오기 전까지 먹을 수 있음 - 빵은 칼이나 이로 자르지 않고 손으로 떼어 먹음 - 생선요리는 뒤집어 먹지 않고, 스테이크는 처음에 다 자르지 않고 잘라가면서 먹는 것이 좋음

NCS 전문가의 TIP

국제 매너는 주로 사례 제시형으로 출제되므로 상황별 사례를 익혀두는 것이 좋습니다.

National Competency Standards

출제예상문제

영역: 조직이해능력 하위능력: 조직이해능력 난이도: ★☆☆

01. 다음 중 조직의 유형에 대한 설명으로 적절한 것을 모두 고르면?

> ㉠ 역사 속에서 보면 조직은 자유로운 비공식 조직에서 공식 조직으로 발전해왔다.
> ㉡ 공식 조직 내에서는 또 다른 공식 조직이 생성될 수 있지만, 비공식 조직은 생성될 수 없다.
> ㉢ 대표적인 영리 조직으로는 정부 조직, 기업, 병원 등이 있다.
> ㉣ 최근 다국적 기업과 같은 대규모 조직이 증가하고 있다.

① ㉠, ㉡ ② ㉠, ㉢ ③ ㉠, ㉣ ④ ㉡, ㉢ ⑤ ㉢, ㉣

핵심 포인트 해설 **조직의 분류**

㉠ 조직이 발달해 온 역사를 보면 자유로운 비공식 조직으로부터 공식화가 진행되어 공식 조직으로 발전해왔음을 알 수 있으므로 적절하다.
㉣ 최근에는 다국적 기업과 같은 대규모 조직이 증가하고 있으므로 적절하다.
㉡ 공식 조직 내에서는 인간관계를 토대로 한 비공식 조직이 새롭게 생성되기도 하므로 적절하지 않다.
㉢ 기업은 이윤을 목적으로 하는 영리 조직이며, 정부 조직과 병원은 공익을 추구하는 비영리 조직이므로 적절하지 않다.

이것도 알면 합격

조직의 분류

- **공식성에 따른 분류**: 공식 조직, 비공식 조직
- **영리성에 따른 분류**: 영리 조직, 비영리 조직
- **규모에 따른 분류**: 소규모 조직, 대규모 조직

정답 ③

영역: 조직이해능력 하위능력: 조직이해능력 난이도: ★☆☆

02. 마케팅팀 최 팀장은 새 프로젝트를 시작하면서 팀원들과 논의하여 팀 목표를 세우고자 한다. 다음 중 조직목표의 기능 및 특징에 대한 설명으로 가장 적절한 것은?

① 공식적 목표는 조직이 실제적인 활동을 통해 달성하고자 하는 것으로, 측정 가능한 형태로 기술되는 단기적인 목표이다.

② 조직목표는 조직이 나아갈 방향을 제시하고, 구성원들의 의사결정의 기준이 되기도 한다.

③ 조직목표는 여러 개일 수도 있으며, 모든 목표는 중요도가 일정한 수평적인 관계를 가지고 있다.

④ 조직목표에 영향을 미치는 외적 요인으로는 리더의 결단이나 태도 변화, 목표 형성 과정의 변화 등이 있다.

⑤ 조직목표는 한번 수립되고 나면 목표를 달성할 때까지 변하지 않고 지속된다.

핵심 포인트 해설 **조직목표의 기능 및 특징**

조직목표 중 운영목표는 조직이 나아갈 방향을 제시하고, 구성원들이 여러 가지 행동 대안 중에서 적합한 것을 선택하고 의사결정을 할 수 있는 기준도 제시하므로 가장 적절하다.

① 조직이 실제적인 활동을 통해 달성하고자 하는 것으로, 측정 가능한 형태로 기술되는 단기적인 목표는 세부목표 또는 운영목표이며, 이 목표들은 공식적 목표와 다를 수 있으므로 적절하지 않다.

③ 조직목표는 다수일 수 있으나, 이들은 위계적 상호관계로 이루어져 서로 영향을 주고받으므로 적절하지 않다.

④ 리더의 결단이나 태도 변화, 목표 형성 과정의 변화, 조직 내 권력 구조의 변화 등은 조직목표에 영향을 미치는 내적 요인이며, 외적 요인으로는 경쟁업체의 변화, 조직 자원의 변화, 경제 정책의 변화 등이 있으므로 적절하지 않다.

⑤ 조직목표는 환경이나 조직 내의 다양한 원인에 의해 변동되거나 없어지고 새로운 목표로 대치되기도 하므로 적절하지 않다.

정답 ②

영역: 조직이해능력 **하위능력:** 경영이해능력 **난이도:** ★☆☆

03. 경영의 구성요소 중 조직의 자원을 효과적으로 운영하여 무엇을 어떻게 달성해야 하는지 제시하고 기업 내 모든 자원의 조직화를 통해 경쟁우위를 확보하는 일련의 활동을 의미하는 것은?

① 경영목적　② 인적자원　③ 경영전략
④ 자금　⑤ 구조

핵심 포인트 해설 **경영의 구성요소**

경영의 구성요소에는 '경영목적, 인적자원(조직구성원), 경영전략, 자금'이 있다. 조직의 자원을 효과적으로 운영하여 경영목적을 달성하기 위해 기업 내 모든 자원을 조직화하고 경쟁우위를 확보하는 일련의 활동을 의미하는 것은 '경영전략'이다.

이것도 알면 합격

경영의 구성요소

- **경영목적**: 조직의 목적을 어떤 과정과 방법을 택하여 수행할 것인가를 구체적으로 제시해 줌
- **인적자원(조직구성원)**: 조직에서 일하고 있는 임직원으로, 이들이 어떠한 역량을 가지고 어떻게 직무를 수행하는지에 따라 경영성과가 달라짐
- **경영전략**: 변화하는 환경에 적응하고 경영목적을 달성하기 위해 기업 내 모든 역량과 자원을 조직화하고, 이를 실행에 옮겨 경쟁우위를 달성하는 일련의 방침 및 활동을 의미함
- **자금**: 경영활동에 요구되는 돈으로, 조직의 지속가능성을 유지하기 위한 재무적 기초가 됨

정답 ③

영역: 조직이해능력 하위능력: 경영이해능력 난이도: ★☆☆

04. 다음은 경영의 과정에 대한 자료이다. 자료의 내용 중 가장 적절하지 않은 것은?

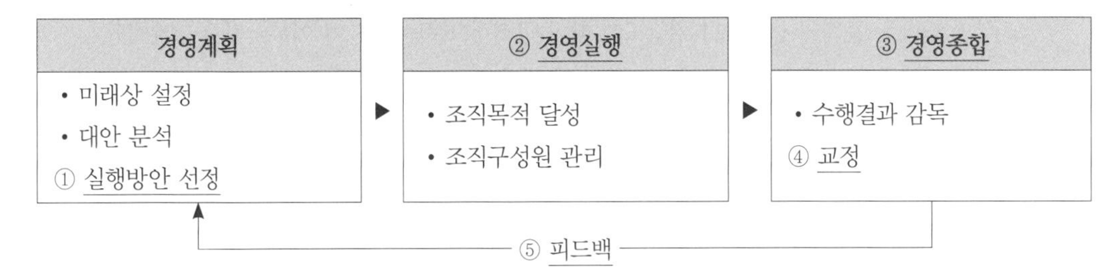

핵심 포인트 해설 경영의 과정

수행결과를 감독하고 교정하여 다시 피드백하는 단계는 경영평가 단계이므로 가장 적절하지 않은 것은 ③이다.

정답 ③

영역: 조직이해능력 하위능력: 경영이해능력 난이도: ★★☆

05. **다음 중 조직의 의사결정과정에서 확인, 개발, 선택 단계에 대한 설명으로 가장 적절한 것은?**

① 확인 단계는 문제의 중요도나 긴급도에 따라 공식적으로만 진단이 이루어지는 단계이다.

② 개발 단계에서 이전에 없었던 새로운 문제의 해결안을 설계할 때는 다양한 의사결정 기법을 통해 시행착오 과정을 거치면서 적절한 해결방안을 찾는다.

③ 선택 단계에서 해결방안이 마련되면 조직 내 관련자와의 대화나 공식적인 문서 등을 참고하여 실행 가능한 해결안을 선택한다.

④ 의사결정이 필요한 문제를 인식한 경우 진단 시간을 줄이고 즉각적으로 대응하는 것이 일반적인 방법이다.

⑤ 개발을 위한 방법은 의사결정권자 한 사람의 판단에 의한 개발, 경영과학 기법 등의 분석에 의한 개발, 이해관계집단의 교섭에 의한 개발로 총 3가지로 분류할 수 있다.

핵심 포인트 해설 **조직의 의사결정과정**

개발 단계에서 이전에 없었던 새로운 문제의 해결안을 설계할 때는 의사결정자들이 가진 해결방안은 불확실하여 다양한 의사결정 기법을 통해 시행착오 과정을 거치면서 적절한 해결방안을 찾으므로 가장 적절하다.

① 확인 단계는 문제의 중요도나 긴급도에 따라 체계적으로 진단이 이루어지지만, 비공식적으로도 이루어지므로 적절하지 않다.

③ 관련자와의 대화나 공식적인 문서 등을 참고하는 것은 개발 단계에서 조직 내의 기존 해결방안을 모색하는 방법이므로 적절하지 않다.

④ 확인 단계는 의사결정이 필요한 문제를 인식하고 이를 진단하는 단계로, 일반적으로는 다양한 문제를 리스트하여 주요 문제를 선별하거나, 문제의 증상을 리스트하여 증상의 근본적인 원인을 찾아야 한다. 이때, 문제를 신속히 해결할 필요가 있는 경우에 진단 시간을 줄이고 즉각 대응해야 하므로 적절하지 않다.

⑤ 의사결정권자 한 사람의 판단에 의한 선택, 경영과학 기법과 같은 분석에 의한 선택, 이해관계집단의 토의와 교섭에 의한 선택은 선택 단계에서 선택을 위한 방법에 해당하므로 적절하지 않다.

이것도 알면 합격

조직의 의사결정과정

단계	내용
확인 단계	의사결정이 필요한 문제를 인식하는 단계로, 외부환경이 변화하거나 내부에서 문제가 생겼을 때 발생함
▼	
개발 단계	확인된 주요 문제나 근본 원인에 대하여 해결방안을 모색하는 단계로, 조직 내 기존 해결방법 중에서 당면한 문제의 해결방법을 찾는 과정인 탐색과 새로운 문제인 경우에 실시해야 하며, 불확실한 해결방법만을 가지고 있는 의사결정자들이 다양한 의사결정 기법을 통하여 시행착오적 과정을 거치면서 적합한 해결방법을 찾아 나가는 과정인 설계 2가지 방식으로 이루어짐
▼	
선택 단계	해결방안을 마련하고 실행 가능한 해결안을 선택함

정답 ②

06. 다음 글을 읽고 ㉠~㉢에 들어갈 말을 순서대로 나열한 것은?

> 조직의 경영전략이란 변화하는 내·외부 환경에 적응하기 위해 경영활동을 체계화한 것이다. 조직의 경영전략은 목표 달성을 위한 수단으로 사용되어야 하며, 모든 조직구성원은 목표 달성에 기여하기 위해 조직의 경영전략을 명확하게 이해해야 한다. 대표적으로 경쟁 우위와 경쟁 영역을 기준으로 분류한 마이클 포터의 본원적 경영전략 중 첫 번째 유형은 (㉠)이다. 해당 전략은 경쟁사의 제품과 동일한 제품을 판매할 때 자사의 제품 가격을 낮추는 전략이다. 가격 우위를 통해 자사의 경쟁력은 강화하고, 경쟁사의 경쟁력은 약화하는 효과가 있다. 두 번째 유형은 (㉡)이다. 해당 전략은 경쟁 제품과 뚜렷하게 구분되는 특징을 창조하여 경쟁 우위를 달성하는 것을 목표로 한다. 특히 독특함에 대해 기꺼이 프리미엄을 지불하는 고객들의 성향에 의해 상대적으로 높은 수익성을 얻을 수 있다. 마지막 유형은 (㉢)이다. 해당 전략은 제품, 고객, 지역 등을 한정하여 기업의 자원을 집중적으로 투입하는 전략이다. 전체 시장을 겨냥하는 다른 전략과는 달리 특정 시장만을 대상으로 경쟁하기 때문에 경쟁하는 기업이 적어 전면적 경쟁에서 불리하거나, 보유 자원이 부족한 기업에 적합한 전략이다.

① 차별화 전략 – 원가 우위 전략 – 집중화 전략
② 차별화 전략 – 집중화 전략 – 원가 우위 전략
③ 원가 우위 전략 – 차별화 전략 – 집중화 전략
④ 원가 우위 전략 – 집중화 전략 – 차별화 전략
⑤ 집중화 전략 – 차별화 전략 – 원가 우위 전략

PART 1 NCS 직업기초능력평가
9. 조직이해능력
단기 합격 해커스공기업 NCS 직업기초능력평가 입문서

핵심 포인트 해설 경영전략의 유형

㉠ 경쟁사의 제품과 동일한 제품을 판매할 때 자사의 제품 가격을 낮춰 높은 경쟁력을 확보하는 전략은 '원가 우위 전략'에 해당한다.
㉡ 경쟁 제품과 구분되는 뚜렷한 특징을 창조하여 경쟁우위를 달성하는 전략은 '차별화 전략'에 해당한다.
㉢ 제품, 고객, 지역 등 특정 영역으로 시장을 한정하여 기업의 자원을 집중적으로 투입하는 전략은 '집중화 전략'에 해당한다.

정답 ③

07. 직장인을 대상으로 하는 경영학 수업을 수강 중인 선 과장은 이번 주 과제로 조직목표에 관한 리포트를 작성하고 있다. 선 과장이 작성한 리포트의 일부가 다음과 같을 때, 수정이 필요한 부분은?

강의명	경영학원론 저녁반	학생 이름	선○○

1. **조직목표의 개념**

   조직이 달성하려는 미래의 상태

2. **조직목표의 기능**

   조직목표는 조직이 존재하는 정당성과 합법성의 근거를 제공하여 조직이 나아갈 방향을 제시하며, 조직구성원의 의사결정 기준이자 업무 수행에 동기를 부여하는 역할을 한다. 또한, ① 각기 다른 업무를 하는 조직구성원 사이에 공통 목표를 제공함으로써 의사소통을 원활하게 만들어 조직의 손실을 최소화한다. 이외에도 조직구성원의 업무 수행 결과를 평가하는 기준, 조직구조 및 운영과정 등 조직체제를 구체화하는 기준으로도 작용한다. 한마디로 조직목표는 조직이 달성하고자 하는 미래의 상태와 현재 조직행동의 방향성을 결정하는 기능을 한다.

3. **조직목표의 특징**

   ② 조직목표는 크게 공식적 목표와 실제적 목표로 구분되는데, 공식적 목표와 실제적 목표는 다를 수 있다. 공식적 목표는 조직의 사명을 제시하여 조직의 비전, 가치, 신념 등을 나타내고 조직이 존재하는 이유를 설명한다. ③ 운영목표라고도 불리는 실제적 목표는 조직이 실제 활동을 통해 이루고자 하는 목표를 측정할 수 있는 형태로 정리한 단기적인 목표를 의미한다.

   조직목표 사이에는 위계적 상호 관계가 존재하며, 조직의 구성 요소와도 상호 관계를 갖는다. ④ 조직목표는 조직 내 모든 업무의 지표가 된다는 점에서 포괄적이고 추상적으로 제시할수록 더 높은 성과를 달성할 수 있다. 조직은 다수의 조직목표를 추구할 수 있는데, 조직목표는 다양한 원인에 의해 변화하기 때문에 가변적이다.

4. **조직목표 변화에 영향을 미치는 요인**

내적 요인	조직 리더의 태도 변화, 조직 내 권력 구조의 변화, 조직 내 목표 형성 과정의 변화 등
외적 요인	경쟁 업체의 변화, 국내외 경제 정책의 변화 등

5. ⑤ **실제적 목표의 여섯 가지 영역**

전체 성과	조직의 성장 목표	시장	시장점유율 및 브랜드 가치 향상
생산성	투입 자원 대비 산출량 향상	자원	조직에 필요한 자금·물자 확보
혁신과 변화	조직 내·외부 환경 변화에 대응	인력개발	조직구성원 관리

핵심 포인트 해설 **조직목표**

조직목표는 구체적이고 현실적으로 제시할수록 더 높은 성과를 달성할 수 있으므로 조직목표를 포괄적이고 추상적으로 제시할수록 더 높은 성과를 이룰 수 있다는 부분이 수정되어야 한다.

① 조직목표는 각각 다른 업무를 하는 조직구성원 사이에 공통된 목표를 제공함으로써 소속감과 일체감을 느끼게 만들고 의사소통을 원활하게 만들어 조직의 손실을 최소화한다.
② 조직목표는 크게 조직이 공식적으로 추구하는 공식적 목표와 실제로 추구하는 실제적 목표로 구분되며 공식적 목표와 실제적 목표는 다를 수 있다.
③ 운영목표라고도 불리는 실제적 목표는 사명을 달성하기 위한 세부 목표로, 조직이 실제 활동을 통해 이루고자 하는 목표를 측정할 수 있는 형태로 정리한 단기적 목표이다.
⑤ 조직목표 중 운영목표에 해당하는 실제적 목표에는 전체 성과, 시장, 생산성, 자원, 혁신과 변화, 인력개발 영역이 포함되어야 한다.

정답 ④

영역: 조직이해능력 하위능력: 체제이해능력 난이도: ★★★

08. 조직구조는 의사결정 권한의 집중 정도, 명령계통, 최고경영자의 통제, 규칙과 규제의 정도에 따라 기계적 조직과 유기적 조직으로 구분된다. 다음 중 기계적 조직과 유기적 조직에 대한 설명으로 적절한 것을 모두 고르면?

> ㉠ 기계적 조직에서는 표준화된 업무를 분장하고 있지만, 유기적 조직하에서의 업무는 고정되어 있지 않다.
> ㉡ 기계적 조직에서의 상하 간 의사소통은 비공식적인 경로를 통해 이루어지지만, 유기적 조직에서의 상호 간 의사소통은 공식적인 경로를 통해 이루어진다.
> ㉢ 기계적 조직에서는 구성원 간의 상호작용을 통해 개인의 업무가 조정되지만, 유기적 구조에서는 상사의 조정에 따라 개인의 업무가 달라진다.
> ㉣ 기계적 조직에서는 규칙과 규정을 강조하지만, 유기적 조직에서의 규칙과 규정은 비교적 느슨하다.
> ㉤ 기계적 조직은 기술이나 시장환경의 불확실성이 낮은 경우에 적합하며, 유기적 조직은 기술이나 시장환경의 확실성이 낮은 환경에 적합하다.

① ㉠, ㉢ ② ㉠, ㉤ ③ ㉡, ㉢ ④ ㉠, ㉣, ㉤ ⑤ ㉡, ㉢, ㉤

핵심 포인트 해설 **기계적 조직과 유기적 조직**

㉠ 기계적 조직에서는 구성원들의 업무가 분명하게 정의되어 있지만, 유기적 조직에서는 업무가 고정되어 있지 않아 업무의 공유가 가능하므로 적절하다.
㉣ 기계적 조직에서는 구성원이 지켜야 하는 규칙과 규제의 정도가 높지만, 유기적 조직에서는 규칙과 규제의 정도가 낮아 상황이 변화함에 따라 규칙이나 규제 또한 쉽게 변할 수 있으므로 적절하다.
㉤ 기계적 조직은 기술이나 시장이 안정적이고 불확실성이 낮은 환경에 적합하지만, 유기적 조직은 기술이나 시장이 급변하여 불확실성이 비교적 높은 환경에 적합하므로 적절하다.
㉡ 기계적 조직에서의 의사소통은 공식적인 경로를 통해 상하 간에 이루어지지만, 유기적 조직에서의 의사소통은 비공식적인 경로를 통해 상호 간에 이루어지므로 적절하지 않다.
㉢ 기계적 조직에서의 개인 업무는 상사의 조정에 따라 달라질 수 있지만, 유기적 조직에서의 개인 업무는 구성원 간의 상호작용에 따라 달라지므로 적절하지 않다.

이것도 알면 합격

기계적 조직과 유기적 조직의 비교

구분	기계적 조직	유기적 조직
업무와 권한	조직구성원의 업무는 표준화 되어 있으며, 권한이 분명하게 구분되어 각 역할에 명확한 책임이 부여됨	조직구성원의 업무가 고정되어 있지 않아 조직 내 하부 구성원에게 권한이 위임되고 업무가 유동적임
조직 환경	기술이나 시장환경의 확실성이 높은 안정적인 환경 내에서 반복적인 업무를 하는 조직에 효율적임	기술이나 시장환경의 확실성이 비교적 낮은 급변하는 조직에 효율적임
의사소통	공식적인 경로를 통해 상하 간 수직적인 의사소통이 이루어짐	비공식적인 경로를 통해 상호 간 수평적인 의사소통이 이루어짐
업무조정	상사의 조정에 따라 개인의 업무가 달라지면 상사는 그 조정에 대한 책임을 짐	다른 구성원과의 상호작용을 통해 개인의 업무가 조정됨
규칙의 정도	조직구성원에게 요구하는 규칙과 규제의 정도가 높음	조직구성원에게 요구하는 규칙과 규제의 정도가 낮음

정답 ④

영역: 조직이해능력 하위능력: 업무이해능력 난이도: ★★☆

09. 귀하는 신입사원 교육을 위해 자신의 부서에서 주로 담당하는 업무 리스트를 정리하였다. 다음 업무 리스트를 참고하였을 때, 귀하가 근무하는 부서로 가장 적절한 것은?

업무 리스트	
1	자사의 고정자산 파악 및 관련 업무
2	보험가입 및 보상 업무
3	법인세, 부가가치세 관련 자문과 지원 업무
4	재무상태 파악을 통한 경영실적 보고 업무
5	재무제표 분석 및 보고 업무

① 총무 부서 ② 인사 부서 ③ 기획 부서 ④ 회계 부서 ⑤ 영업 부서

핵심 포인트 해설 **회계 부서의 업무 리스트**

고정자산 관련 업무, 보험가입 및 보상 업무, 법인세와 부가가치세 관련 자문과 지원 업무, 재무상태 및 경영실적 보고 업무, 재무제표 분석 및 보고 업무 등은 '회계 부서'에서 담당하므로 귀하가 근무하는 부서로 가장 적절한 것은 '회계 부서'이다.

정답 ④

영역: 조직이해능력 하위능력: 체제이해능력 난이도: ★★★

10. **A 대학교에서 조직체제의 이해에 대한 강의를 진행하고 있는 귀하는 지난주에 시행한 중간고사 시험지를 채점하고 있다. 다음 ㉠~㉤에 대한 답변이 맞으면 1점을, 틀리면 0점을 준다고 가정하였을 때, 권아영 학생이 받을 중간고사 점수는?** (단, 각 문제의 배점은 1문제당 1점이다.)

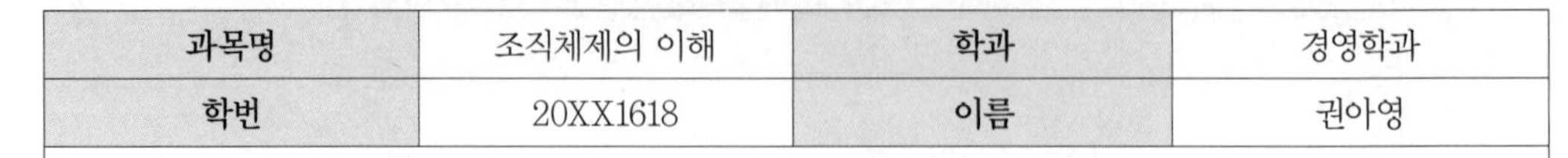

과목명	조직체제의 이해	학과	경영학과
학번	20XX1618	이름	권아영

㉠ 다음과 같은 조직구조 형태를 이루는 조직의 특징을 간략하게 서술하시오.

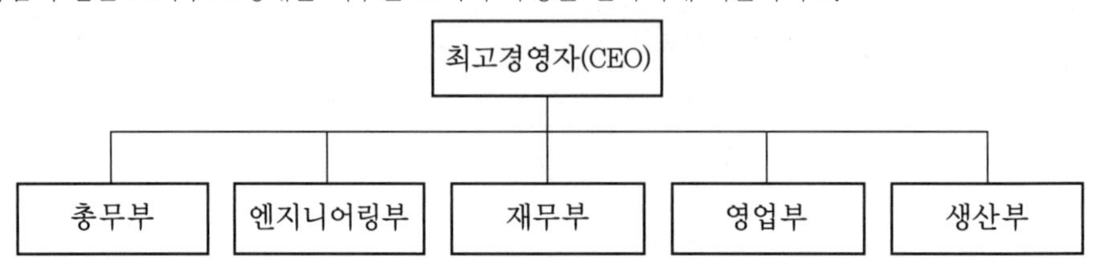

답: 기능적 조직구조로, 업무의 내용이 유사하고 관련성 있는 것들이 결합한 형태이다. 안정적인 환경이나 조직의 내부 효율성을 중요하게 여기며, 기업의 규모가 작을 때 유용하다.

[㉡-㉣] 다음 문장의 내용이 맞으면 O, 틀리면 X 표시하시오.

㉡ 사업별 조직구조는 제품, 서비스, 지역, 주요 프로젝트 등에 따라 사업부를 구분하고, 독자적 권한과 책임을 부여한다. (답: O)

㉢ 핵심적인 부문에만 조직의 활동을 집중하고, 나머지 부문은 아웃소싱이나 전략적 제휴 등을 통해 외부의 전문가에게 맡기는 조직구조 형태는 '네트워크 조직구조'이다. (답: X)

㉣ 조직구조는 조직의 전략, 규모, 기술, 환경 등의 영향을 받아서 조직마다 다양하게 나타난다. (답: O)

㉤ 매트릭스 조직구조의 형태를 간단하게 그리시오.

답:

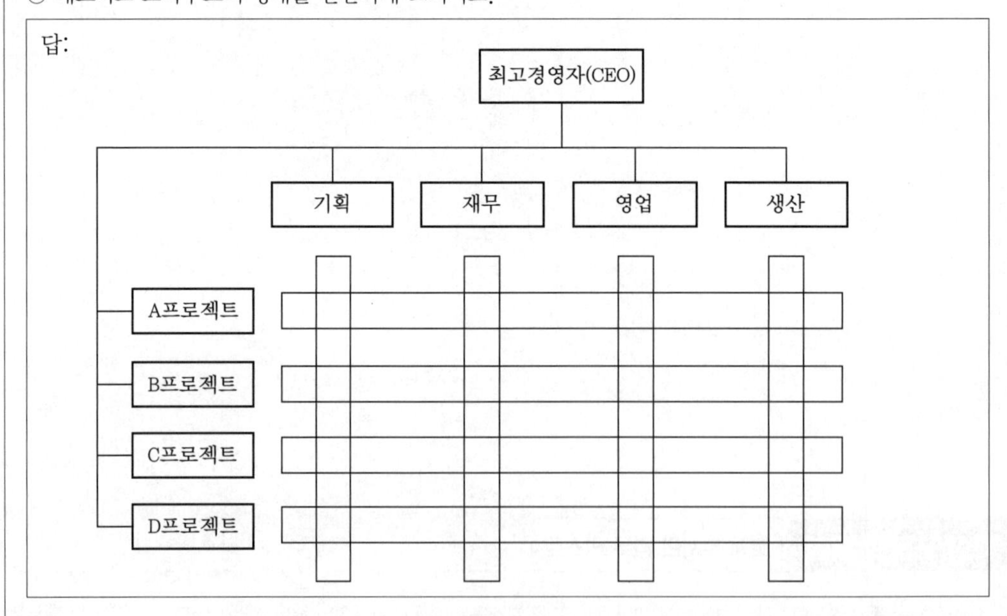

① 1점 ② 2점 ③ 3점 ④ 4점 ⑤ 5점

핵심 포인트 해설 **조직구조**

㉠ 기능적 조직구조는 업무의 내용이 유사하고 관련성 있는 것들이 결합한 조직구조 형태로, 안정적인 환경이나 조직 내부의 효율성을 중시하며 기업의 규모가 작을 때 유용한 특징이 있으므로 1점을 받는다.
㉡ 사업별 조직구조는 제품, 서비스, 지역, 시장, 주요 프로젝트 등에 따라 사업부를 구분하고 독자적인 권한과 책임을 부여하는 것이 맞아서 O 표시를 해야 하므로 1점을 받는다.
㉢ 핵심적인 부문에만 조직의 활동을 집중하고, 나머지 부문은 아웃소싱이나 전략적 제휴 등을 통하여 외부의 전문가에게 맡기는 조직구조 형태는 네트워크 조직구조가 맞아서 O 표시를 해야 하므로 0점을 받는다.
㉣ 조직구조는 조직의 전략, 규모, 기술, 환경 등의 영향을 받아서 조직마다 다양하게 나타나는 것이 맞아서 O 표시를 해야 하므로 1점을 받는다.
㉤ 매트릭스 조직구조는 기능적 조직구조와 프로젝트 조직이 결합한 이중 구조 조직으로, 구성원이 본래의 종적 계열에 소속됨과 동시에 횡적 계열이나 프로젝트팀의 일원으로 임무를 수행할 수 있는 형태로 그려야 하므로 1점을 받는다.
따라서 권아영 학생이 받을 중간고사 점수는 '4점'이다.

정답 ④

영역: 조직이해능력 **하위능력:** 업무이해능력 **난이도:** ★★☆

11. 다음 중 업무 수행의 방해요인을 효과적으로 관리하지 못한 사람을 모두 고르면?

> A: 난 영업팀에서 근무하기 때문에 외부 업체와의 연락이 잦은 편이야. 그렇지만 매번 즉각적으로 연락에 답할 수는 없으니 3시간에 한 번 정도 메일을 확인하는 편이지.
> B: 그렇게 되면 긴급한 연락을 놓칠 수도 있지 않을까? 난 그래서 틈틈이 메일에 접속해서 광고 메일과 업무 메일을 분류하고는 해.
> C: 우리 팀은 타 부서와의 커뮤니케이션이 불가피한데, 저번에 다른 팀 직원이랑 갈등을 빚은 적이 있었어. 그 직원이 감정적인 편이라서 우선 갈등 상황에서 회피하고 지금은 시간을 두고 있어.
> D: 나도 저번에 후배 사원이랑 약간의 언쟁이 있었는데, 대화를 시도해 보니까 서로의 입장이 이해 가더라고. 왜 서로 마찰이 있었는지 원인도 알게 되었고 둘 다 납득할 수 있는 방법으로 협의했어.
> E: 나는 요즘 야근이 잦아서 스트레스가 심해. 그래서 왜 야근을 자주 하는지 돌이켜봤더니 쓸데없는 데 시간을 많이 쏟고 있는 것 같아서 시간관리를 효율적으로 해야겠다고 생각했어.

① B ② C ③ A, E ④ B, C ⑤ A, C, D

핵심 포인트 해설 | **업무 수행 방해요인의 관리법**

B: 방문, 인터넷, 전화, 메신저 등의 업무 방해요인을 해결하기 위해서는 모든 연락에 즉각적으로 대답하기보다는 시간이나 빈도 등을 정하여 효과적으로 통제해야 하므로 틈틈이 메일에 접속하여 광고 메일과 업무 메일을 분류하는 것은 적절하지 않다.
A: 방문, 인터넷, 전화, 메신저 등의 업무 방해요인을 해결하기 위해서는 3시간에 10분 단위로 메일을 확인하거나 외부 방문 시간을 정하는 것이 좋으므로 적절하다.
C: 갈등관리의 업무 방해요인을 해결하기 위해서는 경우에 따라 직접적인 해결보다 갈등 상황에서 벗어나는 회피전략이 효과적일 수 있으므로 적절하다.
D: 갈등관리의 업무 방해요인을 해결하기 위해서는 갈등을 받아들이고 갈등 원인과 조직에 이익이 되는 해결책이 무엇인지 객관적으로 평가하여 대화와 협상으로 의견을 일치시켜야 하므로 적절하다.
E: 스트레스의 업무 방해요인을 해결하기 위해서는 효율적인 시간관리를 통해 업무 과중을 극복해야 하므로 적절하다.

정답 ①

12. 신문사에서 근무하고 있는 귀하는 1주일에 1회씩 총 3주간 생활습관병 관련 칼럼을 연재하고자 한다. 칼럼을 작성하기에 앞서 귀하가 작성한 업무 계획표가 다음과 같다고 할 때, 이 계획표를 지칭하는 용어로 가장 적절한 것은?

[건강·의학 칼럼 작성 계획표]

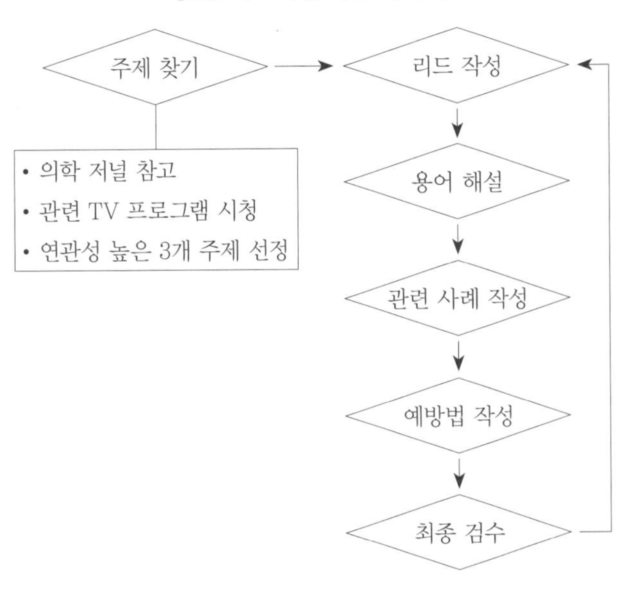

① 체크리스트 ② 워크 플로 시트 ③ 마인드맵
④ 간트 차트 ⑤ 다이어그램

핵심 포인트 해설 **워크 플로 시트**

제시된 계획표는 일의 흐름을 동적으로 보여주는 데 효과적인 '워크 플로 시트(Work flow sheet)'이다.

이것도 알면 합격

업무 수행 시트의 종류

- **간트 차트**: 전체 일정을 한눈에 볼 수 있고, 단계별로 소요되는 시간과 각 업무 활동 사이의 관계를 알 수 있음
- **워크 플로 시트**: 사용하는 도형을 다르게 표현함으로써 업무의 성격을 구분하고, 각 업무별 소요 시간을 표기함으로써 일의 흐름을 동적으로 확인할 수 있음
- **체크리스트**: 업무의 각 단계를 효과적으로 수행했는지 스스로 점검해 볼 수 있는 도구

정답 ②

영역: 조직이해능력 하위능력: 국제감각 난이도: ★★☆

13. **다음 중 나라별 인사 예절에 대한 설명으로 가장 적절하지 않은 것은?**

> 악수는 모든 나라에서 가장 통용되어 사용하고 있는 인사법이다. 영미권에서는 상대방과 악수를 할 때 일어서서 해야 하며, 상대방의 눈이나 얼굴은 보면서 자신의 오른손으로 상대방의 오른손을 잠시 힘주어서 잡았다가 놓아야 한다. ① 미국에서는 악수할 때 상대방의 손끝만 잡으면 예의에 어긋난다고 생각하기 때문에 이 점을 주의해야 한다. 또한, 이름이나 호칭을 어떻게 부를지 상대방에게 먼저 물어보는 것이 예의이기 때문에 자신의 마음대로 이름이나 호칭을 부르지 않도록 해야 한다. ② 러시아에서는 상대방과 대화할 때 시선을 마주 보며 대화하면 실례이므로 코끝 정도를 보면서 대화하는 것이 좋다. ③ 라틴아메리카에서는 주로 포옹을 하는데 이는 매우 친밀함의 표현이므로 이를 이해하고 자연스럽게 받아주는 것이 좋다. 업무와 관련해서 다른 나라 사람들을 만나게 될 경우 명함을 많이 주고받게 되는데, 업무용 명함은 악수를 한 이후에 교환해야 한다. ④ 아랫사람이나 손님이 먼저 꺼내 상대방에게 오른손으로 명함을 건네주어야 하며, 받는 사람은 두 손으로 받아야 한다. ⑤ 받은 명함은 한 번 보고 난 이후에 탁자 위에 올려놓은 채로 대화를 하거나, 명함 지갑에 넣는 것이 예의이다.

핵심 포인트 해설 **나라별 인사 예절**

상대방과 시선을 마주 보며 대화하면 실례라고 생각하기 때문에 상대방의 코끝 정도를 보면서 대화하는 것이 좋은 나라는 아프리카이고, 러시아에서는 주로 포옹을 하므로 가장 적절하지 않다.

정답 ②

영역: 조직이해능력 하위능력: 국제감각 난이도: ★☆☆

14. 다음 중 서양권 식사 예절에 대한 설명으로 적절한 것을 모두 고르면?

> ㉠ 서양요리를 먹을 때 포크와 나이프는 안쪽에서 바깥쪽 순으로 사용해야 한다.
> ㉡ 스테이크는 처음부터 다 잘라 놓고 먹지 않고 잘라가면서 먹는 것이 좋다.
> ㉢ 수프를 먹을 때는 소리를 내지 않도록 하며, 뜨거운 수프는 입으로 불기보다는 숟가락을 이용하여 식혀야 한다.
> ㉣ 빵은 수프를 먹고 난 이후부터 디저트를 먹기 직전까지 먹되, 손으로 떼어 먹지 않도록 하며 칼이나 치아로 잘라서 먹어야 한다.

① ㉠ ② ㉢ ③ ㉠, ㉣ ④ ㉡, ㉢ ⑤ ㉡, ㉢, ㉣

핵심 포인트 해설 **서양권 식사 예절**

서양권 식사 예절에 대한 설명으로 적절한 것은 ㉡, ㉢이다.

이것도 알면 합격

서양권 식사 예절

- 서양요리를 먹을 때 포크와 나이프는 바깥쪽에서 안쪽 순으로 사용해야 함
- 수프는 소리 내면서 먹지 않으며, 뜨거울 경우 입으로 불어서 식히지 않고 숟가락으로 저어서 식혀야 함
- 빵은 수프를 먹고 난 후부터 디저트 직전까지 먹으며, 칼이나 치아로 자르지 않고 손으로 떼어 먹어야 함
- 생선요리는 뒤집어 먹지 않고, 스테이크는 처음에 다 잘라 놓지 않고 자르면서 먹는 것이 좋음

정답 ④

영역: 조직이해능력 하위능력: 국제감각 난이도: ★★☆

15. **다음 중 나라별 비즈니스 매너에 대한 발언으로 가장 적절하지 않은 것은?**

① "중국에서는 황금색이 위상과 번영을 나타내기 때문에 금색으로 인쇄한 업무용 명함을 교환하는 것이 좋습니다."

② "일본은 인맥을 통하지 않고서는 비즈니스를 하기 어려운 특징이 있습니다. 일본 기업과 새로운 거래를 하기 위해서는 반드시 양측을 잘 아는 사람의 소개가 필요합니다."

③ "일본에서는 자신의 집에 초청한다는 것이 자신의 마음을 연다는 의미입니다. 다만, 술을 따를 때와 받을 때 모두 한 손으로 하지 않도록 주의해야 합니다."

④ "미국인들의 식사 시간은 최소 한 시간 이상이 걸리기 때문에 두 시간 정도의 충분한 시간을 생각하고 약속을 잡는 것이 좋습니다."

⑤ "원칙과 완벽주의를 추구하는 독일인들과 협상 시 어떤 이유로든 실망한 기색을 보인다면 즉각 사과할 수 있도록 하며, 그에 대한 보상도 이루어져야 합니다."

핵심 포인트 해설 **나라별 비즈니스 매너**

일본에서는 공식적으로 손님을 집으로 초청하는 일이 드물기 때문에 일본인이 자신의 집을 개방한다는 것은 곧 자신의 마음을 연다는 의미로 이해할 수 있지만, 한 손으로 술을 따르고, 한 손으로 술을 받아도 예의에 어긋나지 않으므로 나라별 비즈니스 매너에 대한 발언으로 가장 적절하지 않다.

정답 ③

National Competency Standards

10. 직업윤리

핵심개념정리

출제예상문제

National Competency Standards

핵심개념정리

직업윤리란?

직업윤리란 업무 상황에서 필요한 마음가짐, 태도, 매너, 올바른 직업관을 말한다. 직업윤리의 하위능력으로는 근로윤리와 공동체윤리로 구성된다. 근로윤리란 업무에 대한 존중을 바탕으로 근면하고 성실하며 정직하게 업무에 임하는 자세를 의미한다. 공동체윤리란 봉사심과 책임감, 인간 존중을 바탕으로 규칙을 준수하며 예의 바른 태도로 업무에 임하는 자세를 의미한다.

실력 업 노트

NCS 전문가의 TIP

실제 시험에서 직업윤리는 다양한 사례와 이론을 접목시킨 문제가 출제되므로 핵심 개념은 물론 관련 사례도 익혀 두는 것이 좋습니다.

직업윤리 하위능력

직업기초능력(10)	영역별 하위능력(34)
의사소통능력	문서이해 문서작성 경청 의사표현 기초외국어
수리능력	기초연산 기초통계 도표분석 도표작성
문제해결능력	사고력 문제처리
자기개발능력	자아인식 자기관리 경력개발
자원관리능력	시간관리 예산관리 물적자원관리 인적자원관리
대인관계능력	팀워크 리더십 갈등관리 협상 고객서비스
정보능력	컴퓨터활용 정보처리
기술능력	기술이해 기술선택 기술적용
조직이해능력	경영이해 체제이해 업무이해 국제감각
직업윤리	**근로윤리 공동체윤리**

직업윤리 핵심 이론 정리

1 직업윤리 소개

1. 윤리의 개념과 특징

1) 윤리(倫理)란?

인간과 인간 사이에서 지켜져야 할 도리를 바르게 하는 것 또는 인간 사회에 필요한 올바른 질서를 의미함

2) 윤리의 중요성

① 사회질서를 유지하며, 개인과 모두의 행복을 보장할 수 있음
② '어떻게 살 것인가' 하는 가치관의 문제와도 관련이 있음

3) 윤리적 인간

4) 윤리규범의 형성

공동생활
+
협력의 필요
▶ 공동 협력 규칙 반복 ▶ 윤리적 규범

2. 직업의 개념과 특징

1) 인간의 삶과 일

① 일은 사람이 살기 위해 필요한 것으로, 인간의 삶을 풍부하고 행복하게 만들어 줌
② 일은 경제적 욕구의 충족뿐만 아니라 자기실현을 위한 수단이기도 하며, 인간의 삶을 구성하는 가장 중요한 요소임

실력 업 노트

윤리(倫理)
- 윤(倫): 인륜 륜
- 리(理): 다스릴 리

2) 직업의 개념과 속성

① 직업(職業)이란?

사회적으로 맡은 역할과 하늘이 맡긴 소명, 전생의 허물을 벗기 위한 과제 등으로 볼 수 있음

② 직업이 갖추어야 할 속성

- 계속성: 주기적으로 일을 하거나, 계절 또는 명확한 주기가 없어도 계속 행해지며, 현재 하고 있는 일을 계속할 의지와 가능성이 있어야 함
- 경제성: 경제적 거래 관계가 성립되는 활동이어야 함
- 윤리성: 비윤리적인 영리 행위나 반사회적인 활동을 통한 경제적 이윤추구는 직업 활동으로 인정되지 않음
- 사회성: 모든 직업 활동이 사회 공동체적 맥락에서 의미 있는 활동이어야 함
- 자발성: 속박된 상태에서의 제반 활동은 경제성이나 계속성의 여부와 상관없이 직업으로 보지 않음

3. 직업윤리의 개념과 특징

1) 직업인으로서 지켜야 할 윤리

① 공통 보편적 일반윤리: 사회시스템 전체의 관계를 규정하고 질서를 유지하게 함

② 특수윤리: 사회를 구성하는 개체로서 각자의 목적달성을 위해 노력하는 기업 및 단체 등 특정 조직구성원 간의 관계를 규정하고 효율을 도모함

2) 직업윤리란?

① 직업 활동을 하는 개인이 자신의 직무를 잘 수행하고 자신의 직업과 관련된 직업과 사회에서 요구하는 규범에 부응하여 개인이 갖추고 발달시키는 직업에 대한 신념, 태도, 행위임

② 개인윤리를 바탕으로 각자가 직업에 종사하는 과정에서 요구되는 특수한 윤리규범을 말함

③ 기본적으로 직업윤리도 개인윤리의 연장선이라 할 수 있음

3) 직업인의 기본자세

① 소명의식과 천직의식을 가져야 함

② 봉사정신과 협동정신이 있어야 함

③ 책임의식과 전문의식이 있어야 함

④ 공평무사한 자세가 필요함

4) 개인윤리와 직업윤리의 조화

① 직업윤리는 개인윤리를 바탕으로 성립되는 규범이지만, 상황에 따라 서로 충돌하거나 배치되기도 함

② 개인윤리와 직업윤리가 충돌할 경우 행동기준으로는 직업윤리가 우선되지만, 기본적 윤리기준에 입각한 개인윤리를 준수하고 공인으로서의 직분을 수행하려는 지혜와 노력이 필요하므로 둘의 균형이 중요함

실력 업 노트

직업(職業)
- 직(職): 사회적 역할의 분배인 직분(職分)
- 업(業): 일 또는 행위, 불교에서 말하는 전생 및 현생의 인연

NCS 전문가의 TIP

직업이 갖추어야 할 속성은 사례제시형으로 다수 출제됩니다. 관련 개념을 정확하게 숙지하고, 사례에 적용시킬 수 있도록 학습해야 합니다.

직업윤리의 기본 원칙
- 객관성의 원칙
- 고객중심의 원칙
- 전문성의 원칙
- 정직과 신용의 원칙
- 공정경쟁의 원칙

소명의식
자신이 맡은 일은 하늘에 의해 맡겨진 일이라고 생각하는 태도

천직의식
자신의 일이 자신의 능력과 적성에 꼭 맞는다고 여기고 그 일에 열성을 가지고 성실히 임하는 태도

전문의식
자신의 일이 누구나 할 수 있는 것이 아니라 해당 분야의 지식과 교육을 밑바탕으로 성실히 수행해야만 가능한 것이라고 믿고 수행하는 태도

공평무사
공평하여 사사로움이 없음

2 근로윤리

1. 근면한 태도

1) 근면이란?

① 고난의 극복이라는 의미를 가짐
② 비선호의 수용 차원에서 개인의 절제나 금욕을 반영함
③ 장기적이고 지속적인 행위 과정으로 인내를 요구함

2) 근면의 종류

① 외부로부터 강요당한 근면
② 자진해서 하는 근면

2. 정직의 개념

① 마음에 거짓이나 꾸밈이 없이 바르고 곧음
② 사람과 사람 사이에 함께 살아가는 사회시스템이 유지되려면, 정직에 기반을 둔 신뢰가 있어야 함

3. 성실한 자세

1) 성실(誠實)이란?

사전에서 성실은 정성스럽고 참됨으로 풀이되며, 단어의 본질로 봤을 때 근면함보다는 충(忠) 혹은 신(信)의 의미에 가까움

2) 우리 사회의 성실성

① 최근 들어 현대 사회의 주요한 사회적 자본으로 성실의 중요성을 부각시키고 있음
② 성실은 개인으로 하여금 자신의 생각이 진리와 부합하려고 부단히 노력하고, 자신의 생각을 그대로 말로 표현하며, 이를 일상생활에서 행동으로 실천하도록 이끎
③ 성실의 덕은 항상성과 정성스러움을 동시에 갖추기 때문에 중요함
④ 성실의 결핍은 생각과 말, 행동의 불일치를 통해 드러나고, 일상의 삶에서 위선과 거짓, 사기, 아첨, 음모 등의 행위로 나타남
⑤ 성실의 시대 개념적 차원에서 볼 때 현대 사회와 어울리지 않는 한계성을 지니므로 이를 명확히 인식하고 현대 사회의 성격에 부합하도록 성실의 전환을 시도하는 데 소홀해서는 안 됨

실력 업 노트

성실(誠實)
- 성(誠): 정성스럽고 순수하며 참됨
- 실(實): 알차고 진실됨

사회적 자본
사회 구성원들이 힘을 합쳐 공동 목표를 효율적으로 추구할 수 있게 하는 자본

항상성
성실이 다른 덕목들의 모태가 되게 하며, 어떠한 일을 할 때 꾸준히 자신의 정성을 다하도록 만듦

3 공동체윤리

1. 봉사와 책임의식의 개념

1) 현대 사회의 직업인에게 봉사란?

일 경험을 통해 다른 사람과 공동체에 대하여 봉사하는 정신을 갖추고 실천하는 태도를 의미하며, 나아가 고객의 가치를 최우선으로 하는 고객 서비스로도 설명할 수 있음

2) 책임의식이란?

직업에 대한 사회적 역할과 책무를 충실히 수행하고 책임지려는 태도이며, 맡은 업무를 어떠한 일이 있어도 수행해 내는 태도임

2. 준법의 개념

① 민주 시민으로서 기본적으로 지켜야 하는 의무이자 생활 자세임
② 준법의식은 시민으로서 자신의 권리를 보장받고, 다른 사람의 권리를 보호해주며 사회 질서를 유지하는 역할을 함

3. 예절의 개념과 특징

1) 예절이란?

생활 문화권에서 오랜 기간에 걸쳐 만들어진 습관을 통해 정립된 하나의 공통된 생활 방법으로, 관습적으로 행해지는 사회 계약적인 생활 규범임

2) 예절의 특성

언어문화권과 밀접한 관계를 갖는 예절은 국가와 겨레에 따라 다르고, 같은 언어·문화권이라도 지방에 따라 다를 수 있음

3) 일터에서의 예절

① 직장예절이란?
- 에티켓과 매너의 차이를 일반화한 비즈니스의 에티켓과 매너를 총칭함
- 직장에서의 예절은 인사, 악수하기, 전화, 명함 주고받기, 상석 서열, 온라인 예절 등 출근 후부터 퇴근할 때까지 모든 일터의 상황에서 요구되는 기본 직장예절이 있음

② 직장에서의 악수예절
- 악수는 오른손으로 하며, 우리나라에서는 악수할 때 가볍게 절을 하지만 서양에서는 허리를 세운 채 악수를 하므로 서양인 바이어를 만날 때는 이를 기억해야 함
- 악수는 윗사람이 아랫사람에게, 여성이 남성에게, 선배가 후배에게, 상급자가 하급자에게 청하는 게 예의임

실력 업 노트

봉사
국가나 사회 또는 남을 위하여 자신을 돌보지 아니하고 힘을 바쳐 애씀

에티켓과 매너의 차이
- 에티켓: 사람과 사람 사이에 마땅히 지켜야 할 규범으로서 형식적인 측면이 강함
- 매너: 에티켓의 형식을 나타내는 방식으로, 방법적 성격이 강함

4. 상호존중의 개념

우리 자신과 다른 사람을 소중히 여기고 그 권리를 배려해 주는 자세이며, 우리가 말하고 행동하고 서로를 대하는 태도 속에 반영되어 있음

NCS 전문가의 TIP

공동체 윤리 속 봉사, 책임 의식, 준법, 예절, 상호 존중 각각의 개념을 정확히 알고 있는지에 대한 문제가 출제되므로 각 개념을 정확하게 학습하는 것이 중요합니다.

National Competency Standards

출제예상문제

영역: 직업윤리 **하위능력:** 직업윤리 **난이도:** ★☆☆

01. 다음 중 윤리에 대해 바르게 이해하지 못한 사람은 총 몇 명인가?

선우: 윤리적 인간은 도덕적 가치신념과 공동의 이익을 추구한다.
예림: 세상에 자기 자신만 존재할 경우, 윤리는 의미가 없는 개념이다.
지원: 동양적 사고에서 윤리는 인간이 태어날 때부터 필연적으로 맺는 천륜과 같은 의미이다.
승희: 윤리의 '윤(倫)'은 동료와 친구, 무리, 또래 등의 인간 집단을, 윤리의 '리(理)'는 다스린다, 바르다, 원리, 이치 등을 뜻하기도 한다.

① 0명 ② 1명 ③ 2명 ④ 3명 ⑤ 4명

핵심 포인트 해설 **윤리의 이해**

지원: 동양적 사고에서 윤리는 후천적으로 사회에서 맺는 인륜과 같은 의미라고 하였으므로 적절하지 않다.
따라서 윤리에 대해 바르게 이해하지 못한 사람은 총 '1명'이다.

선우: 윤리적 인간이란 눈으로 보이는 경제적 이익과 육신의 편안함보다는 도덕적 신념과 삶의 근본적 가치를 추구하는 사람이므로 적절하다.

예림: 윤리는 인간과 인간 사이에서 지켜야 할 도리를 바르게 하는 것으로서 사람이 둘 이상 존재할 때 발생하며 홀로 있을 때 의미가 없어지므로 적절하다.

승희: 의 '윤(倫)'은 동료와 친구, 무리, 또래 등의 인간 집단을 뜻하기도 하고 길, 도리, 질서, 차례, 법(法) 등을 뜻하기도 하며, 윤리의 '리(理)'는 다스린다(治), 바르다(正), 원리(原理), 이치(理致), 가리다(판단, 判斷), 밝히다(해명, 解明), 명백(明白)하다 등의 여러 가지 뜻을 가지고 있으므로 적절하다.

정답 ②

영역: 직업윤리 하위능력: 직업윤리 난이도: ★★☆

02. 다음 글에서 A 씨가 비윤리적 행위를 한 원인으로 가장 적절한 것은?

> 20XX년 1월, 출근길 지하철 열차에서 술에 취한 남성이 다른 승객들에게 욕설을 하며 난동을 부리고 창문을 파손하는 사건이 발생하였다. 경찰은 이날 오전 A 씨를 기물 파손 혐의로 입건했다고 밝혔다. A 씨는 경찰 조사에서 "만취한 상태로 대중교통을 이용하면 승객들에게 피해가 갈 수도 있음을 인지하고 있었으나 그렇게 크게 일이 벌어지리라고는 생각하지 못했다."라고 진술한 것으로 알려졌다.

① 무지 ② 무관심 ③ 무감각 ④ 무의미 ⑤ 무절제

핵심 포인트 해설 **비윤리적 행위의 원인**

A 씨는 만취한 상태로 대중교통을 이용하면 승객들에게 피해가 갈 수 있다는 사실을 알았음에도 크게 일이 벌어지지는 않을 것이라고 대수롭지 않게 여겼으므로 자신의 행위가 비윤리적이라는 것은 알고 있지만 윤리적인 기준에 따라 행동해야 한다는 것을 중요하게 여기지 않는 비윤리적 행위의 원인인 '무관심'에 해당한다.

이것도 알면 합격

비윤리적 행위의 원인

무지	무엇이 옳고 그른지 몰라 비윤리적 행위를 저지르는 것으로, 선을 달성하기 위한 수단적 덕목을 제대로 알지 못하는 경우가 이에 포함됨
무관심	자신의 행위가 비윤리적인 것은 자각하고 있지만 윤리적 기준에 따라 행동해야 한다는 것을 중요하게 여기지 않음
무절제	자신의 행위가 비윤리적인 것을 알고 이러한 행동을 하지 않으려고 노력함에도 불구하고 자신의 통제를 벗어난 요인으로 인해 비윤리적 행위를 저지름

정답 ②

영역: 직업윤리 하위능력: 직업윤리 난이도: ★☆☆

03. 다음 중 직업이 갖추어야 할 속성으로 가장 적절하지 않은 것은?

① 윤리성 ② 사회성 ③ 비자발성 ④ 경제성 ⑤ 계속성

핵심 포인트 해설 **직업이 갖추어야 할 속성**

직업이 갖추어야 할 속성은 계속성, 경제성, 윤리성, 사회성, 자발성 등으로 설명할 수 있으므로 직업이 갖추어야 할 속성으로 가장 적절하지 않은 것은 ③이다.

이것도 알면 합격

직업이 갖추어야 할 속성

속성	의미
계속성	매일·매주·매월 등 주기적으로 일을 하거나 계절 또는 명확한 주기가 없어도 계속 행해지며, 현재 하고 있는 일을 계속할 의지와 가능성이 있어야 함을 의미함
경제성	직업이 경제적 거래 관계가 성립되는 활동이어야 함을 의미함
윤리성	비윤리적인 영리 행위나 반사회적인 활동을 통한 경제적 이윤추구는 직업활동으로 인정되지 않음을 의미함
사회성	모든 직업 활동이 사회 공동체적 맥락에서 의미 있는 활동이어야 함을 의미함
자발성	속박된 상태에서의 제반 활동은 경제성이나 계속성의 여부와 상관없이 직업으로 보지 않음을 의미함

정답 ③

04. 다음 글을 읽고 ㉠, ㉡에 들어갈 직업윤리의 덕목을 순서대로 바르게 나열한 것은?

> 직업이란 경제적인 목적을 넘어 자신의 존재가치를 실현하고 자신의 능력과 노력을 통해 사회에 적극적으로 기여하기 위한 도구이다. 직업을 가진 사람은 누구나 자신의 일이 기업과 사회에 중요한 역할을 하고 있다는 믿음으로 자신의 업무를 수행하는 (㉠)을 가져야 하며, 더 나아가 자신의 직업이 하늘에 의해 자신에게 맡겨진 일이라고 생각하는 (㉡)을 통해 자신의 일에 대한 긍지와 자부심을 느끼는 태도가 중요하다.

① 직분의식 – 소명의식
② 직분의식 – 천직의식
③ 봉사의식 – 전문의식
④ 책임의식 – 소명의식
⑤ 책임의식 – 천직의식

핵심 포인트 해설 직업윤리의 덕목

㉠ 자신이 하고 있는 일이 기업과 사회에서 중요한 역할을 하고 있다고 믿으며 자신의 업무를 수행하는 태도는 '직분의식'에 해당한다.
㉡ 자신의 일이 하늘에 의해 자신에게 맡겨진 일이라고 생각함으로써 자신의 직업에 대해 긍지와 자부심을 느끼는 태도는 '소명의식'에 해당한다.
따라서 빈칸에 들어갈 말을 순서대로 바르게 나열한 것은 '직분의식 – 소명의식'이다.

이것도 알면 합격

직업윤리의 덕목

소명의식	자신의 일이 하늘에 의해 자신에게 맡겨진 일이라고 생각하며 자신의 직업에 대한 긍지와 자부심을 함양하는 태도
천직의식	자신이 하고 있는 일이 본인의 능력과 적성에 꼭 맞는다는 생각으로 열정을 가지고 성실히 임하는 태도
직분의식	자신이 하고 있는 일이 사회나 기업을 위해 중요한 역할을 하고 있다고 믿으며 자신의 활동을 수행하는 태도
책임의식	직업에 요구되는 사회적 역할과 책무를 충실히 수행하고 책임을 다하는 태도
전문가의식	자신의 일이 누구나 할 수 있는 일이 아니라 해당 분야의 지식과 교육을 밑바탕으로 성실히 수행해야만 가능한 것이라 믿고 수행하는 태도
봉사의식	직업 활동을 통해 공동체와 다른 사람들에게 봉사하는 정신을 갖추고 실천하는 태도

정답 ①

영역: 직업윤리 **하위능력:** 직업윤리 **난이도:** ★☆☆

05. **개인윤리와 직업윤리의 조화에 대해 팀원들이 나눈 대화 중 적절하지 않은 이야기를 한 사람을 모두 고르면?**

> **A 사원:** 기업은 경쟁을 통해 사회적 책임을 이행하므로 경쟁력을 높이기 위해서는 조직원 개개인의 역할과 능력이 꾸준히 높아져야 해.
>
> **B 사원:** 직업 활동은 다양한 사람과 연관되어 있어 고도화된 협력을 요구하므로 맡은 책임을 다하되 정확하고 투명한 일 처리가 필요하지.
>
> **C 사원:** 직장에서 맺는 집단적 인간관계에서 필요한 배려는 가족이나 개인적 선호에 의한 친분관계에서 요구되는 배려와 유사한 형태야.
>
> **D 사원:** 개별 직무에서 발생하는 특수한 상황에서는 개인윤리 차원의 보편적인 상식이나 기준으로 규정할 수 없는 경우가 상당해.

① C 사원
② D 사원
③ A 사원, B 사원
④ A 사원, C 사원
⑤ B 사원, C 사원, D 사원

핵심 포인트 해설 **개인윤리와 직업윤리의 조화**

C 사원: 직장에서 맺는 집단적 인간관계는 가족관계, 개인적 친분관계와는 다른 측면의 배려가 요구되므로 가장 적절하지 않다.
따라서 개인윤리와 직업윤리의 조화에 대해 적절하지 않은 이야기를 한 사람은 'C 사원'이다.

이것도 알면 합격

개인윤리와 직업윤리의 조화

- 업무상 개인의 판단과 행동이 사회적 영향력이 큰 기업 시스템을 통하여 다수의 이해관계자와 관련을 맺게 됨
- 수많은 사람이 관련되어 고도화된 공동의 협력을 요구하므로 맡은 역할에 대한 책임 완수가 필요하며, 정확하고 투명하게 일을 처리해야 함
- 규모가 큰 공동의 재산과 정보 등을 개인의 권한 하에 위임 또는 관리하므로 높은 윤리 의식이 요구됨
- 직장이라는 특수 상황에서 갖는 집단적 인간관계는 가족관계나 개인적 선호에 의한 친분과는 다른 측면의 배려가 요구됨
- 기업이 경쟁을 통해 사회적 책임을 다하고 보다 강한 경쟁력을 키우기 위하여 조직원 개개인의 역할과 능력이 경쟁 상황에서 꾸준히 향상되도록 해야 함
- 특수한 직무 상황에서는 개인적 덕목 차원의 일반적인 상식과 기준으로는 규제할 수 없는 경우가 많음

정답 ①

영역: 직업윤리 하위능력: 직업윤리 난이도: ★☆☆

06. 다음 A~C에 들어갈 직업윤리의 기본 원칙을 순서대로 바르게 나열한 것은?

A	업무와 관련된 모든 것을 숨김없이 정직하게 수행하고, 본분과 약속을 지켜 신뢰를 유지하는 원칙
B	업무의 공공성을 바탕으로 공사 구분을 명확히 하고, 모든 것을 숨김없이 투명하게 처리하는 원칙
C	고객에 대한 봉사를 최우선으로 생각하고 현장중심, 실천중심으로 일하는 원칙

	A	B	C
①	전문성의 원칙	객관성의 원칙	고객중심의 원칙
②	전문성의 원칙	공정경쟁의 원칙	객관성의 원칙
③	객관성의 원칙	공정경쟁의 원칙	정직과 신용의 원칙
④	정직과 신용의 원칙	객관성의 원칙	고객중심의 원칙
⑤	정직과 신용의 원칙	공정경쟁의 원칙	고객중심의 원칙

핵심 포인트 해설 **직업윤리의 기본 원칙**

A~C에 들어갈 직업윤리의 기본 원칙을 순서대로 바르게 나열한 것은 '정직과 신용의 원칙 - 객관성의 원칙 - 고객중심의 원칙'이다.

이것도 알면 합격

직업윤리의 5대 기본 원칙

객관성의 원칙	업무의 공공성을 바탕으로 공사 구분을 명확히 하고, 모든 것을 숨김없이 투명하게 처리하는 원칙
고객중심의 원칙	고객에 대한 봉사를 최우선으로 생각하고 현장중심, 실천중심으로 일하는 원칙
전문성의 원칙	자기업무에 전문가로서의 능력과 의식을 가지고 책임을 다하며, 능력을 연마하는 원칙
정직과 신용의 원칙	업무와 관련된 모든 것을 숨김없이 정직하게 수행하고, 본분과 약속을 지켜 신뢰를 유지하는 원칙
공정경쟁의 원칙	법규를 준수하고, 경쟁원리에 따라 공정하게 행동하는 원칙

정답 ④

영역: 직업윤리 하위능력: 근로윤리 난이도: ★★☆

07. 다음 대화 중 근면의 의미에 대한 발언으로 가장 적절한 것은?

[P 사원]

교육을 통해 근면의 의미가 무엇인지 정확하게 알게 된 것 같아요. ① 오늘부터 주어진 시간 내에는 업무에 최선을 다하는 자세로 임하되, 일이 많은 경우에는 점심시간을 이용하여 일을 마무리할 수 있도록 해야겠어요.

[K 사원]

근면에는 외부로부터 강요당한 근면과 자진해서 하는 근면 두 종류가 있다는 내용이 가장 기억에 남아요. ② 생계를 유지하기 위해 일을 하는 것은 자신을 위해 하는 것이니, 자진해서 하는 근면에 해당하겠네요.

[H 사원]

근면이란 직장에서 정해 놓은 시간을 준수하며 생활하고, 보다 적극적인 자세로 행동함을 의미한다는 사실을 알게 되었어요. ③ 오늘 회사에서 스케줄러를 받았는데, 근면을 위해서는 시간 관리가 중요함을 의미하는 것이겠죠?

[L 사원]

사치와 향락을 거부하고 이윤을 축적하기 위해 직업윤리를 수행한 과거와 달리, ④ 오늘날의 근면은 비선호의 수용 차원에서 개인의 절제나 금욕을 반영하지 않는다는 점이 흥미로웠어요.

[J 사원]

농업 기반 사회에서의 근면은 미덕이었으며, 남보다 부지런하면 일을 잘하는 것이었던 만큼, ⑤ 이를 본받아 미래 사회에서도 창의력을 발휘하는 것보다는 열심히 오래 일하는 것이 가장 중요한 미덕으로 꼽히고 있어요.

핵심 포인트 해설 **근면의 의미**

근면의 특성에서도 볼 수 있듯이 근면과 인생의 성공은 표리관계에 있으며, 시간관리를 게을리하지 않고 정해진 시간을 준수하며 매사 부지런한 자세로 임하는 것은 성공을 위한 기본 조건이므로 회사에서 스케줄러를 제공한 것은 근면을 위해서는 시간 관리가 중요하다는 의미라는 H 사원의 발언이 가장 적절하다.

① 근면을 위해서는 업무에 주어진 시간 내에는 최선을 다하되, 점심시간과 같이 회사에서 정해 놓은 시간은 지켜야 하므로 적절하지 않다.
② 생계를 유지하기 위해 일을 하는 것은 외부 조건으로부터 강요당한 근면에 해당하므로 적절하지 않다.
④ 근면은 비선호의 수용 차원에서 개인의 절제나 금욕을 반영하므로 적절하지 않다.
⑤ 일하는 양보다 일의 질이 중요한 미래 사회에서는 단순히 열심히 오래 일하는 것이 아니라 창의성이 중요하므로 적절하지 않다.

정답 ③

영역: 직업윤리 **하위능력:** 근로윤리 **난이도:** ★★☆

08. 다음 중 밑줄 친 ⓐ, ⓑ에 해당하는 사례가 가장 올바르게 짝지어진 것은?

세상에는 두 종류의 근면이 존재한다. 첫 번째는 ⓐ 외부로부터 강요당한 근면이다. 외부로부터 강요당한 근면이란 과거에 근면하지 않으면 삶을 유지할 수 없었기 때문에 열악한 노동 조건하에서 장시간 기계적으로 일했던 것처럼 외적 동기에 의해 행하는 근면을 의미한다. 이와 달리 본인이 하고 싶어서, 자신의 역량 강화를 위해서 등 내적 동기에 의해 ⓑ 스스로 자진해서 하는 근면은 점차 자신의 것을 만들어나가며 자신을 성장시킬 수 있다. 즉, 자발적 근면은 시간의 흐름에 따라 자아를 확립하게 돕는 근면의 형태이다.

㉠ 상사의 지시에 따라 잔업을 하는 경우
㉡ 가족을 부양하고 생계를 유지하기 위해 오랜시간 맹목적으로 일하는 경우
㉢ 피아니스트가 완성도 높은 연주를 위해 매일 연습하는 경우
㉣ 사내 진급 시험을 위해 어학 공부를 하는 경우

	ⓐ	ⓑ
①	㉠, ㉡	㉢, ㉣
②	㉡, ㉣	㉠, ㉢
③	㉠, ㉡, ㉢	㉣
④	㉠, ㉢, ㉣	㉡
⑤	㉡, ㉢, ㉣	㉠

핵심 포인트 해설 **근면의 종류**

㉠과 ㉡은 외부로부터 강요당한 근면, ㉢과 ㉣은 스스로 자진해서 하는 근면에 해당한다.
따라서 ⓐ, ⓑ에 해당하는 사례가 가장 올바르게 짝지어진 것은 ①이다.

정답 ①

09. 정직은 신뢰를 형성하고 유지하는 데 가장 기본적이고 필수적인 규범이다. 다음 중 부패에 대한 설명으로 가장 적절하지 않은 것은?

① 정부의 공적 책임이 있는 사람이 자신의 권력을 이용하여 개인의 이득을 취하는 것은 부패에 해당한다.

② 수행해야 할 업무를 공적인 목적보다 사적인 이익을 위해 실행하여 시스템의 정상적인 운영을 방해한다.

③ 부패의 원인으로는 건전한 가치관의 미정립, 사회적 윤리의식의 부재, 과도한 법규의 규제 등을 들 수 있다.

④ 기업의 조직 구성원이 부패하면 기업이 지불해야 할 비용이 증가하여 막대한 손실이 발생한다.

⑤ 부패가 국민 개개인에게는 큰 영향을 미치지 않지만 국가가 엄청난 사회비용을 대신 부담하게 된다는 문제가 있다.

핵심 포인트 해설 정직

부패는 모든 국민이 엄청난 사회비용을 대신 부담해야 하며 국가와 사회의 정상적인 발전을 방해하므로 가장 적절하지 않다.

① 정부의 공적 책임이 있는 사람이 본인의 권력을 이용해서 사사로운 이득을 취하는 것은 부패에 해당하므로 적절하다.

② 부패는 수행해야 할 업무를 공적인 목적과 부합되는 기준으로만 판단하지 않고 사적인 이익과 결부시켜 판단하고 실행함으로써 시스템의 정상적인 가동을 방해하므로 적절하다.

③ 부패의 원인에는 사회적 윤리의식의 부재, 건전한 가치관의 미정립, 과도한 법규의 규제, 효율적 사회 시스템의 미비, 공사 구분을 모호하게 하는 문화적인 특성 등이 있으므로 적절하다.

④ 기업의 조직 구성원이 부패할 경우 엄청난 비용의 증가와 손실이 발생하므로 적절하다.

정답 ⑤

영역: 직업윤리 하위능력: 근로윤리 난이도: ★★☆

10. **다음 밑줄 친 용어에 대한 설명으로 가장 적절하지 않은 것은?**

> 임 과장은 업무 처리 속도가 빠르고 정확해 업무 성과가 뛰어나지만 근무 시간에 개인적인 용무로 자주 자리를 비우고, 부동산 투기, 도박 등과 같은 한탕주의를 선호하여 성실하지 못하다는 근무 평가를 받았다.

① 최고가 되려고 하기보다는 최선을 다하는 자세가 중요하다.
② 외부로부터 강요당하는 것과 스스로 자진해서 하는 것으로 구분된다.
③ 조직의 리더가 조직 구성원에게 원하는 첫 번째 요건이다.
④ 일관하는 마음과 정성의 덕을 의미하는 것으로 완전한 상태에 도달하고자 하는 태도를 포함한다.
⑤ 직장생활에 적용할 경우 자아의 성장이라는 좋은 결과를 가져올 수 있다.

핵심 포인트 해설 **성실**

외부로부터 강요당하는 것과 스스로 자진해서 하는 것으로 구분되는 것은 '근면'에 대한 설명이므로 가장 적절하지 않다.
① 성실은 최고가 되려고 하기보다는 최선을 다하는 자세를 중요시하므로 적절하다.
③ 성실은 조직의 리더가 조직 구성원에게 원하는 첫 번째 요건이므로 적절하다.
④ 성실은 일관하는 마음과 정성의 덕을 의미하는 것으로, 이때 정성은 '진실하여 흠이 전혀 없는 완전한 상태에 도달하고자 하는 사람이 선을 택하여 굳게 잡고 놓지 않는 태도'를 지칭하므로 적절하다.
⑤ 직장생활을 성실한 태도로 임한 사람은 자아의 성장이라는 긍정적인 결과를 가져올 수 있으므로 적절하다.

정답 ②

영역: 직업윤리 하위능력: 공동체윤리 난이도: ★★☆

11. 다음 글을 읽고 물류창고 시공사가 위반한 공동체윤리로 가장 적절한 것은?

> 화재로 수십 명의 사망자가 발생한 물류창고 공사 현장에 대한 조사가 진행되면서 안전관리규정을 위반한 정황이 속속들이 드러나고 있다. 산업안전보건법 및 시행령에 따르면 공사 현장에는 반드시 안전관리책임자를 두어야 하며, 산업안전 등을 수행하는 별도의 관리감독자를 지정해야 한다. 현장 근로자들의 증언에 따르면 사전에 물류창고 시공사가 안전관리자 10명을 배치한다고 시청에 신고했던 것과 달리, 안전관리자뿐만 아니라 화재감시자조차 없었던 것으로 밝혀졌다.

① 봉사 ② 책임 ③ 준법 ④ 예절 ⑤ 상호 존중

핵심 포인트 해설 준법

제시된 글에서 물류창고 시공사는 산업안전보건법 및 시행령에 따라 공사 현장에 안전관리책임자를 두어야 하지만, 실제 사고 현장에서는 안전관리책임자뿐만 아니라 화재감시자조차 없었다고 하였으므로 물류창고 시공사가 위반한 공동체윤리로 가장 적절한 것은 민주 시민이 기본적으로 지켜야 하는 의무이자 생활 자세로서 법과 규칙을 좇아 지킨다는 '준법'이다.

① 봉사는 자신보다는 고객의 가치를 최우선으로 하는 서비스의 개념이므로 적절하지 않다.
② 책임은 직업에 대한 사회적 역할과 책무를 충실히 수행하고 책임지려는 태도이므로 적절하지 않다.
④ 예절은 일정한 문화권에서 오랜 생활습관을 통해 하나의 공통된 생활방식으로 정립되어 관습적으로 행해지는 사회계약적인 생활규범이므로 적절하지 않다.
⑤ 상호 존중은 우리 자신과 다른 사람을 소중히 여기고 그 권리를 배려해 주는 것으로, 우리가 말하고 행동하고 서로를 대하는 태도 속에 반영되어 있는 자세이므로 적절하지 않다.

정답 ③

영역: 직업윤리 하위능력: 공동체윤리 난이도: ★☆☆

12. **다음 중 명함 예절에 대해 적절하지 않은 설명을 한 사람을 모두 고르면?**

> **명은:** 자사에 방문한 외부업체와 서로 명함을 주고받을 때 자사 측에서 먼저 외부업체 측에게 명함을 건네는 것이 적절해.
> **은주:** 상대방에게 받은 명함이 한자로 되어 있어 읽기 어려운 경우 나중에 실수하지 않도록 바로 상대방에게 물어보는 게 예의야.
> **주희:** 상대방과 동시에 명함을 주고받는다면 왼손으로는 상대방의 명함을 받고 오른손으로는 자신의 명함을 상대방에게 건네야 해.
> **희재:** 상사와 함께 협력업체와 첫 미팅을 하는 상황에서는 상사가 먼저 명함을 건넨 뒤 자신의 명함을 건네는 것이 올바른 순서야.

① 명은　　② 주희　　③ 명은, 희재
④ 은주, 주희　　⑤ 은주, 주희, 희재

핵심 포인트 해설 **명함 예절**

명은: 방문한 사람이 방문객을 맞이하는 사람에게 먼저 명함을 건네야 하므로 적절하지 않다.
따라서 명함 예절에 대해 적절하지 않은 설명을 한 사람은 '명은'이다.

이것도 알면 합격

명함 예절

명함을 건네는 순서	• 직위가 낮은 사람이 높은 사람에게, 방문한 사람이 방문 받은 사람에게, 서비스 제공자가 고객에게, 소개된 사람이 소개받은 사람에게 명함을 건네야 함 • 여러 사람과 만날 때는 가장 직급이 높은 사람에게 먼저 명함을 건네야 함 • 직장 상사와 함께 외부업체 등을 방문할 때는 상사가 먼저 외부인에게 명함을 건넨 후 부하 직원의 명함을 건네야 함
명함을 주고받을 때 태도	• 명함을 주고받을 때는 명함을 건네는 사람과 받는 사람 모두 일어서야 함 • 명함을 왼손으로 받쳐 오른손으로 건네고, 두 사람이 동시에 명함을 주고받을 때는 왼손으로 받고 오른손으로 건네야 함 • 명함을 건넬 때는 상대방이 읽기 편하도록 상대방 쪽으로 명함을 돌려서 건네야 함 • 받은 명함을 바로 주머니에 넣지 말고 테이블이나 명함 지갑 위에 올려둔 후 대화 도중 상대방 이름을 잊었을 때 참고하는 것도 좋음 • 명함에 읽기 어려운 한자나 외국어가 있다면 바로 물어봐서 추후 실수하지 않도록 함 • 명함에 없는 부가 정보는 상대방과의 만남이 끝난 후 적어야 함 • 명함은 반드시 명함 지갑에서 꺼내고 상대방에게 받은 명함도 명함 지갑에 넣어야 함

정답 ①

영역: 직업윤리 하위능력: 공동체윤리 난이도: ★☆☆

13. **다음 중 직장에서의 인사예절에 대해 바르게 이해하지 못한 사람은 총 몇 명인가?**

> **윤석:** 악수는 윗사람이 아랫사람에게, 여성이 남성에게, 선배가 후배에게 청하는 것이 기본예절이야.
> **장수:** 악수는 왼손으로 하도록 하고, 상대의 손을 적당히 힘있게 잡을 수 있도록 그 강도에 주의해야 해.
> **형준:** 악수할 때 상대에게 눈을 맞추고 미소를 지으면 적극적으로 집중하고 있다는 인상을 남길 수 있어.
> **태민:** 동서양 관계없이 가벼운 절을 동반하여 악수를 하므로 서양인 바이어와 악수할 때 가볍게 절하는 게 좋아.

① 0명 ② 1명 ③ 2명 ④ 3명 ⑤ 4명

핵심 포인트 해설 **직장에서의 인사예절**

- 장수: 악수를 할 때는 오른손을 사용해야 하므로 적절하지 않다.
- 태민: 우리나라에서는 악수할 때 가벼운 절을 하지만, 서양에서는 허리를 세운 채로 악수를 하므로 적절하지 않다.

따라서 직장에서의 인사예절에 대해 바르게 이해하지 못한 사람은 총 '2명'이다.

정답 ③

영역: 직업윤리 **하위능력:** 공동체윤리 **난이도:** ★☆☆

14. **다음 중 직장에서의 전화예절에 대한 설명으로 가장 적절하지 않은 것은?**

① 전화를 걸 때는 용건과 통화에 필요한 서류 등을 미리 준비해 두는 것이 좋다.

② 통화 담당자 대신 전화를 받았다고 하더라도 업무를 대신 처리하는 일은 없도록 한다.

③ 전화를 받을 때는 자신의 회사명과 부서명, 이름을 밝힌 뒤 상대방의 용건을 정확하게 확인한다.

④ 전화를 끊기 전 자신의 용건이 정확하게 전달되었는지 다시 한번 정리해 확인한다.

⑤ 통화 용건에 즉답하기 어려운 경우라면 양해를 구한 뒤 회신 가능한 시간을 약속한다.

핵심 포인트 해설 **직장에서의 전화예절**

통화 담당자가 자리를 비워 전화를 대신 받은 경우라면 상대방에게 담당자가 자리를 비운 이유를 간단히 설명하고 통화 가능한 시간을 전달해야 하며, 상대방의 용건을 파악한 후 자신이 처리할 수 있는 일이라면 대신 처리하고, 처리할 수 없는 경우에는 담당자에게 용건과 회신 전화번호를 적은 메모를 전달해야 하므로 가장 적절하지 않다.

정답 ②

영역: 직업윤리 하위능력: 공동체윤리 난이도: ★★☆

15. 다음 글을 읽고 직장 내 성희롱에 대한 설명으로 가장 적절한 것은?

① 직장 내 성희롱은 성적 언동이나 그 밖의 요구가 성적인 의미를 내포하고 있는 경우로, 고정관념적인 성별 역할을 강요하는 행위도 직장 내 성희롱에 포함된다.

② 모든 남녀 근로자는 직장 내 성희롱의 가해자나 피해자가 될 수 있으나 동성 간의 행위는 직장 내 성희롱에 해당하지 않는다.

③ '남녀고용평등법'상 직장 내 성희롱은 피해 근로자가 속해 있는 사업의 사업주, 상급자, 근로자 사이에서 일어나는 일에 적용된다.

④ 직장 내 성희롱 피해자는 취업 의사를 가진 채용 희망자를 제외한 현재 고용관계가 이루어진 '근로자'를 지칭하는 것이다.

⑤ 직장 내 성희롱은 직장 내의 지위를 이용하거나 업무와의 관련성이 있는 것이기 때문에 공식적인 업무 시간 내에 업무 장소에서 발생한 것에 한하여 인정된다.

핵심 포인트 해설 **직장 내 성희롱**

'남녀고용평등법'상 직장 내 성희롱의 가해자와 피해자의 범위는 피해 근로자가 소속되어 있는 사업의 사업주, 상급자, 근로자 사이에서 일어나는 직장 내 성희롱과 관련된 범위 안에 적용되므로 가장 적절하다.

① 성적 언동이나 성적인 의미가 내포되어 있는 요구를 하는 경우는 직장 내 성희롱에 해당하지만, 고정관념적인 성별 역할을 강요하는 행위는 성차별적인 행동으로써 직장 내 성희롱으로 발전할 수 있어 지양하는 행동으로 분류될 뿐 직장 내 성희롱의 성립 요건에는 해당하지 않으므로 적절하지 않다.

② 남성, 여성 모두 직장 내 성희롱의 가해자 및 피해자가 될 수 있으며, 법률상 동성 간의 행위도 직장 내 성희롱에 해당되므로 적절하지 않다.

④ 직장 내 성희롱 피해자의 범위는 '남녀고용평등법'상의 '근로자'에 해당하며, '남녀고용평등법'상에서의 '근로자'는 사업주에게 고용된 자와 취업할 의사를 가진 자로 채용 희망자인 구직자도 해당하므로 적절하지 않다.

⑤ 직장 내 성희롱은 단지 '직장 내'에서 일어난 일뿐만 아니라 업무 관련 출장, 회식 장소에서 발생한 일 등 업무와 관련성이 있다고 판단할 만한 요소가 있다면 직장 내 성희롱에 성립된다고 판단하므로 적절하지 않다.

정답 ③

National Competency Standards

PART 2

NCS 직업기초능력평가 실전모의고사

National Competency Standards

실전모의고사 1회 [의/수/문/자 통합형]

시작과 종료 시각을 정한 후, 실제 시험처럼 실전모의고사를 풀어보세요.

시 분 ~ 시 분 (총 40문항/50분)

01. 다음 ㉠~㉦을 의사소통의 종류에 따라 바르게 분류한 것은?

여름휴가를 마치고 출근한 권 대리는 휴가 기간에 쌓인 ㉠ 메일과 인트라넷에 게재된 ㉡ 부서 내 공지사항을 차례로 확인하며 업무 현황을 파악하였다. 이후 업무의 우선순위를 결정하고 ㉢ 일일업무보고서를 작성하여 신 팀장에게 보고하였다. 본격적으로 업무를 시작하기에 앞서 ㉣ 거래처에서 보내온 수취 확인서를 확인하던 권 대리는 ㉤ 제품 관련 문의 전화를 받고, 해당 업무를 먼저 처리하기 위하여 홍 인턴에게 견적서를 작성해 달라는 ㉥ 업무 지시 메모를 전달하였다. 얼마 후 홍 인턴이 작성한 견적서를 확인한 권 대리는 홍 인턴을 회의실로 불러서 ㉦ 간단한 대화를 나누며 견적서 관련 피드백을 전달하였다.

	문서적인 의사소통	언어적인 의사소통
①	㉠, ㉡, ㉢, ㉣, ㉥	㉤, ㉦
②	㉠, ㉡, ㉢, ㉤	㉣, ㉥, ㉦
③	㉠, ㉢, ㉣, ㉥	㉡, ㉤, ㉦
④	㉠, ㉢, ㉣, ㉥, ㉦	㉡, ㉤
⑤	㉠, ㉢, ㉣, ㉦	㉡, ㉤, ㉥

02. 다음 글을 읽고 밑줄 친 ㉠과 어울리는 속담으로 가장 적절하지 않은 것은?

> 외부효과란 개인이나 기업 등 특정 경제주체의 행위가 다른 경제주체들에게 예상치 못한 혜택이나 손해를 발생시키면서도 그에 따른 금전적인 거래나 보상이 이루어지지 않는 상황을 말한다. 이때, 다른 경제주체에게 혜택을 줄 경우 ㉠ 긍정적 외부효과, 손해를 끼칠 경우 부정적 외부효과로 구분할 수 있다. 긍정적 외부효과로 흔히 접할 수 있는 사례로는 드라마나 영화 촬영지와 주변 지역의 관계를 들 수 있다. 흥행한 드라마나 영화의 촬영지는 많은 사람이 찾아와 관광명소로 자리하게 되고, 주변의 숙박시설이나 식당도 의도치 않게 혜택을 받게 된다. 반면에 부정적 외부효과는 공장 매연이나 폐수, 공사 소음 등으로 주변에 피해를 주는 사례를 꼽을 수 있다. 이는 공해를 유발한 회사와 인근 주민들 간 법적 다툼이 발생할 수 있으며, 대기오염이나 소음공해와 같은 환경오염 문제로 이어질 수도 있다. 한편 외부효과가 발생하여 사회경제적으로 바람직한 수준보다 경제행위가 과잉 또는 과소로 공급되는 상황을 방임할 경우 시장실패로 지목되기도 한다. 이를 해소하기 위해서 정부의 시장개입이 정당화되어 세금 부과나 보조금 지급, 당사자 간 협상 등 정부의 규제 정책이 펼쳐진다.

① 도랑 치고 가재 잡는다

② 원님 덕에 나팔 분다

③ 남의 팔매에 밤 줍는다

④ 남의 떡에 설 쇤다

⑤ 말 타면 경마 잡히고 싶다

03. 다음 문단을 논리적 순서대로 알맞게 배열한 것은?

(가) 떨켜층이 형성되어 뿌리에서 수분을 공급받지 못함에도 나뭇잎은 계속해서 광합성을 하고, 광합성으로 만들어진 양분은 떨켜층에 막혀 줄기로 이동하지 못하고 나뭇잎에 남아 산성도를 증가시킨다. 나뭇잎에는 녹색을 띠는 엽록소 외에도 안토시안, 카로티노이드 등 다양한 색소가 존재하는데, 엽록소가 왕성한 여름에는 다른 색소가 보이지 않는다. 그래서 산성도의 증가로 엽록소가 파괴되면 비로소 다른 색소들이 눈에 보이게 되고, 이들 색소의 양에 따라 나뭇잎이 붉거나 노랗게 물들어 단풍이 든다.

(나) 나뭇잎은 태양 에너지와 대기 중의 이산화탄소, 뿌리에서 흡수한 수분으로 유기물을 합성하는 광합성을 하는데, 이 과정에서 엄청난 양의 물을 공기 중으로 배출한다. 그러나 가을이 되어 기온이 낮아지고 건조해지면서 나무가 뿌리로 물을 흡수할 수 없게 되고, 수분이 부족해진 나무는 생존을 위해 잎자루와 가지가 붙은 곳에 떨켜층을 형성하여 나뭇잎으로 수분이 공급되는 것을 차단한다.

(다) 간혹 어린잎이나 줄기가 단풍처럼 붉은색을 띠는 경우가 있다. 그러나 이는 단풍이 아니라 어린잎과 줄기에 있는 엽록소를 생성하는 세포의 구조가 미완성 상태인 것이 일시적으로 나타난 것으로, 잎과 줄기가 성장하며 붉은색은 사라진다. 안토시안이 자외선을 흡수하는 성질이 있어서 약한 어린잎과 줄기가 자외선을 피하고자 붉게 변했다가 생장하면서 안토시안이 분해되어 없어지는 것이다.

(라) 단풍은 수분뿐만 아니라 일교차의 영향도 크게 받는다. 낮에 기온이 올라가면 나뭇잎에서 광합성이 일어나 양분이 쌓이지만, 밤에 기온이 급격히 떨어지면 활동량이 줄어 낮에 생성된 양분을 거의 소비하지 않는다. 그래서 일교차가 클수록 나뭇잎에 누적되는 양분이 늘어나고, 남은 양분이 나뭇잎을 붉게 물들이는 색소 안토시안으로 변하며 단풍이 더욱 짙게 물들게 된다.

① (가) – (다) – (나) – (라)
② (가) – (라) – (나) – (다)
③ (나) – (가) – (라) – (다)
④ (나) – (라) – (가) – (다)
⑤ (다) – (나) – (가) – (라)

04. 다음 글의 내용과 일치하지 않는 것은?

지진파는 지진으로 인해 탄성체인 지구 내부나 표면을 따라 전파되는 탄성파를 의미하는 것으로, 전파 특성에 따라 크게 표면파와 실체파로 나뉜다. 먼저, 표면파는 지구 내부를 통하지 못하고 지표면을 따라 전파하며 실체파보다 진폭이 커 표면파로 인한 지진이 발생할 경우 인명과 재산상에 엄청난 피해를 가져온다.

반면에 실체파는 진원으로부터 출발하여 지구 내부 깊숙이 전파되어 지표면에 이르는 것으로, 여기에는 P파와 S파가 있다. P파는 속도가 빨라 가장 먼저 도착한다는 의미의 Primary Wave에서 유래하였으며 지각에서의 전파 속도는 5~7km/sec이고, 진폭은 S파보다 작다. P파는 파동의 진행 방향과 매질의 입자가 진동하는 방향이 일치하는 종파로, 종파는 고체, 액체, 기체 등의 모든 매질을 다 통과한다는 특성을 지니고 있다.

S파는 P파에 이어 두 번째로 도착한다는 의미의 Secondary Wave에서 유래하였으며 P파의 전파 속도보다 약 1.7배 느리고, 진폭은 P파보다는 크지만 표면파보다는 작은 것으로 알려져 있다. S파는 파동의 진행 방향과 매질의 입자가 수직으로 진동하는 횡파로, P파와 달리 매질이 고체일 때에만 통과한다.

한편 지진파가 진원에서부터 관측점에 도달하는 데 걸리는 시간을 이용하여 지진의 진원지도 확인할 수 있다. 이때 P파와 S파가 각각 진원으로부터 관측점에 도달하는 데 소요되는 시간은 지구 내부 구조에 따라 다르며, 주로 암석이 단단할수록 적게 걸린다. 이는 P파와 S파의 전달 속도가 물질의 탄성적 성질에 따라 결정되기 때문이다. 또한, P파가 관측점에 도달한 후 S파가 도달할 때까지의 시간을 측정한 PS시로 진원 거리를 측정할 수 있으며 진원에서 멀어질수록 PS시가 길어진다.

① 실체파의 진행 속도는 지구 내부 구조의 영향을 받으며 일반적으로 암석이 단단할수록 느리다.

② 진원 거리는 P파가 관측점에 도달한 이후 S파가 관측점에 도달할 때까지의 시간을 측정하여 알 수 있다.

③ 표면파는 지구 내부를 통과하지 못하고 지표면을 따라 전파되는 지진파를 말한다.

④ 파동의 진행 방향과 매질 입자의 진동 방향이 일치하는 파동은 고체와 액체, 기체를 모두 통과할 수 있다.

⑤ 실체파의 P파와 S파 중에서 전파 속도가 더 느린 것은 S파, 진폭이 더 작은 것은 P파이다.

05. S 기업은 일주일 후 체육대회를 개최할 예정이며, 귀하가 소속된 인사부는 체육대회의 기획 및 진행을 담당하고 있다. 이에 따라 귀하는 사내 인트라넷에 게시할 체육대회 개최 안내문을 작성하는 업무를 맡게 되었다. 3일의 노력 끝에 안내문을 완성하긴 했지만, 귀하는 안내문이 잘 작성되었는지 걱정이 되었다. 이에 귀하가 속한 인사부의 부장이 귀하에게 체크리스트 하나를 주면서 문서가 잘 작성되었는지 마지막으로 검토해보라고 조언해주었다. 이때, 문서 작성 시 주의사항에 따른 체크리스트의 항목으로 가장 적절하지 않은 것은?

[문서 작성 시 주의사항에 따른 체크리스트]

번호	검토 항목	검토 결과
①	육하원칙(누가, 언제, 어디서, 무엇을, 어떻게, 왜)에 따라 작성하였는가?	
②	안내문 작성 시에 참고한 자료를 최대한 첨부하였는가?	
③	금액, 수량, 일자 등을 정확하게 기재하였는가?	
④	작성자의 성의가 담기도록 적절한 높임말을 사용하였는가?	
⑤	가급적 하나의 사안이 한 장의 용지에 담기도록 하였는가?	

06. 주식회사 △△건설에 근무하는 귀하는 관련 기관에 보낼 공문서의 초안을 작성하였다. 다음 밑줄 친 ㉠~㉣ 중 공문서 작성법에 따른 표기로 가장 적절한 것은?

주식회사 △△건설

수 신 특별공급 업무 담당과장(◇◇구청 장애복지과)

(경유)

제 목 ◇◇구 △△아파트 특별공급 대상자 명단 송부 요청의 건(장애인 가정)

당사에서 ㉠20XX. 3. 5. ~ 20XX. 7. 8. (기간 내) 입주자 모집 공고 예정인 ◇◇구 123-45번지 일대 △△아파트 총 ㉡오백이십 세대 중 장애인 가정에 한하여 특별공급을 진행하고자 하오니 아래와 같이 추천 대상자를 선정하여 명단을 송부 바랍니다.

- 아 래 -

1. 붙임 1 '특별공급 신청 안내문'을 참고하시어 신청 자격을 갖춘 대상자를 선정해 주시기 바랍니다.
   ㉢1) 자격 요건을 갖춘 대상자가 없을 경우에는 이에 대한 회신을 요청하며, 이 경우 배정된 특별공급 세대수는 별도의 통지 없이 일반공급으로 전환될 예정임을 안내해 드립니다.
2. 선정된 명단은 붙임 2 '특별공급 대상자 배정 내역 및 추천 양식'에 따라 작성하여 송부해 주시기 바랍니다.
3. 특별공급 대상자 명단 회신처 및 기한

구분	내용
담당자	김지영 팀장
회신처	Kang123@email.net
대표번호	02-000-0000
회신기한	20XX. 3. 2.(월) ㉣오후 6시

붙임 1. 특별공급 신청 안내문 1부.
2. 특별공급 대상자 배정 내역 및 추천 양식 1부. ㉤끝.

20XX. 2. 10.

주식회사 △△건설 대표이사

① ㉠ ② ㉡ ③ ㉢ ④ ㉣ ⑤ ㉤

07. **인적자원개발 부서에서 근무하는 귀하는 신입사원을 대상으로 경청훈련의 방법을 교육하고, 실제 업무 상황에 적용할 것을 독려하였다. 다음 실제 업무 상황에 경청훈련 방법을 적용한 사례 중 가장 적절하지 않은 것은?**

① 업무 지시를 받은 후 '왜?'라는 질문을 통해 업무 배경과 목적에 대해 적극적으로 질문한 신입사원 A

② 선임과 대화하는 동안 선임의 업무 경험과 관련하여 개방적인 질문을 하려고 노력한 신입사원 B

③ 회의 시간에 발언자의 눈을 바라보고 고개를 끄덕이며 주의를 기울인 신입사원 C

④ 업무 인계를 받는 중 전달 내용을 이해하고 예측하기 위해 주기적으로 대화 내용을 요약한 신입사원 D

⑤ 보고서 작성법 교육 이수 중 강사의 실수 일화를 듣고 극복 방안 등 더 많은 정보를 요청한 신입사원 E

08. **귀하는 신입사원 교육에서 문서작성의 원칙과 문서작성 시 주의해야 할 사항에 대하여 설명하고 있다. 다음 중 귀하가 문서작성의 원칙으로 언급하기에 가장 적절하지 않은 것은?**

① 문서를 작성할 때는 상대방이 이해하기 쉽게 쓰는 것이 중요합니다. 상대방의 입장에서 정말 문서가 쉽게 쓰였는지 반드시 검토하세요.

② 문장은 가급적 만연체로 쓰는 것이 좋습니다. 조금 문장이 길어지더라도 한 문장에 많은 내용을 포함하는 것이 중요합니다.

③ 내용이 방대해질 경우 간단한 표제를 붙이면 문서가 한결 정돈된 느낌이 들고, 이해도 더욱 쉬워집니다.

④ 결론을 먼저 쓰는 것을 습관화하면 좋습니다. 익숙하지 않겠지만, 주요한 내용을 먼저 제시하는 것이 직장 내 문서작성법의 핵심이라고 할 수 있습니다.

⑤ 문서를 작성할 때는 부정문이나 의문문보다는 긍정문을 사용하도록 노력하세요.

09. **의사표현은 의사소통의 중요한 수단이다. 다음 중 의사표현이 사용되는 경우와 종류에 대한 설명으로 가장 적절하지 않은 것은?**

① 공식적 말하기 중 연설은 말하는 이 혼자 여러 사람을 대상으로 자신의 사상이나 감정에 관하여 일방적으로 말하는 방식이다.

② 토의는 어떤 논제에 관하여 찬성자와 반대자가 각기 논리적인 근거를 발표하고 상대방의 논거가 부당하다는 것을 명백하게 하는 말하기 방식이다.

③ 주례나 회의와 같이 정치적·문화적 행사에서 정해진 절차에 따라 말하기 방식은 의례적 말하기이다.

④ 매우 친근한 사람들 사이에서 가장 자연스러운 상태에 떠오르는 대로 주고받는 말하기 방식인 친교적 말하기는 의사표현 종류 중 하나이다.

⑤ 의사표현은 말하는 이가 듣는 이의 생각이나 태도를 바꾸기 위할 때나 듣는 이에게 자신에게 필요한 일을 하도록 요청할 때 사용한다.

10. 다음 자료를 근거로 판단할 때, 적절하지 않은 것은?

[교통사고 발생 시 조치 사항]

ㅁ 피해자 구호 조치

ㅇ 피해자 구호 조치 의무

– 교통사고가 발생한 경우에는 그 차의 운전자나 그 밖의 승무원(이하 '운전자 등'이라 함)은 즉시 정차하여 다음의 조치를 해야 합니다(「도로교통법」 제54조 제1항).

1. 사상자를 구호하는 등 필요한 조치
2. 피해자에게 인적 사항(성명·전화번호·주소 등을 말함) 제공

ㅇ 위반 시 제재

– 교통사고 발생 시의 조치를 하지 않은 사람(주·정차된 차만 손괴한 것이 분명한 경우에 「도로교통법」 제54조 제1항 제2호에 따라 피해자에게 인적 사항을 제공하지 않은 사람은 제외)은 5년 이하의 징역이나 1천 500만 원 이하의 벌금 처벌을 받습니다(「도로교통법」 제148조).

– 교통사고 발생 시의 조치 행위를 방해한 사람은 6개월 이하의 징역이나 200만 원 이하의 벌금 또는 구류에 처해집니다(「도로교통법」 제153조 제1항 제5호).

ㅁ 도주 시 가중 처벌

ㅇ 도주 차량 운전자의 가중 처벌

– 자동차·원동기장치자전거의 교통으로 인하여 업무상 과실·중과실 치사상의 죄(「형법」 제268조)를 범한 차량의 운전자(이하 '사고운전자'라 함)가 피해자를 구호(救護)하는 등 「도로교통법」 제54조 제1항에 따른 조치를 하지 않고 도주한 경우에는 다음 구분에 따라 가중 처벌됩니다(「특정범죄 가중 처벌 등에 관한 법률」 제5조의3).

위반 행위	피해자의 상태	처벌
단순 도주	사망	무기 또는 5년 이상의 징역
	부상	1년 이상의 유기 징역 또는 500만 원 이상 3천만 원 이하의 벌금
피해자를 사고 장소에서 옮겨 유기하고 도주	사망	사형, 무기 또는 5년 이상의 징역
	부상	3년 이상의 유기 징역

※ 법원은 '피해자를 구호하는 등 도로교통법 제54조 제1항에 의한 조치를 취하지 아니하고 도주한 때'라고 함은 사고운전자가 사고로 인하여 피해자가 사상을 당한 사실을 인식하였음에도 불구하고, 피해자를 구호하는 등 도로교통법 제54조 제1항에 규정된 의무를 이행하기 이전에 사고 현장을 이탈하여 사고를 낸 자가 누구인지 확정할 수 없는 상태를 초래하는 경우를 말하는 것이라고 판단하고 있습니다(대법원 2010.4.29. 선고, 2010도1920 판결).

ㅁ 추가 교통사고 방지를 위한 조치

ㅇ 고장 자동차의 표지

– 차량의 비상등을 켜고 차량 내에 비치된 삼각대를 그 자동차의 후방에서 접근하는 자동차의 운전자가 확인할 수 있는 위치에 설치해야 합니다(「도로교통법 시행규칙」 제40조).

※ 출처: 법제처(알기 쉬운 생활 법령 정보, 교통사고 발생 시 조치 사항)

① 자동차로 업무상 중과실 치사상의 죄를 범한 차량의 운전자가 피해자가 사망한 것을 확인하고 「도로교통법」 제54조 제1항에 따른 조치를 하지 않고 단순 도주한 경우 무기 또는 5년 이상의 징역에 처한다.

② 교통사고 발생으로 차량이 고장 났다면 비상등을 켜고 해당 자동차의 후방에서 접근하는 자동차의 운전자가 확인할 수 있는 위치에 삼각대를 설치해야 한다.

③ 주차된 차만 손괴한 것이 명확한 상황에서 피해자에게 인적 사항을 제공하지 않은 운전자는 5년 이하의 징역이나 1천 500만 원 이하의 벌금 처벌을 받게 된다.

④ 교통사고 발생 시 해당 차량의 운전자는 즉시 정차하여 사상자를 구호하는 등의 필요한 조치를 취하고 피해자에게 본인의 인적 사항을 제공할 의무가 있다.

⑤ 업무상 과실 치사상의 죄를 범하여 피해자가 심각한 부상을 입은 것을 보고도 아무런 조치 없이 사고 장소에서 옮겨 유기하고 도주한 원동기장치자전거의 운전자는 3년 이상의 유기 징역을 선고받는다.

11. **○○기업은 A, B팀 직원 대상으로 외국어 강의 신청을 받았다. 다음은 A, B팀의 외국어 강의 신청 결과표 중 일부가 누락된 것이다. 제시된 조건을 모두 고려하였을 때, A, B팀에서 불어를 신청한 직원 수의 합은?**

[외국어 강의 신청 결과표]

구분	영어	중국어	일본어	독일어	불어	총인원 수
A팀			16명	8명		53명
B팀			8명	16명		52명

- A팀은 영어를 가장 많이 신청했고, B팀은 중국어를 가장 많이 신청했다.
- 모든 직원은 한 개의 강의만 신청하였으며, 아무도 신청하지 않은 강의는 없다.
- 각 강의별로 A팀, B팀 신청 직원 수는 A팀이 B팀의 2배이거나 B팀이 A팀의 2배이다.

① 1명 ② 2명 ③ 3명 ④ 6명 ⑤ 9명

12. **여름 휴가 기간에 도운이는 차량 A를 이용하여 부산을, 강일이는 차량 B를 이용하여 여수를 여행하였다. 차량 A와 차량 B의 주행 및 주유 기록이 다음과 같을 때, 옳은 것을 모두 고르면?** (단, 제시된 상황 외의 모든 것은 동일하다.)

[주행 및 주유 기록]

차량 A: 서울에서 부산까지 왕복 주행하였고 서울과 부산의 편도 거리는 400km이다. 서울에서 연료탱크에 기름이 50% 남은 상황에서 기름을 가득 채우는 데 60,000원이 들었으며, 기름을 가득 채운 뒤 출발하였다. 부산에서 서울로 돌아오는 길에 150km가 남은 지점에서 연료탱크에 기름이 30% 남아 추가로 주유하였다.

차량 B: 서울에서 여수까지 왕복 주행하였고 서울과 여수의 편도 거리는 350km이다. 서울에서 연료탱크에 기름이 가득 찬 상태로 출발하였고, 여수에서 서울로 출발한 지 150km가 지난 지점에서 연료탱크에 기름이 10% 남은 것을 확인하였다. 해당 지점에서 30,000원을 지불하고 기름을 추가로 주유한 뒤, 서울에 도착하니 연료탱크에 기름이 4% 남았다.

㉠ 차량 A보다 차량 B의 연료탱크가 더 작다.
㉡ 차량 A는 연료탱크에 기름을 가득 채울 경우 추가 주유 없이 부산까지 왕복이 가능하다.
㉢ 동일한 양의 기름으로 이동할 수 있는 거리는 차량 A보다 차량 B가 더 멀다.
㉣ 차량 B는 연료탱크에 기름을 0%에서 100%로 가득 채울 경우 120,000원이 든다.

① ㉠, ㉡　② ㉠, ㉣　③ ㉢, ㉣
④ ㉠, ㉡, ㉢　⑤ ㉡, ㉢, ㉣

13. **다음 숫자가 규칙에 따라 나열되어 있을 때, 빈칸에 들어갈 알맞은 것을 고르면?**

(　　) 929 835 755 689 637 599

① 1,037　② 1,043　③ 1,050　④ 1,057　⑤ 1,062

14. 다음은 영진이의 기말고사 점수를 나타낸 자료이다. 과목별 중요도를 고려하지 않은 산술평균 점수와 과목별 중요도를 고려한 가중평균 점수를 각각 도출하였을 때, 영진이의 기말고사 평균 점수를 바르게 연결한 것은?

구분	국어	수학	영어	사회	과학
중요도	25	30	20	10	15
점수	86점	91점	95점	83점	78점

	산술평균	가중평균
①	87.2점	89.4점
②	87.2점	87.8점
③	86.6점	89.4점
④	86.6점	87.8점
⑤	84.6점	86.2점

15. 다음은 도시별 1월 기온을 나타낸 자료이다. 제시된 도시의 1월 기온 평균값과 중앙값의 차이는?

[도시별 1월 기온]

(단위: ℃)

서울	부산	인천	대전	대구	광주	제주	전주	포항
1.4	8.6	1.4	3.4	3.7	6.1	10.7	4.2	7.3

① 0℃ ② 0.3℃ ③ 0.6℃ ④ 1.0℃ ⑤ 1.2℃

16. 다음은 연도별 초·중·고등학생 수를 나타낸 자료일 때, 2014년부터의 증감 추이를 설명한 것으로 옳은 것은?

[연도별 초·중·고등학생 수]

(단위: 천 명)

구분	2013년	2014년	2015년	2016년	2017년	2018년	2019년
초등학생	2,784	2,729	2,715	2,673	2,674	2,711	2,747
중학생	1,804	1,718	1,586	1,457	1,381	1,334	1,295
고등학생	1,893	1,839	1,788	1,752	1,670	1,539	1,411

※ 출처: KOSIS(한국교육개발원, 교육통계연보)

① 초등학생 수는 2017년까지 꾸준히 감소하였다.

② 2018년 초등학생 수와 고등학생 수는 2년 전 대비 증가하였다.

③ 2019년에는 초·중·고등학생 수 모두 전년 대비 증가하였다.

④ 중학생 수는 2016년까지 초등학생 수와 같은 증감 추이를 보인다.

⑤ 고등학생 수의 증감 추이는 매년 다른 양상을 보인다.

17. 다음은 연도별 광역 상수도 및 공업용 수도에 대한 자료이다. 2018년 가동률의 4년 전 대비 증가량은 약 얼마인가?

[연도별 광역 상수도 및 공업용 수도]

(단위: 천 톤/일)

구분	2013년	2014년	2015년	2016년	2017년	2018년	2019년
시설용량	17,462	17,553	17,559	17,559	17,609	17,709	17,709
일 최대 생산량	12,603	12,799	12,880	13,509	13,882	14,084	13,659
가동률(%)	72.2	(　　)	73.4	76.9	78.8	(　　)	77.1

※ 가동률(%) = (일 최대 생산량 / 시설용량) × 100

① 5.5%p　② 6.2%p　③ 6.6%p　④ 7.0%p　⑤ 7.8%p

18. 다음은 연도별 화학물질의 취급량 및 배출량 현황을 나타낸 자료이다. 자료에 대한 설명으로 옳은 것을 모두 고르면?

[연도별 화학물질 취급량 및 배출량 현황]

구분		2012년	2013년	2014년	2015년	2016년	2017년
조사사업장(개소)		3,268	3,435	3,524	3,634	3,732	3,798
조사화학물질(종)		233	228	226	226	228	226
취급량(천 톤)		158,145	161,157	163,618	172,120	192,185	196,288
배출량(톤)	합계	51,121	50,767	54,261	53,732	57,248	56,232
	대기	50,937	50,544	53,994	53,486	56,825	55,961
	수계	184	223	267	246	422	272
	토양	0	0	0	0	0	0

※ 출처: KOISIS(환경부, 화학물질배출량조사)

㉠ 2017년 조사사업장 1개소당 취급량은 약 51.7천 톤이다.
㉡ 2015년 취급량 대비 배출량은 약 31%이다.
㉢ 대기 배출량은 매년 수계 배출량의 200배 이상이다.
㉣ 2013년부터 2017년까지 조사화학물질은 매년 230종을 넘지 않는다.

① ㉠, ㉡ ② ㉠, ㉣ ③ ㉡, ㉢ ④ ㉡, ㉣ ⑤ ㉢, ㉣

19. 최근 한부모 가구가 급증함에 따라 자녀 양육, 빈곤 등 다양한 문제가 발생하고 있다. 이러한 문제에 관심을 갖고 있는 귀하는 한부모 가구 지원 정책 제안을 위해 근거자료를 만들려고 한다. 다음 연도별 한부모 가구 관련 자료를 바탕으로 만든 그래프로 옳은 것은?

[연도별 전체 가구 수 및 한부모 가구 수]

(단위: 천 가구, %)

구분	전체 가구 수	한부모 가구 수			한부모 가구 비율
		부자가정	모자가정	계	
2008년	16,791	324	1,186	1,510	9.0
2009년	17,052	335	1,216	1,551	9.1
2010년	17,359	347	1,248	1,595	9.2
2011년	17,687	361	1,278	1,639	9.3
2012년	17,951	373	1,304	1,677	9.3
2013년	18,206	385	1,329	1,714	9.4
2014년	18,458	397	1,353	1,750	9.5
2015년	18,705	410	1,374	1,784	9.5

① [연도별 전체 가구 수]

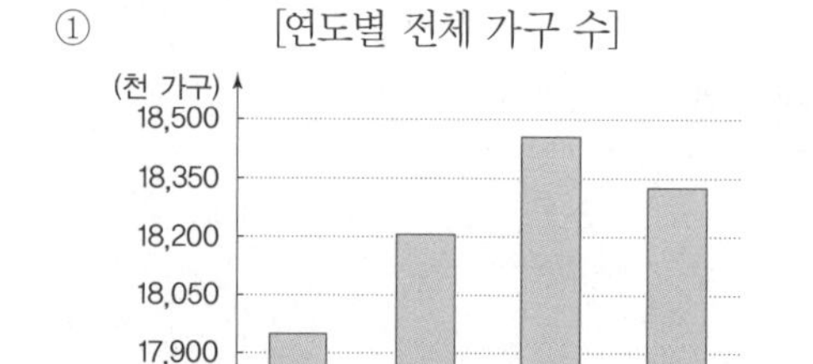

② [연도별 한부모 가구 수]

(천 가구)
1,850
1,800
1,750
1,700
1,650
1,600
2012
2013
2014
2015
(년)

③ [연도별 부자가정 가구 수]

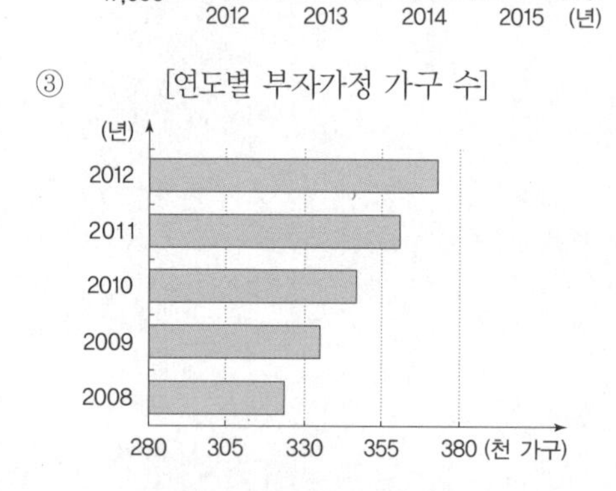

④ [연도별 한부모 가구 비율]

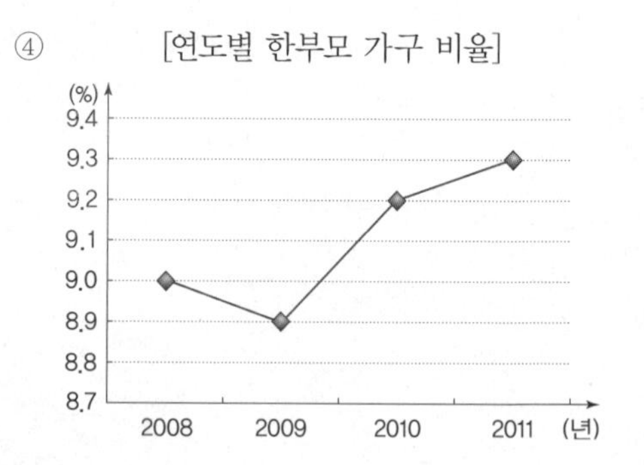

⑤ [2014년 한부모 가구 구성비]

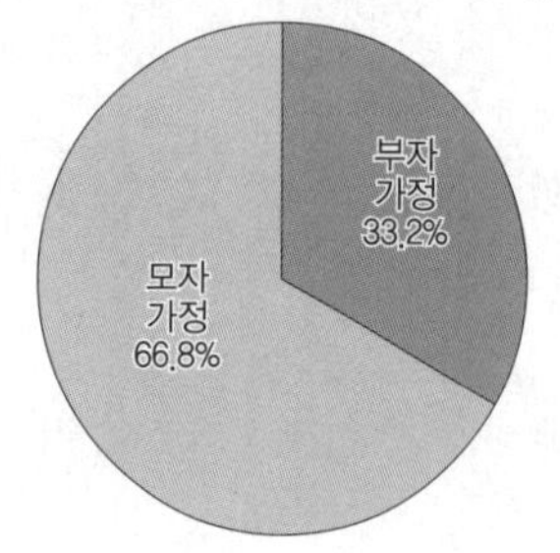

20. 다음은 연도별 농산물 생산지수와 생산금액을 나타낸 자료이다. 백 사원은 농산물별 생산지수 변화와 생산금액 변화를 파악하기 쉽게 그래프로 변경하여 PPT 발표 시 활용할 예정이다. 백 사원이 작성한 그래프 중 옳지 않은 것은?

[연도별 농산물 생산지수 및 생산금액]

(단위: 십억 원)

구분	맥주보리		옥수수		고구마		버섯	
	생산지수	생산금액	생산지수	생산금액	생산지수	생산금액	생산지수	생산금액
2007년	209.2	79.8	163.0	48.9	116.8	300.8	89.5	451.1
2009년	160.8	55.9	102.7	49.9	116.3	318.9	84.5	444.3
2011년	60.6	18.4	98.2	47.7	84.6	346.8	101.6	422.4
2013년	36.2	13.3	107.3	50.2	109.2	389.4	93.6	364.3
2015년	61.8	27.7	104.4	30.4	97.7	324.1	97.6	381.7

① [연도별 버섯 생산금액]

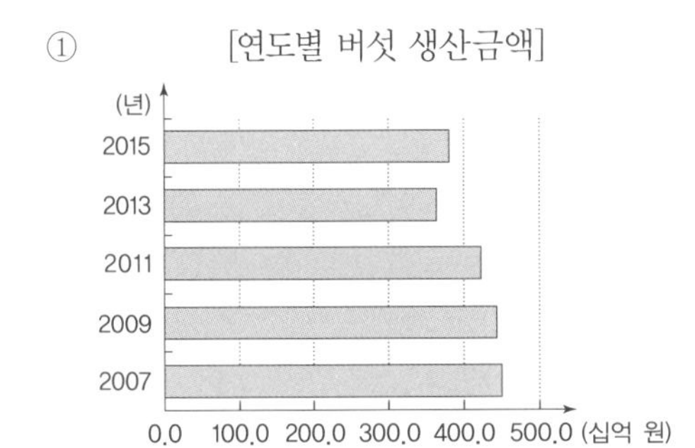

② [연도별 맥주보리 생산지수]

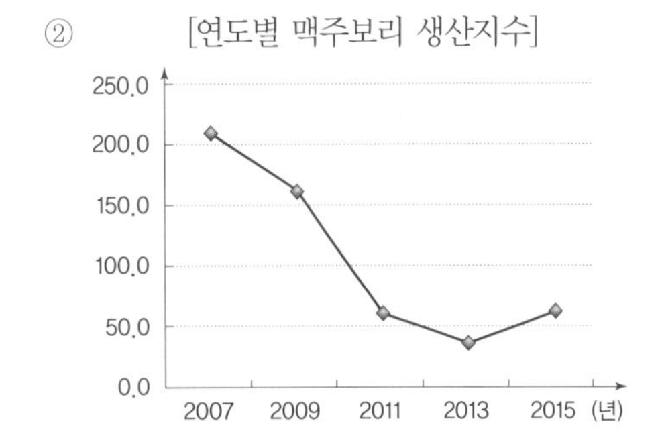

③ [연도별 고구마 생산금액]

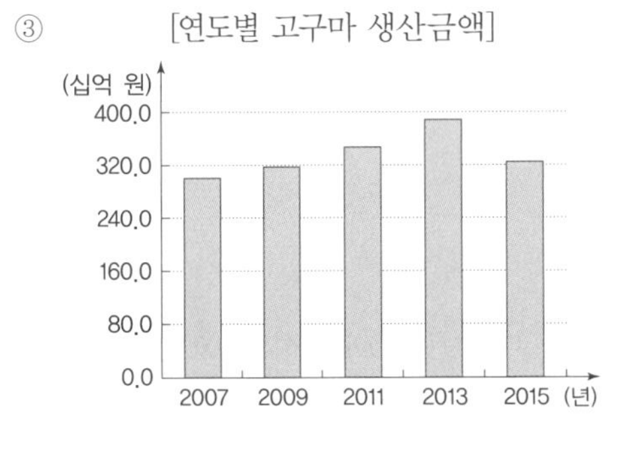

④ [연도별 맥주보리와 옥수수 생산금액]

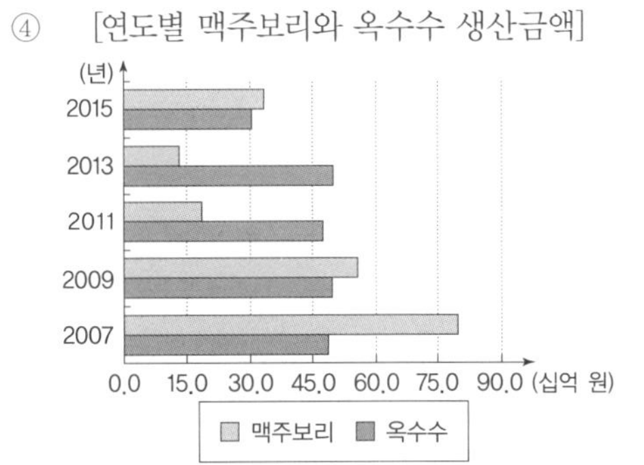

⑤ [연도별 옥수수와 고구마 생산지수]

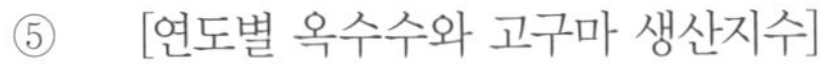

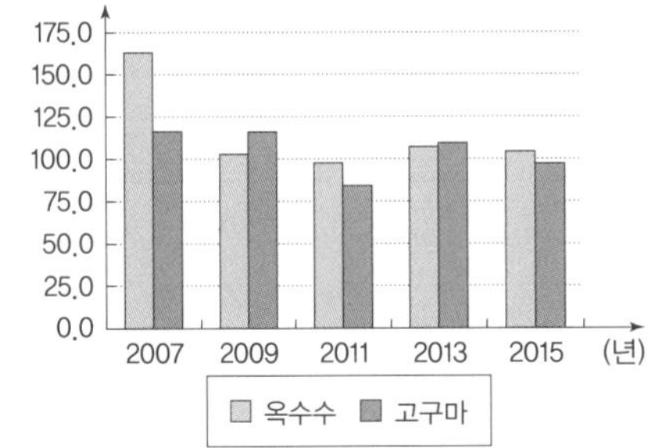

21. **다음 중 빈칸에 들어갈 말로 가장 적절한 것은?**

> (   )란 실제 문제가 발생하지 않았고 현재 상황이 잘 진행되고 있지만, 항상 지금의 성과 수준에 불만을 갖고 더 높은 수준을 갈구함으로써 의식적으로 만들어진 문제이다. 이러한 경우에는 문제의 전체적인 구조를 파악하고, 근원적인 해결책을 체계적으로 모색하고 추진할 수 있게 된다. 작업자의 품질 개선 활동, 현업 부서의 업무 생산성 제고 활동을 그 예로 들 수 있다. 성공적인 혁신을 위해서는 이처럼 전사적인 입장을 가지고, 항상 더 높은 수준을 갈구하는 (   ) 의식에 바탕을 둔 목표 설정이 문제 인식 단계에서 우선 습관화되어야 한다.

① 탐색형 문제　　② 원인 지향적 문제　　③ 발생형 문제
④ 창조적 문제　　⑤ 설정형 문제

22. **다음은 분석적 사고가 요구되는 문제들에 대한 설명이다. 다음 ㉠~㉢에서 설명하고 있는 분석적 사고가 요구되는 문제들을 바르게 연결한 것은?**

> ㉠ 업무에서 일어나는 상식, 편견을 타파하여 객관적 사실로부터 사고와 행동을 시작하여 해결함
> ㉡ 기대하는 결과를 명시하고 효과적으로 달성하는 방법을 사전에 구상하고 실행하여 해결함
> ㉢ 현상 및 원인 분석 전에 지식과 경험을 바탕으로 일의 과정이나 결과, 결론을 가정한 다음 이를 검증하여 사실일 경우 다음 단계의 일을 수행하여 해결함

	㉠	㉡	㉢
①	사실지향의 문제	가설지향의 문제	성과지향의 문제
②	사실지향의 문제	성과지향의 문제	가설지향의 문제
③	성과지향의 문제	가설지향의 문제	사실지향의 문제
④	성과지향의 문제	사실지향의 문제	가설지향의 문제
⑤	가설지향의 문제	성과지향의 문제	사실지향의 문제

23. **다음 명제가 모두 참일 때, 항상 참인 것은?**

- 대구에 살지 않는 사람은 광주에서 태어나지 않은 사람이다.
- 공기업 설명회에 참석한 사람은 광주에서 태어난 사람이다.
- 올해 입사한 신입사원이 아니면 대구에 살지 않는 사람이다.

① 올해 입사한 신입사원은 광주에서 태어난 사람이다.

② 공기업 설명회에 참석하지 않은 사람은 대구에 살지 않는 사람이다.

③ 올해 입사한 신입사원은 공기업 설명회에 참석한 사람이다.

④ 대구에 살지 않는 사람은 공기업 설명회에 참석한 사람이다.

⑤ 공기업 설명회에 참석한 사람은 올해 입사한 신입사원이다.

24. **A 부장, B 차장, C 차장, D 대리, E 사원, F 사원이 원형 테이블에 같은 간격으로 둘러 앉아있다. 다음 조건을 모두 고려하였을 때, C 차장과 마주 보고 앉아있는 사람은?**

- 직급이 부장인 사람은 사원과 마주 보고 앉아있지 않다.
- 직급이 대리인 사람은 차장 바로 옆에 앉아있다.
- B 차장의 오른쪽 바로 옆에는 F 사원이 앉아있다.
- C 차장과 D 대리 사이에는 1명이 앉아있다.

① A 부장 ② B 차장 ③ D 대리 ④ E 사원 ⑤ F 사원

25. **어떤 국가에서 전염병이 발생하였고, A, B, C, D 4명 중 3명이 해당 국가를 함께 방문하였다. 4명 중 2명만 거짓을 말하고 있고, 나머지 2명은 진실을 말하고 있다. 다음 조건을 모두 고려하였을 때, 항상 참인 것은?**

> A: 나는 전염병이 발생한 국가를 방문하지 않았어.
> B: 나와 C 중 1명만 전염병이 발생한 국가를 방문했어.
> C: 나는 전염병이 발생한 국가를 방문했어.
> D: 나는 전염병이 발생한 국가를 방문하지 않았어.

① A는 전염병이 발생한 국가를 방문하였다.
② B와 C는 전염병이 발생한 국가를 함께 방문하였다.
③ D는 전염병이 발생한 국가를 방문하지 않았다.
④ C는 전염병이 발생한 국가를 방문하였다.
⑤ B는 전염병이 발생한 국가를 방문하지 않았다.

26. **다음 글을 읽고 A의 태도에서 나타난 논리적 오류로 가장 적절한 것은?**

> 최근 A는 자신의 아들에 대한 걱정이 태산이다. A는 아들이 공부를 열심히 해서 좋은 성적을 받아, 명문대학교에 입학했으면 하는 바람이 있지만, A의 눈에 비친 아들은 공부에 큰 관심이 없어 보인다. A는 이에 대한 해결 방안을 찾기 위해 아들과 이야기하는 것이 좋겠다는 생각이 들었다. "요새 공부를 하지 않는 이유가 친구들이랑 노는 것이 좋기 때문이니? 아니면 축구 동아리 활동을 해서 그런 것이니?"라는 A의 물음에 A의 아들은 아무런 대답을 하지 않았다.

① 무지의 오류
② 연역법의 오류
③ 과대 해석의 오류
④ 복합 질문의 오류
⑤ 권위나 인신공격에 의존한 논증

27. **문제해결 절차는 일반적으로 문제인식, 문제도출, 원인분석, 해결안 개발, 실행 및 평가의 5단계를 거친다. 다음 중 해결안 개발의 의미와 절차에 대한 설명으로 가장 적절하지 않은 것은?**

① 해결안 개발은 해결안 도출, 해결안 평가 및 최적안 선정의 절차로 진행된다.

② 문제로부터 도출된 근본적인 원인을 효과적으로 해결할 수 있는 최적의 해결 방안을 수립하는 단계이다.

③ 해결안을 도출하는 과정에서는 독창적이거나 혁신적인 아이디어 도출을 지양한다.

④ 해결안 평가 및 최적안 선정 과정에서는 문제, 원인, 방법을 고려하여 해결안을 평가한다.

⑤ 해결안 선정을 위해서는 중요도와 실현 가능성을 고려하여 종합적인 평가와 각 해결안의 채택 여부를 결정해야 한다.

28. **다음은 M도시락 업체가 매출 감소의 원인을 분석하기 위해 문제 구조 파악 기법을 활용하여 정리한 자료의 일부이다. 제시된 문제 구조 파악 기법에 대한 설명으로 적절하지 않은 것을 모두 고르면?**

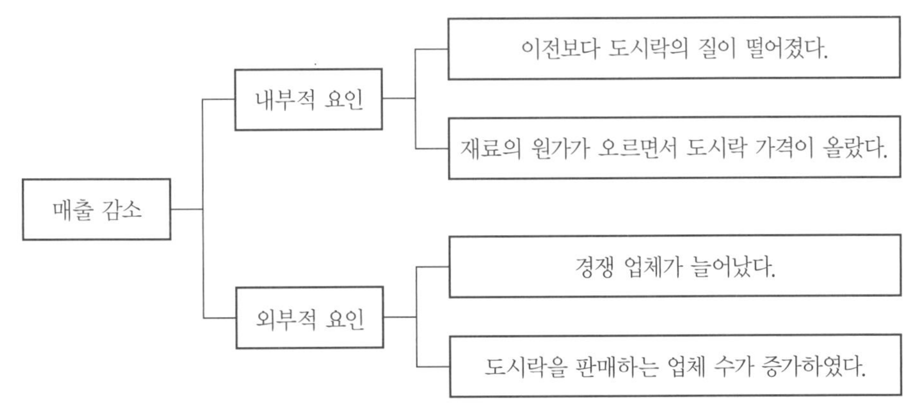

㉠ 내부적 요인과 외부적 요인을 분해할 때는 분해하는 가지 간의 수준을 맞춘다. ㉡ 제한된 시간 속에서 문제의 원인을 깊게 분석하여 해결책을 구체화하는 데 도움이 된다. ㉢ 매출 감소의 근본적인 원인을 파악하려면 외부적 요인보다 내부적 요인에 대한 내용을 명확히 나타낼 필요가 있다. ㉣ 경쟁 업체가 늘어났다는 원인과 도시락을 판매하는 업체 수가 증가하였다는 원인은 중복되므로 두 원인 중 하나를 삭제하고 도시락에 대한 소비자 선호도가 낮아졌다는 원인을 추가한다.

① ㉢ ② ㉠, ㉡ ③ ㉡, ㉢ ④ ㉡, ㉣ ⑤ ㉢, ㉣

29. 귀하가 다음 SWOT 분석 결과를 토대로 전략을 수립할 때, SO 전략으로 가장 적절한 것은?

SWOT 분석이란 기업 내부의 강점(Strength)과 약점(Weakness), 기업을 둘러싼 외부의 기회(Opportunity)와 위협(Threat)이라는 4가지 요소를 규정하고 이를 토대로 기업의 경영 전략을 수립하는 기법이다. SO(강점-기회) 전략은 시장의 기회를 활용하기 위해 강점을 적극 활용하는 전략이고, WO(약점-기회) 전략은 약점을 보완하며 시장의 기회를 활용하는 전략이다. ST(강점-위협) 전략은 시장의 위협을 회피하기 위해 강점을 활용하는 전략이고, WT(약점-위협) 전략은 시장의 위협을 회피하고 약점을 최소화하는 전략이다.

내부환경 / 외부환경	강점(Strength)	약점(Weakness)
기회(Opportunity)	SO(강점-기회) 전략	WO(약점-기회) 전략
위협(Threat)	ST(강점-위협) 전략	WT(약점-위협) 전략

[○○항만공사의 SWOT 분석 결과]

구분	내용
강점(Strength)	• 해공운송이 가능한 국제공항과 인접한 지리적 접근성 • 신항 개장을 통한 항만 인프라 확대
약점(Weakness)	• 단순한 사업구조로 인해 임대료·사용료에 집중된 수익구조 • 취약한 배후단지 및 물류기반시설로 인한 항만 경쟁력 약화 • 신항의 항만시설을 운영하고 관리할 전문인력 부족
기회(Opportunity)	• 세계 경제 개선으로 인한 컨테이너 물동량 증가 추세 • 동북아시아 경제 활성화 및 임해 지역 중심으로 물류·생산 거점 이동 추세
위협(Threat)	• 컨테이너 선박의 대형화 경향 • 노후화된 항만 시설에 대한 지역사회의 민원 발생 • 중국과 지리적으로 인접한 국내 항만공사 간의 경쟁 심화

① 배후단지를 개발하여 안정적인 컨테이너 물동량 유치
② 화물 운송량 증가에 따른 해공복합운송 연계 강화 및 활성화
③ 고도화된 물류기반시설 구축을 통한 동북아 시장 접근성 향상
④ 노후 항만 재개발 및 신항 개장에 따른 항만 서비스 기능 재분배
⑤ 현장 중심 교육을 통한 항만물류전문인력을 육성하여 국내 경쟁력 강화

30. **문제해결 절차 중 실행 및 평가 단계는 실행계획 수립, 실행, 사후관리(follow-up)의 절차로 진행된다. 다음 중 실행 및 사후관리 단계에 대한 설명으로 가장 적절하지 않은 것은?**

① 가능한 사항부터 실행하는 과정에서 발견된 문제점을 해결해 가면서 해결안의 완성도를 높인다.

② 실행상의 문제점이나 장애요인을 신속히 해결하기 위해 감시 체제를 구축할 필요가 있다.

③ 문제가 재발하지 않을 것을 확신할 수 있는지 고려해야 한다.

④ 또 다른 문제를 발생시키지는 않았는지 확인해야 한다.

⑤ 문제 해결이 주요 목표이므로 사전에 목표한 기간과 비용이 계획대로 지켜졌는지는 확인할 필요가 없다.

31. **부산 지역 출장 담당자인 김경석 과장은 출장 때마다 1박 2일로 같은 거리를 왕복 이동한다. 10월에 이용한 자동차의 총 렌트 비용이 예상보다 높게 나와 11월에 예정된 1박 2일 출장에는 총 렌트 비용이 가장 저렴한 자동차를 렌트하고자 한다. 김경석 과장의 최근 렌트 내역과 자동차별 렌트 비용이 다음과 같을 때, 김경석 과장이 렌트할 자동차는?**

[김경석 고객 렌트 내역]

- 렌트 기간: 20XX년 10월 13일~10월 14일
- 차종: 세단4
- 기본요금: 90,000원/일
- 편도 주행 거리: 135km
- 보험료: 14,500원/일

[자동차별 렌트 비용]

구분	기본요금	주행비	보험료
세단1	82,000원/일	235원/km	17,000원/일
세단2	90,000원/일	220원/km	15,500원/일
세단3	75,000원/일	240원/km	24,000원/일
SUV1	104,000원/일	135원/km	13,000원/일
SUV2	112,000원/일	110원/km	9,500원/일

※ 총 렌트 비용 = 기본요금 + 주행비 + 보험료

① 세단1 ② 세단2 ③ 세단3 ④ SUV1 ⑤ SUV2

32. A 사원은 미국 출장을 위해 항공편을 예약하려고 한다. 인천공항에서 뉴욕공항까지 총 비행시간이 가장 짧은 항공편을 예약하려고 할 때, A 사원이 예약할 항공편은? (단, 총 비행시간은 경유지 대기 시간을 제외한다.)

[항공편 정보]

항공편	출발 일정(인천)	도착 일정(뉴욕)	비고
A123	2023.10.11. 17:55	2023.10.11. 18:05	홍콩 1회 경유
B456	2023.10.12. 19:45	2023.10.12. 20:45	홍콩 1회 경유
C789	2023.10.12. 20:00	2023.10.12. 23:45	이스탄불 1회 경유
D012	2023.10.13. 21:30	2023.10.14. 01:15	이스탄불 1회 경유
E345	2023.10.13. 22:00	2023.10.14. 02:45	홍콩 1회 경유

※ 1) 홍콩 경유 시 경유지 대기 시간은 2시간이며, 이스탄불 경유 시 경유지 대기 시간은 3시간임
2) 인천은 뉴욕보다 13시간 더 빠르며, 항공편별 출발 및 도착 시간은 각 위치 기준 시간임

① A123 ② B456 ③ C789 ④ D012 ⑤ E345

33. 다음 중 시간관리 유형에 대한 설명으로 적절하지 않은 것을 모두 고르면?

㉠ 시간 창조형은 긍정적인 사고와 밝은 에너지를 지닌 사람으로, 철저한 시간계획을 통해 목표를 세우고 행동으로 실천하는 유형이다.
㉡ 시간 절약형은 8시간은 업무 시간으로, 8시간은 개인 시간에 효율적으로 활용하고 남은 8시간을 자는 데 사용하여 여유 있게 살아가는 유형이다.
㉢ 시간 파괴형은 이기적인 시간관념을 가지고 있어서 자신에게 주어진 시간을 효율적으로 사용하기 위해 남의 시간을 죽이는 유형이다.
㉣ 시간 소비형은 8시간의 업무 후에 나머지 시간이 충분함에도 그 시간을 제대로 활용하지 못하는 유형으로, 8시간형 인간이라고도 한다.

① ㉠, ㉢ ② ㉡, ㉢ ③ ㉡, ㉣ ④ ㉠, ㉡, ㉢ ⑤ ㉡, ㉢, ㉣

34. 다음은 ○○기업의 제품 생산 공정에 대한 자료이다. 10월에 제품 50개를 추가로 생산하려고 할 때, 추가 생산을 위해 지불해야 할 부품의 총비용은?

[제품 1개 생산에 필요한 부품 수]

부품 A	부품 B	부품 C	부품 D
5개	2개	4개	3개

[부품별 단가]

부품 A	부품 B	부품 C	부품 D
15,000원	10,000원	20,000원	30,000원

① 13,000,000원 ② 13,150,000원 ③ 13,250,000원
④ 13,350,000원 ⑤ 13,450,000원

35. ☆☆기업의 예산관리팀에 근무하는 귀하는 하루 동안 진행될 올해 송년회 예산안을 수립하기 위해 임대 장소와 식사 비용을 조사하였다. 귀하가 조사한 자료가 다음과 같을 때, 가장 적절하지 않은 것은?

[☆☆기업 송년회 예산안]

• 참여 인원
  – 송년회 당일 출장이 예정되어 있는 7명을 제외한 56명
• 업체별 견적 내용
  – 장소 임대비

구분	기준가	비고
A 호텔	840,000원	– 최대 100인 수용 가능 – 온라인 사전 결제 시 기준가에서 15% 할인
B 호텔	780,000원	– 최대 60인 수용 가능 – 온라인 사전 결제 시 기준가에서 12% 할인
C 호텔	680,000원	– 최대 40인 수용 가능 – 온라인 사전 결제 시 기준가에서 5% 할인
D 호텔	730,000원	– 최대 70인 수용 가능 – 온라인 사전 결제 시 기준가에서 8% 할인
E 호텔	700,000원	– 최대 60인 수용 가능 – 온라인 사전 결제 시 기준가와 동일

※ 1) 장소 임대비는 하루를 기준으로 책정된 금액임
  2) 기준가는 현장 결제 시 적용되는 금액임

  – 식비

구분	중식 코스	일식 코스
A 호텔	27,000원	32,000원
B 호텔	31,000원	25,000원
C 호텔	40,000원	45,000원
D 호텔	36,000원	30,000원
E 호텔	25,000원	23,000원

※ 식비는 1인당 비용으로, 송년회에서는 석식만 제공함

• 선정 기준
  – 모든 인원을 수용할 수 있는 호텔 선정
  – 임대비가 가장 저렴한 호텔 선정
  – 호텔 선정 후 식비가 가장 저렴한 코스 요리 신청

① 현장 결제 시 선정할 호텔은 E 호텔이다.

② A 호텔은 온라인 사전 결제 시 장소 임대비가 714,000원이다.

③ 온라인 사전 결제로 호텔 선정 시 신청할 코스 요리의 1인당 비용은 25,000원이다.

④ C 호텔은 온라인 사전 결제 시 기준가에서 34,000원 할인된다.

⑤ B 호텔 선정 시 참여 인원의 총 식비는 1,400,000원이다.

36. **다음 중 예산관리에 대한 설명으로 가장 적절하지 않은 것은?**

① 예산을 효율적으로 관리하는 능력은 최소의 비용으로 최대의 이익을 얻을 때 나타난다.

② 예산은 넓은 범위에서 민간기업, 공공단체, 개인의 수입 및 지출에 관한 것도 모두 포함한다.

③ 예산관리는 활동이나 사업에 소요되는 비용 산정 과정을 의미하므로 예산 편성 및 통제 과정은 포함되지 않는다.

④ 무조건 적은 비용을 들였다고 하여 예산관리를 효율적으로 했다고 평가할 수 없다.

⑤ 기업에서 제품 개발 시 책정한 개발 비용과 실제 비용의 차이가 적을수록 가장 이상적인 예산관리 상태라고 할 수 있다.

[37-38] 다음 자료를 보고 각 물음에 답하시오.

[신입사원 연수 프로그램 계획안]

1. 행사 개요
   - 일정: 9/14(월)~9/15(화), 1박 2일
   - 대상 및 인원: 신입사원(38명), 중간 관리자(멘토, 10명)
   - 장소: 사내 연수 시설
2. 준비 물품 내역
   카메라, 업무용 노트북, 개인 명찰, 명찰 택, 일회용 접시, 풀, 종이컵, 필기구, 캠코더, 보드 마커, 회사 수첩, 가위, 백화점 상품권, 외식 상품권, 테이프
3. 주요 프로그램

구분	주요 교육 내용
조직의 이해	- 회사 소개 - 경쟁과 협력 - 커뮤니케이션 원칙
신입사원 비전 교육	- 자아성찰 - 시간관리 및 목표 달성 - 도전 의식
프레젠테이션 스킬	- 프레젠테이션의 개요 - 효과적인 프레젠테이션 방법
팀 협력 및 선배와의 대화	- 팀워크 게임 - 팀 과제 발표 - 선배와의 대화

4. 추진 안내
   - 교육 프로그램을 검토하여 적절한 강사진을 섭외함
   - 인원수를 정확하게 파악하여 예산을 최소화해야 함
   - 주류 반입 및 음주는 불허함
   - 신입사원들의 애사심 함양을 위해 회사 로고가 그려진 필기구와 수첩을 증정함
   - 팀 과제에서 우수한 결과를 내는 팀에게 상품권 등의 적절한 보상을 하여 적극적인 참여를 유도함

37. 신입사원 연수 프로그램에 필요한 물품을 준비하고 있는 귀하는 효과적인 물품 관리를 위해 일정한 기준에 따라 물품을 분류하고 라벨링을 하였다. 위 자료의 준비 물품 내역을 기준에 따라 바르게 분류한 것은?

①

소모품	배포 물품	재사용이 가능한 물품
일회용 접시, 종이컵, 필기구, 보드 마커	가위, 회사 수첩, 백화점 상품권, 외식 상품권	카메라, 업무용 노트북, 개인 명찰, 명찰 택, 풀, 캠코더, 테이프

②

소모품	배포 물품	재사용이 가능한 물품
개인 명찰, 명찰 택, 일회용 접시, 필기구, 풀	가위, 백화점 상품권, 외식 상품권, 테이프	카메라, 업무용 노트북, 종이컵, 캠코더, 보드 마커, 회사 수첩

③

소모품	배포 물품	재사용이 가능한 물품
개인 명찰, 명찰 택, 일회용 접시, 종이컵, 풀, 테이프	회사 수첩, 가위, 백화점 상품권, 외식 상품권	카메라, 업무용 노트북, 캠코더, 보드 마커, 필기구

④

소모품	배포 물품	재사용이 가능한 물품
일회용 접시, 종이컵	개인 명찰, 명찰 택, 필기구, 회사 수첩, 백화점 상품권, 외식 상품권	카메라, 업무용 노트북, 풀, 캠코더, 보드 마커, 가위, 테이프

⑤

소모품	배포 물품	재사용이 가능한 물품
개인 명찰, 명찰 택, 풀, 테이프	일회용 접시, 종이컵, 회사 수첩, 백화점 상품권, 외식 상품권	카메라, 업무용 노트북, 필기구, 캠코더, 보드 마커, 가위

38. 신입사원 연수 추진 위원인 귀하는 [신입사원 연수 프로그램 계획안]의 주요 교육 프로그램들이 적절한지 검토하기 위해 인적자원개발의 개념과 역할에 대해 조사하였다. 다음 중 인적자원개발에 대한 설명으로 가장 적절하지 않은 것은?

① 경쟁력 있는 우량 기업으로 성장하기 위해서는 우수한 인적자원을 개발하고 양성할 수 있는 인재개발센터를 체계적이고 지속적으로 운영하는 것이 좋다.

② 전략적 인적자원개발은 인적자원개발을 조직의 목표와 전략의 방향으로 접근하여 성과 창출에 일조하기 위해 제안되었다.

③ 조직의 성과와 발전 가능성을 높이기 위해 활용되는 공식적·비공식적인 학습 활동과 조직의 변화를 촉진하는 과정을 모두 포괄한다.

④ 인적자원개발은 훈련, 개발, 교육에 초점을 맞추며, 궁극적으로 각 영역에 대한 기술, 태도, 지식, 업무능력 등을 습득하고 활용하게 한다.

⑤ 인적자원개발의 최종 목표인 개인의 경력개발이 이루어지면 조직의 성과 향상은 자연스럽게 따라온다.

39. 다량의 물적자원을 효과적으로 관리할 수 있는 방법에는 바코드 활용이 있다. 다음 중 바코드에 대한 설명으로 적절한 것을 모두 고르면?

> ㉠ 바코드는 굵기가 서로 다른 검은 막대와 흰 막대를 조합하여 문자나 숫자를 코드화한 것이다.
> ㉡ 바코드의 원리는 물품을 기호화하여 관리하는 것으로, 바코드를 활용하면 물품의 종류 및 위치를 쉽게 파악할 수 있다.
> ㉢ 바코드는 QR코드에 비해 넉넉한 용량을 강점으로 하여 다양한 정보를 담을 수 있다.
> ㉣ 자동 판독이 가능한 광학식 마크판독장치 사용으로 컴퓨터가 판독하기 쉬우며 데이터를 빠르게 입력할 수 있다.

① ㉠, ㉡ ② ㉠, ㉣ ③ ㉠, ㉡, ㉢ ④ ㉠, ㉡, ㉣ ⑤ ㉠, ㉢, ㉣

40. 다음에서 설명하고 있는 인력배치의 원칙을 순서대로 바르게 연결한 것은?

> ㉠ 모든 팀원에 대한 평등한 적재적소를 고려할 필요가 있다는 것으로, 팀 전체의 능력 향상, 의식 개혁, 사기 양양 등을 도모해야 한다는 원칙이다.
> ㉡ 팀원 개개인의 능력을 최대로 발휘해 줄 것을 기대하며 작업이나 직무가 요구하는 요건과 개인이 보유하고 있는 조건이 서로 균형을 이루도록 인력을 배치해야 한다는 원칙이다.
> ㉢ 개인이 가진 기존의 능력에만 한정하지 않고, 미래에 발휘 가능한 능력을 개발하고 양성하는 측면에서 인력을 배치해야 한다는 원칙이다.

	㉠	㉡	㉢
①	적재적소주의	능력주의	균형주의
②	적재적소주의	균형주의	능력주의
③	능력주의	적재적소주의	균형주의
④	균형주의	적재적소주의	능력주의
⑤	균형주의	능력주의	적재적소주의

정답 및 해설 p.432

무료 바로 채점 및 성적 분석 서비스 바로 가기
QR코드를 이용해 모바일로 간편하게 채점하고 나의 실력이 어느 정도인지, 취약 부분이 어디인지 바로 파악해 보세요!

National Competency Standards

실전모의고사 2회 [전영역 통합형]

시작과 종료 시각을 정한 후, 실제 시험처럼 실전모의고사를 풀어보세요.

____시____분 ~ ____시____분 (총 50문항/60분)

01. 귀하는 선배 사원으로부터 언어적인 의사소통에는 능하지만, 문서적인 의사소통에는 그렇지 못한 것 같다는 이야기를 들었다. 문서적인 의사소통에 능해질 수 있도록 노력하기에 앞서, 언어적인 의사소통과 문서적인 의사소통의 정확한 개념을 알지 못한 귀하는 인터넷 검색을 통해 두 의사소통의 특징을 확인하였다. 다음 중 귀하가 확인한 문서적인 의사소통의 특징으로 가장 적절하지 않은 것은?

① 전달성과 보존성이 좋다.

② 권위감이 있다.

③ 정확성을 기하기 쉽다.

④ 유동성이 있다.

⑤ 문서이해능력과 문서작성능력이 요구된다.

02. 다음 중 공문서에서 날짜를 표기하는 방법으로 적절한 것을 모두 고르면?

㉠ 2020/6/1/월
㉡ 2020. 6. 1. (월).
㉢ 2020. 6. 1
㉣ 2020. 6. 1.
㉤ 2020. 6. 1.(월)

① ㉠, ㉢　② ㉡, ㉢　③ ㉡, ㉤　④ ㉢, ㉣　⑤ ㉣, ㉤

03. **홍보팀에서 근무하는 귀하는 여름 휴가로 이탈리아 여행을 다녀온 뒤 가장 인상 깊었던 관광 명소에 대한 글을 회사 사보에 싣기로 했다. 다음 글을 읽고 이해한 내용으로 가장 적절하지 않은 것은?**

> 이탈리아의 유명 관광 명소로 손꼽히는 콜로세움은 로마 시대에 건축된 원형 경기장으로, 고대 로마의 플라비아누스 왕조인 베스파시아누스 황제가 착공하여 80년경 그의 아들인 티투스 황제가 완공한 것으로 알려진다. 이후 도미티아누스 황제가 한 층을 더하여 총 4층의 원형 경기장을 완성했으나, 현재는 그중 3분의 1만 남아있다. 당시 콜로세움에서는 플라비아누스 원형 경기장이라는 이름으로 다양한 볼거리가 제공되었으며, 수만 명의 관중을 수용할 수 있었다. 이때 관중석은 신분과 성별에 따라 구분되었는데, 1층 특별석에는 황제와 베스타 여신이 마주하여 그 옆에 원로원이 앉을 수 있었고, 2층에는 귀족과 무사, 3층에는 로마의 시민권자, 4층에는 여자, 노예, 빈민층이 자리할 수 있었다. 경기장에서는 검투사들의 치열한 격투 시합, 맹수 등의 사냥 시합 등이 펼쳐졌고, 때로는 해상 전투의 재현이나 고전극의 상연 등 다양한 무대가 펼쳐져 당대 로마 시민들에게 원형 경기장은 공공 오락시설물과 같았다. 반면 당대 로마 정치인들에게 원형 경기장은 시민들에게 다양한 구경거리를 제공함으로써 자신의 정치적 입지를 굳히고 화합을 도모하거나 로마 귀족의 권위에 불복했을 경우 일어날 수 있는 보복을 암시하는 등 정치적 목적으로 사용되기도 했다. 이후 원형 경기장은 중세에 이르러 교회나 요새로 사용되는 등 초기의 건축 목적과 다르게 사용되었지만 콜로세움이라는 이름으로 오랫동안 로마에 남게 되어, 현재는 많은 관광객이 찾아오는 명소가 되었다.

① 고대 로마의 콜로세움에서는 검투사들의 대결이나 사냥 시합뿐만 아니라 고전극을 관람할 수 있었다.

② 로마 정치인들이 콜로세움을 유흥 목적 외의 용도로 활용하기 시작한 것은 중세에 이르러서이다.

③ 고대 로마인들은 자신의 신분과 성별에 따라 원형 경기장의 각각 다른 층에 착석할 수 있었다.

④ 오늘날의 콜로세움은 이탈리아 유명 관광지의 역할을 하고 있다.

⑤ 도미티아누스 황제는 티투스 황제가 완공한 형태에 한 층을 더 세워 총 4층의 경기장을 완성했다.

04. 다음 대화를 읽고 올바른 경청을 방해하는 요인으로 가장 적절한 것은?

> A: 요새 업무가 너무 바빠서 퇴근 후에 개인적인 여가 시간이 부족해.
> B: 그렇게 힘들게 일하지 않아도 경제적으로 여유 있지 않아? 당분간 일을 그만두고 쉬는 시간을 가질 필요가 있을 것 같아.
> A: 하지만 난 내가 지금 하고 있는 일이 좋아. 문제는 위에서 나한테 바라는 게 너무 많다는 거야. 나는 한 명인데, 몇 사람의 몫을 해주길 바라는 건지 모르겠어.
> B: 윗사람의 말을 전부 들을 필요 있을까? 네가 할 수 있는 것만 하고 나머지는 다른 사람들과 함께하는 건 어때?
> A: 나뿐만 아니라 다들 업무가 많아 고생하고 있어서 그러기도 쉽지 않아. 아, 오늘이 문화센터 강의 수강 신청 마감일이었는데 오후에 급하게 일을 처리하느라 바리스타 강의 등록하는 걸 깜빡 잊고 놓쳐 버렸네. 너무 속상해.
> B: 걱정하지 마. 문화센터 강의는 매번 열리니 다음 달에 신청하면 되지.
> A: 이번에 듣고 싶었던 바리스타 강의가 다음 달에는 열리지 않을 수 있단 말이야. 그나저나 아까부터 계속 내 말에 그런 식으로 대답하는 이유가 뭐야?

① 걸러내기　② 언쟁하기　③ 조언하기　④ 판단하기　⑤ 다른 생각하기

05. 다음 대화를 읽고 강 과장이 취한 의사소통 전략으로 가장 적절한 것은?

> **강 과장:** 다들 신제품 홍보 전략 관련해서 의견 준비하셨나요? 이번 신제품은 그동안 우리가 다루지 않았던 제품군이라 타사 홍보 전략을 분석하는 것이 좋을 것 같습니다. 같은 제품군에서 판매 순위가 가장 높은 P사의 홍보 전략을 조사하는 것이 어떨까요?
> **유 사원:** P사의 경우 지난번에 홍보 전략 분석 결과를 보고했었습니다.
> **강 과장:** 지난번 분석 보고서는 이번 신제품과 전혀 다른 제품군의 홍보 전략 아니었습니까?
> **유 사원:** 네, 그렇긴 하지만 P사가 취하는 홍보 전략이 제품군에 따라 크게 달라지지 않는 것 같아 다시 분석하는 게 의미가 없을 것 같습니다.
> **강 과장:** 우려하시는 점은 이해합니다만, P사는 최근 홍보 매체를 확대하여 대대적인 홍보 전략을 취하고 있으므로 새로 분석할 필요가 있습니다. 아직 조사도 해보지 않았는데 성급하게 결론 내리는 이유가 따로 있으신가요? 더 말해봐야 귀담아듣지 않으시겠지만, 근거 없이 단정 짓기보다는 그 근거에 대해서 직접 조사하여 타당한 결론을 전달하는 것이 좋을 것 같습니다.

① 상대방의 단점을 끄집어 말하여 자존심 건드리기
② 대비 효과로 상대방의 분발심 불러일으키기
③ 호칭을 바꾸어 상대방과의 심리적 거리 두기
④ 애매모호한 말로 상대방의 감정 누그러트리기
⑤ 상대방의 주의를 끌 수 있도록 하려던 말 멈추기

06. 미란이는 네일숍에 방문하여 네일아트를 받으려고 한다. 네일아트는 손톱 정리만 하는 경우 기본가가 적용되며, 파츠를 선택하여 네일아트를 하는 경우 추가 비용이 발생한다. 네일아트에 사용되는 파츠는 모양에 따라 가격이 모두 다르다. 미란이가 클로버 파츠 1개와 원 파츠 1개를 선택하여 네일아트를 받으려 할 때, 지불할 추가 비용은?

[가격표]의 여섯 번째 열은 각 행의 1~5열 파츠를 조합했을 때의 추가 비용이고, 여섯 번째 행은 각 열의 1~5행 파츠를 조합했을 때의 추가 비용이다.

[가격표]

☆	♡	☆	○	♧	23천 원
○	◇	◇	♧	♡	27천 원
♡	♧	◇	☆	◇	23천 원
♡	○	♧	◇	○	29천 원
☆	♧	◇	○	♡	25천 원
21천 원	28천 원	24천 원	28천 원	26천 원	

[모양의 명칭]

☆	♡	◇	♧	○
별	하트	다이아	클로버	원

① 8천 원 ② 10천 원 ③ 11천 원 ④ 13천 원 ⑤ 15천 원

07. 막걸리와 메밀묵을 좋아하는 도깨비가 A 마을로 찾아왔다. 이 도깨비는 막걸리와 메밀묵을 주는 사람 1명당 한 가지씩의 소원을 들어주었고, 그 소문이 퍼져 결국 A 마을의 모든 사람들이 막걸리와 메밀묵을 주며 도깨비에게 소원을 빌었다. 도깨비가 A 마을 사람 모두의 소원을 들어주었을 때, ㉠－㉡의 값은?

도깨비가 A 마을로 찾아온 첫째 날에는 2명, 둘째 날에는 3명의 소원을 들어주었고, 셋째 날부터는 전 날에 소원을 들어준 사람보다 2배 많은 사람들의 소원을 들어주었다. 도깨비가 A 마을로 찾아온 지 열흘째 되는 날에 A 마을 모든 사람의 소원을 들어주었다면 A 마을의 모든 사람 수는 (㉠)이고, 도깨비가 A 마을을 찾아온 날로부터 일주일 동안 소원을 들어준 사람 수는 (㉡)이다.

① 864 ② 1,215 ③ 1,344 ④ 1,726 ⑤ 2,047

08. 한 반의 수강생이 30명으로 모두 동일한 학원에 세 개의 반이 있다. 두 반의 평균 점수는 각각 70점, 75점이고 학원 전체의 평균 점수는 80점일 때, 나머지 한 반의 평균 점수는?

① 75점 ② 80점 ③ 85점 ④ 90점 ⑤ 95점

09. 다음은 지역별 고용 동향 자료 중 일부를 나타낸 것이다. 가~마 지역 중 취업률이 두 번째로 낮은 지역은?

[지역별 고용 동향]

(단위: 만 명, %)

구분	가	나	다	라	마
만 15세 이상 인구수	848				
경제활동 인구수	530	174	124	165	78
실업자 수		5	3	6	2
고용률	60.5		57.4	62.4	
취업률			97.6	96.4	

※ 1) 만 15세 이상 인구수 = 경제활동 인구수 + 비경제활동 인구수

2) 경제활동 인구수 = 취업자 수 + 실업자 수

3) 실업률(%) = $\frac{\text{취업자 수}}{\text{경제활동 인구수}} \times 100$

4) 고용률(%) = $\frac{\text{취업자 수}}{\text{만 15세 이상 인구수}} \times 100$

5) 취업률(%) = $\frac{\text{취업자 수}}{\text{경제활동 인구수}} \times 100$

① 가 ② 나 ③ 다 ④ 라 ⑤ 마

10. K 공사에서 신입사원을 대상으로 연수를 진행하면서 업무에 필요한 역량을 크게 5가지 영역으로 구분하여 점수를 평가하였다. 신입사원들을 적절한 부서에 배치하는 업무를 맡은 귀하가 신입사원의 영역별 평가 점수를 한눈에 파악하기 쉽게 정리하고자 할 때, 선택할 수 있는 그래프로 가장 적절한 것은?

[신입사원 연수 평가 결과]

(단위: 점)

구분	적응력	판단력	책임감	성실성	협동력
A	9	5	10	5	8
B	4	10	7	10	6
C	5	5	8	6	7
D	3	10	9	10	2
E	1	9	9	8	8

①
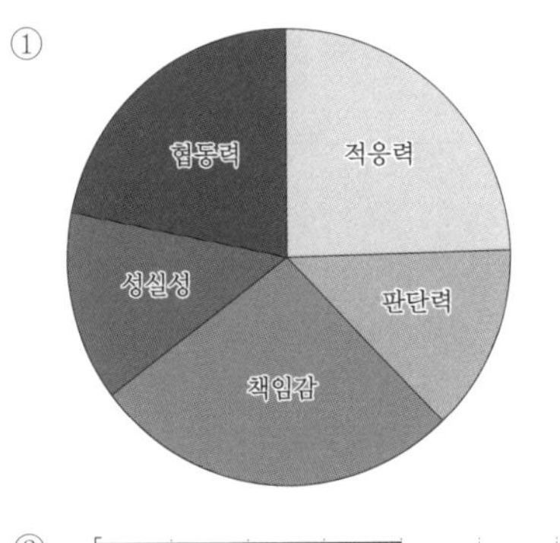

②
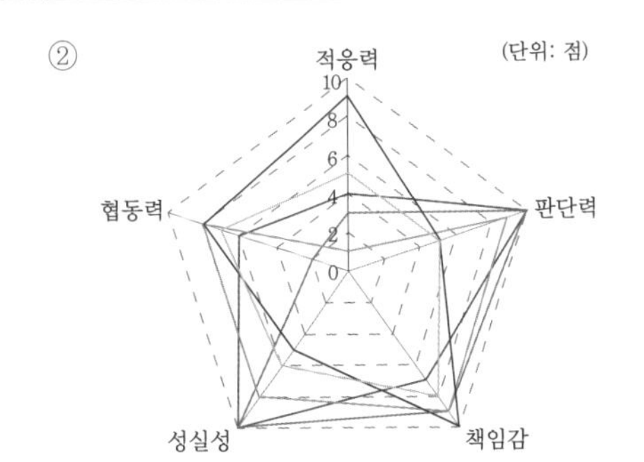

③
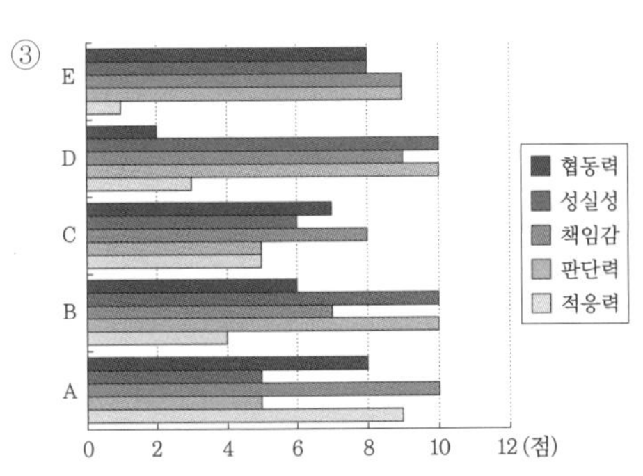

④
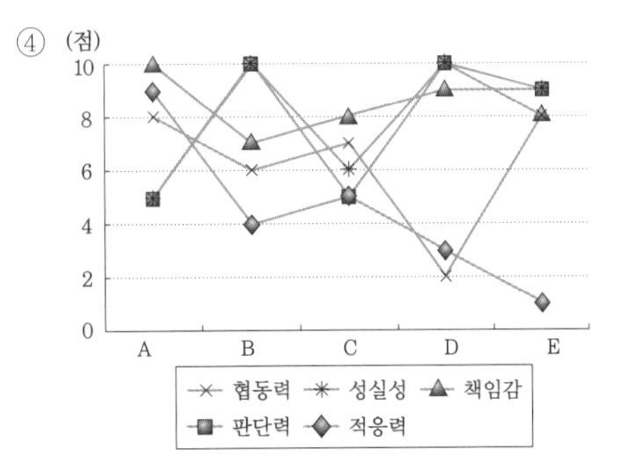

⑤
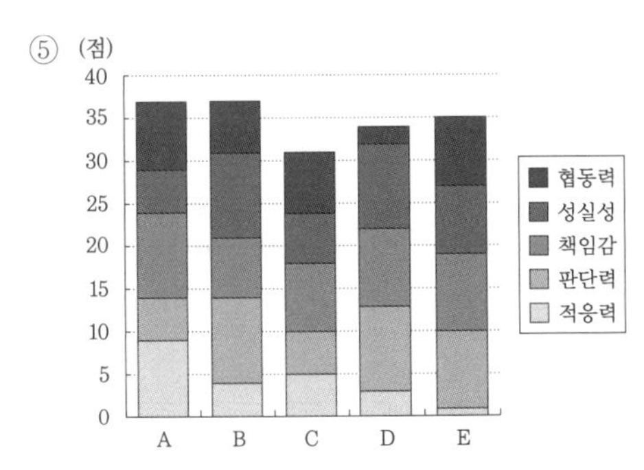

11. **다음 중 효과적인 문제해결을 위한 기본적 사고에 대한 설명으로 가장 적절한 것은?**

① 가설지향의 문제를 해결할 때는 기대하는 결과를 명시하여 효과적인 달성 방법을 사전에 구상한다.

② 문제 상황 발생 시 다른 시스템과의 연관성보다는 현재 직면한 문제와 해결방안에 집중해야 한다.

③ 이전과 비슷한 문제 상황이 발생할 때는 기존에 통용되던 인식을 바탕으로 문제를 바라본다.

④ 문제해결을 위해 필요한 기술이나 방법 등의 자원 확보 계획을 수립하고 내부의 자원만을 활용한다.

⑤ 전체를 여러 요소로 나누어 의미를 도출한 뒤 우선순위에 따라 구체적으로 해결방법을 모색한다.

12. **다음 명제가 모두 참일 때, 항상 참인 것은?**

- 도보로 가는 사람은 자가용을 타지 않는다.
- 자가용을 타는 사람은 버스를 탄다.
- 지하철을 타는 사람은 버스를 타지 않는다.
- 도보로 가는 사람은 지하철을 탄다.

① 버스를 타지 않는 사람은 지하철을 타지 않는다.

② 자가용을 타지 않는 사람은 버스를 타지 않는다.

③ 버스를 타는 사람은 도보로 가지 않는다.

④ 지하철을 타지 않는 사람은 자가용을 탄다.

⑤ 도보로 가지 않는 사람은 지하철을 탄다.

13. **다음 조건을 모두 고려하였을 때, 항상 옳은 것은?**

- A, B, C는 각각 산악 동호회, 자전거 동호회, 독서 동호회 중 서로 다른 1개의 동호회에 가입한다.
- A가 산악 동호회에 가입하면, B는 자전거 동호회에 가입한다.
- B가 산악 동호회에 가입하면, C는 자전거 동호회에 가입하지 않는다.

① A는 자전거 동호회에 가입하지 않는다.

② B가 독서 동호회에 가입하면, C는 자전거 동호회에 가입한다.

③ B가 산악 동호회에 가입하지 않으면, C가 산악 동호회에 가입한다.

④ C가 독서 동호회에 가입하지 않으면, B가 자전거 동호회에 가입한다.

⑤ C는 자전거 동호회에 가입하지 않는다.

14. 다음은 문제해결과정 중 문제인식 단계에 대한 절차별 설명이다. 절차별 설명을 순서대로 바르게 나열한 것은?

A 단계	과제안 간의 동일한 수준, 표현의 구체성, 기간 내 해결 가능성 등을 정리한 다양한 과제 후보안을 체계적으로 검토하여 주요 과제를 도출한다.
B 단계	자사, 경쟁사, 고객을 분석하는 3C 분석이나 내·외부의 환경요인을 분석하는 SWOT 분석 방법을 사용하여 환경을 분석한다.
C 단계	과제의 목적, 목표, 자원현황 등을 종합적으로 고려하여 우선순위가 가장 높은 과제를 선정한다.

① A 단계 – B 단계 – C 단계
② A 단계 – C 단계 – B 단계
③ B 단계 – A 단계 – C 단계
④ B 단계 – C 단계 – A 단계
⑤ C 단계 – A 단계 – B 단계

15. 표적집단면접은 6~8인으로 구성된 그룹에서 특정 주제에 대해 논의하는 과정으로, 조사 목적 수립, 대상자 분석, 그룹 수 결정, 대상자 리쿠르트, 가이드라인 작성 과정을 거치는 면접이다. 다음 중 표적집단면접을 진행할 때 주의해야 할 사항으로 적절한 것을 모두 고르면?

㉠ 인터뷰 중간에 논의 내용에 대한 합의를 진행한 다음 인터뷰 종료 후 전체 내용을 정리한다.
㉡ 가이드라인에 따라 내용을 열거하고, 열거된 내용의 상호 관련을 생각하며 결론을 얻어 나간다.
㉢ 동의 혹은 반대의 경우에는 합의 정도와 강도를 염두에 두지 않아도 된다.
㉣ 결론을 얻을 때는 조사의 목적을 고려하지 않아도 된다.
㉤ 앞뒤에 흩어져 있는 정보들을 주제에 대한 연관성을 고려하여 수집한다.
㉥ 확실한 판정이 가능한 경우뿐 아니라 그렇지 않은 경우에도 일단 판정을 내려야 한다.

① ㉠, ㉣
② ㉡, ㉤
③ ㉠, ㉢, ㉥
④ ㉡, ㉣, ㉤
⑤ ㉠, ㉢, ㉣, ㉥

16. **다음 중 빈칸에 들어갈 말로 가장 적절한 것은?**

> 1960년대에 스탠퍼드 대학에서는 유치원에 다니고 있는 4세 아이들을 대상으로 마시멜로를 이용해 의미 있는 실험을 한 적이 있다. 연구원들은 우선 아이들을 한곳에 모아서 각각의 아이들 앞에 마시멜로를 하나씩 놓아 주고 "잠깐 나갔다 올 테니까 돌아올 때까지 먹지 말고 기다리면 상으로 마시멜로를 하나 더 줄게. 하지만 그때까지 못 기다리고 마시멜로를 먹어 버리는 사람은 하나밖에 못 먹는 거야."라고 말했다. 연구원이 돌아올 때까지 기다리는 아이도 있었지만, 눈앞에 있는 마시멜로의 유혹에 넘어가 버린 아이들도 있었다. 이 실험은 아이들의 (　　　)을 측정하고 그들의 성취 능력을 비교하기 위한 것이었다. 10년 뒤에 그 아이들이 자라서 청년이 되었을 때, 연구원들은 마시멜로를 먹은 그룹과 먹지 않은 그룹을 비교해 보았다. 그 결과 마시멜로를 먹지 않고 참았던 그룹의 아이들은 대인관계 능력이나 스트레스를 극복하는 능력이 뛰어났고 학업성적도 아주 우수했지만, 순간의 욕구를 참지 못한 아이들은 작은 일에도 쉽게 좌절했으며 학업 성적도 부진했다. (　　　)의 차이는 성적의 차이가 되고 인생의 성취 능력을 좌우한다는 것이 실증적으로 밝혀졌다.

① 자신감　　② 의구심　　③ 협동심　　④ 무력감　　⑤ 인내심

17. **다음은 경력개발 단계를 나타낸 것이다. A 단계에 대한 설명으로 적절하지 않은 것을 모두 고르면?**

직업 선택	▶	조직 입사	▶	A	▶	경력 중기	▶	경력 말기

> ㉠ 직업 및 조직에서 어느 정도 입지를 굳히게 되어 더 이상 수직적인 승진 가능성이 적은 경력 정체 시기에 이르게 된다.
> ㉡ 새로 들어간 조직의 규칙이나, 규범, 분위기를 알고 적응해 나가는 것이 중요한 과제이다.
> ㉢ 조직의 생산적인 기여자로 남고 자신의 가치를 지속적으로 유지하기 위하여 노력하며, 동시에 퇴직을 고려하게 된다.
> ㉣ 일반적으로 25~40세까지의 성인 초기로 구분하지만, 성공 지향적인 행동을 언제까지 하느냐로 구분할 수 있다.
> ㉤ 자신의 장단점, 흥미, 적성, 가치관 등 자신에 대한 탐색과 자신이 원하는 직업에서 요구하는 능력, 환경, 가능성, 보상 등 직업에 대한 탐색이 동시에 이루어져야 한다.

① ㉠, ㉢　　② ㉡, ㉣　　③ ㉠, ㉢, ㉣　　④ ㉠, ㉢, ㉤　　⑤ ㉡, ㉣, ㉤

18. **다음 중 자기개발 설계 전략에 대한 설명으로 가장 적절하지 않은 것은?**

① 인간관계를 고려하지 않고 자기개발 계획을 수립하는 경우 계획을 실행함에 있어 어려움을 겪게 된다.

② 현재의 직무보다는 앞으로 담당하고자 하는 직무를 위해 개발해야 할 능력을 우선적으로 고려해야 한다.

③ 자기개발의 효율성을 높이기 위해서는 추상적인 방법보다는 구체적인 방법으로 계획하는 것이 좋다.

④ 장기목표는 자신의 욕구, 가치를 고려할 뿐만 아니라 직무의 특성도 고려하여 수립해야 한다.

⑤ 타인과는 다른 자신만의 차별성을 밝혀내고 이를 부각시키기 위해 경력 포트폴리오를 구성하는 방법을 사용할 수 있다.

19. **홀랜드 직업성격유형의 여섯 가지 성격유형이 다음과 같을 때, 김 대리의 직업성격유형으로 가장 적절한 것은?**

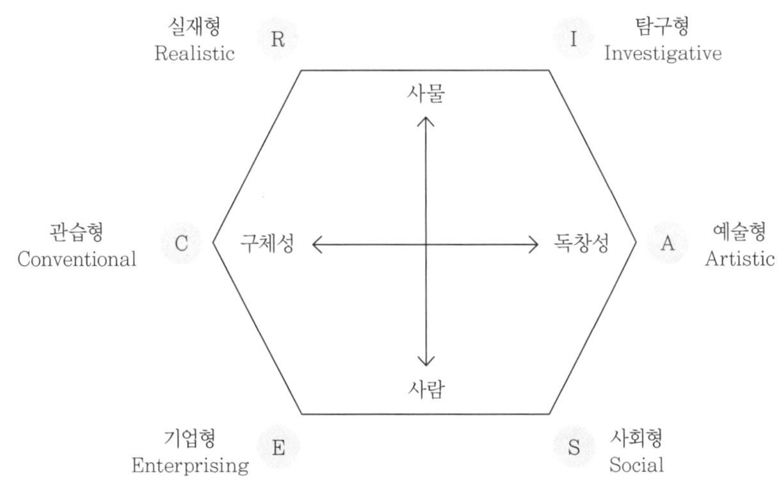

김 대리는 평소 말수가 적고 조용한 성향으로, 스스로 인간관계에 서툴고 리더십이 부족해 누군가를 가르치는 일은 어울리지 않는다고 생각한다. 반대로 신체 활동을 선호하며 기계공학에 관심이 많아 가전제품을 분해하거나 조립하는 등 기계 조작에 뛰어난 능력을 보인다.

① 실재형(R) ② 탐구형(I) ③ 예술형(A) ④ 사회형(S) ⑤ 관습형(C)

20. 다음 ㉠~㉤을 경력개발 계획의 단계에 따라 순서대로 바르게 나열한 것은?

㉠ 자신과 환경 이해 ㉡ 실행 및 평가 ㉢ 직무정보 탐색 ㉣ 경력목표 설정 ㉤ 경력개발 전략수립

① ㉠ - ㉢ - ㉣ - ㉤ - ㉡

② ㉢ - ㉠ - ㉣ - ㉤ - ㉡

③ ㉢ - ㉣ - ㉤ - ㉠ - ㉡

④ ㉣ - ㉠ - ㉢ - ㉤ - ㉡

⑤ ㉣ - ㉢ - ㉤ - ㉠ - ㉡

21. M 기업은 최근 다국적 기업으로의 발전을 위해 해외에 지사를 설립하여 운영하고 있다. 해외 지사에서 근무 중인 직원들과 함께 진행할 새로운 프로젝트를 기획하기 위해 지난 프로젝트의 업무별 작업 스케줄을 기준으로 예상 소요 시간을 계산하고자 한다. 그리니치 표준시 기준 시차와 A 프로젝트의 작업 스케줄을 고려하였을 때, A 프로젝트가 시작되어 종료되기까지 걸린 총 소요 시간은?** (단, 모든 지사의 근무 시간은 각 지사의 현지 시각 기준으로 오전 9시부터 오후 6시까지이며, 점심시간은 고려하지 않는다.)

[그리니치 표준시 기준 시차]

그리니치	케이프 타운	모스크바	자카르타	서울
0	+2	+3	+7	+9

※ '+'는 그리니치보다 해당 숫자만큼 시간이 빠른 것을 의미함

[A프로젝트의 업무별 작업 스케줄]

구분	작업 도시	시작 시각	종료 시각
기획	자카르타	8월 28일 오전 9시	8월 30일 오후 5시
디자인	모스크바	( )	9월 1일 오후 2시
제작	케이프 타운	( )	9월 10일 오후 6시
홍보	서울	( )	9월 12일 오후 6시

※ 1) 업무별 작업 시작 시각과 종료 시각은 각 지사의 현지 시간을 기준으로 함
2) 업무는 선행 작업 순으로 나열되었으며, 선행 업무가 종료된 후 업무를 진행하는 지사의 현지 시각 기준으로 바로 다음 업무가 시작됨

① 128시간 ② 142시간 ③ 149시간 ④ 164시간 ⑤ 169시간

22. 다음은 일의 우선순위를 판단하기 위해 일의 중요성과 긴급성을 바탕으로 만든 시간 관리 매트릭스이다. 다음 중 ㉠~㉣에 대한 설명으로 가장 적절하지 않은 것은?

구분	긴급함	긴급하지 않음
중요함	㉠	㉡
중요하지 않음	㉢	㉣

① 위기 상황은 ㉠에 해당한다.
② 기간이 정해진 대형 프로젝트는 ㉠에 해당한다.
③ 새로운 기회를 발굴하는 일은 ㉡에 해당한다.
④ 인간관계를 구축하는 일은 ㉢에 해당한다.
⑤ 시간 낭비 거리는 ㉣에 해당한다.

23. 예산의 구성요소에는 제품 생산 또는 서비스 창출을 위해 직접 소비된 것으로 여겨지는 직접비용과 제품 생산 또는 서비스 창출을 위해 소비된 비용 중에서 직접비용을 제외한 간접비용으로 나눌 수 있다. 다음 중 간접비용으로 가장 적절한 것은?

① 인건비 ② 사무비품비 ③ 재료비 ④ 출장 및 잡비 ⑤ 시설비

24. 다음 글의 밑줄 친 ㉠과 가장 관련 있는 자원의 종류는?

D 기업의 한 연구소는 화장품 신제품 개발을 위해 화학적 성분을 연구하는 기관이다. D 기업에서는 매년 연구소에 지급하는 예산을 늘리고 있지만, 연구소에서는 투자한 예산만큼의 성과가 나오지 않아 상반기 예산수립을 계획하기 전에 연구소에서 지난 2년 동안 구매한 ㉠ 장비들을 살펴보았다. 그 결과, 새로 구매한 연구 장비 중에는 이미 예전부터 연구소에 비치된 것들도 있었고, 1,000만 원이 넘는 장비 중에는 최근까지 사용되지 않고 그대로 방치된 것도 있었다. 특히 고가의 연구 장비들은 구매하고 난 후 물품관리를 위해 전산화하도록 하였으나, 이를 지키지 않아 예산이 어디에 사용되었는지도 알 수 없었으며, 정확한 사용 목적을 따지지 못하고 예산을 허비하게 되었다.

① 자연자원 ② 인공자원 ③ 시간자원 ④ 예산자원 ⑤ 인적자원

25. **다음 중 인사관리 원칙에 대한 설명으로 가장 적절하지 않은 것은?**

① 공정 인사의 원칙은 근로자의 인권을 존중하고 공헌도에 따라 노동의 대가를 공정하게 지급해야 한다는 원칙이다.

② 단결의 원칙은 직장 내에서 구성원들이 소외감을 갖지 않도록 배려하고 서로 유대감을 가지고 협동, 단결하는 체제를 이루도록 한다는 원칙이다.

③ 적재적소 배치의 원칙은 해당 직무 수행에 가장 적합한 인재를 배치해야 한다는 원칙이다.

④ 창의력 계발의 원칙은 근로자가 창의력을 발휘할 수 있도록 새로운 제안, 건의 등의 기회를 마련하고, 적절한 보상을 하여 인센티브를 제공해야 한다는 원칙이다.

⑤ 종업원 안정의 원칙은 직장에서 신분이 보장되고 계속해서 근무할 수 있다는 믿음을 갖게 하여 근로자가 안정된 회사 생활을 할 수 있도록 해야 한다는 원칙이다.

26. **다음 글을 읽고 A 팀이 해당하는 팀 발전 단계에 대한 설명으로 가장 적절한 것은?**

> ○○공사는 매년 한 해를 마무리하면서 눈에 띄는 성과를 보이거나 최고의 팀워크를 보인 팀에게 인센티브와 더불어 '올해의 팀워크 상'을 수여한다. ○○공사는 이번 연말 '올해의 팀워크 상'으로 A 팀을 선정하였는데, 선정 이유로 올해 A 팀이 선보인 팀워크가 팀 내 응집력과 팀원들의 창의력 및 생산성을 향상시켰다고 보았기 때문이라고 밝혔다. '올해의 팀워크 상'을 수상한 A 팀의 팀원들은 서로의 의견이 엇갈릴 때마다 자신의 고집을 버리고 적극적으로 논의하면서도, 자신들의 감정이나 생각을 솔직하게 공유하며 피드백을 주고받았던 의사소통 방식과 팀원 전체의 기여에 대해 서로 이해하고 인정하는 태도가 팀워크 향상에 도움이 되었던 것 같다며 수상의 기쁨을 함께 나눴다.

① 팀에 대한 기대를 형성하기 시작한 팀원들은 논쟁을 피하기 위해 심각한 주제에 대한 논의는 회피하려는 경향을 보인다.

② 팀원 간에 진정한 상호의존성을 달성하면서 가장 생산적인 모습을 갖춘 발전 단계이지만 모든 팀이 이를 수 있는 단계는 아니다.

③ 과제를 수행하기 위해 체계를 갖추기 시작하면서 팀원 간에 마찰이 발생하게 되며, 리더의 리더십이나 팀 내 권한에 대한 경쟁심과 적대감이 나타난다.

④ 팀원들은 더 이상 팀 전체의 인정을 받으려는 욕구를 중요하게 생각하지 않으며, 팀의 조화를 중요시하면서 팀에 대한 충성심을 보인다.

⑤ 서로를 파악하기 시작하면서 신뢰 수준이 향상된 팀원들은 상호 간의 마찰을 해결함으로써 만족감과 공동체 의식을 경험하기 시작한다.

27. 다음 자료에서 설명하는 개념으로 가장 적절한 것은?

전제	• 직원들의 능력에 대한 확신과 신뢰를 기반으로 이루어진다.
의미	• 리더는 이러한 활동을 통해 조직의 성장을 끌어낼 수 있으며, 질문을 통해 직원의 의견을 경청하여 생산성과 기술 수준을 향상시키고 자기 향상을 이루고자 하는 직원에게 업무 만족감을 높일 수 있다.
특징	• 계약 관계로 맺어지며 개인의 발전을 위해 이끌어주고 긍정적인 영향을 미칠 수 있는 수평적인 파트너십에 중점을 둔다. • 이를 실천하는 조직은 동기 부여된 노동력, 높은 품질의 생산물, 책임감을 갖춘 직원, 업무 효율성과 생산성의 제고 등의 혜택을 얻을 수 있다.
기본 원칙	• 리더는 직원의 창조성과 통찰력을 놓쳐서는 안 되며, 누구나 자유롭게 논의할 수 있는 환경을 제공해야 한다. • 직원들이 자신의 업무에 책임의식과 주인의식을 갖출 수 있도록 결정권에 대한 권한을 위임하는 것이 좋다. • 직원의 장점을 파악하여 서로 다른 능력을 갖춘 직원에게 확실한 목표를 심어주는 것이 중요하며, 경청하는 자세로 직원이 말하고자 하는 바를 이해하고 최선의 피드백을 제공해야 한다.

① 코칭 ② 매니징 ③ 멘토링 ④ 컨설팅 ⑤ 카운슬링

28. 다음 중 A 사원이 범한 오류로 가장 적절한 것은?

> A 사원은 자신이 휴게실 앞을 걸어가는 도중 때마침 휴게실에 모여 이야기를 하던 다른 사람들이 크게 웃자 그들이 자신을 비웃는다고 생각하였다.

① Overgeneralization ② Mental filtering ③ Personalization
④ Mislabeling ⑤ Mind reading

29. **협상 과정은 협상 시작, 상호 이해, 실질 이해, 해결 대안, 합의 문서 5단계로 이루어진다. 다음 글에서 설명하고 있는 협상 과정의 단계로 가장 적절한 것은?**

> △△ 기업 대표인 A는 ○○기업과 협상을 진행하고 있다. A는 ○○기업에서 이 협상을 통해 실제로 얻고자 하는 것이 무엇인지를 정확히 파악하기 위해 ○○기업이 표면적으로 주장하는 것과 실제로 원하는 것을 구분하였다. 이를 통해 A는 ○○기업에서 실제로 원하는 것이 무엇인지를 찾아내었으며, 더불어 분할과 통합 기법을 활용하여 이해관계를 분석하였다.

① 협상 시작　② 상호 이해　③ 실질 이해　④ 해결 대안　⑤ 합의 문서

30. **다음 중 고객서비스능력에 대한 설명으로 가장 적절하지 않은 것은?**

① 고객 중심적 사고와 생각이 필요하다.
② 불만고객의 경우, 불만이 신속하게 해결되면 단골고객으로의 형성이 가능하다.
③ 고객만족조사를 시행할 경우, 고객의 서비스 이용 욕구가 점차 저하된다.
④ 고객의 주요 요구를 파악하기 위한 고객만족조사가 필요하다.
⑤ 서비스가 불만족스러운 경우, 고객 이탈이 발생할 가능성이 있다.

31. **다음 글의 밑줄 친 ㉠~㉢에 해당하는 용어를 순서대로 바르게 나열한 것은?**

> 골프 의류 브랜드 회사에 재직 중인 이 대리는 50대 남성을 타깃으로 한 여름 골프 의류를 제작하려고 한다. 이를 위한 제작 기획안을 작성하기 전에 이 대리는 먼저 해당 브랜드에 회원가입이 되어 있는 ㉠ 고객들의 성별, 나이, 전화번호, 포인트 적립 내역, 구매한 상품 내역 등의 목록을 살펴보았다. 이 중에서 ㉡ 50대 남성 고객이 여름 동안 가장 많이 구매한 상위 5가지 상품을 선정한 뒤 디자인, 컬러, 사이즈, 원단, 가격 등을 분석하여 표와 이미지로 보기 쉽게 정리하였다. 그 결과 ㉢ 새로 기획하려는 골프 의류의 콘셉트 및 제작 방향을 결정할 수 있었다.

① 정보 – 자료 – 지식　② 자료 – 정보 – 지식　③ 자료 – 지식 – 정보
④ 지식 – 자료 – 정보　⑤ 지식 – 정보 – 자료

32. K 씨는 계약한 원룸 근처에 위치한 헬스장을 다니기 위해 웹 브라우저에서 헬스장을 검색한 후 방문할 예정이다. 광고라는 단어가 포함되지 않은 자료를 검색하려고 할 때, 정보검색 연산자를 가장 적절하게 사용한 것은? (단, 다른 검색 키워드는 고려하지 않는다.)

본사에 근무하는 K 씨는 올해 순환근무 대상자로 선정되어 2년 동안 부산 지사에서 근무할 예정이다. 순환근무 대상자는 회사로부터 보조금을 일부 지원받지만, 나머지 금액은 모두 본인이 부담해야 한다. 이에 따라 K 씨는 지사 근처에서 2년 동안 지낼 원룸을 부동산에 문의한 결과, 5개의 원룸을 추천받았다.

[원룸 정보]

원룸명	보증금	월세	관리비	교통수단	소요 시간	계약 기간
청솔 원룸	500만 원	47만 원	없음	버스	27분	2년
에덴 원룸	1,000만 원	45만 원	3만 원	지하철	28분	1년
그린 원룸	300만 원	55만 원	없음	지하철	21분	2년
데미안 원룸	2,000만 원	20만 원	5만 원	버스	17분	2년
애플 원룸	1,500만 원	40만 원	5만 원	버스	20분	1년

① 헬스장 AND 광고 ② 헬스장|광고 ③ 헬스장*광고
④ 헬스장 NEAR 광고 ⑤ 헬스장-광고

33. A 회사의 인사팀 소속인 갑 사원은 연말 정산 업무를 위해 연구소 직원들의 추가 서류 제출 여부를 확인하려고 한다. 을 대리로부터 전 직원의 인적사항을 엑셀 파일로 전달받았으며, 해당 파일은 전 직원 이름을 기준으로 오름차순으로 정리되어 있다. 연구소 직원 인적사항만 확인하고자 할 때, 갑 사원이 사용할 단축키로 가장 적절한 것은?

① Ctrl+F2 ② Ctrl+T ③ Ctrl+X
④ Ctrl+Shift+L ⑤ Ctrl+Shift+T

34. 다음은 홍보실 P 대리가 IT 용어에 대한 교육용 자료를 만드는 과정에서 K 대리와 대화한 내용이다. 다음 대화의 빈칸에 들어갈 단어로 가장 적절한 것은?

[P 대리]

(　　　)은 악성코드에 감염된 사용자의 PC를 조작하여 금융정보 및 개인정보를 훔치는 컴퓨터 범죄 수법으로, 해당 수법이 이루어지는 과정을 단계별로 시각화하여 자료를 구성할 예정입니다.

단계별로 설명하기 위해서는 슬라이드 전환에 '오른쪽으로 당기기' 기능을 사용하면 더욱 효과적일 것 같네요.

[K 대리]

[P 대리]

네, 자료 제작에 참고하도록 하겠습니다. 좋은 의견 감사합니다.

또한, (　　　)은 정상 홈페이지로 위장한 가짜 사이트로 사용자를 유인하여 금융정보를 탈취하기 때문에 접속하려는 사이트의 주소가 정상인지를 확인함으로써 피해를 예방할 수 있다는 내용을 추가하는 것도 좋겠네요.

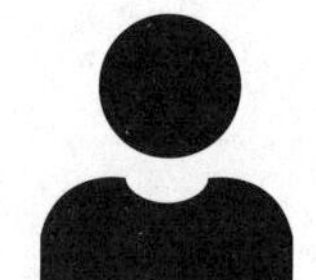

[K 대리]

① 피싱　② 파밍　③ 차단　④ 스푸핑　⑤ 스누핑

35. **다음은 N 온라인 쇼핑몰 판매 상품의 주문번호 부여 방식에 대한 내용이다. 물류창고에서 근무하는 진호와 성진이가 받은 주문 내역이 다음과 같을 때, 옳은 것은?** (단, 주문번호가 잘못된 내역은 주문이 취소된다.)

[N 온라인 쇼핑몰 판매 상품의 주문번호 부여 방식]

- 주문번호는 총 12자리로 구성되어 있으며 제품 종류/주문 일자/물류센터/배송방식/배송지역 순이다.
- 새벽 배송은 채소, 과일, 건강식품만 가능하다.
- A, B 시는 제1센터, C, D, E 시는 제2센터, F, G 시는 제3센터, H, I, J 시는 제4센터에서 배송하며, 총괄센터는 모든 지역으로 배송할 수 있다.

<table>
<tr><td rowspan="2">제품 종류</td><td colspan="2">전자제품</td><td colspan="2">채소</td><td colspan="2">과일</td><td colspan="2">의류</td><td colspan="2">건강식품</td></tr>
<tr><td colspan="2">006</td><td colspan="2">012</td><td colspan="2">016</td><td colspan="2">038</td><td colspan="2">079</td></tr>
<tr><td rowspan="2">주문 일자</td><td colspan="5">☆☆일 오전</td><td colspan="5">☆☆일 오후</td></tr>
<tr><td colspan="5">☆☆A</td><td colspan="5">☆☆P</td></tr>
<tr><td rowspan="2">물류센터</td><td colspan="2">제1센터</td><td colspan="2">제2센터</td><td colspan="2">제3센터</td><td colspan="2">제4센터</td><td colspan="2">총괄 센터</td></tr>
<tr><td colspan="2">C1</td><td colspan="2">C2</td><td colspan="2">C3</td><td colspan="2">C4</td><td colspan="2">CC</td></tr>
<tr><td rowspan="3">배송방식</td><td colspan="2" rowspan="2">일반 배송</td><td colspan="3">당일 배송</td><td colspan="3">특정일 배송</td><td colspan="2" rowspan="2">물류센터 수령</td></tr>
<tr><td>새벽 배송</td><td colspan="2">오후 배송</td><td colspan="2">새벽 배송</td><td>오후 배송</td></tr>
<tr><td colspan="2">A0</td><td>BA</td><td colspan="2">BP</td><td colspan="2">CA</td><td>CP</td><td colspan="2">D0</td></tr>
<tr><td rowspan="2">배송지역</td><td>A 시</td><td>B 시</td><td>C 시</td><td>D 시</td><td>E 시</td><td>F 시</td><td>G 시</td><td>H 시</td><td>I 시</td><td>J 시</td></tr>
<tr><td>06</td><td>09</td><td>13</td><td>18</td><td>19</td><td>21</td><td>24</td><td>33</td><td>35</td><td>41</td></tr>
</table>

[받은 주문 내역]

진호		성진	
번호	주문번호	번호	주문번호
1번	07914ACCBP35	1번	01616AC3CP21
2번	01603PC2CA13	2번	01214AC3BP24
3번	00606PC1CP06	3번	03811AC1CP19
4번	01620AC2BA13	4번	07923PC3CP24
5번	03822PCCA009	5번	00612PC2BA18

① 성진이가 받은 주문 중 주문이 취소되는 내역은 1개이다.

② 진호가 받은 주문번호 중 의류는 E 시로 배송된다.

③ 진호와 성진이가 15일 이후에 받은 주문은 3개이다.

④ 진호와 성진이가 받은 채소 또는 과일 주문 중 새벽 배송은 3개이다.

⑤ 진호가 받은 특정일 배송 주문 중 제2센터에서 배송하는 주문은 1개이다.

36. 다음 중 기술의 특징과 기술능력이 뛰어난 사람에 대한 설명으로 옳지 않은 것을 모두 고르면?

㉠ 기술은 노하우를 포함한다.
㉡ 기술은 하드웨어를 생산하는 과정을 의미한다.
㉢ 기술능력이 뛰어난 사람은 인식된 문제를 개선하기 위한 다양한 해결책을 개발하고 평가한다.
㉣ 기술능력이 뛰어난 사람은 주어진 한계 속 제한된 자원을 활용하여 최적화한다.

① ㉠ ② ㉠, ㉣ ③ ㉡, ㉢ ④ ㉡, ㉢, ㉣ ⑤ 없음

37. 다음 중 기술이해와 기술 시스템에 대한 설명으로 가장 적절하지 않은 것은?

① 기술이해는 기본적인 업무 수행에 필요한 기술 원리와 절차를 이해하는 능력이다.
② 기술 공고화는 경쟁에서 승리한 기술 시스템이 관성화되는 단계이다.
③ 기술 경쟁은 기술 시스템이 탄생하고 성장하는 과정이다.
④ 기술 이전은 성공적인 기술이 다른 지역으로 이동하는 것을 의미한다.
⑤ 기술 시스템은 인공물과 자연물을 모두 포함하는 집합체이다.

38. 다음 중 지속 가능한 기술에 대한 설명으로 가장 적절하지 않은 것은?

① 이용 가능한 자원과 에너지를 고려하는 기술이다.
② 자원의 사용 비율과 재생산되는 비율의 조화를 추구하는 기술이다.
③ 자원의 질을 고려하되 생산적인 방식으로 사용되는지 주목하는 기술이다.
④ 모든 자원을 활용하여 인간의 풍요를 극대화하는 데 관심을 기울이는 기술이다.
⑤ 기술적인 효용만이 아니라 환경효용을 함께 추구하는 기술이다.

39. 다음 지식재산 기본법에서 밑줄 친 부분을 보호하는 권리로 가장 적절한 것은?

> **제1조(목적)**
> 이 법은 지식재산의 창출·보호 및 활용을 촉진하고 그 기반을 조성하기 위한 정부의 기본 정책과 추진 체계를 마련하여 우리 사회에서 지식재산의 가치가 최대한 발휘될 수 있도록 함으로써 국가의 경제·사회 및 문화 등의 발전과 국민의 삶의 질 향상에 이바지하는 것을 목적으로 한다.
>
> **제2조(기본이념)**
> 정부는 지식재산 관련 정책을 다음 각 호의 기본이념에 따라 추진하여야 한다.
> 1. 저작자, 발명가, 과학기술자 및 예술가 등 지식재산 창출자가 창의적이고 안정적으로 활동할 수 있도록 함으로써 우수한 지식재산의 창출을 촉진한다.
> 2. 지식재산을 효과적이고 안정적으로 보호하고, 그 활용을 촉진하는 동시에 합리적이고 공정한 이용을 도모한다.
> 3. 지식재산이 존중되는 사회환경을 조성하고 전문인력과 관련 산업을 육성함으로써 지식재산의 창출·보호 및 활용을 촉진하기 위한 기반을 마련한다.
> 4. 지식재산에 관한 국내규범과 국제규범 간의 조화를 도모하고 개발도상국의 지식재산 역량 강화를 지원함으로써 국제사회의 공동 발전에 기여한다.
>
> **제3조(정의)**
> 이 법에서 사용하는 용어의 뜻은 다음과 같다.
> 1. "지식재산"이란 인간의 창조적 활동 또는 경험 등에 의하여 창출되거나 발견된 지식·정보·기술, 사상이나 감정의 표현, 영업이나 물건의 표시, 생물의 품종이나 유전자원(遺傳資源), 그 밖에 무형적인 것으로서 재산적 가치가 실현될 수 있는 것을 말한다.
> 2. "<u>신지식재산</u>"이란 경제·사회 또는 문화의 변화나 과학기술의 발전에 따라 새로운 분야에서 출현하는 지식재산을 말한다.
> 3. "지식재산권"이란 법령 또는 조약 등에 따라 인정되거나 보호되는 지식재산에 관한 권리를 말한다.

① 산업저작권 ② 특허권 ③ 상표권 ④ 실용신안권 ⑤ 디자인권

40. **다음 중 기술 적용 시 고려사항에 대해 적절하지 않은 설명을 한 사람을 모두 고르면?**

A: 이번에 기술을 적용하고 나면 더는 새로운 기술을 연구하고 개발하는 데 시간과 비용을 들이지 않아도 되겠군.

B: 업무 효율성을 높여 성과를 올릴 수 있는 기술이라면 기술 도입에 따른 비용이 성과보다 비합리적이더라도 장기적으로 보았을 때 투자할 가치가 있지.

C: 신기술 도입을 검토할 때는 회사의 비전과 전략에 맞춰 다양하게 응용하고 발전시킬 수 있는 기술인지 고려하는 것이 좋겠어.

D: 기술 적용 시점으로부터 이른 시일 내에 변화하거나 발전할 것으로 예상되는 기술을 적용한다면 기술 경쟁력을 확보할 수 있어.

E: 환경의 변화나 경영혁신을 이루기 위해 신기술을 적용하는 경우라면 회사의 전략과 조화롭게 운영할 수 있는 기술인지 검토해야 해.

① A, C ② C, D ③ A, B, D ④ B, C, E ⑤ C, D, E

41. **조직문화는 조직의 방향을 결정하고 존속하게 하는 데 영향을 미치는 것으로, 기능적인 측면에서 순기능과 역기능을 지니고 있다. 다음 중 조직문화의 순기능에 대한 설명으로 적절하지 않은 것은?**

① 조직문화는 구성원들의 일탈적 행동을 통제하며 조직에 적응하도록 한다.

② 조직문화는 구성원들의 조직몰입을 높여 일체감과 정체성을 부여한다.

③ 조직문화는 구성원들 개개인의 의견을 받아들여 창의성과 다양성을 촉진한다.

④ 조직문화는 구성원들 간의 결속력을 높여 단합과 조화를 촉진한다.

⑤ 조직문화는 구성원들의 사고방식과 행동양식을 규정하는 행동 지침을 제공한다.

42. ○○공사의 경영 전략 자문을 맡은 귀하는 마이클 포터의 산업 구조 분석 모델을 활용하여 경영 전략을 수립하고자 한다. 이때, 잠재적 시장 참여자에 대한 진입장벽을 높일 수 있는 상황으로 가장 적절하지 않은 것은?

① 기술 개발 부문의 투자 규모를 줄인다.

② 다른 경쟁사의 제품과 차별점을 두어 고객의 충성도를 확보한다.

③ 제품 원가를 낮추어 타 경쟁사 대비 원가에 대한 우위를 차지한다.

④ 정부가 관련 사업의 신규 진입자에 대한 규제 정책을 발표한다.

⑤ 동종 산업 내 기존 경쟁 기업들과 협력하여 유통망을 장악한다.

43. 귀하는 조직도를 바탕으로 자사와 경쟁사의 조직구조를 파악하는 과제를 받았다. 다음 중 두 조직구조에 대해 파악한 내용으로 가장 적절하지 않은 것은?

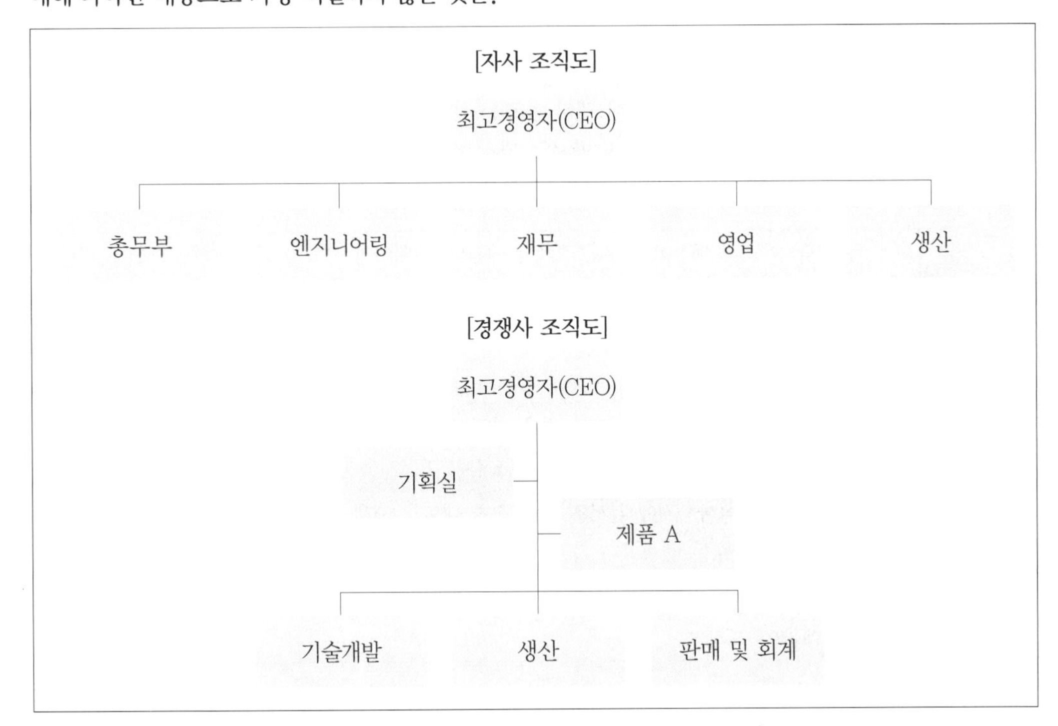

① 자사의 조직구조는 일상적인 기술을 사용하거나 조직의 내부 효율성을 제고하고자 할 때 효과적이야.

② 경쟁사의 조직구조는 자사의 조직구조보다 기능 부서 내 규모의 경제효과가 낮을 가능성이 높아.

③ 자사는 사업별로 조직이 구성되어 있기 때문에 급변하는 환경 변화에 효과적으로 대응할 수 있어.

④ 자사의 조직구조는 각 부서의 업무 내용 및 기능의 유사성을 기준으로 결합되어 있음을 알 수 있네.

⑤ 경쟁사는 개별 제품이나 프로젝트에 따라 조직화되어 있어 분권화된 의사결정이 가능하겠구나.

44. **다음 글에서 설명하고 있는 업무 효율화 도구로 가장 적절한 것은?**

> 우리 주변에서 흔히 볼 수 있는 작업으로, 프로젝트 목표를 이루기 위해 필요한 업무나 활동을 계층 구조로 분류하여 세분화하는 작업을 말한다. 이와 같은 작업을 통해 프로젝트 담당자의 책임과 역할을 분명히 할 수 있으며, 업무 내용을 가시화하여 작업을 관리하는 데 용이해진다.

① 책임분석표　② CPM　③ SWOT 분석
④ PERT　⑤ WBS

45. **Z 무역회사는 임직원의 사기를 높이고 스트레스를 해소시키기 위해 춘계 워크숍을 개최하였다. 춘계 워크숍 프로그램 중 OX퀴즈 대회에 참가한 귀하는 모든 문제를 다 맞혀 1등을 차지하였다. OX퀴즈 대회에 출제된 문제가 다음과 같을 때, 귀하의 답안으로 가장 적절한 것은?**

[OX퀴즈 대회 - 국제 비즈니스 매너]

Q1	독일인들은 식사 예절을 매우 중요하게 여긴다. 독일인과 식사할 때, 식탁에서 코를 푸는 것은 예절에 어긋난 행동이므로 주의해야 한다.
Q2	미국에서 바이어 집에 초대받아 방문할 경우 선물을 준비하는 것이 예의이다. 선물의 가격은 50달러 이상이어야 한다.
Q3	싱가포르에서 업무상 미팅을 할 경우 바로 업무에 관한 본론으로 들어가는 것은 예의에 어긋난 행동이다. 따라서 가벼운 주제에 대해 잠시 이야기를 나누다가 업무 내용을 언급해야 한다.
Q4	에스파냐인과 식사하기에 앞서 미리 적절한 대화 주제를 준비하는 것이 좋다. 처음 만난 에스파냐인과 식사할 때는 에스파냐 왕실에 대해 대화하는 것이 가장 무난하다.
Q5	일본인들은 약속 시각에 늦는 것을 예의에 어긋난 행동으로 여긴다. 따라서 약속 장소에는 5~10분 전에 미리 도착해야 한다.

	Q1	Q2	Q3	Q4	Q5
①	O	O	O	X	X
②	O	X	O	X	O
③	O	O	X	O	X
④	X	X	O	X	O
⑤	X	X	X	X	O

46. 다음 글을 읽고 A 기업이 한 비윤리적 행위의 유형으로 가장 적절한 것은?

> 대기업에 부품을 납품하는 중소제조업체 A 기업은 최근 저조한 실적으로 회사 경영에 큰 어려움을 겪고 있다. A 기업은 영업부서에 수단과 방법을 가리지 않고 납품 수주에 성공할 것을 지시하였고, 결국 불법 금품 제공을 비롯한 열렬한 로비 끝에 50억 원 상당의 납품 계약을 얻어낼 수 있었다.

① 도덕적 타성 ② 도덕적 태만 ③ 보호적 거짓말 ④ 타성적 거짓말 ⑤ 도덕적 민감성

47. 다음 글을 읽고 갑 전파사에게 부족한 직업윤리로 가장 적절한 것은?

> 정 씨의 집 근처에는 두 군데의 전파사(電波社)가 있었다. 그중 갑 전파사는 간단한 수리가 필요한 고객의 요청은 바쁘다는 핑계를 대며 거절하고, 돈벌이가 될 수 있는 일만 맡았다. 또한, 수리 후 종종 과도한 비용을 청구하곤 했다. 반면에 을 전파사는 업무의 대소와 관계없이 고객의 요청을 무시하는 법이 없었으며, 늘 정당한 대가만 받았다. 결국 을 전파사는 2호점을 낼 정도로 사업이 번창했지만, 갑 전파사는 가게의 규모를 줄여 변두리로 이사하게 되었다.

① 근면 ② 정직 ③ 성실 ④ 신용 ⑤ 존중

48. **다음 글의 빈칸에 들어갈 단어로 가장 적절한 것은?**

> (　　　)이란 성공을 이루는 기본 조건으로, 영국의 화가 조슈아 레이놀즈는 "큰 재주를 가졌다면 (　　　)은 그 재주를 더 낫게 해줄 것이며, 보통의 능력밖에 없다면 (　　　)은 부족함을 보충해 줄 것이다."라고 말하였다. 업무를 수행하는 데 있어 능동적이고 적극적인 태도는 (　　　)에 필요한 자세라고 할 수 있다.

① 예절　　② 정직　　③ 책임　　④ 근면　　⑤ 성실

49. **다음 중 직장 내 성희롱에 대한 설명으로 가장 적절한 것은?**

① 취업 예정자는 직장 내 성희롱의 피해자의 범위에 해당하지 않는다.

② 동성 간의 음담패설은 직장 내 성희롱으로 인정되지 않는다.

③ 근무시간 외에 발생한 것은 직장 내 성희롱으로 인정되지 않는다.

④ 직장 동료에게 고객 등에 대한 성적 농담을 하는 것은 직장 내 성희롱에 포함되지 않는다.

⑤ 고객과 거래처 직원은 직장 내 성희롱의 피해자의 범위에 해당하지 않는다.

50. 다음 A~E 중 직장에서의 인사 예절에 대해 잘못 이야기하고 있는 사람은 몇 명인가?

> A: 인사는 모든 예절의 기본이자 인간관계를 원활하게 만드는 가장 중요한 예절이라고 생각해요. 그래서 저는 제가 먼저 밝은 표정으로 상황에 맞게 인사하기 위해 노력하고 있어요. 사람이나 기분에 따라서 인사하는 자세를 다르게 하지 않는 것은 기본이지요.
>
> B: 맞아요. 그리고 인사를 할 때는 머리만 숙이지 말고 허리와 일직선이 되도록 상체를 숙이고, 인사 전후로는 상대방의 시선에 부드럽게 초점을 맞춰야 해요. 만약에 상대방에게 먼저 인사를 받았다면 타이밍을 맞춰서 적절하게 응답해야 합니다.
>
> C: 악수는 소개받는 사람 혹은 상위자가 먼저 악수를 청하는데, 오른손을 사용해야 합니다. 이때 손을 너무 꽉 잡거나 손끝만 잡아서는 안 돼요. 가끔 주머니에 손을 넣고 악수하는 사람도 있던데, 무례하고 잘못된 행동입니다.
>
> D: 저는 소개 순서에 대해 말씀드릴게요. 보통 신참자를 고참자에게, 연소자를 연장자에게, 남성을 여성에게 소개하되, 남성이 국가 원수, 왕족, 고위직 인사인 경우는 예외로 합니다. 또한, 몸이 불편한 상황 등 특별한 경우가 아닌 이상 일어나서 소개를 받는 것이 원칙이에요.
>
> E: 소개받는 상황이든 소개하는 상황이든 성과 이름은 반드시 함께 말해야 합니다. 소개받을 때는 소개받은 상대방의 이름을 기억하는 것이 좋겠죠? 그리고 각각의 관심사나 최근의 성과에 관해 간단하게 언급하는 것도 좋아요.

① 0명 ② 1명 ③ 2명 ④ 3명 ⑤ 4명

정답 및 해설 p.444

무료 바로 채점 및 성적 분석 서비스 바로 가기
QR코드를 이용해 모바일로 간편하게 채점하고 나의 실력이 어느 정도인지, 취약 부분이 어디인지 바로 파악해 보세요!

National Competency Standards

실전모의고사 3회 [전영역 통합형]

시작과 종료 시각을 정한 후, 실제 시험처럼 실전모의고사를 풀어보세요.

시 분 ~ 시 분 (총 50문항/60분)

01. 나라별로 문화권에 따라 같은 보디랭귀지를 사용하더라도 의미하는 바는 국가 및 문화마다 다르다. 다음 중 보디랭귀지와 그 의미에 대한 설명으로 가장 적절하지 않은 것은?

① 엄지손가락을 올리는 것은 기본적으로 권력이나 우월, 최고를 표현할 때 사용하지만 영국이나 호주, 뉴질랜드에서는 자동차를 세울 때 사용한다.

② 대부분의 문화권에서 고개를 끄덕이는 행동을 긍정의 표현으로 받아들이지만 불가리아와 그리스에서는 부정의 표현으로 사용된다.

③ 손가락으로 'O' 모양을 만드는 것은 영어권 국가에서 좋다(Great)는 의미로 사용되지만 프랑스에서는 돈(Money)을 나타낼 때 사용한다.

④ 고개를 양옆으로 흔드는 행동은 대부분의 국가에서 부정의 의미를 전달할 때 나타내지만 네팔에서는 긍정의 의미를 전달할 때 사용된다.

⑤ 유럽에서 손가락을 교차하는 것은 경멸을 뜻하지만 브라질에서는 행운을 뜻한다.

02. **디자인 부서에서 근무하는 귀하는 업무와 관련된 교양을 쌓기 위해 미술 관련 도서를 읽었다. 귀하가 읽은 도서 내용의 일부가 다음과 같을 때, 다음 글의 제목으로 가장 적절한 것은?**

> 매너리즘은 르네상스에서 바로크로 이행하는 시기에 걸쳐진 과도기적 미술 양식으로, 17세기 초 유럽에서 회화를 중심으로 큰 반향을 일으켰다. 스타일, 양식을 뜻하는 이탈리아의 마니에라(Maniera)에서 유래한 매너리즘은 기존 예술을 답습하거나 모방하는 부정적인 의미를 내포하기도 한다. 매너리즘 미술의 특징으로는 왜곡되고 불분명한 구도와 형상, 기괴한 효과 등이 나타나는데, 내용보다는 양식 자체를 강조하여 기묘한 방식으로 묘사된다. 이는 고전 미와 조화를 추구하는 기존 르네상스 미술의 형식을 완전히 파괴하는 반고전주의적 성향과 실험적인 성향이 반영된 것으로, 당시 루터의 종교 개혁, 지동설의 등장 등 다양한 분야에서 변화가 일어났던 유럽의 혼란스러운 시대상과 맞닿아 있는 것으로 볼 수 있다. 매너리즘은 20세기 초 무렵까지는 고전주의 미술을 기교적으로 모방한 예술 양식이라는 부정적인 시각이 강하게 나타났으나, 이후 매너리즘에 대한 의의와 가치가 재평가되기 시작했다. 이처럼 한 시대를 풍미하였던 매너리즘은 르네상스와 바로크 양식을 연결해주는 다리 역할을 하면서도 독립된 미술 양식으로 평가받으며, 미술뿐 아니라 다양한 예술 영역의 한 경향으로 총칭되고 있다.

① 르네상스 미술과 매너리즘 미술의 공통점과 차이점

② 다양한 예술 영역으로 표현되는 매너리즘의 문제점

③ 매너리즘의 미술 양식적 의미와 특징 및 의의

④ 매너리즘 미술 양식을 바라보는 다양한 전문가들의 견해

⑤ 당대 혼란스러운 시대상로 인해 발전하지 못한 유럽의 미술 양식

03. ○○공사에서 근무하는 귀하는 공문서 작성 원칙에 따라 다음과 같은 문서를 작성하였다. 문서를 올바르게 작성하였는지 검토 중이던 귀하가 수정이 필요한 부분을 확인하고 있을 때, 다음 ㉠~㉤ 중 공문서 작성 원칙에 따라 적절하게 작성되지 않은 것을 모두 고르면?

> ○○공사
>
> 수신자 △△산업 연구기관
> (경 유)
> 제 목 데이터 활용 공모전 심사 위원회 구성
>
> 데이터의 중요성이 나날이 높아지고 있는 가운데 국민의 창의적인 아이디어를 기반으로 데이터 활용도를 높여 효율적인 서비스를 구축하기 위해 ㉠「제9회 데이터 활용 공모전」을 개최하고자 합니다. 공모전에 제출된 서류 심사와 최종 발표 심사를 위한 심사 위원회 구성을 요청하오니 협조하여 주시기 바랍니다.
>
> 1. **공모전 개최 목적**
> 가. 데이터 활용 방안 논의
> 나. 데이터를 통한 서비스 구축 방안 논의
>
> 2. **공모전 서류 심사**
> 가. 제출 마감일: ㉡ 2020년 5월 15일 ㉢ 18:30까지
> 나. 제출 방법: 공식 홈페이지(http://data.co.kr/idea) 제출
>
> 3. **공모전 최종 발표 심사**
> 가. 일시: 서류 합격자 발표 후 2주 뒤 토요일
> 나. 장소: △△산업 연구기관 세미나실
>
> 4. **공모전 시상 총금액:** ㉣ 금10,000,000원(금일천만원)
>
> 붙임 데이터 활용 공모전 회차별 시상 작품 목록 1부. ㉤ 끝

① ㉠ ② ㉠, ㉢ ③ ㉡, ㉤ ④ ㉢, ㉣ ⑤ ㉡, ㉣, ㉤

04. 다음은 한 부하 직원의 발언에 대한 관리자들의 반응이다. 경청에 필수적으로 요구되는 공감적 이해 수준이 가장 낮은 관리자는?

> "팀장님께서 조금 더 저를 믿고 업무를 맡겨주셨으면 좋겠습니다. 저와 비슷한 연차의 직원 중에서 저처럼 팀장님의 간섭을 많이 받는 직원은 없을 것 같습니다."

① 김 팀장: 자네가 잘 몰라서 그렇지 우리 회사에서 팀장의 간섭을 안 받는 직원은 없을 걸세.
② 정 팀장: 자네도 어느 정도 연차가 쌓였으니 주도적으로 업무를 진행해 보고 싶다는 뜻이군.
③ 박 팀장: 그동안 내가 자네 업무에 대해서 이것저것 간섭한 것 때문에 기분이 상했나 보군.
④ 최 팀장: 자네를 믿고 업무를 맡긴다면 지금보다 더 잘 해낼 자신이 있다는 말이지?
⑤ 이 팀장: 다른 직원들과 마찬가지로 자네의 업무 처리 방식을 존중해달라는 뜻이지?

05. 다음 글의 서술상 특징으로 적절하지 않은 것은?

토테미즘은 원시 사회에서 부족 또는 씨족과 특별한 혈연관계가 있다고 믿어 신성하게 여기는 특정한 동식물 또는 자연물인 토템을 숭배하는 사회 체제 및 종교 형태를 일컫는다. 다시 말해 토템은 집단의 상징 혹은 징표로 여겨지는 동식물과 자연물을 지칭하고, 토테미즘은 토템과 집단 간의 다양한 관계를 중심으로 풍습, 의례, 신념 등의 일정한 시스템을 갖춘 체계를 지칭한다. 간혹 토템이 개인의 수호신이나 초자연적 능력의 근원이 되는 샤먼의 동물신 등과 동일하게 여겨지는 경우도 있으나, 토템은 본디 집단적 상징이어야 하므로 엄밀히 따지자면 개인의 수호신과 샤먼의 동물신은 토템으로 인정되기 어렵다. 즉, 어떠한 현상이 토테미즘이 되기 위해서는 다음과 같은 몇 가지 조건에 부합하여야 한다. 우선, 사회가 씨족, 외혼 등 확실한 경계를 가진 사회 집단으로 구분되며, 집단은 토템으로 숭배하는 특정한 동식물 또는 자연물의 이름으로 불린다. 여기서 집단의 선조와 토템의 관계는 신화나 전설에 의해 지지된다. 집단 구성원은 집단의 토템으로 여겨지는 동식물 또는 자연물을 죽이거나 잡아먹는 일을 터부시하며, 토템에 대하여 집단적으로 의례를 행한다. 하지만 실제로 이러한 조건을 모두 만족하는 토테미즘 사회는 찾기 어렵기 때문에 20세기 초에 인류학자들은 이념형에 가까운 집단만을 토테미즘으로 제한하여 그 원리를 설명하거나, 이념형에 맞지 않는 사례까지 토테미즘에 포함하여 유형화하려는 시도를 하였다. 그러나 토테미즘의 유형을 세부적으로 분류할수록 토테미즘이 과연 무엇인지 모호해지는 문제를 맞닥뜨리게 되었고, 20세기 중반에 이르러 토테미즘은 각 사회에서 고유의 기능을 하며, 각각의 사례에는 일반화할 수 없는 간극이 있다는 사실이 알려졌다. 이를 통해 토테미즘이라는 용어는 식량을 제공하고 외부의 공격으로부터 집단을 지켜주는 강력한 보호막이자 금기의 대상으로서 사회적 통제의 근거가 되기도 하는, 인간과 자연 사이에 상징적으로 연결된 막연한 현상을 관례적으로 가리킬 때만 사용하게 되었다. 더 나아가 프랑스의 저명한 인류학자 클로드 레비 스트로스는 토테미즘은 연구자들이 만든 허상에 불과하며, 토테미즘의 개념을 버리고 원시 사회에서 인간이 자연과 사회에 대하여 인식하고 분류하는 의미 전달 체계의 일부로 보아야 한다고 피력하였다.

① 이론적으로 서술 대상이 성립할 수 있는 조건을 제시하고 있다.
② 구분이 모호한 두 개념을 명확하게 정의함으로써 이해를 돕고 있다.
③ 서술 대상의 의미가 정립되는 과정을 시간의 흐름에 따라 설명하고 있다.
④ 구체적인 사례로부터 공통점을 추출하여 보편적인 이론을 도출하고 있다.
⑤ 권위자의 견해를 제시하여 설명에 대한 신뢰도를 높이고 있다.

06. A와 B는 각각 시속 3.6km의 속력으로 서로 반대 방향을 향해 걸어가고 있으며, A와 B의 직선상의 거리를 기차가 일정한 속력으로 지나가고 있다. 기차가 A를 지나는 데 25초, B를 지나는 데 20초가 걸릴 때, 기차의 길이는?

① 100m ② 150m ③ 200m ④ 250m ⑤ 300m

07. △△택시 회사에서는 택시 규모별로 소형 택시, 중형 택시, 대형 택시를 운영하며, 한 달 동안 정기적으로 학생들을 태우고 지하철역에서 학교까지 운행한 기록을 아래와 같이 정리하였다. 모든 택시는 학생들을 정원만큼 태우고 운행하였고, 택시 규모별 누적 탑승 학생 수가 처음으로 모두 같아졌을 때, 택시 규모별 운행 택시의 합은?

구분	소형 택시	중형 택시	대형 택시
정원	4명	5명	8명
운행 대수	30대	28대	25대
탑승한 총 학생 수	120명	140명	200명

① 15대 ② 18대 ③ 20대 ④ 23대 ⑤ 25대

08. A, B, C, D, E 다섯 명이 멀리뛰기를 했다. A의 기록은 165cm인데, B는 A보다 3cm 적게 뛰었고 C, D, E는 A보다 각각 2, 5, 11cm 더 뛰었다. 다섯 명의 멀리뛰기 기록의 평균은?

① 166cm　② 168cm　③ 170cm　④ 171cm　⑤ 172cm

09. 다음은 우리나라의 사계절 평균기온 변화를 나타낸 자료일 때, 조사 기간 8년 중 2016년에 평균기온이 가장 높은 계절을 모두 고르면?

[연도별 사계절 평균기온]

(단위: ℃)

구분	2011년	2012년	2013년	2014년	2015년	2016년	2017년	2018년
봄	11.0	12.2	11.6	13.1	12.7	13.2	13	13.1
여름	24.0	24.7	25.4	23.6	23.7	24.8	24.5	25.4
가을	15.3	13.7	14.6	14.9	15.2	15.1	14.2	13.8
겨울	−0.4	−1.0	1.5	0.7	1.4	1.6	−0.8	1.3

※ 출처: KOSIS(기상청, 기상관측통계)

① 봄, 여름　② 봄, 겨울　③ 여름, 가을　④ 여름, 겨울　⑤ 가을, 겨울

10. 다음은 학대 유형별 피해아동 보호 건수를 나타낸 자료이다. 자료에 대한 설명으로 옳지 않은 것은?

[학대 유형별 피해아동 보호 건수]

(단위: 건)

구분	2013년	2014년	2015년	2016년	2017년	2018년
계	6,796	10,027	11,715	18,700	22,367	24,604
신체 학대	753	1,453	1,884	2,715	3,285	3,436
정서 학대	1,101	1,582	2,046	3,588	4,728	5,862
성 학대	242	308	428	493	692	910
방임	1,778	1,870	2,010	2,924	2,787	2,604
유기	–	–	–	–	–	–
중복 학대	2,922	4,814	5,347	8,980	10,875	11,792

※ 중복 학대는 신체, 정서, 성 학대와 방임, 유기 중 2개 이상 학대가 동시에 발생한 경우를 말함
※ 출처: KOSIS(보건복지부, 학대피해아동보호현황)

① 2014년부터 2018년까지 전체 학대 피해아동 보호 건수는 매년 전년 대비 증가한다.
② 2018년 신체 학대로 인한 피해아동 보호 건수는 성 학대보다 2,526건 더 많다.
③ 2017년 전체 학대 피해아동 중 중복 학대로 인한 피해아동 보호 건수는 50% 이하이다.
④ 2015년 학대 유형별 피해아동 보호 건수는 정서 학대가 방임보다 적다.
⑤ 제시된 기간에서 방임으로 인한 피해아동 보호 건수가 2,500건 이상이 되는 해는 총 3개이다.

11. 다음 중 문제해결을 위한 방법 중 하나인 소프트 어프로치에 대한 설명으로 적절한 것은?

① 구성원이 자율적으로 실행하는 방법이며 구성원의 동기와 팀워크가 한층 강화된다.
② 단순한 이해관계 조정에 그칠 수 있어 창조적인 아이디어나 높은 만족감을 끌어 내기 어렵다.
③ 같은 문화적 토양을 가지고 있는 조직 구성원들이 이심전심으로 서로를 이해하기 때문에 결론이 모호하게 끝나는 경우는 존재하지 않는다.
④ 구성원들의 논쟁이나 협상 과정에서 중심적 역할을 하는 것은 논리이자 사실과 원칙에 근거한 토론을 이어간다.
⑤ 문제해결을 위한 직접적인 의사표현은 바람직하지 않다고 여기기 때문에 무언가를 시사하거나 암시하는 방법으로 의사를 전달한다.

12. **다음 전제를 통해 '미세먼지가 많은 어떤 곳에는 공장이 많다.'라는 반드시 참인 결론이 나올 때, 빈칸에 들어갈 전제로 가장 적절한 것은?**

> • 전제 1: (   )
> • 전제 2: 차량이 많은 어떤 곳에는 미세먼지가 많다.

① 차량이 많은 어떤 곳에도 공장이 많지 않다.
② 공장이 많은 곳에는 차량이 많지 않다.
③ 차량이 많은 어떤 곳에는 공장이 많다.
④ 차량이 많은 곳에는 공장이 많다.
⑤ 공장이 많은 곳에는 차량이 많다.

13. **팀장, 부팀장, 주임, 사원, 인턴 5명이 다음과 같은 순서로 출근했다고 할 때, 5명 중 3번째로 출근한 직원의 출근 시간은?** (단, 소수점 첫째 자리에서 반올림하여 계산한다.)

> • 부팀장은 8시와 9시 사이에 시침과 분침이 겹치는 시간에 출근했다.
> • 팀장과 주임은 부팀장보다 각각 10분, 15분 늦게 출근했다.
> • 사원과 인턴은 팀장보다 각각 3분, 10분 늦게 출근했다.

① 8시 45분   ② 8시 54분   ③ 8시 57분   ④ 8시 59분   ⑤ 9시 4분

14. 다음 글에서 설명하고 있는 기법으로 가장 적절한 것은?

> 이 방법은 문제의 원인을 깊이 파고든다든지 해결책을 구체화할 때 제한된 시간 속에서 넓고 깊이 있는 문제를 추구하는 데 도움이 되는 기법이다. 다만, 이 기법을 사용할 때는 전체 과제를 명확히 해야 하고, 분해해 가는 것들의 수준을 맞추는 일이 필요하다. 또한, 원인이 중복되거나 누락되지 않고 각각의 합이 전체를 포함해야 한다는 점을 주의하여 사용해야 한다.

① SWOT 분석
② So What 기법
③ 3C 분석
④ 로직트리(Logic Tree) 기법
⑤ 피라미드 구조화 방법

15. 문제처리 단계 중 3단계에 해당하는 원인 분석 단계는 핵심문제에 대한 분석을 통해 근본적인 원인을 도출해 내는 단계로, 그중 이슈와 데이터 분석을 통해서 얻은 결과를 바탕으로 최종 원인을 확인하는 원인 파악 절차에서는 원인 패턴이 발견된다. 다음 중 (A)~(C)의 설명에 해당하는 원인 패턴이 바르게 연결된 것은?

> (A) 원인과 결과를 구분하기 어려운 경우로, 브랜드의 향상이 매출 확대로 이어지고, 매출 확대가 다시 브랜드의 인지도 향상으로 이어지며 서로 엉키어 있어 쉽게 원인과 결과를 밝혀내기 어려움
> (B) 원인과 결과를 분명하게 구분할 수 있는 경우로, 날씨가 더울 때 아이스크림 판매량이 증가하는 것이 이에 해당함
> (C) 인과관계의 두 가지 유형이 서로 얽혀 있는 경우로, 대부분의 문제가 이에 해당함

	(A)	(B)	(C)
①	복잡한 인과관계	단순한 인과관계	닭과 계란의 인과관계
②	복잡한 인과관계	닭과 계란의 인과관계	단순한 인과관계
③	단순한 인과관계	닭과 계란의 인과관계	복잡한 인과관계
④	닭과 계란의 인과관계	단순한 인과관계	복잡한 인과관계
⑤	닭과 계란의 인과관계	복잡한 인과관계	단순한 인과관계

16. 다음 중 자신의 흥미나 장점, 가치, 라이프스타일을 충분히 이해하지 못하여 발생하는 자기개발 계획 수립의 장애요인으로 가장 적절한 것은?

① 일상생활의 요구사항

② 자기 정보의 부족

③ 주변 상황의 제약

④ 의사결정 시 자신감의 부족

⑤ 내부 작업정보 부족

17. 다음 중 성찰 연습 방법에 대한 설명으로 가장 적절하지 않은 것은?

> 우리는 어떤 일을 하든 그 일에 대한 반성적인 성찰을 하는 자세를 갖는 것이 중요하다. ㉠ 성찰은 지속적인 연습을 통해 더욱 잘할 수 있게 된다. ㉡ 성찰이 자기 자신한테 습관이 된다면 중요한 일이 발생하였을 때 이전에 했던 성찰을 통해 축적한 노하우를 발현할 수 있다. 이러한 성찰은 꾸준한 연습이 필요하다. 그렇다면 성찰을 연습하는 방법에는 어떤 것이 있을까? 먼저 성찰 노트를 작성하는 방법이 있다. 매일 자신이 오늘 했던 일 중에 잘했던 일과 잘못했던 일을 생각해 본다. ㉢ 그리고 이에 대한 이유와 앞으로의 개선점을 아무런 형식 없이 적는다. 이러한 성찰 노트가 하나둘씩 모이게 되면 스스로의 역량을 향상시켜줄 자료가 된다. 두 번째 방법은 어떠한 일이 발생하면 스스로에게 질문하는 습관을 들인다. ㉣ '지금 일이 잘 진행되거나 그렇지 않은 이유는 무엇인가?'와 같은 질문을 스스로에게 던져 본다. '이 상태를 변화시키거나 혹은 유지하기 위하여 해야 하는 일은 무엇인가?'와 같은 질문도 좋다. ㉤ 나 자신에게 '내가 이 일을 하지 않았더라면 더 좋지 않았을까?'와 같은 질문을 물어보는 것도 성찰을 연습하는 하나의 방법이 될 수 있다.

① ㉠ ② ㉡ ③ ㉢ ④ ㉣ ⑤ ㉤

18. 다음 중 업무수행 성과에 영향을 미치는 요인에 해당하는 것의 개수는?

㉠ 상사의 지원 ㉡ 자원 ㉢ 업무 지침 ㉣ 동료의 지원 ㉤ 개인의 능력

① 1개 ② 2개 ③ 3개 ④ 4개 ⑤ 5개

19. 다음 중 경력개발에 대한 설명으로 가장 적절하지 않은 것은?

① 경력관리는 규칙적이고 지속적으로 이루어져야 한다.
② 경력에는 직위, 직무와 관련된 역할이나 활동뿐만 아니라 영향을 주고받는 환경적 요소도 포함된다.
③ 누구든지 일과 관련된 활동을 하고 있다면 경력을 추구하고 있는 것이라고 할 수 있다.
④ 자신과 자신의 환경 상황을 인식하고 분석해 합당한 경력 관련 목표를 설정하는 것은 경력관리이다.
⑤ 개인은 외부 상황의 변화와 주관적 인식의 변화의 상호작용에 따라 경력을 개발하기도 한다.

20. 다음 중 경력개발 계획에 대한 설명으로 적절하지 않은 것을 모두 고르면?

㉠ 경력목표를 설정하는 단계에서는 2~3년 정도의 단기목표와 5~7년 정도의 장기목표를 수립하게 된다. ㉡ 고용이나 승진 전망에 대한 정보를 알아내는 직무정보 탐색 단계가 가장 먼저 이루어진다. ㉢ 일반적으로 직무와 관련된 주변 환경의 장애요인에 대하여 분석하게 되는 일은 경력목표 설정 단계에서 이루어진다. ㉣ 경력개발 계획의 각 단계는 명확하게 구분되기 때문에 중복적으로 이루어질 수 없다. ㉤ 실행 및 평가 단계에서는 자신이 수립한 경력개발 전략을 수정하는 과정이 이루어진다.

① ㉠, ㉤ ② ㉢, ㉣ ③ ㉠, ㉡, ㉣ ④ ㉡, ㉢, ㉤ ⑤ ㉢, ㉣, ㉤

21. **다음은 자원관리를 효과적으로 하기 위한 단계별 방법에 대한 설명이다. 다음 ㉠~㉣을 단계별 순서대로 바르게 나열한 것은?**

> ㉠ 최종적인 목적을 이루는 데 가장 핵심이 되는 활동에 우선순위를 두고 계획을 세우는 단계이다.
> ㉡ 구체적으로 어떤 활동을 할 것이며, 이 활동에 어느 정도의 시간과 돈, 물적·인적자원이 필요한지 파악하는 단계이다.
> ㉢ 최대한 계획대로 활동을 수행해야 하며, 수정이 불가피할 경우에는 전체 계획에 미칠 수 있는 영향을 고려하여 활동 계획을 수정하여 수행한다.
> ㉣ 실제 준비나 활동을 할 때 계획과 차이를 보이는 경우가 빈번하므로 이용 가능한 자원을 최대한 여유 있게 확보해 두는 단계이다.

① ㉠ - ㉡ - ㉣ - ㉢
② ㉡ - ㉠ - ㉢ - ㉣
③ ㉡ - ㉣ - ㉠ - ㉢
④ ㉣ - ㉠ - ㉢ - ㉡
⑤ ㉣ - ㉡ - ㉠ - ㉢

22. **다음 중 시간계획을 세울 때 명심해야 할 사항에 대해 잘못 설명한 사람은?**

> **준호:** 무리를 해서라도 할 수 있다고 생각하는 계획을 세워서는 안 돼. 실현 가능성이 있는 일정대로 계획을 세워야지.
> **세희:** 시간계획은 그 자체가 중요한 것이 아니라 목표 달성을 위해 세우는 것이기 때문에 유연하게 실행할 줄 알아야 해.
> **찬혁:** 시간계획은 필요할 때마다 상황에 맞게 수립해야 하므로 이번에 반드시 해야 할 일을 미처 다 하지 못했다고 해서 이를 차기 계획에 반영하면 안 돼.
> **경호:** 시간계획을 세울 때는 함께하는 사람의 시간계획까지 감안하여 계획을 수립해야 한다는 사실을 잊으면 안 되지.
> **영민:** 적절한 시간 프레임을 설정해야 하는데, 이때 특정의 일을 하는 데 소요되는 꼭 필요한 시간만을 계획에 반영해야 해.

① 준호　　② 세희　　③ 찬혁　　④ 경호　　⑤ 영민

23. 컴퓨터 부품 생산업체에 근무 중인 귀하는 2023년 부품 1단위 생산 시 투입되는 총비용을 2022년 대비 30% 줄이라는 지시를 받았다. 2022년 부품별 1단위 생산 시 투입되는 비용이 다음과 같을 때, 2023년 그래픽카드 1단위 생산 비용은?

[2022년 부품별 1단위 생산 시 투입 비용]

구분	부품 1단위 생산 비용	
	2022년	2023년
CPU	4,000원	3,000원
그래픽카드	2,500원	(　　)
파워 서플라이	3,000원	2,000원
RAM	5,500원	3,000원
케이스	6,000원	2,000원

① 4,500원　② 4,600원　③ 4,700원　④ 4,800원　⑤ 4,900원

24. ○○가전은 여러 업체의 가전 제품을 한 곳에 모아놓고 판매하는 기업이다. ○○가전의 영업사원인 종현이가 고객이 요청한 정보에 따라 업체별 공기청정기를 비교하였을 때, 종현이가 고객에게 추천할 공기청정기의 모델명은?

[고객 요청 정보]

- 할부 기간은 5년으로, 총 구매 비용이 200만 원 미만인 공기청정기를 구매할 예정임
- 청정 구간이 13평형 이상인 공기청정기를 구매할 예정임
- 에너지 효율 등급이 1~2등급인 공기청정기를 구매할 예정임
- 바이러스 제거 기능이 있는 공기청정기를 구매할 예정임

[업체별 공기청정기 정보]

구분	A사	B사	C사	D사	E사
모델명	DU-202	PK-519	AZ-440	SR-690	CB-115
크기	가로: 400mm 세로: 380mm 높이: 760mm	가로: 410mm 세로: 240mm 높이: 750mm	가로: 390mm 세로: 210mm 높이: 620mm	가로: 360mm 세로: 600mm 높이: 360mm	가로: 380mm 세로: 210mm 높이: 580mm
할부 구매 비용	34,200원/월	30,600원/월	26,500원/월	36,400원/월	31,900원/월
청정 구간	16평형	14평형	10평형	19평형	13평형
에너지 효율	1등급	3등급	2등급	1등급	2등급
바이러스 제거 기능	O	O	O	X	O

① DU-202　② PK-519　③ AZ-440　④ SR-690　⑤ CB-115

25. 같은 팀에서 근무하는 A~E 5인은 5월 20일로 회의 날짜를 정하였고, 회의실도 함께 신청하려고 한다. 회의 날짜에서 평일을 기준으로 정확히 열흘 전에 회의실을 신청하고 회의 날짜에서 평일을 기준으로 정확히 닷새 전에 신청 확인증을 수령해야 할 때, 회의실 신청과 확인증 수령이 둘 다 가능한 사람을 모두 고르면?

[5월 달력]

일	월	화	수	목	금	토
					1	2
3	4	5	6	7	8	9
10	11	12	13	14	15	16
17	18	19	20	21	22	23
24	25	26	27	28	29	30
31						

※ 1) 5/1(금)은 근로자의 날, 5/5(화)는 어린이날 공휴일로 휴무
2) 평일은 주말(토, 일)과 공휴일을 제외한 날을 의미함

[5월 스케줄 및 특이사항]

- A는 매주 금요일에 월성원자력본부로 출장을 간다.
- B는 5일과 13일, D는 12일과 26일에 당직을 설 예정이다.
- C는 4일부터 평일을 기준으로 3일에 한 번 외근을 한다.
- E는 7일과 11일에 연차가 예정되어 있다.
- 화요일에는 회의를 하지 않는다.
- 당직은 당일 오전 6시부터 다음날 오전 6시까지 선 뒤 퇴근하며, 퇴근하는 날에는 출근하지 않는다.
- 당직 날에는 회의를 할 수 없다.

① A, C ② A, E ③ B, D ④ C, D ⑤ C, E

26. S기업에서 팀워크능력에 대한 교육을 진행하고 있는 귀하는 신입사원들에게 배부할 자료를 정리하던 중에 팀의 발전 단계에 대한 내용 중 일부가 잘못 작성되었음을 인지하였다. 다음 중 내용이 잘못 작성된 부분은?

[팀의 발전 단계]

형성기	• 팀원들은 예측할 수 있는 행동에 대한 안내와 지침이 필요하여 리더에게 상당히 의지함 • 팀 내에서 인정받기를 원하고 다른 팀원을 신뢰할 수 있는지 확인하려고 함 • ① 팀에 대한 기대를 형성하면서 논쟁을 피하기 위해 심각한 주제에 대한 논의를 회피함 • 서로에게 몰두할 뿐만 아니라 과제에 몰두하기 위해 노력함 • 다음 단계로 성장하기 위해서는 비위협적인 주제에 안주하지 않고 마찰의 가능성을 각오해야 함
격동기	• 팀원들은 과제 수행을 위해 체계를 갖추게 되면서 서로 간의 경쟁과 마찰을 겪음 • 팀원 간 마찰이 그룹의 문제로 표면화되거나 아닐 수 있음 • ② 업무에 대한 책임, 규칙, 평가 기준 등에 대한 질문이 제기됨 • 리더십, 구조, 권한, 권위에 대한 경쟁심과 적대감이 나타남 • 다음 단계로 성장하기 위해서는 효과적인 경청과 원활한 의사소통을 통해 시험과 검증의 자세에서 문제해결의 자세로 바꾸어야 함
규범기	• 팀원들은 인간관계의 응집력이 강해지며, 팀원 전체의 기여를 인정하고 공동체 형성과 팀의 문제해결에 집중함 • 의견이 엇갈릴 때 개인의 고집을 버리고 적극적으로 논의하며, 리더십이 공유되고 파벌이 사라지기 시작함 • ③ 팀원들이 서로에 대해 파악하기 시작하여 신뢰가 향상되고 단결력이 심화됨 • 상호 간의 마찰을 해결함으로써 만족감과 공동체의식을 경험함 • 팀원 간에 솔직한 감정과 피드백을 주고받는 의사소통을 통해 창의력과 생산성이 왕성해지며, 팀원들은 팀의 일부라는 것에 만족함
성취기	• ④ 성취기에 이르기 위해서는 팀원들이 자신의 역량과 인간관계의 깊이를 확장하여 진정한 상호의존성을 달성할 수 있어야 함 • 팀원들의 역할과 권한들이 개개인들의 변화 욕구에 역동적으로 따라 주어야 하며, 이를 통해 가장 생산적인 팀의 모습을 갖출 수 있음 • 팀원들은 스스로 책임을 지고, 팀 전체의 인정을 받으려는 욕구를 더 이상 중요시하지 않음 • ⑤ 과제의 범위를 정하고 접근 방법에 집중하여 논의가 이루어짐 • 팀원들은 관계지향적이자 인간지향적이고 조화를 이루고 사기를 충전하며, 팀에 대한 충성심을 보여줌

27. **직업생활에서 리더가 변화관리를 효과적으로 하기 위한 과정은 변화 이해, 변화 인식, 변화 수용의 3단계로 진행된다. 다음 중 리더가 변화관리를 효과적으로 하기 위한 과정에 대한 설명으로 가장 적절하지 않은 것은?**

① 리더는 변화를 단행하기 전에 반드시 현재 상황과 변화와 관련되는 사항들을 면밀히 검토해야 한다.

② 리더는 조직 구성원들에게 변화와 관련된 정보를 최대한 상세히 제공해야 한다.

③ 리더는 조직 구성원들이 조직에 변화가 필요한 이유를 명확히 알 수 있도록 객관적인 수치를 들어 상세하게 설명해야 한다.

④ 리더는 변화로 나타날 수 있는 잠재적인 문제점은 최대화하여 조직 구성원 스스로 변화가 가져올 수 있는 부정적인 영향을 깨닫게 해야 한다.

⑤ 리더는 조직 구성원과 대화할 기회를 자주 마련하여 변화에 대한 조직 구성원의 반응을 계속해서 확인해야 한다.

28. **다음 중 협상의 과정에서 나타나는 실수에 대한 대처방안에 대한 설명으로 가장 적절하지 않은 것은?**

① 준비되기도 전에 협상을 시작한다면 아직 준비가 덜 되었음을 상대방에게 솔직하게 말해야 한다.

② 상대방이 특정 입장만을 내세운다면 협상에서의 한계를 설정하고 그다음 단계를 대안으로 제시한다.

③ 협상의 통제권을 잃을까 염려된다면 그 사람과의 협상 자체를 고려해 보아야 한다.

④ 설정한 목표와 한계에서 벗어난다면 한계와 목표를 잃지 않도록 기록하되, 더 많은 것을 얻고자 한다면 한계와 목표를 바꾸기도 해야 한다.

⑤ 협상 타결에 초점을 맞추지 못한다면 모든 협상 단계에 초점을 맞추고 협상 종결은 염두에 두지 말아야 한다.

29. 다음은 갈등을 유발하는 5가지 유형을 나타낸 것이다. 다음 중 A의 사례에서 나타난 B 과장의 갈등 유형으로 가장 적절한 것은?

갈등 유형	특징
사사건건 참견하는 '나 잘난 형'	• 자신의 말은 무조건 옳다는 강한 확신 • 지나친 자기주장 • 주변에 대한 지나친 간섭
끝없이 쏟아내는 '속사포 형'	• 다른 사람의 충고에 무감각함 • 성급한 판단과 행동 • 지나친 흥분과 분노
방어만이 살 길, '완전무결 형'	• 심사숙고하여 의사결정 • 느린 업무 속도와 유연성 부족 • 실수에 대한 막연한 두려움
일단은 No, '권위주의 형'	• 과도한 의심과 걱정 • 상대방을 통제하려는 마음 • 높은 도덕적 잣대 • 칭찬에 인색
무관심으로 똘똘 뭉친 '나 몰라 형'	• 간섭을 싫어하는 개인주의적 성향 • 침착하지만 냉정함 • 의무가 아닌 일에 대한 무관심

○○기업에서 근무하는 A는 자신의 일에 사사건건 참견하는 B 과장 때문에 스트레스가 이만저만이 아니다. 모든 게 낯설기만 했던 A의 입사 첫날, B 과장은 A에게 회사생활에 관한 전반적인 정보를 친절하게 알려주었고 이에 A는 B 과장에게 상당히 고마운 마음을 갖고 있었다. 그러나 B 과장은 업무에 관한 정보 제공에서 그치지 않고 A의 사적인 일에도 참견하기 시작하였으며, A의 모든 일을 자신의 의견대로 추진하기 시작했다. 회사의 모든 업무를 자신이 하고 있다는 착각 속에서 B 과장의 자부심은 날로 높아져 갔으며 이로 인해 B 과장이 불편해진 A는 B 과장을 점점 멀리하기 시작했고 심지어 B 과장의 말을 무시하기도 하였다.

① 나 잘난 형 ② 속사포 형 ③ 완전무결 형 ④ 권위주의 형 ⑤ 나 몰라 형

30. 다음 중 고객만족조사 계획에 대한 설명으로 가장 적절하지 않은 것은?

① 조사 대상을 한정 짓기보다는 불특정 다수에게 무작위로 조사하는 것이 더 효율적이다.

② 일회성 조사로 그치는 것이 아니라 최소 2회 이상 연속 조사를 수행하는 것이 좋다.

③ 조사 결과 활용 계획은 조사 목적과 일맥상통하므로 목적에 따라 수립해야 한다.

④ 심층적인 정보를 얻기 위해서는 일대일 대면접촉을 통한 조사 방법이 효과적이다.

⑤ 개선 목적으로 실시하는 경우 고객에게 자유로운 회답이 가능하도록 질문하는 것이 좋다.

31. ○○기업의 인사 부서에 근무하는 귀하는 부서별 직원들의 직무 만족도 평균 점수를 정리하고 있다. 전체 부서에서 직무 만족도 평균 점수가 높은 순서대로 내림차순으로 순위를 매길 때 인사 부서의 순위를 알기 위해서 [D10] 셀에 입력할 함수식으로 가장 적절한 것은?

	A	B	C	D	F
1				(단위: 점)	
2		부서 코드	부서	부서별 직무 만족도 평균 점수	
3		H100	인사	7.8	
4		B200	경영전략	6.7	
5		R300	연구개발	6.9	
6		P400	홍보	8.1	
7		M500	마케팅	9.2	
8		E600	대외협력	8.4	
9					
10		인사 부서의 순위			
11					

① = LARGE(D3:D8, 1)

② = AVERAGE(D3:D8)

③ = AVERAGE(D3, D3:D8)

④ = RANK(D3, D3:D8, 0)

⑤ = RANK(D3, D3:D8, 1)

32. IT 부서의 신입사원인 귀하는 Windows 10 운영체제를 다루기 어려워하는 직원들이 Q&A 게시판에 올린 질문에 답변하는 업무를 맡고 있다. 직원들이 Q&A 게시판에 올린 질문이 다음과 같을 때, ㉠~㉤에 들어갈 답변으로 적절하지 않은 것은?

[Q&A 게시판]

• PC를 모바일 핫스팟으로 연결하는 방법

질문 내용	모바일 핫스팟을 PC에 공유하는 방법은 알고 있는데, 반대로도 가능한가요? PC에 연결된 인터넷을 모바일 핫스팟으로 만들어서 모바일에 인터넷 연결을 공유하고 싶은데 방법이 있는지 문의드립니다.
답변	(㉠)

• 파일 탐색기에서 파일 공유하는 방법

질문 내용	파일 탐색기에서 파일을 공유하고 싶습니다. 공유하는 방법이 여러 가지가 있는 것으로 알고 있는데 저는 도메인의 사람들과 파일을 공유하려고 합니다. 도메인을 통해 파일을 공유하려면 어떻게 설정해야 하나요?
답변	(㉡)

• Wi-Fi 비밀번호 찾는 방법

질문 내용	이전에 Wi-Fi 비밀번호를 재설정하였는데 변경한 비밀번호가 기억나지 않습니다. 다행히 사용 중인 PC에는 Wi-Fi가 연결되어 있는데, 업무용으로 새로 구매한 노트북에도 Wi-Fi를 연결하고 싶어서요. 혹시 Wi-Fi 비밀번호를 찾을 방법이 있을까요?
답변	(㉢)

• 무선 프린터 추가하는 방법

질문 내용	회사 공용 프린터를 제가 사용 중인 PC에 추가하려고 합니다. 여러 사람이 함께 사용하는 프린터이다 보니 무선으로 설치하는 방법을 알고 싶습니다. 사용 중인 프린터의 드라이버도 설치 완료하였습니다.
답변	(㉣)

• 파일 또는 폴더 암호화하는 방법

질문 내용	출장 갈 때 팀원들이 제 개인 노트북을 사용하는 경우가 많은데요. 중요한 파일을 암호화하여 팀원들이 해당 파일을 열어보지 못하게 하고 싶습니다. 특정 파일을 보호하는 방법이 있는지 문의드립니다.
답변	(㉤)

①

㉠: 1) 시작 단추를 클릭하여 설정 → 네트워크 및 인터넷 → 모바일 핫스팟을 선택합니다.
2) 다음에서 인터넷 연결 공유의 경우 공유할 인터넷 연결을 선택합니다.
3) 편집 → 새 네트워크 이름 및 암호 입력 → 저장을 선택합니다.
4) 다른 장치와 인터넷 연결 공유를 켭니다.
5) 다른 장치에 연결하려면 해당 장치에서 Wi-Fi 설정으로 이동한 후 네트워크 이름을 찾아서 선택하고 암호를 입력한 다음 연결합니다.

②

㉡: 1) 공유할 파일 또는 폴더를 선택합니다.
2) 공유 탭으로 이동하여 공유 대상 섹션에서 특정 사용자를 선택합니다.
3) 파일을 공유할 사용자의 이메일 주소를 입력하고 각 사용자에 대해 추가를 선택한 후 공유를 선택합니다.

③

㉢: 1) 시작 단추를 클릭하여 설정 → 네트워크 및 인터넷 → 상태 → 네트워크 및 공유 센터를 선택합니다.
2) 네트워크 및 공유 센터에서 연결 옆의 Wi-Fi 네트워크 이름을 선택합니다.
3) Wi-Fi 상태에서 무선 속성을 선택합니다.
4) 무선 네트워크 속성에서 보안 탭을 선택한 후 문자 표시 확인란을 선택하면 Wi-Fi 네트워크 암호가 네트워크 보안 키 상자에 표시됩니다.

④

㉣: 1) 프린터의 USB 케이블을 PC의 사용 가능한 USB 포트에 연결한 후 프린터의 전원을 켭니다.
2) 시작 단추를 클릭하여 설정 → 장치 → 프린터 및 스캐너를 선택합니다.
3) 프린터 또는 스캐너 추가를 선택하고 사용할 스캐너가 검색되면 장치 추가를 선택합니다.

⑤

㉤: 1) 파일 또는 폴더를 마우스 오른쪽 단추로 클릭한 다음 속성을 선택합니다.
2) 고급 버튼을 선택한 다음 데이터 보호를 위해 내용을 암호화 확인란을 선택합니다.
3) 확인을 선택하여 고급 특성 창을 닫고 적용을 선택한 다음 확인을 선택합니다.

33. ◇◇회사의 재무팀에 근무하는 귀하는 팀장님의 지시로 올해 1분기 실적 보고서를 작성하기 위해 지역 본부별 통계 자료를 정리하고 있다. 다음 엑셀 시트에서 [지점별 제품 판매 실적]과 [지점별 최대 실적 금액]을 이용하여 [지점별 최대 실적 제품명]을 구하였을 때, [D16] 셀에 입력한 함수식으로 적절한 것은?

	A	B	C	D	E	F	G
1	[지점별 제품 판매 실적]						
2							(단위: 원)
3	제품명	서울지점	인천지점	충청지점	전라지점	경상지점	제주지점
4	MK-314	8,751,000	4,985,000	7,351,000	4,598,000	3,467,000	6,421,000
5	JH-117	7,024,000	9,542,000	4,621,000	5,647,000	4,975,000	7,851,000
6	SH-128	1,589,000	6,751,000	4,872,000	8,542,000	9,874,000	3,780,000
7	MS-201	8,487,000	4,357,000	8,742,000	4,735,000	2,487,000	3,972,000
8							
9	[지점별 최대 실적 금액]						
10							(단위: 원)
11	구분	서울지점	인천지점	충청지점	전라지점	경상지점	제주지점
12	금액	8,751,000	9,542,000	8,742,000	8,542,000	9,874,000	7,851,000
13							
14	[지점별 최대 실적 제품명]						
15	구분	서울지점	인천지점	충청지점	전라지점	경상지점	제주지점
16	제품명	MK-314	JH-117	MS-201	SH-128	SH-128	JH-117
17							

① =DGET(A3:G7, 1, D11:D12)

② =MATCH(A3:G7, 1, A11:G12)

③ =VLOOKUP(D12, A3:G7, 1, 0)

④ =MATCH(D12, A3:G7, 0)

⑤ =DGET(A3:G7, 1, A11:G12)

34. **다음 중 컴퓨터 악성코드에 대한 설명으로 가장 적절하지 않은 것은?**

① 웜: 네트워크를 통해 스스로 복제 및 전파가 가능하고, 네트워크로 연결된 컴퓨터에 자가 증식함으로써 시스템 과부하를 일으키거나 저장된 데이터를 파괴한다.

② 스파이웨어: 주로 첨부파일이나 웹페이지 접속을 통해 퍼지며, 컴퓨터에 저장된 모든 데이터를 암호화하여 사용 불가능한 상태로 만든 후 돈을 요구한다.

③ 트로이목마: 대체로 다운로드 파일을 통해 전파되며, 정상적인 기능을 하는 프로그램으로 위장하여 사용자 정보 유출 또는 해커의 침입 경로 제공 문제를 일으킨다.

④ 예루살렘 바이러스: 통신망을 통해 바이러스에 걸린 파일을 복사하는 과정에서 감염되고, 감염된 컴퓨터에 잠복해 있다가 실행 파일을 파괴하거나 삭제한다.

⑤ 루트킷: 시스템 사용자가 자신의 컴퓨터가 해킹당했음을 인지하지 못하며, 이를 통해 해커들은 컴퓨터의 제어 능력을 통제함으로써 사용자의 시스템을 원격 공격한다.

35. **○○공단 회계부에서 근무하는 귀하는 각 부서의 상여금 지급 여부를 결정하기 위해 부서별 총매출액을 계산하고 있다. 영업 1부의 총매출액을 구하고자 할 때, 귀하가 [F2] 셀에 입력할 함수식으로 가장 적절한 것은?**

	A	B	C	D	E	F	G
1	성명	부서명	매출액(원)		소속	총매출액	평균 매출액
2	강명수	영업 1부	16,610,000		영업 1부		
3	김은성	영업 3부	25,302,000				
4	유명희	영업 2부	17,160,000				
5	이철우	영업 1부	18,624,000				
6	이정숙	영업 2부	16,015,000				
7	유재근	영업 2부	21,351,000				
8	허수경	영업 3부	13,462,000				
9	강은지	영업 1부	15,432,000				
10	고성경	영업 2부	21,351,000				
11							

① =DSUM(A1:C10, "영업 1부", C2:C10)

② =SUM(B1:B10, "영업 1부", C1:C10)

③ =SUMIF(B2:B10, E2, C2:C10)

④ =SUMIFS(A1:C10, E2, C1:C10)

⑤ =SUMIFS(A1:C10, E2, C2:C10)

36. **다음 중 기술에 대한 설명으로 가장 적절하지 않은 것은?**

① 기술은 과학 이론을 적용하여 자연물을 인간의 생활에 쓸모가 있도록 가공하는 수단이다.

② 기술은 경험적이고 반복적인 행위를 통해 습득할 수 있는 Know-how를 포함한다.

③ 기술은 하드웨어나 인간에 의해 생산된 비자연적인 대상 또는 그 이상을 뜻한다.

④ 기술을 설계하고 생산하며 사용하는 데 필요한 정보, 기술, 절차를 갖기 위해서는 Know-why가 필요하다.

⑤ 기술은 사회적 변화의 요인으로서 의사소통의 속도를 높이고 개인의 현명한 의사결정에 도움을 준다.

37. **다음 사례에서 산업 재해가 발생한 기본적 원인으로 가장 적절한 것은?**

최근 H기업의 건설 현장에서 오전 4시 8분경 홀로 야간작업을 하던 정씨의 팔이 압력 프레스에 끼어 절단되는 사고가 발생하였다. 사고가 발생한 기계는 수동으로 버튼을 눌러 조작해야 하므로 2인이 1조가 되어 작업하는 것이 현장 안전 수칙이다. 그러나 경찰 조사 결과, 사고 당일 공장 측에서 내려온 인력 감축 지시로 인해 동반 작업자 없이 정씨 혼자 작업을 수행했던 것으로 밝혀졌으며, 이로 인해 위급 상황이 발생하여도 기계를 멈출 수 없었던 것으로 알려졌다.

① 교육적 원인
② 기술적 원인
③ 작업 관리상 원인
④ 불안전한 행동
⑤ 불안전한 상태

38. 귀하는 출근하는 동안 영어 공부를 하기 위해 영어 회화 DVD를 CD 삽입구에 넣고 재생 버튼을 누른 뒤 1분 이상 기다렸으나, 시스템이 작동하지 않아 곤란을 겪었다. 다음 자동차 오디오 시스템 매뉴얼의 '에러 발생 시 조치 사항'을 읽고 귀하가 해야 할 행동으로 가장 적절한 것은?

[에러 발생 시 조치 사항]

에러 번호	에러 발생 원인	조치 사항
E4	디스크 표면 손상으로 인해 40초 이상 디스크를 읽을 수 없을 때 발생함	깨끗한 디스크 사용
E3	CD 동작 과정에서 디스크 표면 스크래치나 과도한 외부 충격으로 인해 40초 이상 디스크를 읽을 수 없을 때 발생함	깨끗한 디스크 사용
E6	일정 시간 동안 통신이 안 될 때 발생함	A/S 센터에 문의
E7	VCD CD, DVD, 프로그램 CD 등 음악 CD가 아닐 때 발생함	본 기기와 호환되는 디스크 종류(CD-R, CD-RW) 확인
E11	디스크 배출 동작에 이상이 있을 때 발생함	CD OUT 버튼을 5초간 길게 클릭
E41	디스크 삽입 동작에 이상이 있을 때 발생함	디스크 표면이나 디스크 삽입구의 이물질 여부 확인
E22	CD 플레이어 내부에 습기나 이물질이 있을 때 발생함	차량 내부의 습기 제거
E42	디스크를 뒤집어 삽입하여 DISC 정보를 읽지 못할 때 발생함	디스크의 윗면과 아랫면 확인
E62	차량의 과도한 충격 등으로 인해 10초 이상 디스크를 읽을 수 없을 때 발생함	디스크 재삽입

① 디스크의 윗면과 아랫면을 확인한다.

② A/S 센터에 문의한다.

③ 디스크의 종류를 확인한다.

④ 디스크를 재삽입한다.

⑤ CD OUT 버튼을 5초간 길게 클릭한다.

[39-40] 다음 상황을 보고 각 물음에 답하시오.

A기업의 박 사원은 최근 공기청정기 담당자로 지정되었다. 공기청정기 사용 시 주의해야 할 사항을 확인하기 위해 공기청정기 사용 매뉴얼을 확인하였다.

[공기청정기 사용 매뉴얼]

경고 ※ 해당 사항을 위반할 경우, 사용자가 심각한 상해 또는 중상에 이를 수 있습니다.	
설치	• 인화 물질(스프레이, 가스) 근처에 설치하지 마세요. → 감전, 화재의 원인이 될 수 있습니다. • 열기구 근처에 설치하지 마세요. → 감전, 화재의 원인이 될 수 있습니다.
전원	• 한 개의 콘센트를 사용할 경우 여러 개의 전원플러그를 꽂아 사용하지 마세요. → 감전, 화재의 원인이 될 수 있습니다. • 장시간 사용하지 않을 경우 전원플러그를 빼 주세요. → 화재의 원인이 될 수 있습니다. • 제품 사용 중인 경우 전원플러그를 빼서 제품을 끄지 마세요. → 감전, 화재의 원인이 될 수 있습니다.
사용	• 가스가 새는 경우 바로 환기시킨 뒤 서비스 센터에 연락하세요. → 폭발, 화재의 원인이 될 수 있습니다. • 비닐 포장재는 어린이의 손에 닿지 않는 곳에 보관 또는 폐기하세요. → 질식의 원인이 될 수 있습니다. • 제품 내부에 금속 물질 등 기타 이물질을 넣지 마세요. → 상해, 감전의 원인이 될 수 있습니다. • 필터를 꼭 끼운 뒤 사용하세요. → 감전, 제품 수명 단축의 원인이 될 수 있습니다. • 금속 재질의 헝겊 또는 수세미 등으로 청소하지 마세요. → 감전, 화재의 원인이 될 수 있습니다.
주의 ※ 해당 사항을 위반할 경우, 사용자가 경미한 상해를 입거나 제품이 손상될 수 있습니다.	
설치	• 전원코드를 빼기 쉬운 곳에 설치하세요. → 감전, 화재의 원인이 될 수 있습니다. • 전자 제품과 가까이 설치하지 마세요. → 오작동의 원인이 될 수 있습니다. • 조명기구와 가까이 설치하지 마세요. → 변색의 원인이 될 수 있습니다.

전원	• 천둥 또는 번개가 치는 경우 전원을 차단하세요. → 감전, 화재의 원인이 될 수 있습니다. • 장시간 사용하지 않는 경우 전원을 차단하세요. → 감전, 화재의 원인이 될 수 있습니다. • 물기가 있는 손으로 전원플러그를 꽂지 마세요. → 감전, 화재의 원인이 될 수 있습니다.
사용	• 식당 또는 주방(기름기가 많은 곳)에서 사용하지 마세요. → 센서의 오염, 필터 수명 단축의 원인이 될 수 있습니다. • 분해해서 수리하거나 개조하지 마세요. → 고장, 감전, 화재의 원인이 될 수 있습니다. • 환기를 목적으로 사용하지 마세요. → 제품 수명 단축의 원인이 될 수 있습니다.

39. **공기청정기 매뉴얼을 확인한 박 사원은 공기청정기를 잘못 사용할 경우 심각한 상해나 중상을 입을 수 있다는 것을 알게 되었다. 이때, 박 사원이 주의해야 할 행동으로 가장 적절하지 않은 것은?**

① 제품 포장에 사용된 비닐을 즉시 폐기한다.

② 스프레이가 근처에 있을 경우 설치 장소를 변경한다.

③ 번개주의보가 발령된 날에는 사용을 중단한다.

④ 필터 설치 여부를 확인한 후 전원을 켠다.

⑤ 하나의 콘센트에는 한 개의 전원플러그만 꽂는다.

40. **공기청정기 매뉴얼을 확인한 박 사원은 공기청정기 사용 시 감전 또는 화재가 발생하지 않도록 특히 주의해야 한다는 것을 깨달았다. 이때, 박 사원이 지양할 행동 중 감전 또는 화재 발생의 원인으로 가장 적절하지 않은 것은?**

① 금속 재질의 청소용품을 사용하지 않는다.

② 젖은 손으로 전원플러그를 꽂지 않는다.

③ 부품을 낱낱으로 나누어서 수리하지 않는다.

④ 공기청정기가 작동할 때 전원플러그를 빼지 않는다.

⑤ TV 또는 라디오 주변에 설치하지 않는다.

41. 신입사원인 귀하는 인재 개발원에서 2주 동안 교육을 받고 있다. 오늘 교육 주제는 조직이해로, 교육을 모두 마친 후 여느 때와 마찬가지로 마무리 퀴즈를 치르고 있다. 마무리 퀴즈로 제시된 문제 중 하나가 다음과 같을 때, 다음 중 공식조직에 해당하는 것을 모두 고른 것은?

㉠ 종합 병원	㉡ 영화 동아리	㉢ 관공서
㉣ 중학교 동창회	㉤ 학교	㉥ 볼링 동호회

① ㉠, ㉡, ㉢　② ㉠, ㉢, ㉤　③ ㉡, ㉢, ㉣
④ ㉡, ㉣, ㉥　⑤ ㉣, ㉤, ㉥

42. 경영을 이해하기 위해서는 기본적으로 '경영의 과정'을 이해해야 한다. 경영의 과정을 다음과 같이 도식화했을 때, (A) 단계에 대한 설명으로 가장 적절한 것은?

[경영의 과정]

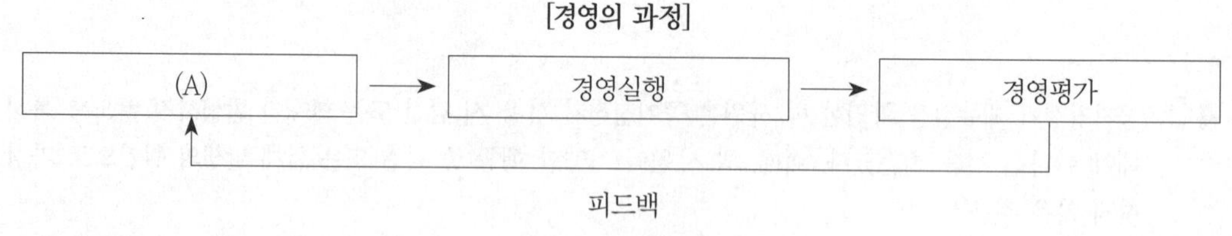

① 이 단계에서는 조직의 미래상을 달성하기 위한 대안을 분석한다.
② 이 단계에서는 조직의 목적을 달성하기 위한 활동을 전개한다.
③ 이 단계에서는 조직의 구성원을 관리한다.
④ 이 단계에서는 수행결과를 교정한다.
⑤ 이 단계에서는 수행결과를 감독하여 다시 피드백한다.

43. **다음 글을 읽고 ㉠, ㉡에 들어갈 조직구조의 유형을 순서대로 바르게 나열한 것은?**

> 조직구조는 최고경영자의 통제, 규칙과 규제의 정도, 의사결정 권한의 집중 정도, 명령 계통 등에 따라 크게 두 가지 유형으로 구분할 수 있다. (㉠) 조직은 구성원의 업무가 명확하게 정의되어 있으며, 조직 내 다수의 엄격한 규칙이 존재한다. 이 조직은 상하 관계의 위계질서가 확실하여 의사전달 또한 공식적인 경로를 통해 이루어진다. 반면, (㉡) 조직은 구성원의 업무가 고정되어 있지 않고 통제의 정도가 낮아 외부 환경의 움직임에 따라 쉽게 변화할 수 있는 조직이다. 의사결정 권한이 조직의 하부 구성원에게 많이 위임되어 있고, 조직원 간의 비공식적인 의사소통이 활발하게 이루어진다는 특징이 있다.

① 규제적 – 자율적

② 위계적 – 상호적

③ 수직적 – 수평적

④ 기계적 – 유기적

⑤ 수동적 – 능독적

44. **○○기업 총무팀에 입사하게 된 귀하는 출근하기 전 입사 후에 하게 될 업무에 대해 미리 알아보고자 ○○기업 홈페이지에 올라와 있는 업무 분장표를 확인하였다. 다음 중 총무팀의 업무로 가장 적절하지 않은 것은?**

① 국내외 출장 업무 자금 지출 근거자료 정리

② 복리후생 업무

③ 재무상태 및 경영실적 보고

④ 사내외 홍보 광고 업무

⑤ 사무실 임차 및 관리

45. 다음 중 문화충격과 이문화 커뮤니케이션에 대해 바르게 이해하지 못한 사람은?

누리: 문화충격은 개인이 자란 문화에서 체험된 방식이 아닌 다른 방식을 느끼게 되면 의식적 또는 무의식적으로 상대 문화를 이질적으로 대하게 되고 심리적 부적응 상태를 경험하게 되는 현상이야.

희정: 문화충격에 대비하기 위해서는 자신의 정체성을 유지함과 동시에 새롭고 다른 것을 경험할 수 있도록 개방적인 태도를 갖는 것이 중요해.

진경: 이문화 커뮤니케이션은 자신의 일을 수행하는 가운데 문화배경을 달리하는 사람들과 이루어지는 커뮤니케이션이라는 점에서 국제 커뮤니케이션과 차이가 있어.

은혜: 이문화 커뮤니케이션은 언어적 커뮤니케이션과 비언어적 커뮤니케이션으로 구분할 수 있는데, 국제관계에서는 비언어적 커뮤니케이션보다 언어적 커뮤니케이션 때문에 문제를 겪는 경우가 빈번해.

나은: 국제 사회에서 성공적인 업무 성과를 도출하기 위해서는 외국어 활용능력 향상뿐만 아니라 상대국의 문화적 배경에 입각한 생활양식이나 가치관을 이해하기 위해 지속적으로 노력해야 해.

① 누리　② 희정　③ 진경　④ 은혜　⑤ 나은

46. 다음 중 윤리에 대해 옳지 않은 설명을 한 사람은 총 몇 명인가?

A: 윤리는 협력이 필요한 공동생활에서 형성되는 공동 협력 규칙을 기반으로 구성된다.
B: 윤리적 인간은 자신의 이익보다 여러 사람의 이익을 중요시하고 도덕적 신념을 중시한다.
C: 윤리는 시간이 지나도 모든 사람에게 동일하게 적용되는 만고불변의 가치이다.
D: 윤리는 사회질서 유지 기능만 할 뿐, 개인의 행복과 모든 사람의 행복을 보장하지는 않는다.
E: 윤리란 인간과 인간 사이에 반드시 지켜야 하는 도리로서 인류에 필요한 올바른 질서를 의미한다.

① 1명　② 2명　③ 3명　④ 4명　⑤ 5명

47. 다음 글을 읽고 ㉠, ㉡에 들어갈 근로윤리의 덕목을 순서대로 바르게 나열한 것은?

(㉠)은 게으르지 않고 부지런한 것을 의미하며, 직장에서는 정해진 시간을 준수하는 것을 뜻한다. 이는 외부로부터 강요당하는 것과 스스로 자진해서 하는 것으로 나뉘며, 그중 스스로 자진해서 하는 것은 적극적이고 능동적인 태도가 우선시 되어야 한다. 이와 더불어 (㉡)은 정성스럽고 일관하는 마음을 의미하며, 리더가 조직의 구성원에게 바라는 첫 번째 덕목이기도 하다.

① 근면 – 성실　② 근면 – 정직　③ 성실 – 근면
④ 성실 – 정직　⑤ 정직 – 성실

48. 다음 글을 읽고 교관에게 건넬 수 있는 정직과 신용을 구축하기 위한 조언으로 가장 적절한 것은?

미국의 공군사관학교에서 근무하는 한 교관은 불법적으로 술을 소지하고 있는 생도를 적발하였다. 원칙대로라면 교관은 규율 위반 사실을 상부에 보고하고, 해당 생도는 교칙에 따라 중징계를 받아야 했다. 그러나 이를 안타깝게 여긴 교관은 적발된 생도를 엄하게 꾸짖고 술을 압류하는 대신, 자신의 재량으로 별도의 보고를 하지 않을 테니 다시는 교칙을 어기지 않겠다는 약속을 받아내는 것으로 일을 마무리하였다. 몇 달 후 그 생도는 또다시 술을 가지고 있다가 적발되었으며, 학교로부터 징계를 받자 과거 교관이 자신을 적발하고도 보고를 하지 않았음을 털어놓았다. 그 결과 이전에 생도의 교칙 위반을 눈감아 주었던 교관은 문책성 전출을 당하며 경력에 오점을 남기게 되었다.

① 단 한 번의 실수로 정직과 신용이 무너진 것과 같이 정직과 신용을 쌓는 것도 한순간이므로 매 순간 최선을 다하는 자세가 필요합니다.
② 개인의 인정에 치우쳐 부정직한 행동을 알고도 타협하는 것은 또 다른 부정을 유발할 수 있으므로 부정직한 행위를 눈감아 주어서는 안 됩니다.
③ 조직에 부정직한 관행이 팽배해 있더라도 이러한 관행이 부정직한 행위를 정당화할 수 없으므로 부정직한 관행을 깨는 도전정신이 필요합니다.
④ 업무 과정에서 자신의 실수가 밝혀질 경우 관련 사람들 모두가 피해를 입을 수 있으므로 드러내지 않고 혼자서 처리해야 합니다.
⑤ 직업을 가진 모든 개인은 자신의 직업적 역할을 어떻게 수행하느냐에 따라 사회 발전에 영향을 미칠 수 있으므로 책임의식을 갖고 직업 활동에 임해야 합니다.

49. **다음 개념을 근거로 판단할 때, 직장 내 성희롱에 해당하는 사례로 가장 적절하지 않은 것은?**

- **성희롱**
  상대편의 의사에 관계없이 성적으로 수치심을 주는 말이나 행동을 하는 것
- **직장 내 성희롱**
  사업주·상급자 또는 근로자가 직장 내의 지위를 이용하거나 업무와 관련하여 다른 근로자에게 성적 언동 등으로 성적 굴욕감 또는 혐오감을 느끼게 하거나 성적 언동 또는 그 밖의 요구 등에 따르지 아니하였다는 이유로 근로조건 및 고용에서 불이익을 주는 것

① 제품을 수리하기 위해 고객센터를 찾아온 고객의 가슴을 빤히 쳐다보면서 몸매가 정말 좋다고 칭찬하여 고객에게 성적 불쾌감을 유발한 A 과장

② 상의가 바지 밖으로 나오면 다른 직원들 앞에서 본인의 바지를 내리고 바지 속으로 상의를 넣어 직원들이 성적 혐오감을 느끼게 만든 B 부장

③ 회식 때 이성 후임을 강제로 옆자리에 앉히고 술을 따르라고 요구하며 응하지 않을 경우 인사 평가에 불이익을 주겠다고 말한 C 대리

④ 평소에 귀여워하는 동성 신입사원이 업무적으로 실수할 때마다 상대의 엉덩이를 토닥이며 격려하여 성적 수치심을 유발한 D 주임

⑤ 신입사원 채용 면접 시 여성 면접 응시자에게만 노래와 춤을 요구하여 면접 응시자들뿐 아니라 함께 면접을 진행하는 동료에게까지 성적 불쾌감을 유발한 E 차장

50. ◇◇공사의 신입사원인 봉 사원은 직장에서의 전화 예절에 관한 교육을 듣고 교육 내용을 정리하였다. 봉 사원이 정리한 내용이 아래와 같을 때, 수정이 필요한 부분은?

[직장에서의 전화 예절]

• **전화를 걸 때**
  - 정보를 얻고자 할 때는 해당 내용을 빠뜨리지 않도록 미리 메모하여 준비하고 전화 걸기
  - ① 전화는 되도록 본인이 직접 걸고, 원하는 상대방과 통화할 수 없는 경우를 대비하여 수신자에게 메시지를 남길 수 있도록 준비하기
  - 전화를 건 이유를 숙지하고 이와 관련하여 대화를 나눌 수 있도록 하기
  - ② 전화를 해 달라는 메시지를 받은 경우 근무 시간이 지났더라도 상대방의 양해를 구하고 가능한 확인 즉시 답하기

• **전화를 받을 때**
  - ③ 전화벨이 3~4번 울리기 전에 받고, 자신이 누구인지 바로 말하기
  - 상대방에게 천천히, 명확하게 예의를 갖추고 말하기
  - 말을 할 때는 상대방의 이름을 함께 사용하고, 주위의 소음을 최소화하기
  - ④ 중요한 내용은 메모로 기록할 수 있도록 펜과 메모지를 항상 주변에 비치하기
  - 긍정적인 말로 전화를 마치며 상대방에게 감사의 표시하기

• **스마트폰 관련**
  - 상대방에게 통화를 강요하지 않고, SNS 등의 사용은 휴식 시간을 이용하기
  - 운전 중 스마트폰은 절대 사용하지 않기
  - 온라인상에서도 상대방에게 예절을 지키기
  - ⑤ 타인에게 폐를 끼치지 않도록 알림은 무음으로 설정하기

정답 및 해설 p.462

National Competency Standards

정답 및 해설

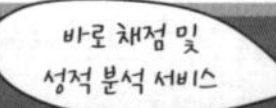

실전모의고사 1회

정답

p.344

01	02	03	04	05	06	07	08	09	10
의사소통	의사소통	의사소통	의사소통	의사소통	의사소통	의사소통	의사소통	의사소통	의사소통
①	⑤	③	①	②	⑤	①	②	②	③
11	**12**	**13**	**14**	**15**	**16**	**17**	**18**	**19**	**20**
수리	수리	수리	수리	수리	수리	수리	수리	수리	수리
③	①	①	④	④	④	③	②	③	④
21	**22**	**23**	**24**	**25**	**26**	**27**	**28**	**29**	**30**
문제해결	문제해결	문제해결	문제해결	문제해결	문제해결	문제해결	문제해결	문제해결	문제해결
①	②	⑤	②	④	④	③	①	②	⑤
31	**32**	**33**	**34**	**35**	**36**	**37**	**38**	**39**	**40**
자원관리	자원관리	자원관리	자원관리	자원관리	자원관리	자원관리	자원관리	자원관리	자원관리
①	①	②	③	③	③	④	⑤	④	④

해설

01. 의사소통능력

[정답] ①

문서이해능력과 문서작성능력이 요구되는 '문서적인 의사소통'에 해당하는 것은 ㉠, ㉡, ㉢, ㉣, ㉥이며, 경청능력과 의사표현능력이 요구되는 '언어적인 의사소통'에 해당하는 것은 ㉤, ㉦이다.
따라서 의사소통의 종류에 따라 바르게 분류한 것은 ①이다.

더 알아보기

의사소통의 종류

구분	내용
문서적인 의사소통	· 글, 그림 등으로 구성된 문서를 읽으며 구체적인 정보를 얻거나 요점을 판단하고, 목적과 상황에 부합하는 문서를 시각적이고, 효과적으로 작성하는 능력 · 장점 - 언어적인 의사소통에 비해 권위적임 - 정확성을 기하기 쉬움 - 전달성이 높고 보존성이 큼 · 단점 - 언어적 의사소통의 한계를 극복하고자 문자를 수단으로 하는 방법이지만, 상황에 따라 혼란과 곡해를 유발할 수도 있음
언어적인 의사소통	· 상대방의 이야기를 들으며 의미를 파악해 적절히 반응하고, 본인의 의사를 목적과 상황에 맞게 설득력을 갖고 표현하는 능력 · 장점 - 대화를 통해 상대방의 반응이나 감정을 살필 수 있음 - 상대방을 설득할 수 있는 유동성을 가짐 · 단점 - 다른 의사소통보다 정확성이 떨어짐

02. 의사소통능력

[정답] ⑤

제시된 글에서 긍정적 외부효과는 하나의 행위가 주변 다른 사람들에게 예상치 못한 혜택을 주는 경우를 의미한다고 하였으므로 사람의 욕심이란 한이 없다는 의미의 '말 타면 경마 잡히고 싶다'는 긍정적 외부효과와 어울리는 속담으로 가장 적절하지 않다.

03. 의사소통능력

[정답] ③

이 글은 수분 부족과 일교차의 영향으로 단풍이 물드는 과정을 설명하고, 나뭇잎 외에 어린잎과 줄기가 붉은색을 띠는 것은 단풍이 아니라는 사실을 알려주는 글이다.
따라서 '(나) 단풍이 드는 과정(1): 수분 부족으로 인한 떨켜층의 형성 → (가) 단풍이 드는 과정(2): 엽록소의 파괴 → (라) 일교차의 영향으로 더 짙게 물드는 단풍 → (다) 어린잎과 줄기에 잠시 나타나는 붉은색의 정체' 순으로 연결되어야 한다.

04. 의사소통능력

[정답] ①

4문단에서 지진파가 진원으로부터 관측점에 도달하는 데 걸리는 시간은 지구 내부의 구조에 따라 다르며, 보통 암석이 단단할수록 적게 걸린다고 하였으므로 암석이 단단할수록 실체파의 진행 속도가 느리다는 것은 아님을 알 수 있다.

오답 체크

② 4문단에서 P파가 관측점에 도달한 뒤 S파로 도달할 때까지의 시간을 측정한 PS시로 진원 거리를 측정할 수 있다고 하였으므로 적절하다.
③ 1문단에서 표면파는 지구 내부를 통과하지 못하고 지표면을 따라 전파한다고 하였으므로 적절하다.
④ 2문단에서 P파는 파동의 진행 방향과 매질의 입자가 진동하는 방향이 같은 종파라고 하였으며, 종파는 고체, 액체, 기체 등의 모든 매질을 통과할 수 있다고 하였으므로 적절하다.
⑤ 3문단에서 실체파인 S파가 P파보다 전파속도는 약 1.7배 느리며, 진폭은 더 크다고 하였으므로 적절하다.

05. 의사소통능력

[정답] ②

문서 작성 시 주의사항에 따르면 문서의 첨부자료는 반드시 필요한 자료 외에는 첨부하지 않도록 해야 하므로 안내문을 작성할 때 참고한 자료를 가능한 한 많이 첨부하였는지 검토하라는 항목은 가장 적절하지 않다.

06. 의사소통능력

[정답] ⑤

공문서 작성 시 본문 내용의 마지막 글자 뒤에 2타 띄우고 '끝' 표시를 해야 하므로 가장 적절하다.

오답 체크

① 공문서 작성 시 물결표(~)는 앞말과 뒷말에 붙여 써야 하므로 적절하지 않다.
② 공문서 작성 시 숫자는 아라비아 숫자로 표기해야 하므로 적절하지 않다.
③ 공문서 작성 시 둘째 항목은 '가., 나., 다.'로 표기해야 하므로 적절하지 않다.
④ 공문서 작성 시 시·분은 24시각제에 따라 숫자로 표기하되, 시·분의 글자는 생략하고 그 사이에 쌍점(:)을 찍어 구분해야 하므로 적절하지 않다.

07. 의사소통능력

[정답] ①

경청훈련의 방법에 따르면 '왜?'라는 질문은 보통 진술을 가장한 부정적, 추궁적, 강압적인 표현에 해당하여 사용하지 않는 것이 바람직하므로 적절하지 않다.

오답 체크

②, ③, ④, ⑤는 모두 적절한 경청훈련 방법을 적용한 사례에 해당한다.

08. 의사소통능력

[정답] ②

문서작성의 원칙에 따르면 가급적 짧고 간결한 문장을 사용해야 하므로 가장 적절하지 않다.

09. 의사소통능력

[정답] ②

어떤 논제에 관하여 찬성자와 반대자가 각기 논리적인 근거를 발표하고 상대방의 논거가 부당하다는 것을 명백하게 하는 말하기 방식은 토론이며, 토의는 여러 사람이 모여서 공통의 문제에 대하여 가장 좋은 해답을 얻기 위해 협의하는 말하기 방식이므로 가장 적절하지 않다.

10. 의사소통능력

[정답] ③

'피해자 구호 조치'의 '위반 시 제재'에서 교통사고 발생 시의 조치를 하지 않은 사람은 5년 이하의 징역이나 1천 500만 원 이하의 벌금 처벌을 받지만 주·정차된 차만 손괴한 것이 분명한 경우에 피해자에게 인적 사항을 제공하지 않은 사람은 제외한다고 하였으므로 주차된 차만 손괴한 것이 명확한 상황에서 피해자에게 인적 사항을 제공하지 않은 운전자가 5년 이하의 징역이나 1천 500만 원 이하의 벌금 처벌을 받게 되는 것은 아님을 알 수 있다.

오답 체크

① '도주 시 가중 처벌'의 '도주 차량 운전자의 가중 처벌'에서 자동차의 교통으로 인하여 업무상 중과실 치사상의 죄를 범한 차량의 운전자가 피해자를 구호하는 등 「도로교통법」 제54조 제1항에 따른 조치를 하지 않고 도주한 경우에는 가중 처벌되며, 사고운전자가 단순 도주하였을 때 피해자가 사망 상태라면 무기 또는 5년 이상의 징역에 처한다고 하였으므로 적절하다.

② '추가 교통사고 방지를 위한 조치'의 '고장 자동차의 표지'에서 차량의 비상등을 켜고 차량 내에 비치된 삼각대를 그 자동차의 후방에서 접근하는 자동차의 운전자가 확인할 수 있는 위치에 설치해야 한다고 하였으므로 적절하다.

④ '피해자 구호 조치'의 '피해자 구호 조치 의무'에서 교통사고가 발생한 경우 그 차의 운전자나 그 밖의 승무원은 즉시 정차하여 사상자를 구호하는 등 필요한 조치를 취하고 피해자에게 인적 사항을 제공해야 한다고 하였으므로 적절하다.

⑤ '도주 시 가중 처벌'의 '도주 차량 운전자의 가중 처벌'에서 원동기장치자전거의 교통으로 인하여 업무상 과실 치사상의 죄를 범한 차량의 운전자가 피해자를 구호하는 등의 조치를 하지 않고 도주한 경우에는 가중 처벌되며, 사고운전자가 피해자를 사고 장소에서 옮겨 유기하고 도주하였을 때 피해자가 부상을 입은 상태라면 3년 이상의 유기 징역에 처한다고 하였으므로 적절하다.

11. 수리능력

[정답] ③

각 강의별로 A팀, B팀 신청 직원 수는 A팀이 B팀의 2배이거나 B팀이 A팀의 2배이며 A팀은 영어를, B팀은 중국어를 가장 많이 신청했으므로 A팀에서 영어를 신청한 직원 수가 $2x$이면 B팀에서 영어를 신청한 직원 수는 x이고, B팀에서 중국어를 신청한 직원 수가 $2y$이면 A팀에서 중국어를 신청한 직원 수는 y이다. 또한 불어를 신청한 직원 수를 $3z$라고 하면, 강의별 신청 직원 수는 다음과 같다.

구분	영어	중국어	일본어	독일어	불어	총인원 수
A팀	$2x$	y	16	8		53
B팀	x	$2y$	8	16		52
합계	$3x$	$3y$	24	24	$3z$	105

$2x>16$, $2y>16$이므로 x, y는 각각 8을 초과한다. 이때 A팀과 B팀에서 영어, 중국어, 불어를 신청한 직원 수는 $3x+3y+3z=105-24-24=57$명이므로 $x+y+z=19$이다. 이에 따라 아무도 신청하지 않은 강의는 없어 $z>0$이므로 $x=9$, $y=9$, $z=1$인 경우만 가능하다.
따라서 A, B팀에서 불어를 신청한 직원 수의 합은 $3z=3\times1=3$명이다.

12. 수리능력

[정답] ①

차량 A의 왕복 주행거리는 $400\times2=800$km이다. 서울에서 연료탱크에 기름이 50% 남은 상황에서 기름을 가득 채우는 데 60,000원이 들었고 부산에서 서울로 돌아오는 길에 150km가 남은 지점까지 $400+(400-150)=650$km를 이동하면서 연료탱크에 기름이 30%가 남았으므로 70%를 사용하였다.
차량 B의 왕복 주행거리는 $350\times2=700$km이다. 서울에서 연료탱크가 가득 찬 상태로 출발하여 여수에서 서울로 출발한 지 150km가 지난 지점까지 $350+150=500$km를 이동하면서 연료탱크에 기름이 10% 남았으므로 90%를 사용하였다. 이때 30,000원을 지불하고 기름을 추가로 주유한 뒤 $350-150=200$km를 주행하여 서울에 도착하니 4%의 기름이 남았다. 30,000원을 지불하고 기름을 추가로 주유하였을 때 연료탱크의 x%가 추가됐다고 하면 500km 이동했을 때 90%, 200km 이동했을 때 $(10+x-4)$%의 기름을 사용했으므로 30,000원을 지불하고 기름을 추가로 주유했을 때 연료탱크에 추가된 기름은 $x=\{200\times(90/500)\}-10+4=30$%이다.

㉠ 연료탱크를 가득 채우는 데 차량 A는 $60,000\times2=120,000$원이 들고, 차량 B는 $(100\times30,000)/30=100,000$원이 들기 때문에 차량 A보다 차량 B의 연료탱크가 더 작으므로 옳은 설명이다.

㉡ 차량 A가 서울에서 부산까지 왕복 주행거리인 800km를 이동하는 데 소요되는 기름은 $(800\times70)/650\fallingdotseq86$%이므로 차량 A는 연료탱크에 기름을 가득 채울 경우 추가 주유 없이 부산까지 왕복이 가능하므로 옳은 설명이다.

오답 체크

ⓒ 60,000원을 지불하고 기름을 주유할 경우 차량 A는 연료탱크의 50%, 차량 B는 연료탱크의 30×2=60%를 채우며, 차량 A가 연료탱크의 50%의 기름으로 이동할 수 있는 거리는 (650×50) / 70 ≒ 464km, 차량 B가 60%의 기름으로 이동할 수 있는 거리는 (500×60) / 90 ≒ 333km임에 따라 동일한 양의 기름으로 이동할 수 있는 거리는 차량 A보다 차량 B가 더 짧으므로 옳지 않은 설명이다.

ⓔ 차량 B는 연료탱크의 10%를 채울 때마다 10,000원씩 들어 0%에서 100%로 기름을 가득 채울 경우 100,000원이 드므로 옳지 않은 설명이다.

13. 수리능력

[정답] ①

제시된 각 숫자 간의 값이 -94, -80, -66, …와 같이 +14씩 변화하므로 빈칸에 들어갈 알맞은 숫자는 '1,037'이다.

14. 수리능력

[정답] ④

산술평균 = $\frac{\text{변량의 총합}}{\text{변량의 개수}}$이고, 가중평균 = $\frac{(\text{변량} \times \text{가중치})\text{의 총합}}{\text{가중치의 총합}}$임을 적용하여 구한다.

과목별 중요도를 고려하지 않은 평균 점수는 산술평균으로 구하므로 영진이의 기말고사 점수의 산술평균은 $\frac{86+91+95+83+78}{5}$ = 86.6점이다. 과목별 중요도를 고려한 평균 점수는 가중평균으로 구하므로 영진이의 기말고사 점수의 가중평균은

$\frac{(86 \times 25)+(91 \times 30)+(95 \times 20)+(83 \times 10)+(78 \times 15)}{100} = \frac{2,150+2,730+1,900+830+1,170}{100}$ = 87.8점이다.

따라서 영진이의 기말고사 평균 점수를 바르게 연결한 것은 ④이다.

15. 수리능력

[정답] ④

평균값은 모든 측정치의 합을 측정치의 개수로 나눈 값이며, 중앙값은 측정치를 크기순으로 나열하였을 때 가운데에 위치하는 값임을 적용하여 구한다.

제시된 9개 도시의 1월 기온 평균값은 (1.4+8.6+1.4+3.4+3.7+6.1+10.7+4.2+7.3)/9=5.2℃이고, 9개 도시의 1월 기온을 크기순으로 나열하면 1.4, 1.4, 3.4, 3.7, 4.2, 6.1, 7.3, 8.6, 10.7이므로 중앙값은 4.2℃이다.

따라서 제시된 도시의 1월 기온 평균값과 중앙값의 차이는 5.2-4.2=1.0℃이다.

16. 수리능력

[정답] ④

연도별 초·중·고등학생 수의 증감 추이를 나타내면 다음과 같다.

구분	2013	2014	2015	2016	2017	2018	2019
초	-	↘	↘	↘	↗	↗	↗
중	-	↘	↘	↘	↘	↘	↘
고	-	↘	↘	↘	↘	↘	↘

2016년까지 중학생 수와 초등학생 수는 매년 전년 대비 감소하므로 옳은 설명이다.

오답 체크

① 초등학생 수는 2016년까지 꾸준히 감소하다가 2017년에는 2016년보다 증가하였으므로 옳지 않은 설명이다.

② 초등학생 수는 2016년 2,673천 명에서 2018년 2,711천 명으로 증가하였지만, 고등학생 수는 2016년 1,752천 명에서 2018년 1,539천 명으로 감소하였으므로 옳지 않은 설명이다.

③ 초등학생 수는 2018년 2,711천 명에서 2019년 2,747천 명으로 증가하였지만, 중학생 수는 2018년 1,334천 명에서 2019년 1,295천 명으로 감소하였고, 고등학생 수도 마찬가지로 2018년 1,539천 명에서 2019년 1,411천 명으로 감소하였으므로 옳지 않은 설명이다.

⑤ 고등학생 수의 증감 추이는 매년 전년 대비 감소하여 같은 양상을 보이므로 옳지 않은 설명이다.

17. 수리능력

[정답] ③

가동률 = (일 최대 생산량 / 시설용량) × 100임을 적용하여 구한다.

2018년 가동률은 (14,084 / 17,709) × 100 ≒ 79.5%, 2014년 가동률은 (12,799 / 17,553) × 100 ≒ 72.9%이므로 2018년 가동률의 4년 전 대비 증가량은 79.5 − 72.9 ≒ 6.6%p이다.

18. 수리능력

[정답] ②

㉠ 2017년 조사사업장은 3,798개소이고 취급량은 196,288천 톤으로 1개소당 취급량은 196,288 / 3,798 ≒ 51.7천 톤이므로 옳은 설명이다.

㉣ 2013년부터 2017년까지 조사화학물질은 매년 226종 또는 228종으로 230종을 넘지 않으므로 옳은 설명이다.

오답 체크

㉡ 제시된 자료에 따르면 취급량의 단위는 천 톤, 배출량의 단위는 톤이므로 단위를 하나로 통일하여 계산해야 한다. 즉, 취급량의 단위를 톤으로 환산하면 172,120,000톤이고, 2015년 취급량 대비 배출량은 (53,486 / 172,120,000) × 100 ≒ 0.031이므로 옳지 않은 설명이다.

㉢ 2016년을 제외한 나머지 해에는 대기 배출량이 수계 배출량의 200배 이상이지만, 2016년 대기 배출량은 56,825톤, 수계 배출량은 422톤으로 약 56,825 / 422 ≒ 135배이므로 옳지 않은 설명이다.

19. 수리능력

[정답] ③

제시된 자료에 따르면 부자가정 가구 수는 2008년에 324천 가구이고 매년 전년 대비 증가하여 2011년 처음으로 355천 가구를 넘었으므로 옳은 그래프는 ③이다.

오답 체크

① 2015년 전체 가구 수는 18,705천 가구이므로 막대그래프가 더 높게 나타나야 한다.
② 2014년 한부모 가구 수는 1,750천 가구이므로 꺾은선그래프가 더 낮게 나타나야 한다.
④ 2009년 한부모 가구 비율은 9.1%이므로 꺾은선그래프가 더 높게 나타나야 한다.
⑤ 2014년 한부모 가구 중에서 부자가정의 비중은 (397 / 1,750) × 100 ≒ 22.7%, 모자가정의 비중은 (1,353 / 1,750) × 100 ≒ 77.3%이므로 옳지 않은 그래프이다.

20. 수리능력

[정답] ④

제시된 자료에 따르면 2015년 맥주보리 생산금액은 27.7십억 원으로 옥수수 생산금액인 30.4십억 원보다 적지만 막대그래프에서는 2015년 맥주보리 생산금액이 옥수수 생산금액보다 높으므로 옳지 않은 그래프는 ④이다.

21. 문제해결능력

[정답] ①

제시된 글에서 현재로서는 특정 문제가 발생하지 않았지만 현재 상황에 만족하지 않고 더욱 개선하거나 효율을 높이기 위하여 의식적으로 만들어진 문제라고 하였으므로 빈칸에 들어갈 말로 가장 적절한 것은 '탐색형 문제'이다.

오답 체크

②, ③ 우리 눈앞에 발생되어 당장 걱정하고 해결하기 위해 고민하는 문제
④, ⑤ 지금까지 해오던 것과 전혀 관계없이 미래 지향적으로 새로운 과제 또는 목표를 설정함에 따라 일어나는 문제

22. 문제해결능력

[정답] ②

㉠~㉢에서 설명하고 있는 분석적 사고가 요구되는 문제들을 바르게 연결한 것은 ②이다.

23. 문제해결능력

[정답] ⑤

주어진 명제가 참일 때, 그 명제의 대우가 참인 것을 이용한다.
두 번째 명제와 첫 번째 명제의 대우, 세 번째 명제의 대우를 차례로 결합한 결론은 다음과 같다.

- 두 번째 명제: 공기업 설명회에 참석한 사람은 광주에서 태어난 사람이다.
- 첫 번째 명제(대우): 광주에서 태어난 사람은 대구에 사는 사람이다.
- 세 번째 명제(대우): 대구에 사는 사람은 올해 입사한 신입사원이다.
- 결론: 공기업 설명회에 참석한 사람은 올해 입사한 신입사원이다.

따라서 공기업 설명회에 참석한 사람이 올해 입사한 신입사원이므로 항상 참인 설명이다.

오답 체크

① 올해 입사한 신입사원이 광주에서 태어난 사람인지는 알 수 없으므로 항상 참인 설명은 아니다.
② 공기업 설명회에 참석하지 않은 사람이 대구에 살지 않는지는 알 수 없으므로 항상 참인 설명은 아니다.
③ 올해 입사한 신입사원이 공기업 설명회에 참석한 사람인지는 알 수 없으므로 항상 참인 설명은 아니다.
④ 첫 번째 명제와 두 번째 명제의 대우를 차례로 결합하면 대구에 살지 않는 사람은 공기업 설명회에 참석하지 않은 사람이므로 항상 거짓인 설명이다.

24. 문제해결능력

[정답] ②

직급이 부장인 사람은 사원과 마주 보고 앉아있지 않으므로 A 부장의 정반대 편에는 E 사원, F 사원이 앉을 수 없다. 또한, B 차장의 오른쪽 바로 옆에는 F 사원이 앉아있으므로 A 부장 자리를 임의로 배치한 후, B 차장과 F 사원이 앉을 수 있는 자리를 그림으로 나타내면 다음과 같이 3가지 경우가 가능하다.

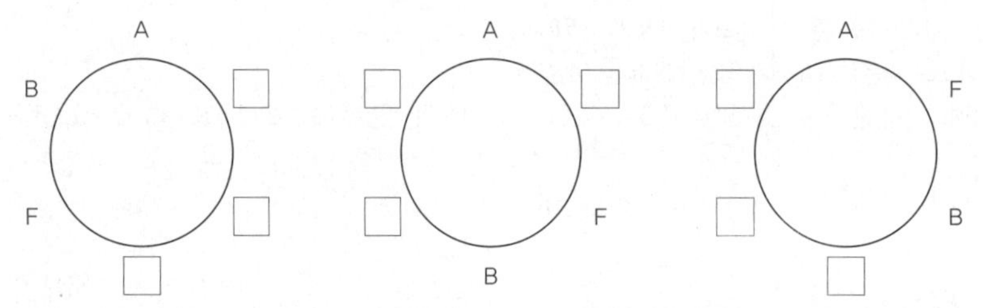

이때 직급이 대리인 사람은 차장 바로 옆에 앉아있으므로 D 대리는 B 차장 또는 C 차장과 이웃하여 앉아있고, C 차장과 D 대리 사이에는 1명이 앉아있으므로 D 대리는 B 차장 왼쪽 바로 옆에 앉아있음을 알 수 있다. 이에 따라 C 차장과 D 대리 사이에 앉아있는 1명은 E 사원이 된다.

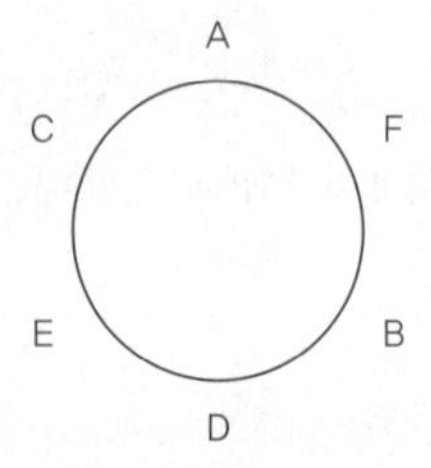

따라서 C 차장과 마주 보고 앉아있는 사람은 'B 차장'이다.

25. 문제해결능력

[정답] ④

제시된 조건에 따르면 4명 중 3명이 전염병이 발생한 국가를 함께 방문하였으므로 자신이 전염병이 발생한 국가를 방문하지 않았다는 A와 D의 진술이 모두 진실이면 전염병이 발생한 국가를 방문하지 않은 사람은 2명이 되어 A와 D 중 1명의 진술은 반드시 거짓임을 알 수 있다. A와 D의 진술 여부에 따라 가능한 경우는 다음과 같다.

경우 1. A의 진술이 거짓, D의 진술이 진실인 경우
A의 진술은 거짓이므로 A는 전염병이 발생한 국가를 방문하였고, D의 진술은 진실이므로 D는 전염병이 발생한 국가를 방문하지 않았다. 이에 따라 B와 C는 모두 전염병이 발생한 국가를 방문하였고, 자신과 C 중 1명만 전염병이 발생한 국가를 방문했다는 B의 진술은 거짓, 자신이 전염병이 발생한 국가를 방문했다는 C의 진술은 진실이 되어 조건에 성립하므로 전염병이 발생한 국가를 방문한 사람은 A, B, C이다.

경우 2. A의 진술이 진실, D의 진술이 거짓인 경우
A의 진술은 진실이므로 A는 전염병이 발생한 국가를 방문하지 않았고, D의 진술은 거짓이므로 D는 전염병이 발생한 국가를 방문하였다. 이에 따라 B와 C는 모두 전염병이 발생한 국가를 방문하였으므로 B의 진술은 거짓, C의 진술은 진실이 되어 조건에 성립하므로 전염병이 발생한 국가를 방문한 사람은 B, C, D이다.

경우 3. A와 D의 진술이 모두 거짓인 경우
A와 D의 진술이 모두 거짓이므로 A와 D는 모두 전염병이 발생한 국가를 방문하였다. 이에 따라 B와 C의 진술은 모두 진실이 되어 C가 전염병이 발생한 국가를 방문한 것을 알 수 있으므로 전염병이 발생한 국가를 방문한 사람은 A, C, D이다.

따라서 C는 전염병이 발생한 국가를 방문하였으므로 항상 참인 설명이다.

오답 체크

① 경우 2에 따르면 A는 전염병이 발생한 국가를 방문하지 않았을 수도 있으므로 항상 참인 설명은 아니다.
② 경우 3에 따르면 B와 C는 전염병이 발생한 국가를 함께 방문하지 않았을 수도 있으므로 항상 참인 설명은 아니다.
③ 경우 2, 3에 따르면 D는 전염병이 발생한 국가를 방문했을 수도 있으므로 항상 참인 설명은 아니다.
⑤ 경우 1, 2에 따르면 B는 전염병이 발생한 국가를 방문했을 수도 있으므로 항상 참인 설명은 아니다.

26. 문제해결능력

[정답] ④

제시된 글에서 A는 자신의 아들에게 공부를 하지 않는 이유가 친구들이랑 노는 것이 좋기 때문인지, 축구 동아리 활동을 해서 그런 것인지 물으며 아들이 어떠한 대답을 하여도 공부를 하지 않는다는 것을 인정하게 하는 논리적 오류를 범하고 있으므로 A의 태도에서 나타난 논리적 오류는 사실상 두 가지 이상의 내용이 합쳐진 하나의 질문을 함으로써 답변자가 어떻게 대답하든 숨겨진 질문에 수긍하게 만드는 질문을 할 때 발생하는 오류인 복합 질문의 오류가 가장 적절하다.

오답 체크

① 무지의 오류: 증명할 수 없거나 증명이 어려운 주장이 증명되지 않았다는 이유로 그 반대의 주장이 참이라고 생각하는 오류
② 연역법의 오류: A=B, B=C, so A=C와 같은 삼단논법에서 발생하는 오류
③ 과대 해석의 오류: 의도하지 않은 행위의 결과에 대해 의도가 있었다고 확대 해석할 때 발생하는 오류
⑤ 권위나 인신공격에 의존한 논증: 다른 사람의 권위를 빌려 자신의 논리적 취약점을 가리거나 상대방의 주장이 아니라 상대방의 인격을 공격하는 오류

27. 문제해결능력

[정답] ③

해결안 도출 과정에서는 열거된 근본 원인을 어떠한 시각과 방법으로 제거할 것인지에 대해 독창적이고 혁신적인 아이디어를 도출하고, 이를 바탕으로 유사한 방법이나 목적을 갖는 내용은 군집화하여 최종 해결안으로 정리하는 과정을 거쳐 제시해야 하므로 가장 적절하지 않다.

28. 문제해결능력

[정답] ①

제시된 문제 구조 파악 기법은 '로직트리'이다.

㉢ 로직트리를 작성할 때는 한 쪽으로 치우침 없이 전체 과제를 명확히 나타내야 하므로 외부적 요인보다 내부적 요인에 대한 내용을 명확히 나타낼 필요가 있다는 설명은 적절하지 않다.

오답 체크

㉠ 로직트리를 작성할 때는 분해해 가는 가지 간의 수준을 맞춰야 하므로 적절하다.

㉡ 로직트리 기법은 문제의 원인을 깊이 파고든다거나 해결책을 구체화할 때 제한된 시간 속에 넓이와 깊이를 추구하는 데 도움이 되는 기술이므로 적절하다.

㉣ 로직트리를 작성할 때는 원인이 중복되거나 누락되지 않고 각각의 합이 전체를 포함해야 하며, 도시락에 대한 소비자 선호도가 낮아진 것은 매출 감소의 원인 중 외부적 요인에 해당하므로 적절하다.

29. 문제해결능력

[정답] ②

화물 운송량 증가에 따른 해공복합운송의 연계 강화 및 활성화는 컨테이너 물동량 증가라는 기회를 활용하기 위해 국제공항과 인접하여 복합운송에 최적화된 입지라는 강점을 이용하는 'SO(강점 - 기회)' 전략에 해당하므로 가장 적절하다.

오답 체크

①, ③ 약점을 보완하며 시장의 기회를 활용하는 'WO(약점 - 기회)' 전략에 해당한다.

④ 시장의 위협을 회피하기 위해 강점을 활용하는 'ST(강점 - 위협)' 전략에 해당한다.

⑤ 시장의 위협을 회피하고 약점을 최소화하는 'WT(약점 - 위협)' 전략에 해당한다.

30. 문제해결능력

[정답] ⑤

실행 및 평가 단계 중 실행 및 사후관리 단계에서는 사전에 목표한 기간 및 비용이 계획대로 지켜졌는지 고려하며 진행해야 하므로 가장 적절하지 않다.

31. 자원관리능력

[정답] ①

제시된 자료에 따르면 김경석 과장은 출장 때마다 1박 2일로 같은 거리를 왕복 이동하며, 10월 출장 시 편도 주행 거리가 135km이므로 11월에 예정된 1박 2일 출장의 왕복 주행 거리는 270km이다. 이에 따라 11월 출장 시 자동차별로 렌트할 때의 비용은 다음과 같다.

구분	기본요금	주행비	보험료	총 렌트 비용
세단1	82,000 × 2 = 164,000원	235 × 270 = 63,450원	17,000 × 2 = 34,000원	164,000 + 63,450 + 34,000 = 261,450원
세단2	90,000 × 2 = 180,000원	220 × 270 = 59,400원	15,500 × 2 = 31,000원	180,000 + 59,400 + 31,000 = 270,400원
세단3	75,000 × 2 = 150,000원	240 × 270 = 64,800원	24,000 × 2 = 48,000원	150,000 + 64,800 + 48,000 = 262,800원
SUV1	104,000 × 2 = 208,000원	135 × 270 = 36,450원	13,000 × 2 = 26,000원	208,000 + 36,450 + 26,000 = 270,450원
SUV2	112,000 × 2 = 224,000원	110 × 270 = 29,700원	9,500 × 2 = 19,000원	224,000 + 29,700 + 19,000 = 272,700원

따라서 김경석 과장이 렌트할 자동차는 '세단1'이다.

32. 자원관리능력

[정답] ①

인천은 뉴욕보다 13시간 더 빠르며, 홍콩 경유 시 경유지 대기 시간은 2시간, 이스탄불 경유 시 경유 대기 시간은 3시간임에 따라 인천 시각을 기준으로 정리한 항공편별 총 비행시간은 다음과 같다.

항공편	출발 일정(인천)	도착 일정(뉴욕)	경유지 대기 시간	총 비행시간
A123	2023.10.11. 17:55	2023.10.12. 07:05	2시간	11시간 10분
B456	2023.10.12. 19:45	2023.10.13. 09:45	2시간	12시간
C789	2023.10.12. 20:00	2023.10.13. 12:45	3시간	13시간 45분
D012	2023.10.13. 21:30	2023.10.14. 14:15	3시간	13시간 45분
E345	2023.10.13. 22:00	2023.10.14. 15:45	2시간	15시간 45분

따라서 A 사원이 예약할 항공편은 'A123'이다.

33. 자원관리능력

[정답] ②

ⓛ 시간 절약형은 8시간의 회사 업무 이외에 8시간을 효율적으로 활용하고 남은 8시간을 자는 데 사용하여 정신없이 바쁘게 살아가는 유형이므로 적절하지 않다.

ⓒ 시간 파괴형은 시간관념 없이 자신에게 주어진 시간을 허비하고 타인의 시간마저 허비하게 하는 유형이므로 적절하지 않다.

더 알아보기

시간관리 유형

시간 창조형(24시간형 인간)	긍정적이며 에너지가 넘치고 빈틈없는 시간계획을 통해 비전과 목표 및 행동을 실천하는 유형
시간 절약형(16시간형 인간)	8시간의 회사 업무 이외에도 8시간을 효율적으로 활용하고 남은 8시간을 자는 데 사용하는 사람으로, 정신없이 바쁘게 살아가는 유형
시간 소비형(8시간형 인간)	8시간 일하고 16시간을 제대로 활용하지 못하고 빈둥대며 살아가는 사람으로, 시간이 많음에도 불구하고 마음은 쫓겨 바쁜 척하고 허둥대는 유형
시간 파괴형(0시간형 인간)	주어진 시간을 제대로 활용하기는커녕 시간관념 없이 자신의 시간은 물론 남의 시간마저 죽이는 유형

34. 자원관리능력

[정답] ③

50개의 제품을 생산하는 데 필요한 부품 수 및 부품별 지불해야 할 비용은 다음과 같다.

구분	제품 50개 생산에 필요한 부품 수	제품 50개 생산을 위해 지불해야 할 비용
부품 A	250개	250 × 15,000 = 3,750,000원
부품 B	100개	100 × 10,000 = 1,000,000원
부품 C	200개	200 × 20,000 = 4,000,000원
부품 D	150개	150 × 30,000 = 4,500,000원

따라서 제품 50개를 추가 생산하기 위해 지불해야 할 총비용은 3,750,000 + 1,000,000 + 4,000,000 + 4,500,000 = 13,250,000원이다.

35. 자원관리능력

[정답] ③

제시된 자료에 따르면 온라인 사전 결제 비용은 다음과 같다.

구분	온라인 사전 결제 비용
A 호텔	840,000 × (1 − 0.15) = 714,000원
B 호텔	780,000 × (1 − 0.12) = 686,400원
C 호텔	680,000 × (1 − 0.05) = 646,000원
D 호텔	730,000 × (1 − 0.08) = 671,600원
E 호텔	700,000원

이때 C 호텔은 최대 수용 가능 인원이 40명으로 참여 인원 56명을 모두 수용할 수 없어 선정 대상에서 제외하고, 나머지 호텔 중 온라인 사전 결제 금액이 가장 저렴한 D 호텔이 선정된다.
따라서 D 호텔의 코스 요리 중 가장 저렴한 일식 코스 요리의 1인당 금액은 30,000원이므로 가장 적절하지 않다.

오답 체크

① 현장 결제 시 임대비가 가장 저렴한 호텔은 C 호텔이지만 C 호텔은 선정 대상에서 참여 인원을 모두 수용할 수 없어 제외하고, C 호텔 다음으로 임대비가 가장 저렴한 E 호텔을 선정해야 하므로 적절하다.
② A 호텔은 온라인 사전 결제 시 장소 임대비가 714,000원이므로 적절하다.
④ C 호텔은 온라인 사전 결제 시 기준가에서 680,000 − 646,000 = 34,000원 할인되므로 적절하다.
⑤ B 호텔 선정 시 B 호텔에서 식비가 가장 저렴한 코스 요리는 일식 코스 요리로, 참여 인원 56명의 총 식비는 56 × 25,000 = 1,400,000원이므로 적절하다.

36. 자원관리능력

[정답] ③

예산관리는 활동이나 사업에 소요되는 비용을 산정하고, 예산을 편성하는 것뿐만 아니라 예산을 통제하는 것 모두를 포함한다고 할 수 있으므로 가장 적절하지 않다.

[37-38]

37. 자원관리능력

[정답] ④

'준비 물품 내역'에서 일정한 기준에 따라 물품을 분류하면 일회용품은 소모품으로, 사원들에게 나누어주는 물품은 배포 물품으로, 나머지 물품은 재사용이 가능한 물품으로 구분할 수 있다. 소모품은 일회용 접시, 종이컵, 배포 물품은 개인 명찰, 명찰 택, 필기구, 회사 수첩, 백화점 상품권, 외식 상품권, 재사용이 가능한 물품은 카메라, 업무용 노트북, 풀, 캠코더, 보드 마커, 가위, 테이프이므로 준비 물품 내역을 기준에 따라 바르게 분류한 것은 ④이다.

38. 자원관리능력

[정답] ⑤

인적자원개발은 크게 개인 개발을 중심으로 하는 활동과 조직 개발을 중심으로 하는 활동으로 분류되며, 개인 개발 활동은 개인의 성장을, 조직 개발 활동은 조직의 생존과 성장을 목표로 한다. 인적자원개발은 개인 개발 활동과 조직 개발 활동 모두를 포괄하는 개념이므로 인적자원개발의 최종 목표가 개인의 경력개발이며 개인의 경력개발이 실현되면 조직의 성과 향상이 자연스럽게 따라온다는 설명은 적절하지 않다.

39. 자원관리능력

[정답] ④

바코드에 대한 설명으로 적절한 것은 ㉠, ㉡, ㉣이다.

오답 체크

㉢ 바코드가 용량 제한에 따라 가격과 상품명 등 한정된 정보만을 담는 것에 비해 QR코드는 다양한 정보를 담을 수 있는 넉넉한 용량이 강점이므로 적절하지 않다.

더 알아보기

바코드와 QR코드

바코드	· 문자나 숫자를 굵기가 다른 검은 막대와 하얀 막대로 조합하여 코드화한 것 · 자동 판독이 가능한 광학식 마크판독장치 사용으로 컴퓨터가 판독하기 쉽고, 데이터를 빠르게 입력할 수 있음 · 세계상품코드(UPC)를 따르는 상품의 종류를 나타내거나 슈퍼마켓 등에서 매출정보를 관리하는 데 사용됨
QR코드	· 흑백 격자무늬 패턴으로 정보를 나타내는 매트릭스 형식의 2차원 바코드 · 기존 바코드가 용량 제한에 따라 가격과 상품명 등 한정된 정보만을 담는 것에 비해 다양한 정보를 담을 수 있는 넉넉한 용량이 강점임 · 최근 유통업계가 QR코드 도입에 앞장서고 있는 것은 스마트폰 보급이 확산됨에 따라 훌륭한 마케팅 도구로 활용할 수 있기 때문임

40. 자원관리능력

[정답] ④

㉠ 모든 팀원에 대한 평등한 적재적소, 즉 팀 전체의 적재적소를 고려할 필요가 있다는 것으로, 팀 전체의 능력 향상, 의식 개혁, 사기 양양 등을 도모하는 의미에서 전체와 개체가 균형을 이루어야 한다는 '균형주의' 원칙에 대한 설명이다.

㉡ 팀의 효율성을 높이기 위해 팀원을 그의 능력이나 성격 등과 가장 적합한 위치에 배치하여 팀원 개개인의 능력을 최대로 발휘해 줄 것을 기대하는 것으로, 배치는 작업이나 직무가 요구하는 요건과 개인이 보유하고 있는 조건이 서로 균형 있고, 적합하게 대응해야 성공할 수 있다는 '적재적소주의' 원칙에 대한 설명이다.

㉢ 개인에게 능력을 발휘할 기회와 장소를 부여한 뒤 그 성과를 바르게 평가하고 평가된 능력과 실적에 대해 상응하는 보상을 하는 원칙으로, 이때의 능력은 개인이 가진 기존의 능력에만 한정하지 않고 미래에 개발할 수 있는 능력을 고려하여 이를 양성하는 측면도 고려해야 한다는 '능력주의' 원칙에 대한 설명이다.

따라서 인력배치의 원칙을 순서대로 바르게 연결한 것은 ④이다.

실전모의고사 2회

정답

p.374

01	02	03	04	05	06	07	08	09	10
의사소통	의사소통	의사소통	의사소통	의사소통	수리	수리	수리	수리	수리
④	⑤	②	③	①	④	③	⑤	①	②
11	**12**	**13**	**14**	**15**	**16**	**17**	**18**	**19**	**20**
문제해결	문제해결	문제해결	문제해결	문제해결	자기개발	자기개발	자기개발	자기개발	자기개발
⑤	③	⑤	③	②	⑤	④	②	①	②
21	**22**	**23**	**24**	**25**	**26**	**27**	**28**	**29**	**30**
자원관리	자원관리	자원관리	자원관리	자원관리	대인관계	대인관계	대인관계	대인관계	대인관계
③	④	②	②	①	⑤	①	③	③	③
31	**32**	**33**	**34**	**35**	**36**	**37**	**38**	**39**	**40**
정보	정보	정보	정보	정보	기술	기술	기술	기술	기술
②	⑤	④	②	⑤	⑤	③	④	①	③
41	**42**	**43**	**44**	**45**	**46**	**47**	**48**	**49**	**50**
조직이해	조직이해	조직이해	조직이해	조직이해	직업윤리	직업윤리	직업윤리	직업윤리	직업윤리
③	①	③	⑤	⑤	①	③	④	⑤	①

해설

01. 의사소통능력

[정답] ④

유동성이 있어 상대방의 반응이나 감정을 살필 수 있고, 그에 따라 상황에 맞게 상대방을 설득할 수 있는 것은 언어적인 의사소통의 특징이므로 가장 적절하지 않다.

오답 체크

①, ②, ③, ⑤는 모두 문서적인 의사소통의 특징이다.

02. 의사소통능력

[정답] ⑤

공문서의 날짜 표기법은 날짜를 숫자로 표기하되, 년, 월, 일의 글자는 생략하고 그 자리에 마침표를 찍어 구분해야 하며, 날짜에 괄호를 사용할 경우 괄호 다음의 마침표는 생략해야 하므로 공문서에서 날짜를 표기하는 방법으로 적절한 것은 ㉣, ㉤이다.

더 알아보기

공문서 작성법

- **날짜**: 아라비아 숫자로 표기하고, 연, 월, 일의 글자는 생략하고 그 자리에 마침표를 찍어 구분함
- **시간**: 아라비아 숫자로 표기하고, 시, 분의 글자는 생략하고 그 자리에 쌍점(:)을 찍어 구분함
- **금액**: 아라비아 숫자로 표기하고, 숫자 다음에 괄호로 한글도 함께 기재함
- **문서의 끝**: 문서가 끝난 부분에는 '끝.'을 기재하여 마무리함

03. 의사소통능력

[정답] ②

고대 로마에 건축된 콜로세움은 시민들에게 다양한 볼거리를 제공함으로써 정치적 입지를 다지고 화합을 도모하거나 권위 불복 시 발생할 수 있는 보복을 암시하는 등 당대 로마 정치인들의 정치적 목적을 위해 이용되기도 했다고 하였으므로 콜로세움이 로마 정치인들이 유흥을 즐기기 위한 목적으로만 사용되다가 중세에 이르러서야 다른 용도로 활용되기 시작한 것은 아님을 알 수 있다.

오답 체크

① 고대 로마의 콜로세움에서는 검투사들의 격투와 사냥 시합뿐만 아니라 고전극의 상연 등 다양한 무대가 펼쳐졌다고 하였으므로 적절하다.
③ 플라비아누스 원형 경기장이라는 이름으로 불린 당시 콜로세움의 관중석은 신분과 성별에 따라 구분되었다고 하였으므로 적절하다.
④ 콜로세움이 이탈리아의 손꼽히는 유명 관광 명소이며, 많은 관광객이 찾는다고 하였으므로 적절하다.
⑤ 도미티아누스 황제는 티투스 황제가 완공한 콜로세움에 한 층을 더 세워 총 4층의 경기장을 완성했다고 하였으므로 적절하다.

04. 의사소통능력

[정답] ③

제시된 대화에서 B는 과도한 업무로 인한 불만과 속상함을 토로하는 A의 말에 현실적인 대안을 제시하며 조언을 하고 있으나, A는 이러한 B의 대답에 자신의 감정을 이해받지 못한다고 느끼고 있으므로 제시된 대화에서 올바른 경청을 방해하는 요인으로 가장 적절한 것은 '조언하기'이다.

🔍 더 알아보기

올바른 경청을 방해하는 요인

짐작하기	상대의 말을 듣고 받아들이기보다 자기 생각에 부합하는 단서를 찾아 짐작하여 넘겨짚거나, 자기 생각이 옳다는 것만 확인하려 듦
대답할 말 준비하기	상대의 말을 듣고 자신이 할 말을 생각하기에 바빠 상대방의 말을 제대로 듣지 않음
걸러내기	상대의 말을 듣긴 하지만 온전히 듣는 것이 아니라 듣고 싶은 것만 선별하여 들음
판단하기	상대방에 대한 부정적인 판단이나 상대방을 비판하기 위한 마음이 원인이 되어 상대의 말을 제대로 듣지 않음
다른 생각하기	상대의 말에 집중하는 것이 점차 힘들어지고 상대방이 말할 때 자꾸 다른 생각을 함
조언하기	다른 사람의 말에 공감하고 들어주기보다 본인이 문제를 해결해주고자 조언하려고 끼어듦
언쟁하기	반대하고 논쟁하기 위해서만 상대방의 말에 집중하고, 상대의 주제와 관계없이 자신의 논리대로 늘어놓음
옳아야만 하기	자존심이 강해 자신의 부족한 점과 잘못을 받아들이지 않기 위해 거짓말을 하거나, 주제를 바꾸고 변명함
슬쩍 넘어가기	대화가 너무 사적이거나 위협적인 경우 문제 또는 상대방의 부정적 감정을 회피하기 위해 주제를 바꾸거나 농담으로 넘김
비위 맞추기	상대를 위로하거나 비위를 맞추기 위해 너무 빨리 지지하고 동의함으로써 상대방에게 자신의 생각이나 감정을 충분히 표현할 시간을 주지 않음

05. 의사소통능력

[정답] ①

강 과장이 취한 의사소통 전략은 넌지시 단점을 지적하거나 "말해봐야 듣지 않겠지만" 등의 표현으로 상대방의 성급한 결정과 고집 세고 완강한 태도에 대한 선입견을 드러냄으로써 상대방이 반사적으로 선입견을 깨기 위한 행동을 취하도록 유도하는 설득력 있는 의사표현 방법인 '상대방의 단점을 끄집어 말하여 자존심 건드리기'에 해당한다.

🔍 더 알아보기

설득력 있는 의사표현 방법

- **'Yes'를 유도하여 미리 설득 분위기 조성하기**: 본론을 제시하기 전에 평범한 질문으로 긍정적인 대답을 유도하며 거절하지 못하도록 설득하기
- **대비 효과로 분발심을 불러일으키기**: 실제 조건과 상식에서 벗어나는 조건을 동시에 제시하여 대비 효과를 줌으로써 상대적으로 손해가 덜하다고 느껴지는 조건을 고르도록 설득하기
- **침묵을 지키는 사람의 참여도 높이기**: 회의에서 침묵을 지키는 사람을 직접 호명하기보다는 근처에 앉은 사람을 호명하여 간접적으로 발언을 유도하기
- **여운을 남기는 말로 상대방의 감정 누그러트리기**: 상대방의 부당한 요구에 "잘 알겠습니다"와 같이 확답이나 승인의 의미를 포함하지 않는 미묘한 어조로 표현하기
- **하던 말을 갑자기 멈춰 상대방의 주의 끌기**: 이야기 도중 소리를 낮추거나 말을 멈추어 상대방이 대화하려는 자세를 취하도록 주의를 끈 후 설득하기
- **호칭을 바꿔서 심리적 간격 조절하기**: 친근한 호칭을 통해 관계를 좁히거나, 존대어를 사용하여 심리적 거리감을 두기
- **끄집어 말하여 자존심 건드리기**: 상대방의 단점을 넌지시 지적하여 협상이나 관계를 진전시키고, 지적할 때는 무리한 충고보다는 "알아주시지 않겠지만" 등의 표현으로 상대방의 반사적인 심리 요인을 자극하기

06. 수리능력

[정답] ④

각 파츠를 조합했을 때 추가 비용을 정리하면 다음과 같다.

2☆ + ♡ + ○ + ♧ = 23 … ⓐ
○ + 2◇ + ♧ + ♡ = 27 … ⓑ
♡ + ♧ + 2◇ + ☆ = 23 … ⓒ
♡ + 2○ + ♧ + ◇ = 29 … ⓓ
☆ + ♧ + ◇ + ○ + ♡ = 25 … ⓔ
2☆ + ○ + 2♡ = 21 … ⓕ

♡ + ◇ + 2♧ + ○ = 28 … ⓖ
☆ + 3◇ + ♧ = 24 … ⓗ
2○ + ♧ + ☆ + ◇ = 28 … ⓘ
♧ + 2♡ + ◇ + ○ = 26 … ⓙ
ⓔ - ⓐ에서 ◇ - ☆ = 2 → ◇ = ☆ + 2 … ⓚ
ⓓ - ⓔ에서 ○ - ☆ = 4 → ○ = ☆ + 4 … ⓛ
ⓘ - ⓔ에서 ○ - ♡ = 3 → ○ = ♡ + 3 … ⓜ
ⓛ = ⓜ에서 ○ = ☆ + 4 = ♡ + 3 → ♡ = ☆ + 1 … ⓝ
ⓕ에 ⓛ, ⓝ을 대입하면 2☆ + ○ + 2♡ = 21 → 2☆ + (☆ + 4) + 2(☆ + 1) = 21 → 5☆ = 15 → ☆ = 3
이에 따라 ⓚ에서 ◇ = 5, ⓛ에서 ○ = 7, ⓝ에서 ♡ = 4이므로 ⓔ에서 3 + ♧ + 5 + 7 + 4 = 25 → ♧ = 6
따라서 미란이가 클로버 파츠 1개와 원 파츠 1개를 선택하여 네일아트를 받으려 할 때, 지불할 추가 비용은 6 + 7 = 13천 원이다.

07. 수리능력

[정답] ③

첫 항이 a이고, 공비가 r일 때, 등비수열의 합 = $\frac{a(r^n-1)}{r-1}$(단, r ≠ 1)임을 적용하여 구한다.
A 마을에 도깨비가 찾아온 날부터 일주일 동안 소원을 들어준 사람 수는 첫째 날에 2명, 둘째 날에 3명, 셋째 날부터는 전날에 소원을 들어준 사람보다 2배 많은 사람들의 소원을 들어주었으므로 소원을 들어준 사람 수는 둘째 날부터 등비수열을 이루어 ㉡은 $2+\frac{3(2^6-1)}{2-1}=191$명이고, A 마을로 찾아온 지 열흘째 되는 날 A 마을 모든 사람의 소원을 들어주었으므로 A 마을의 모든 사람 수 ㉠은 $2+\frac{3(2^9-1)}{2-1}=1,535$명이다.
따라서 ㉠ - ㉡의 값은 1,535 - 191 = 1,344이다.

08. 수리능력

[정답] ⑤

각 반의 학생 수는 30명으로 모두 같기 때문에 전체 평균은 세 반의 평균 점수의 평균과 같다.
전체 평균 = $\frac{\text{전체 점수의 합}}{\text{전체 학생 수}}$이므로
나머지 한 반의 평균 점수를 x라고 하면
학원 전체 평균: $\frac{70+75+x}{3}=80$
→ $x=95$
따라서 나머지 한 반의 평균 점수는 '95점'이다.

09. 수리능력

[정답] ①

취업률 = $\frac{\text{취업자 수}}{\text{경제활동 인구수}}\times 100=\frac{\text{만 15세 이상 인구수}\times\text{고용률}}{\text{경제활동 인구수}}$
$=\frac{\text{경제활동 인구수}-\text{실업자 수}}{\text{경제활동 인구수}}\times 100$임을 적용하여 구한다.
'가' 지역 취업률 = $\frac{848\times 60.5}{530}=96.8\%$
'나' 지역 취업률 = $\frac{174-5}{174}\times 100 \fallingdotseq 97.1\%$
'마' 지역 취업률 = $\frac{78-2}{78}\times 100 \fallingdotseq 97.4\%$
따라서 가~마 지역 중 취업률이 두 번째로 낮은 지역은 '가'이다.

10. 수리능력

[정답] ②

다양한 요소를 한 번에 비교할 때 사용하는 그래프는 방사형 그래프이므로 신입사원의 영역별 평가 점수를 한눈에 파악하기 쉽게 정리할 때 선택할 수 있는 그래프로 가장 적절한 것은 ②이다.

더 알아보기

방사형 그래프(레이더 차트, 거미줄 그래프)

- 비교하는 수량을 지름 또는 반지름으로 나누어 원, 육각형 등 도형의 중심에서의 거리에 따라 각 수량의 관계를 나타낼 때 활용할 수 있는 그래프
- 다양한 요소를 한번에 비교하거나 각 요소의 관계를 나타내는 데 적합함
- 작성하기가 복잡하지만 꺾은선 그래프로 그리면 길이가 길어지는 점을 해결해 준다는 장점이 있음

11. 문제해결능력

[정답] ⑤

효과적인 문제해결을 위해서는 전체를 각각의 요소로 나누어 의미를 도출한 뒤 우선순위를 부여하여 문제해결방법을 구체적으로 실행하는 분석적 사고가 필요하므로 가장 적절하다.

오답 체크

① 기대하는 결과를 명시하여 효과적인 달성 방법을 사전 구상 및 실행해야 하는 것은 성과지향적 문제의 해결이므로 적절하지 않은 설명이다.
② 문제 상황 발생 시 현재 직면한 문제와 해결방안에만 주목하기보다는 상위 시스템과의 연결성을 고려해야 하므로 적절하지 않은 설명이다.
③ 사물과 세상을 바라보는 기존의 관점을 전환하여 새로운 시각으로 바라보는 발상의 전환이 필요하므로 적절하지 않은 설명이다.
④ 문제해결에 필요한 기술, 방법, 사람과 같은 자원의 확보는 내·외부의 자원을 효과적으로 활용해야 하므로 적절하지 않은 설명이다.

12. 문제해결능력

[정답] ③

주어진 명제가 참일 때 그 명제의 '대우'만이 참인 것을 이용한다.
세 번째 명제의 '대우'와 네 번째 명제의 '대우'를 차례로 결합한 결론은 아래와 같다.

- 세 번째 명제(대우): 버스를 타는 사람은 지하철을 타지 않는다.
- 네 번째 명제(대우): 지하철을 타지 않는 사람은 도보로 가지 않는다.
- 결론: 버스를 타는 사람은 도보로 가지 않는다.

따라서 항상 참인 것은 '버스를 타는 사람은 도보로 가지 않는다.'이다.

더 알아보기

명제의 '역', '이', '대우'

명제	P이면 Q이다.	참	거짓
명제의 '역'	Q이면 P이다.	알 수 없음	알 수 없음
명제의 '이'	P가 아니면 Q가 아니다.	알 수 없음	알 수 없음
명제의 '대우'	Q가 아니면 P가 아니다.	참	거짓

13. 문제해결능력

[정답] ⑤

제시된 조건에 따르면 A, B, C는 각각 산악 동호회, 자전거 동호회, 독서 동호회 중 서로 다른 1개의 동호회에 가입한다. 이때 두 번째 조건에 의해 A가 산악 동호회에 가입하면 B는 자전거 동호회에 가입하므로 C는 독서 동호회에 가입함을 알 수 있고, 세 번째 조건에 의해 B가 산악 동호회에 가입하면 C는 자전거 동호회에 가입하지 않으므로 독서 동호회에 가입하고 A가 자전거 동호회에 가입함을 알 수 있다. 마지막으로 첫 번째 조건에 의해 A, B, C는 서로 다른 1개의 동호회에 가입하므로 C가 산악 동호회에 가입할 경우를 가정하면 A와 B는 각각 자전거 동호회 또는 독서 동호회에 가입하므로 가능한 경우는 다음과 같다.

구분	A	B	C
경우 1	산악	자전거	독서
경우 2	자전거	산악	독서
경우 3	자전거	독서	산악
경우 4	독서	자전거	산악

따라서 C는 독서 동호회 또는 산악 동호회에 가입하므로 항상 옳은 설명이다.

오답 체크

① '경우 2', '경우 3'에 의해 A는 자전거 동호회에 가입하는 경우도 있으므로 항상 옳은 설명은 아니다.
② '경우 3'에 의해 B가 독서 동호회에 가입하면, C는 산악 동호회에 가입하므로 항상 옳지 않은 설명이다.
③ '경우 1'에 의해 B가 산악 동호회에 가입하지 않고 자전거 동호회에 가입하면, C는 독서 동호회에 가입하므로 항상 옳은 설명은 아니다.
④ '경우 3'에 의해 C가 독서 동호회에 가입하지 않고 산악 동호회에 가입하면, B는 독서 동호회에 가입하므로 항상 옳은 설명은 아니다.

14. 문제해결능력

[정답] ③

문제해결과정 중 문제인식 단계는 '환경 분석 – 주요 과제 도출 – 과제 선정'의 절차를 거치므로 순서대로 바르게 나열한 것은 ③이다.

15. 문제해결능력

[정답] ②

표적집단면접을 진행해야 할 때 주의해야 할 사항으로 적절한 것은 ㉡, ㉤이다.

오답 체크

㉠ 인터뷰 종류 후 전체 내용에 대한 합의를 진행하므로 적절하지 않다.
㉢ 동의 혹은 반대의 경우 합의 정도와 강도를 중시하므로 적절하지 않다.
㉣ 조사의 목적에 따라 결론을 이끌 수 있도록 해야 하므로 적절하지 않다.
㉥ 확실한 판정이 가능한 것은 판정을 하지만 그렇지 않은 경우는 판정을 내려서는 안 되므로 적절하지 않다.

16. 자기개발능력

[정답] ⑤

제시된 글에서 자신이 돌아올 때까지 마시멜로를 먹지 말고 기다리라는 연구원의 말을 듣고 연구원이 돌아올 때까지 마시멜로를 먹지 않고 기다린 그룹과 마시멜로를 먹은 그룹을 10년 뒤에 비교해 본 결과, 마시멜로를 먹지 않고 기다린 그룹은 대인관계능력이나 스트레스를 극복하는 능력이 뛰어났고 학업성적도 우수했으나 마시멜로를 먹은 그룹은 작은 일에도 쉽게 좌절하고 학업성적도 부진했다고 하였으므로 빈칸에 들어갈 말로 가장 적절한 것은 '인내심'이다.

17. 자기개발능력

[정답] ④

A 단계는 '경력 초기' 단계이다.

㉠ 직업 및 조직에서 어느 정도 입지를 굳히게 되어 더 이상 수직적인 승진 가능성이 적은 경력 정체 시기에 이르게 되는 단계는 '경력 중기'이므로 적절하지 않다.

㉢ 조직의 생산적인 기여자로 남고 자신의 가치를 지속적으로 유지하기 위하여 노력하며, 동시에 퇴직을 고려하게 되는 단계는 '경력 말기'이므로 적절하지 않다.

㉤ 자신에게 적합한 직업이 무엇인지를 탐색하고 이를 선택한 후, 여기에 필요한 능력을 키우기 위해 자신의 장단점, 흥미, 적성, 가치관 등 자신에 대한 탐색과 자신이 원하는 직업에서 요구하는 능력, 환경, 가능성, 보상 등 직업에 대한 탐색이 동시에 이루어져야 하는 단계는 '직업 선택'이므로 적절하지 않다.

따라서 A 단계에 대한 설명으로 적절하지 않은 것은 ㉠, ㉢, ㉤이다.

더 알아보기

경력개발 단계

직업 선택	자신에게 적합한 직업을 탐색하고 이에 필요한 능력을 키우는 단계
조직 입사	자신이 선택한 경력 분야에서 원하는 조직의 일자리를 얻으며 직무를 선택하는 단계
경력 초기	직무와 조직의 규칙, 규범에 대해 배우며 자신의 입지를 다지는 단계
경력 중기	자신이 그동안 성취한 것을 재평가하고 생산성을 그대로 유지하는 단계
경력 말기	자신의 가치를 유지하기 위해 노력하는 동시에 퇴직을 고려하는 단계

18. 자기개발능력

[정답] ②

직업인이라면 현재의 직무와 관계된 일을 계속하든, 전혀 새로운 일을 탐색하여 수행하든 현재의 직무 상황과 이에 대한 만족도가 자기개발 계획을 수립하는 데 중요한 역할을 담당하게 되기 때문에 현 직무를 담당하는 데 필요한 능력, 이에 대한 자신의 수준, 개발해야 할 능력, 관련된 적성 등을 고려해야 하므로 가장 적절하지 않다.

오답 체크

① 인간은 가족, 친구, 직장 동료 등 많은 인간관계를 맺고 살아가고 있기 때문에 이러한 관계를 고려하지 않고 자기개발 계획을 수립한다면 계획을 실행하는 데 어려움을 겪게 되므로 적절하다.

③ 자신이 수행해야 할 자기개발 방법을 명확하고 구체적으로 수립할 경우 집중적이고 효율성 있게 노력할 수 있고 이에 대한 진행과정도 손쉽게 파악할 수 있으므로 적절하다.

④ 장기목표는 자신의 욕구, 가치, 흥미, 적성 및 기대를 고려하여 수립하며 직장에서의 일과 관련하여 직무의 특성, 타인과의 관계 등을 고려해야 하므로 적절하다.

⑤ 단순히 자신을 알리는 것을 넘어 다른 사람과 차별화되는 자신의 특징을 밝혀내고 지속적인 자기개발을 통해 이를 부각하여 알리는 것을 브랜드화 방법이라고 하며, 자신을 브랜드화하는 구체적인 방법에는 소셜 네트워크 및 인적 네트워크 활용, 경력 포트폴리오 구성 등이 있으므로 적절하다.

19. 자기개발능력

[정답] ①

김 대리는 말수가 적고 사회적·교육적 재능이 부족하지만, 실질적이고 체계적인 사고를 선호하며 신체 활동과 기계적이고 기술적인 것에 뛰어난 능력을 보이므로 직업성격유형 중 '실재형(R)'에 해당한다.

더 알아보기

홀랜드(Holland)의 직업성격유형

실재형 (Realistic)	· 신체활동과 기계·기술을 다루는 행위 등 실재적인 능력을 요구하는 직업과 활동을 선호하며, 사회적·교육적 재능을 요구하는 일을 비선호함 · 실질적인 가치와 사고를 선호하며, 다양한 흥미를 갖지 않음
탐구형 (Investigative)	· 생물학자나 의사와 같이 과학적이고 탐구적인 직업과 활동을 선호하며, 사회성을 요구하는 일을 비선호함 · 호기심이 많고 지적이고 논리적이며, 자유로운 목표와 가치를 바탕으로 다양한 분야에 관심을 가지고 새로운 아이디어나 경험에 개방적인 태도를 보임
예술형 (Artistic)	· 예술적 능력이 뛰어나고 예술적인 직업과 활동을 선호하며, 관습적인 일을 비선호함 · 상상력이 풍부하고 창의적이며, 여섯 가지 성격유형 중 가장 개방적인 신념체계를 지님
사회형 (Social)	· 교사, 상담가 등 사회성이 필요한 직업과 활동을 선호하며, 실재적인 일을 비선호함 · 사회적이고 봉사적인 가치를 중시하며, 논리적·지적·자극적인 일은 좋아하지 않음
기업형 (Enterprising)	· 경영인, 판매원 등 기업적인 직업과 활동을 선호하며, 탐구적인 일을 비선호함 · 사업이나 경제 관련 분야에서의 성취나 타인을 통제하는 능력을 중시하며, 타인을 돕거나 봉사하는 일은 중요하게 여기지 않음
관습형 (Conventional)	· 회계사, 은행원 등 관습적인 직업과 활동을 선호하며, 예술적 재능을 요구하는 일을 비선호함 · 관습적 가치를 따르는 경향이 있으며, 상상력이나 대인능력을 요구하는 일은 중요하게 여기지 않음

20. 자기개발능력

[정답] ②

경력개발 계획은 '직무정보 탐색 – 자신과 환경 이해 – 경력목표 설정 – 경력개발 전략수립 – 실행 및 평가'의 단계로 이루어지므로 경력개발 계획의 단계에 따라 순서대로 바르게 나열한 것은 ②이다.

더 알아보기

경력개발 계획

1단계	직무정보 탐색	관심 직무에서 요구하는 능력, 고용이나 승진 전망, 직무만족도 등을 탐색하는 단계
2단계	자신과 환경 이해	자신의 능력, 흥미, 적성, 가치관 등을 파악하고, 직무와 관련된 환경의 기회와 장애요인에 대해 분석하는 단계
3단계	경력목표 설정	2~3년 정도의 단기 목표와 5~7년 정도의 장기 목표를 수립하는 단계
4단계	경력개발 전략수립	현재 직무를 성공적으로 수행하여 역량을 강화하고, 인적 네트워크를 강화하는 단계
5단계	실행 및 평가	경력개발 전략을 실행하고, 실행 과정을 통해 도출된 결과로 경력 목표 및 전략을 수정하는 단계

21. 자원관리능력

[정답] ③

모든 지사의 근무 시간은 각 지사의 현지 시각 기준으로 오전 9시부터 오후 6시까지이고, 업무는 선행 업무가 종료된 후 바로 다음 업무가 시작되므로 디자인과 제작, 홍보 업무의 시작 시각은 각 선행 업무의 종료 시각과 같음을 알 수 있다. 이에 따라 기획 업무를 진행하는 데 소요되는 작업 시간은 $9+9+8=26$시간이고, 기획 업무가 종료된 후 바로 디자인 업무가 시작되므로 그리니치 표준시 기준 시차에 따라 자카르타보다 4시간 느린 모스크바에서는 8월 30일 오후 1시부터 업무를 진행하였다. 디자인 업무를 진행하는 데 소요되는 작업 시간은 $5+9+5=19$시간이고, 디자인 업무가 종료된 후 바로 제작 업무가 시작되므로 그리니치 표준시 기준 시차에 따라 모스크바보다 1시간 느린 케이프 타운에서는 9월 1일 오후 1시부터 업무를 진행하였다. 제작 업무를 진행하는 데 소요되는 작업 시간은 $5+9\times9=86$시간이고, 제작 업무가 종료된 후 바로 홍보 업무가 시작되므로 그리니치 표준시 기준 시차에 따라 케이프 타운보다 7시간 빠른 서울에서는 9월 11일 오전 1시에 업무를 넘겨받아 9월 11일 오전 9시부터 업무를 진행하였다. 홍보 업무를 진행하는 데 소요되는 작업 시간은 $9+9=18$시간이다.
따라서 A 프로젝트가 시작되어 종료되기까지 걸린 총 소요 시간은 $26+19+86+18=149$시간이다.

22. 자원관리능력

[정답] ④

인간관계를 구축하는 일은 긴급하지 않지만 중요한 일인 ㉡에 해당하므로 가장 적절하지 않다.

더 알아보기

일의 우선순위 판단을 위한 시간 관리 매트릭스

구분	긴급함	긴급하지 않음
중요함	긴급하면서 중요한 일 - 위기 상황 - 급박한 문제 - 기간이 정해진 대형 프로젝트	긴급하지 않지만 중요한 일 - 예방 생산 능력 활동 - 인간관계 구축 - 새로운 기회 발굴 - 중장기 계획, 오락
중요하지 않음	긴급하지만 중요하지 않은 일 - 잠깐의 급한 질문 - 일부 보고서 및 회의 - 눈앞의 급박한 상황 - 인기 있는 활동	긴급하지 않고 중요하지 않은 일 - 바쁜 일, 하찮은 일 - 우편물, 전화 - 시간 낭비 거리 - 즐거운 활동

23. 자원관리능력

[정답] ②

생산 또는 서비스 창출을 위해 소비된 비용 중에서 직접비용을 제외한 간접비용으로 가장 적절한 것은 ②이다.

더 알아보기

직접비용 및 간접비용

직접비용	제품 생산 또는 서비스 창출을 위해 직접 소비된 것으로 여겨지는 비용 예 재료비, 원료비와 장비비, 시설비, 여행(출장) 및 잡비, 인건비 등
간접비용	제품 생산 또는 서비스 창출을 위해 소비된 비용 중에서 직접비용을 제외한 것으로, 제품 생산에 직접 관련되지 않은 비용 예 보험료, 건물관리비, 광고비, 통신비, 사무비품비, 각종 공과금 등

24. 자원관리능력

[정답] ②

제시된 글의 ㉠은 화장품 신제품 개발을 위해 구매한 연구 장비이므로 자원의 종류 중 물적자원에 해당하며, 물적자원 중에서도 시설 및 장비 등 인위적으로 가공한 자원인 '인공자원'과 가장 관련 있다.

25. 자원관리능력

[정답] ①

공정 인사의 원칙은 직무 배당, 승진, 상벌, 근무 성적의 평가, 임금 등을 공정하게 처리해야 한다는 원칙이며, 근로자의 인권을 존중하고 공헌도에 따라 노동의 대가를 공정하게 지급해야 한다는 원칙은 공정 보상의 원칙이므로 가장 적절하지 않다.

26. 대인관계능력

[정답] ⑤

A 팀은 서로의 의견이 엇갈릴 때 자신들의 고집을 버리고 적극적으로 논의하면서도 솔직한 생각을 공유하며 피드백을 주고받는 의사소통 방식과 팀원 전체의 기여에 대해 서로 이해하고 인정하는 태도를 보였다고 하였으므로 팀 발전 단계 중 '규범기'에 해당하며, 서로를 파악하기 시작하여 신뢰 수준이 향상된 팀원들이 상호 간의 마찰을 해결함으로써 만족감과 공동체의식을 경험하기 시작하는 것은 '규범기'에 대한 설명이므로 가장 적절하다.

오답 체크

① 팀에 대한 기대를 형성하기 시작한 팀원들이 논쟁을 피하기 위해 심각한 주제에 대한 논의는 회피하는 단계는 팀 발전 단계 중 '형성기'에 대한 설명이므로 적절하지 않다.
② 팀원 간에 진정한 상호의존성을 달성하면서 가장 생산적인 모습을 갖춘 발전 단계이지만 모든 팀이 이를 수 있는 단계가 아닌 것은 팀 발전 단계 중 '성취기'에 대한 설명이므로 적절하지 않다.
③ 과제를 수행하기 위해 체계를 갖추기 시작하면서 팀원 간 마찰이 발생하게 되며, 리더의 리더십이나 권한에 대한 경쟁심과 적대감이 나타나는 단계는 팀 발전 단계 중 '격동기'에 대한 설명이므로 적절하지 않다.
④ 팀원들이 더 이상 팀 전체의 인정을 받으려는 욕구를 중요하게 생각하지 않으며, 팀 내 조화를 중시하면서 팀에 대한 충성심을 보이는 단계는 팀 발전 단계 중 '성취기'에 대한 설명이므로 적절하지 않다.

27. 대인관계능력

[정답] ①

제시된 자료에서 설명하고 있는 개념은 직원의 능력에 대한 확신과 신뢰를 바탕으로 조직의 성장과 성공을 이끌 수 있는 리더의 능력과 직원의 의견을 경청하고 생산성과 기술 수준 및 자기 향상을 도모하여 직원의 업무 만족감을 높이는 과정인 '코칭'에 해당한다.

더 알아보기

지도활동의 종류

코칭(Coaching)	· 계약관계로 맺어진 수평적이고 협력적인 파트너십 · 개인의 변화와 발전 지원
멘토링(Mentoring)	· 풍부한 경험과 지식을 바탕으로 지표나 조언 제시 · 개인의 실력 및 잠재력 향상
카운슬링(Counseling)	· 상담이나 조언 전달

28. 대인관계능력

[정답] ③

제시된 글에서 A 사원은 우연히 휴게실 앞을 지나는 순간 다른 사람들이 자기들끼리 이야기하며 웃은 별개의 사건을 본인과 연관 지어 자신을 비웃었다고 잘못 해석하고 있으므로 자신과 관련 없는 사건을 자신과 관련된 것으로 잘못 해석하는 오류인 'Personalization(개인화)'이 가장 적절하다.

더 알아보기

벡(Beck)의 인지적 오류

과잉 일반화(Overgeneralization)	한두 번의 사건을 바탕으로 일반적인 결론을 내리고 이와 관련 없는 상황에도 적용하는 오류
정신적 여과(Mental filtering)	어떤 상황에서 발생하는 여러 사건 중 일부만을 고려하여 전체를 판단하는 오류
개인화(Personalization)	실제로는 자신과 무관한 사건을 자신과 관련된 것으로 잘못 해석하는 오류
잘못된 명명(Mislabeling)	과장되거나 부적절한 명칭을 사용하여 사람의 특성 또는 행위를 기술하는 오류
독심술적 오류(Mind reading)	충분한 근거 없이 사소한 단서를 바탕으로 타인의 마음을 멋대로 추측하고 단정하는 오류
흑백 논리적 사고(All or nothing thinking)	어떤 사건을 중립적 의미는 고려하지 않고 이분법적으로만 해석하는 오류
의미확대/의미축소(Magnification/Minimization)	어떤 사건의 의미나 중요성을 실제보다 과하게 확대하거나 축소하는 오류
예언자적 오류(Fortunetelling)	충분한 근거 없이 미래에 발생할 일을 단정하고 확신하는 오류
감정적 추리(Emotional reasoning)	충분한 근거 없이 막연하게 느껴지는 감정을 바탕으로 결론짓는 오류

29. 대인관계능력

[정답] ③

제시된 글에서 A는 OO기업과의 협상 과정에서 상대가 표면적으로 주장하는 것과 실제로 원하는 것을 구분하고 실제로 원하는 것을 찾아내었으며, 분할과 통합 기법을 활용하여 이해관계를 분석하였다.
따라서 협상 과정의 단계 중 '실질 이해' 단계가 가장 적절하다.

더 알아보기

협상 과정 5단계

협상 시작	· 협상 당사자들 사이에 상호 친근감을 쌓음 · 간접적인 방법으로 협상 의사를 전달함 · 상대방의 협상 의지를 확인함 · 협상 진행을 위한 체제를 구상함
상호 이해	· 갈등 문제의 진행 상황과 현재의 상황을 점검함 · 적극적으로 경청하고 자기주장을 제시함 · 협상을 위한 협상 대상 안건을 결정함
실질 이해	· 겉으로 주장하는 것과 실제로 원하는 것을 구분하여 실제로 원하는 것을 찾아냄 · 분할과 통합 기법을 활용하여 이해관계를 분석함
해결 대안	· 협상 안건마다 대안들을 평가함 · 개발한 대안들을 평가함 · 최선의 대안에 대해서 합의하고 선택함 · 대안 이행을 위한 실행 계획을 수립함
합의 문서	· 합의문을 작성함 · 합의문상의 합의 내용, 용어 등을 재점검함 · 합의문에 서명함

30. 대인관계능력

[정답] ③

고객만족조사를 시행하여 고객의 요구를 파악하고 이에 대한 대응법을 모색하여 고객에게 양질의 서비스를 제공할 경우, 고객의 서비스 이용 욕구는 점차 향상되므로 가장 적절하지 않다.

31. 정보능력

[정답] ②

㉠ '자료'는 정보 작성을 위해 필요한 것으로, 아직 특정 목적에 대하여 평가되지 않은 상태의 숫자나 문자들의 단순한 나열을 의미하므로 기획안 작성 전에 살펴본 고객들의 성별, 나이, 전화번호 등의 목록은 '자료'에 해당한다.
㉡ '정보'는 자료를 일정한 프로그램에 따라 컴퓨터가 처리·가공함으로써 특정한 목적을 달성하는 데 필요하거나 특정한 의미를 가지도록 다시 생산한 것을 의미하므로 50대 남성이 여름 동안 구매한 상위 5가지 상품을 선정하여 분석한 디자인, 컬러, 사이즈 등은 '정보'에 해당한다.
㉢ '지식'은 특정한 목적을 달성하기 위해 과학적 또는 이론적으로 추상화되거나 정립되어 있는 일반화된 정보를 의미하므로 정리된 정보를 바탕으로 결정한 골프 의류의 콘셉트 및 제작 방향은 '지식'에 해당한다.
따라서 ㉠~㉢에 해당하는 용어를 순서대로 바르게 나열한 것은 '자료 – 정보 – 지식'이다.

32. 정보능력

[정답] ⑤

각 정보검색 연산자의 의미는 다음과 같다.

기호	연산자	검색 조건
*, &	AND	두 단어가 모두 포함된 문서를 검색
|	OR	두 단어가 모두 포함되거나, 두 단어 중에서 하나만 포함된 문서를 검색
–, !	NOT	'–' 기호나 '!' 기호 다음에 오는 단어가 포함되지 않은 문서를 검색
~, NEAR	인접 검색	앞뒤의 단어가 가깝게 인접해 있는 문서를 검색

이에 따라 웹 브라우저에서 광고라는 단어가 포함되지 않은 헬스장 자료를 검색해야 하므로 NOT 연산자를 사용해야 한다.
따라서 정보검색 연산자를 가장 적절하게 사용한 것은 '헬스장 – 광고'이다.

33. 정보능력

[정답] ④

전 직원의 인적사항이 이름을 기준으로 오름차순으로 정리된 엑셀 파일에서 연구소 직원의 인적사항만 확인하고자 하므로 원하는 데이터만 나타내고자 할 때 사용하는 필터 기능의 단축키인 'Ctrl+Shift+L'이 가장 적절하다.

오답 체크

① Ctrl+F2: 인쇄 미리 보기
② Ctrl+T: 표 만들기
③ Ctrl+X: 잘라내기
⑤ Ctrl+Shift+T: 표에 요약 행 추가

34. 정보능력

[정답] ②

악성코드에 감염된 PC 사용자들로 하여금 가짜 사이트를 진짜 사이트로 오인하여 접속하도록 유도한 뒤 금융정보 및 개인정보를 빼내는 컴퓨터 범죄 수법은 '파밍'이다.

더 알아보기

해킹의 종류

구분	내용
피싱	개인정보(Private data)와 낚시(Fishing)의 합성어로, 발신자명을 금융기관으로 위장하여 가짜 팝업 창 링크가 포함된 메일을 보냄으로써 금융정보 및 개인정보를 빼내는 사기 수법
스푸핑	인터넷 프로토콜인 TCP/IP의 구조적 결함을 이용하거나 임의로 웹사이트를 구성하여 사용자들의 방문을 유도하는 등 매체 접근 제어(MAC) 주소, 인터넷 프로토콜(IP) 주소, 포트(Port), 이메일 등을 이용하여 정보를 빼내는 네트워크 기반의 해킹 수법
스누핑	프로그램을 이용하여 원격으로 다른 컴퓨터의 정보를 엿봄으로써 금융정보 및 개인정보를 몰래 획득하는 불법 행위

35. 정보능력

[정답] ⑤

진호가 받은 특정일 배송 주문은 배송방식 주문번호가 CA 또는 CP인 2번, 3번 주문이며, 이 중 제2센터에서 배송하는 주문은 물류센터 주문번호가 C2인 2번 주문 1개이므로 옳은 설명이다.

오답 체크

① 제1센터에서는 A 시, B 시에만 배송하므로 3번 주문의 주문번호인 03811AC1CP19는 가능하지 않고, 새벽 배송은 채소, 과일, 건강식품만 가능하므로 5번 주문의 주문번호인 00612PC2BA18은 가능하지 않아 성진이가 받은 주문 중 주문이 취소되는 내역은 총 2개이므로 옳지 않은 설명이다.
② 의류는 제품 종류 주문번호가 038임에 따라 진호가 받은 의류 주문은 5번 주문이며, 배송지역 주문번호는 09임에 따라 B 시로 배송되므로 옳지 않은 설명이다.
③ 15일 이후에 받은 주문은 주문 일자 주문번호가 15 이상임에 따라 진호가 15일 이후에 받은 주문은 4번, 5번 주문이고, 성진이가 15일 이후에 받은 주문은 1번, 4번 주문으로 총 4개이므로 옳지 않은 설명이다.
④ 채소 또는 과일은 제품 종류 주문번호가 012 또는 016임에 따라 진호가 받은 채소 또는 과일 주문은 2번, 4번으로 배송방식 주문번호가 각각 CA, BA로 모두 새벽 배송이고, 성진이가 받은 채소 또는 과일 주문은 1번, 2번으로 배송방식 주문번호가 각각 CP, BP로 새벽 배송은 없어 진호와 성진이가 받은 채소 또는 과일 주문 중 새벽 배송은 2개이므로 옳지 않은 설명이다.

36. 기술능력

[정답] ⑤

㉠ 기술은 기술의 설계, 생산, 사용을 위한 정보·기술·절차 등에 필요한 노하우를 포함하므로 옳은 설명이다.
㉡ 기술은 인간의 능력을 확장하기 위한 하드웨어를 생산하는 과정이므로 옳은 설명이다.
㉢ 기술능력이 뛰어난 사람은 인식한 문제를 위한 다양한 해결책을 개발하고 평가하므로 옳은 설명이다.
㉣ 기술능력이 뛰어난 사람은 주어진 한계에서 한정된 자원을 가지고 문제 해결에 필요한 지식과 기타 자원을 선택하고 최적화하여 업무를 수행하므로 옳은 설명이다.

37. 기술능력

[정답] ③

기술 경쟁은 기술 시스템 사이의 경쟁이 이루어지는 단계를 의미하므로 가장 적절하지 않다.

더 알아보기

기술 시스템의 발전 단계

1단계	발명·개발·혁신의 단계	· 기술 시스템이 탄생하고 성장하는 단계 · 시스템 디자인과 초기 발전을 추진하는 기술자의 역할 중요
2단계	기술 이전의 단계	· 성공적인 기술이 다른 지역으로 이동하는 단계 · 시스템 디자인과 초기 발전을 추진하는 기술자의 역할 중요
3단계	기술 경쟁의 단계	· 기술 시스템 사이의 경쟁이 이루어지는 단계 · 기업가의 역할 중요
4단계	기술 공고화 단계	· 경쟁에서 승리한 기술 시스템을 관성화하는 단계 · 자문 엔지니어와 금융전문가의 역할 중요

38. 기술능력

[정답] ④

지속 가능한 기술이란 이용 가능한 자원과 에너지를 고려하고, 자원이 사용되고 그것이 재생산되는 비율의 조화를 추구하며, 자원의 질을 생각하고, 자원이 생산적인 방식으로 사용되는지 주목함과 동시에 기술적인 효용과 환경효용을 함께 추구하는 기술이므로 가장 적절하지 않은 것은 ④이다.

39. 기술능력

[정답] ①

데이터베이스, 컴퓨터 프로그램 등을 보호하는 산업저작권은 신지식재산권에 해당하므로 가장 적절하다.

오답 체크

② 특정 기술을 발명한 자가 그 기술에 대하여 가지는 독점적·배타적 권리인 특허권은 산업재산권에 해당하므로 적절하지 않다.
③ 제조회사가 자사 제품의 신용을 유지하기 위해 제품 및 포장에 표시하는 상호, 마크 등을 보호하는 권리인 상표권은 산업재산권에 해당하므로 적절하지 않다.
④ 수명이 짧고 실용적인 주변 개량 기술(소발명)을 보호하는 권리인 실용신안권은 산업재산권에 해당하므로 적절하지 않다.
⑤ 공업 소유권의 일종으로서 디자인을 등록한 자가 그 등록디자인에 대하여 가지는 독점적·배타적 권리인 디자인권은 산업재산권에 해당하므로 적절하지 않다.

더 알아보기

신지식재산권의 분류

산업저작권	데이터베이스, 컴퓨터 프로그램, 인공지능 등에 부여되는 권리
첨단산업재산권	반도체회로, 생명공학, 배치설계 등에 부여되는 권리
정보재산권	멀티미디어 등에 부여되는 권리

40. 기술능력

[정답] ③

A: 기술은 더욱 발전된 방향으로 변화하려는 특성이 있어 끊임없는 연구와 개발에 대한 투자가 필요하므로 적절하지 않다.
B: 현재의 직장에 적합하고 성과를 향상할 수 있는 기술이라 할지라도 기술 적용 시 요구되는 비용이 성과 대비 합리적이어야 하므로 적절하지 않다.
D: 기술의 수명 주기가 짧아 단기간에 기술이 변화하거나 발전하는 기술을 적용하는 경우 기술의 가치가 떨어지므로 적절하지 않다.

오답 체크

C: 적용하고자 하는 기술이 회사의 비전과 전략에 맞추어 응용 가능성이 있는지를 고려해야 하므로 적절하다.
E: 환경의 변화나 경영혁신을 위해 기술을 적용할 때는 회사의 전략과 적용하는 기술의 조합이 이루어져야 하므로 적절하다.

41. 조직이해능력

[정답] ③

조직문화는 조직 구성원들의 공유된 생활양식이나 가치를 의미하는 것으로, 조직문화의 순기능으로 조직 구성원들에게 일체감과 정체성 부여, 조직몰입 향상, 구성원들에게 행동 지침 제공, 조직의 안정성 유지 등이 있다. 그러나 강한 조직문화는 다양한 조직 구성원들의 의견을 받아들일 수 없거나 조직이 변화해야 하는 시기에 장애요인으로 작용하기도 한다.

더 알아보기

조직문화의 기능

- 조직 구성원들에게 일체감, 정체성 부여
- 조직몰입 향상
- 조직 구성원들의 행동 지침에 따른 사회화 및 일탈 행동 통제
- 조직의 안정성 유지

42. 조직이해능력

[정답] ①

사업 초기 설비 및 기술 개발에 필요한 자본이 커야 신규 진입자에게 높은 진입장벽으로 작용하므로 가장 적절하지 않다.

오답 체크

② 제품의 차별화로 고객의 충성도를 확보할 경우 신규 진입자는 고객을 확보하기 위해 막대한 마케팅 비용이 필요하여 기존 산업의 진입장벽을 높일 수 있으므로 적절하다.

③ 제품 원가를 낮추어 원가 우위를 확보할 경우 상대적으로 낮은 가격으로 제품을 유통하여 기존 산업의 진입장벽을 높일 수 있으므로 적절하다.

④ 정부의 신규 사업지에 대한 사업 규제가 강화되면 이를 충족하기 위한 비용과 시간이 소요되어 기존 산업의 진입장벽을 높일 수 있으므로 적절하다.

⑤ 산업 내 기존 기업들이 협력하여 유통 채널을 독점할 경우 신규 경쟁자의 유통망 접근이 제한되어 기존 산업의 진입장벽을 높일 수 있으므로 적절하다.

43. 조직이해능력

[정답] ③

제시된 조직도를 통해 자사는 기능적 조직구조, 경쟁사는 사업별 조직구조를 갖추고 있음을 확인할 수 있다.
따라서 사업별로 조직을 구성하여 급변하는 환경 변화에 효과적인 대응이 가능한 것은 사업별 조직구조의 특징이므로 가장 적절하지 않다.

더 알아보기

기능적 조직구조와 사업별 조직구조의 특징

구분	기능적 조직구조	사업별 조직구조
특징	· 업무 내용의 유사성 및 관련성을 기준으로 결합한 조직구조	· 개별 제품·서비스, 프로젝트, 프로그램 등을 기준으로 결합한 조직구조
강점	· 환경이 안정적일 때, 일상적 기술을 활용할 때, 조직의 내부 효율성이 중요할 때 효과적 · 기능 부서 내 규모의 경제효과 달성 · 소품종·소규모 기업에 적합함	· 불안정한 환경에서 신속한 변화에 적합함 · 분권화된 의사결정이 가능함 · 다품종·대규모 기업에 적합함
약점	· 환경 변화에 대한 반응이 느림 · 의사결정이 최고경영층에 집중됨	· 특정 분야에 대한 지식·능력의 전문화 어려움 · 기능 부서 내 규모의 경제효과 감소

44. 조직이해능력

[정답] ⑤

제시된 글에서 설명하고 있는 업무 효율화 도구는 'WBS(Work Breakdown Structure)'이다.

오답 체크

① 책임분석표는 WBS를 바탕으로 업무 책임을 명확히 할 때 사용하는 업무 효율화 도구이다.

② CPM(Critical Path Method)은 일반적으로 PERT와 병행하여 사용되는 계획관리 기법으로, 프로젝트에 필요한 활동의 시작과 종료 시점을 나타내어 최적의 프로젝트 진행 순서를 도출하는 업무 효율화 도구이다.

③ SWOT 분석은 내부환경 요소인 Strength(강점)와 Weakness(약점), 외부환경 요소인 Opportunity(기회)와 Threat(위협)을 분석할 때 사용하는 업무 효율화 도구이다.

④ PERT(Program Evaluation and Review Technique)는 일의 순서나 소요 기간을 한눈에 파악하기 위해 사용하는 업무 효율화 도구이다.

45. 조직이해능력

[정답] ⑤

- Q1: 독일은 감기가 빈번해 식탁에서 코를 푸는 행위가 허용된다.
- Q2: 미국에서 업무상 50달러 이상의 선물을 주는 것은 위법이므로 꽃, 화분, 책 등과 같이 작지만 의미 있는 선물을 준비하는 것이 좋다.
- Q3: 싱가포르에서는 업무상 미팅을 할 때 부수적인 이야기를 길게 하지 않고 업무에 관한 본론으로 바로 들어가는 경우가 일반적이다.
- Q4: 에스파냐에서는 경제위기 이후로 왕실의 존재에 대해 긍정적인 입장과 부정적인 입장이 첨예하게 대립하고 있으며, 상황에 따라 왕실은 흥분을 유발할 수 있는 민감한 주제가 되므로 처음 본 사람과 왕실에 대해 이야기하지 않는 것이 좋다.
- Q5: 일본에서는 자신으로 인해 상대방의 시간이 허비되는 것을 실례로 생각하는 등 시간관념이 매우 철저하므로 약속장소에 미리 도착하는 것이 좋다.

따라서 Q1~Q5에 대한 귀하의 답안은 'X - X - X - X - O'가 가장 적절하다.

46. 직업윤리

[정답] ①

제시된 글에서 A 기업은 불법 로비를 통해 50억 원 상당의 납품 계약을 얻어냈다고 하였으므로 윤리적 행위와 충돌하는 다른 가치가 존재할 때, 윤리적 행위가 선택의 우선순위에 밀려나서 발생하는 비윤리적 행위의 유형인 '도덕적 타성'이 가장 적절하다.

더 알아보기

비윤리적 행위의 유형

도덕적 타성	무엇이 바람직한 행동인지 알면서도 행동하지 않는 게으른 모습으로, 윤리적 문제를 제대로 인식하지 못하고 별거 아니라고 생각하거나 저절로 좋아질 것으로 생각하는 경우 또는 비윤리적 행위를 인지하고 있으나 이와 충돌하는 다른 가치를 더 우선할 때 발생하는 경우
도덕적 태만	비윤리적 결과를 방지하기 위해 필요한 주의나 관심을 기울이지 않는 것으로, 어떤 결과가 나쁜 것인지 알지만 자신의 행동이 그러한 결과를 초래할 수 있음을 모르는 경우
보호적 거짓말	타인을 해치기 위한 목적보다는 자신 또는 자신과 우호적 관계에 있는 제3자를 보호하기 위한 목적으로 하는 거짓말로, 결과적으로 타인에게 피해를 줄 수도 있지만 의도한 바가 아니며, 확대된 제3자로서 사회 전체에 미치는 영향을 배려하는 경우는 많지 않음
타성적 거짓말	거짓말을 당연시하고 거짓말이 잘못됐다거나 큰 잘못이라는 생각을 하지 못하며, 거짓말을 하는 것이 올바르다는 잘못된 자기 신념으로 발전하는 경우도 있음

47. 직업윤리

[정답] ③

갑 전파사는 일을 오로지 돈벌이로 여겨 일관적이지 않고 불성실한 태도로 임하였으므로 갑 전파사에게 부족한 직업윤리로 가장 적절한 것은 '성실'이다.

48. 직업윤리

[정답] ④

게으르지 않고 부지런한 것을 의미하는 근면은 성공을 이루는 기본 조건으로, 근면하기 위해서는 일에 임할 때 적극적이고 능동적인 자세가 필요하므로 빈칸에 들어갈 단어로 '근면'이 가장 적절하다.

49. 직업윤리

[정답] ⑤

고객이나 거래처 직원 등 제삼자는 직장 내 성희롱의 가해자가 될 수는 있지만, 직장 내 성희롱의 피해자 범위에서는 제외되므로 가장 적절하다.

오답 체크

① 고용 관계를 예정하고 있는 취업 예정자도 직장 내 성희롱 피해자의 범위에 포함되므로 적절하지 않다.
② 이성뿐만 아니라 동성 간의 음담패설도 직장 내 성희롱으로 인정될 수 있으므로 적절하지 않다.
③ 사업장 밖에서 근무시간 외에 발생한 것도 근로자가 직장 내 지위를 이용하거나 업무와 관련이 있는 경우라면 직장 내 성희롱으로 인정될 수 있으므로 적절하지 않다.
④ 직장 동료에게 고객이나 연예인 등에 대한 성적 농담을 하는 것은 직장 내 성희롱에 포함될 수 있으므로 적절하지 않다.

50. 직업윤리

[정답] ①

A~E 중 직장에서의 인사 예절에 대해 잘못 이야기하고 있는 사람은 없다.

오답 체크

A: 사람이 모여 생활하는 곳에서는 인사가 모든 예절의 기본으로, 상대방에게 마음속으로부터 우러나오는 존경심과 친절로 인간관계를 원활하게 하는 가장 중요한 예절이다. 먼저 밝은 표정으로 상황에 맞게 인사하되 사람이나 기분에 따라 인사하는 자세를 다르게 하지 않아야 한다.
B: 인사는 머리만 숙이지 말고 허리와 일직선이 되도록 상체를 숙이며 하고 인사 전후로는 상대방의 시선에 부드럽게 초점을 맞춰야 한다. 인사를 받았을 때는 타이밍을 맞추어 적절히 응답해야 한다.
C: 악수는 소개받는 사람이나 상위자가 먼저 청하며 오른손을 사용하되, 손을 너무 꽉 잡거나 손끝만 잡거나 주머니에 손을 넣고 악수해서는 안 된다.
D: 일반적으로 신참자를 고참자에게, 연소자를 연장자에게, 동료 임원을 고객·손님에게, 남성을 여성에게 소개하는데, 남성이 국가 원수, 왕족, 성직자, 고위직 인사인 경우에는 예외로 하며, 특별한 경우가 아니면 일어나서 소개를 받아야 한다.
E: 소개를 받거나 소개를 할 때는 반드시 성과 이름을 함께 말하고, 소개받을 때는 소개받은 상대방의 이름을 기억하는 것이 좋다. 각각의 관심사와 최근의 성과에 대하여 간단히 언급하는 것도 좋다.

정답

p.400

01	02	03	04	05	06	07	08	09	10
의사소통	의사소통	의사소통	의사소통	의사소통	수리	수리	수리	수리	수리
③	③	③	①	④	③	④	②	②	④
11	**12**	**13**	**14**	**15**	**16**	**17**	**18**	**19**	**20**
문제해결	문제해결	문제해결	문제해결	문제해결	자기개발	자기개발	자기개발	자기개발	자기개발
⑤	④	③	④	④	②	⑤	⑤	④	②
21	**22**	**23**	**24**	**25**	**26**	**27**	**28**	**29**	**30**
자원관리	자원관리	자원관리	자원관리	자원관리	대인관계	대인관계	대인관계	대인관계	대인관계
③	③	③	⑤	②	⑤	④	⑤	①	①
31	**32**	**33**	**34**	**35**	**36**	**37**	**38**	**39**	**40**
정보	정보	정보	정보	정보	기술	기술	기술	기술	기술
④	④	①	②	③	④	③	③	③	⑤
41	**42**	**43**	**44**	**45**	**46**	**47**	**48**	**49**	**50**
조직이해	조직이해	조직이해	조직이해	조직이해	직업윤리	직업윤리	직업윤리	직업윤리	직업윤리
②	①	④	③	④	②	①	②	①	②

해설

01. 의사소통능력 [정답] ③

손가락으로 'O' 모양을 만드는 것은 영어권 국가에서는 좋다는 의미로 사용되지만 프랑스에서는 아무 것도 없다는 무(無)라는 의미로 사용되므로 가장 적절하지 않다.

더 알아보기

각국의 보디랭귀지

Body Language	국가	의미
"O"	영어권	좋다, Great
	프랑스	제로, 무(無)
	일본	돈
	지중해	동성연애(끝)
	브라질	외설적 표현
엄지손가락 세우기	공통	권력, 우월, 지배, 최고
	영국, 호주, 뉴질랜드	자동차 세우기
	그리스	저리가
	유럽	비웃기
가운데 손가락	공통	외설
"V"	안쪽 보이게	윈스턴 처칠의 승리
	바깥쪽 보이게	경멸, 외설
머리 긁기	서양	비듬, 가려움
	동양	미안함, 답답함
입 가리기	서양	거짓말
	동양	창피
귀 움직이기	인도	후회
	브라질	칭찬
고개 끄덕	불가리아, 그리스	No
	기타	Yes
옆으로 고개 흔들기	네팔	Yes
	기타	No
손가락 교차	유럽	경멸
	브리질	행운
손바닥 아래·위로 흔들기	미국	Bye(헤어질 때 인사)
	유럽	No
	그리스	모욕

02. 의사소통능력 [정답] ③

이 글은 매너리즘이 르네상스에서 바로크 시대 사이의 과도기적 미술 양식으로서 당대 유럽의 혼란스러운 시대상이 반영되어 기존 양식의 파괴나 실험적인 성향, 왜곡되고 불분명한 구도와 기괴한 표현 등의 특징이 나타났으며, 20세기 초까지 부정적인 시선을 받기도 했으나 이후 독립된 미술 양식으로 재평가되며 다양한 예술 영역으로 총칭되고 있다는 내용이므로 이 글의 제목으로 가장 적절한 것은 ③이다.

03. 의사소통능력

[정답] ③

㉡ 공문서 작성 원칙에 따르면 날짜는 숫자로 표기하고 연·월·일의 글자는 생략하여 그 자리에 마침표를 찍어 구분하므로 적절하지 않다.
㉤ 공문서 작성 원칙에 따르면 본문 내용의 마지막 글자로부터 한 글자를 띄우고 "끝"이라는 글자와 함께 마침표를 찍어 표기하므로 적절하지 않다.

오답 체크

㉠ 공문서 작성 원칙에 따르면 숫자는 아라비아 숫자로 표기하므로 적절하다.
㉢ 공문서 작성 원칙에 따르면 시간은 24시간제에 따라 숫자로 표기하고 시·분의 글자는 생략하여 그 자리에 쌍점(:)을 찍어 구분하므로 적절하다.
㉣ 공문서 작성 원칙에 따르면 금액은 아라비아 숫자로 쓰고 숫자 다음에 괄호를 하여 한글로 기재하므로 적절하다.

04. 의사소통능력

[정답] ①

김 팀장은 자기 생각에 사로잡혀 상대방의 생각이나 느낌과 일치된 소통을 하지 못하는 인습적 수준의 공감적 이해를 하고 있으므로 공감적 이해 수준이 가장 낮다.

오답 체크

②, ④는 심층적 수준, ③, ⑤는 기본적 수준의 공감적 이해를 하고 있다.

더 알아보기

공감적 이해

공감적 이해는 상대방의 입장이 되어 상대방의 생각과 감정을 이해하는 것으로, 그 깊이에 따라 크게 인습적 수준, 기본적 수준, 심층적 수준으로 나눌 수 있음

- **인습적 수준**: 청자가 자기 생각에 사로잡혀 상대방의 생각이나 느낌과 일치된 소통을 하지 못하는 수준
- **기본적 수준**: 청자가 주의를 기울여 상대방의 현재 마음 상태나 전달하려는 내용을 파악하고 그에 맞는 반응을 보이는 수준
- **심층적 수준**: 청자가 상대방이 언어적으로 명백히 표현하지 않는 내면적 감정과 사고까지 정확히 지각하고 이를 왜곡 없이 표현할 수 있는 수준

05. 의사소통능력

[정답] ④

글 전체에서 구체적인 사례로부터 공통점을 추출하여 보편적인 이론을 도출하는 방식은 확인할 수 없으므로 적절하지 않다.

오답 체크

① 글의 중반부에서 어떠한 현상이 토테미즘이 되기 위해 부합해야 하는 조건을 제시하고 있으므로 적절하다.
② 글의 도입부에서 토템과 토테미즘의 개념을 구분하여 정의하고 있으므로 적절하다.
③ 글의 후반부에서 20세기 초에 인류학자들이 토테미즘의 유형을 세분화할수록 의미가 모호해지는 문제에 직면하게 되었고, 20세기 중반에 각 사회의 토테미즘 사이에 일반화할 수 없는 간극이 있다는 점이 밝혀지면서 토테미즘이라는 용어가 인간과 자연 사이에 상징적으로 연결된 막연한 현상을 관례적으로 지칭할 때만 사용하게 되었다고 하였으므로 적절하다.
⑤ 글의 후반부에서 인류학자 클로드 레비 스트로스의 견해를 제시하여 설명에 대한 신뢰도를 높이고 있으므로 적절하다.

06. 수리능력

[정답] ③

속력 = $\frac{거리}{시간}$임을 적용하여 구한다.

A와 B가 각각 같은 속력으로 서로 반대 방향을 향해 걸어가고 있으며, 기차가 A를 지나는 데 걸린 시간이 B를 지나는 데 걸린 시간보다 길므로 기차는 A와 같은 방향, B와 반대 방향을 향해 지나가고 있음을 알 수 있다.

A와 B의 속력은 각각 3.6km/h = 3,600m/3,600s = 1m/s이므로 A가 25초 동안 걸어간 거리는 1m/s × 25s = 25m, B가 20초 동안 걸어간 거리는 1m/s × 20s = 20m이다.

이때 기차는 일정한 속력으로 A와 B를 지나가고 있으므로
기차의 길이를 x라고 하면
$\frac{(x+25)}{25}=\frac{(x-20)}{20} \rightarrow 20(x+25)=25(x-20)$
$\rightarrow 20x+500=25x-500 \rightarrow 5x=1,000 \rightarrow x=200$
따라서 기차의 길이는 200m이다.

07. 수리능력

[정답] ④

택시 규모별 누적 탑승 학생 수가 처음으로 모두 같아질 때는 소형 택시, 중형 택시, 대형 택시 정원의 최소공배수만큼 태울 때임을 적용하여 구한다.
소형 택시의 정원은 $4=2^2$명이고, 중형 택시의 정원은 5명, 대형 택시의 정원은 $8=2^3$명이므로 택시 규모별로 누적 탑승 학생 수가 처음으로 같아졌을 때는 2^2과 5와 2^3의 최소공배수인 $5 \times 2^3=40$명을 태울 때이다. 이때 운행한 택시의 대수는 소형 택시가 40 / 4 = 10대, 중형 택시가 40 / 5 = 8대, 대형 택시가 40 / 8 = 5대이다.
따라서 택시 규모별 운행 택시의 합은 총 10 + 8 + 5 = 23대이다.

08. 수리능력

[정답] ②

165cm를 기준값으로 두고 다섯 명의 기록의 편차의 평균을 구하면 $\frac{0-3+2+5+11}{5}=3$cm이다.
따라서 다섯 명의 멀리뛰기 평균 기록은 기준값에 편차의 평균을 더한 168cm이다.

09. 수리능력

[정답] ②

계절별로 가장 높은 평균기온을 확인하면, 봄은 2016년에 13.2℃, 여름은 2013년과 2018년에 25.4℃, 가을은 2011년에 15.3℃, 겨울은 2016년에 1.6℃로 가장 높다.
따라서 조사 기간 중 2016년에 평균기온이 가장 높은 계절은 봄, 겨울이다.

10. 수리능력

[정답] ④

2015년 정서 학대로 인한 피해아동 보호 건수는 2,046건으로 방임으로 인한 피해아동 보호 건수 2,010건보다 많으므로 옳지 않은 설명이다.

오답 체크

① 2014년부터 2018년까지 전체 학대 피해아동 보호 건수는 매년 전년 대비 증가하므로 옳은 설명이다.
② 2018년 신체 학대와 성 학대로 인한 피해아동 보호 건수는 각각 3,436건, 910건으로 신체 학대로 인한 피해아동 보호 건수가 3,436 − 910 = 2,526건 더 많으므로 옳은 설명이다.
③ 2017년 전체 학대 피해아동 보호 건수인 22,367건 중에서 중복 학대로 인한 피해아동 보호 건수는 10,875건으로 (10,875 / 22,367) × 100 ≒ 48.6%이므로 옳은 설명이다.
⑤ 제시된 기간에서 방임으로 인한 피해아동 보호 건수가 2,500건 이상이 되는 해는 2016년, 2017년, 2018년으로 총 3개이므로 옳은 설명이다.

11. 문제해결능력

[정답] ⑤

소프트 어프로치는 문제해결을 위해 직접적인 표현을 하는 것은 바람직하지 않다고 여기며, 무언가를 시사하거나 암시하는 방법을 통해 의사를 전달함으로써 문제해결을 도모하므로 적절하다.

오답 체크

① 구성원이 자율적으로 실행하며, 구성원의 동기와 팀워크가 한층 강화되는 문제해결 방법인 퍼실리테이션에 대한 설명이므로 적절하지 않다.
② 합리적인 방법이긴 하지만, 잘못하면 단순한 이해관계의 조정에 그칠 수 있어 창조적인 아이디어나 높은 만족감을 끌어 내기 어려운 문제해결 방법인 하드 어프로치에 대한 설명이므로 적절하지 않다.
③ 소프트 어프로치는 조직 구성원들이 같은 문화적 토양을 가지고 이심전심으로 서로를 이해하는 상황을 가정하며, 결론이 모호하게 끝나는 경우가 적지 않으므로 적절하지 않다.
④ 구성원들이 서로의 생각을 직설적으로 주장하고 논쟁이나 협상을 통해 의견을 조정해 가며, 이때 중심적 역할을 하는 것이 논리, 즉 사실과 원칙에 근거한 토론을 하는 문제해결 방법인 하드 어프로치에 대한 설명이므로 적절하지 않다.

12. 문제해결능력

[정답] ④

차량이 많은 어떤 곳에 미세먼지가 많다는 것은 차량이 많으면서 미세먼지가 많은 곳이 적어도 한 곳 존재한다는 것이므로, 차량이 많은 곳에 공장이 많다면 차량이 많으면서 공장이 많은 곳 중에 미세먼지가 많은 곳이 적어도 한 곳 존재하게 된다.
따라서 '차량이 많은 곳에는 공장이 많다.'가 타당한 전제이다.

오답 체크

차량이 많은 곳을 A, 미세먼지 많은 곳을 B, 공장이 많은 곳을 C라고 하면
① 차량이 많은 어떤 곳에도 공장이 많지 않다는 것은 차량이 많은 모든 곳에는 공장이 많지 않다는 것이고, 차량이 많은 어떤 곳에는 미세먼지가 많으면 미세먼지가 많은 모든 곳에는 공장이 많지 않을 수도 있으므로 결론이 반드시 참이 되지 않는다.

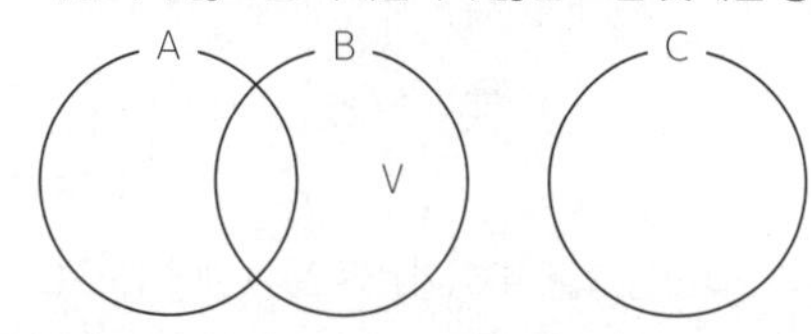

② 차량이 많은 어떤 곳에는 미세먼지가 많고, 공장이 많은 곳에는 차량이 많지 않으면 미세먼지가 많은 모든 곳에는 공장이 많지 않을 수도 있으므로 결론이 반드시 참이 되게 하는 전제가 아니다.

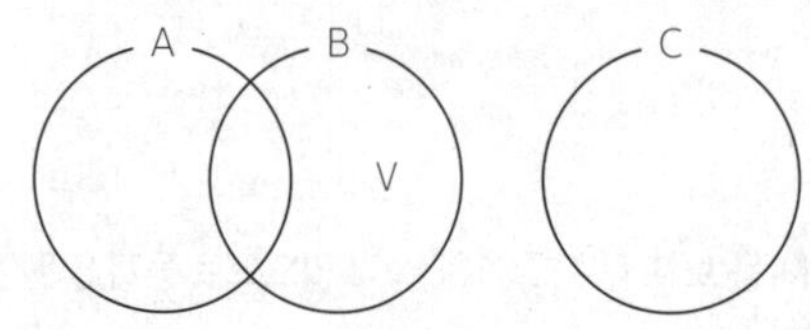

③ 차량이 많은 어떤 곳에는 미세먼지가 많고, 차량이 많은 어떤 곳에는 공장이 많으면 미세먼지가 많은 모든 곳에는 공장이 많지 않을 수도 있으므로 결론이 반드시 참이 되게 하는 전제가 아니다.

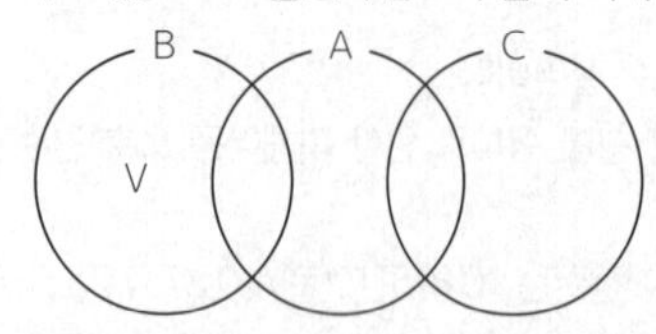

⑤ 차량이 많은 어떤 곳에는 미세먼지가 많고, 공장이 많은 곳에는 차량이 많으면 미세먼지가 많은 모든 곳에는 공장이 많지 않을 수도 있으므로 결론이 반드시 참이 되게 하는 전제가 아니다.

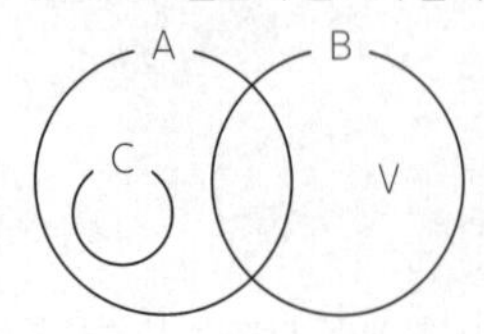

13. 문제해결능력

[정답] ③

a시 b분일 때 시침과 분침이 이루는 각도는 $|(30° \times a + 0.5° \times b) - 6° \times b| = |30°a - 5.5°b|$임을 적용한다.
팀장과 주임은 부팀장보다 각각 10분, 15분 늦게 출근했고, 사원과 인턴은 팀장보다 각각 3분, 10분 늦게 출근했으므로 5명의 출근 순서는 '부팀장 > 팀장 > 사원 > 주임 > 인턴'이며, 5명 중 3번째로 출근한 직원은 '사원'이다. 이때, 부팀장은 8시와 9시 사이에 시침과 분침이 겹치는 시간에 출근했으므로 부팀장이 출근한 시간을 8시 a분이라고 하면
$30° \times 8 + 0.5° \times a = 6° \times a \rightarrow a \fallingdotseq 43.6$
이에 따라 소수점 첫째 자리에서 반올림하면 부팀장은 8시 44분에 출근했고, 팀장은 부팀장보다 10분 늦게 출근했으므로 8시 44 + 10 = 54분에 출근한 것을 알 수 있다.
따라서 사원은 팀장보다 3분 늦게 출근했으므로 8시 54 + 3 = 57분에 출근했다.

더 알아보기

시침과 분침의 각도
- **시침이 움직이는 각도:** 12시간에 360°, 1시간에 30°, 1분에 0.5°
- **분침이 움직이는 각도:** 1시간에 360°, 1분에 6°
- **a시 b분일 때, 시침과 분침이 이루는 각도:** $|(30° \times a + 0.5° \times b) - 6° \times b| = |30°a - 5.5°b|$
- **시침과 분침이 겹쳐질 조건:** $30° \times a + 0.5° \times b = 6° \times b$

14. 문제해결능력

[정답] ④

제시된 글에서 설명하고 있는 기법은 '로직트리(Logic Tree) 기법'이다.

오답 체크

① SWOT 분석: 기업 내부의 강점(Strength), 약점(Weakness) 요인과 외부 환경의 기회(Opportunity), 위협(Threat) 요인을 분석 및 평가하고 이들을 서로 연관 지어 전략과 문제 해결 방안을 개발하는 방법
② So What 기법: "그래서 무엇이지?"하고 자문자답하는 것으로, 눈앞에 있는 정보로부터 의미를 찾아내어 가치 있는 정보를 이끌어 내는 사고 방법
③ 3C 분석: 환경 분석을 수행하기 위해 사업환경의 구성요소인 자사(Company), 경쟁사(Competitor), 고객(Customer)에 대해 체계적으로 분석하는 방법
⑤ 피라미드 구조화 방법: 하위의 사실이나 현상부터 사고함으로써 상위의 주장을 만들어 가는 방법

15. 문제해결능력

[정답] ④

(A)~(C)의 설명에 해당하는 원인 패턴이 바르게 연결된 것은 ④이다.

16. 자기개발능력

[정답] ②

자신의 흥미, 가치, 라이프스타일을 충분히 이해하지 못하여 자기개발 계획을 구체적으로 설계하는 일을 어렵게 만드는 자기개발 계획 수립의 장애요인은 자기 정보의 부족이다.

더 알아보기

자기개발 계획 수립의 장애요인

자기 정보의 부족	자신의 흥미, 장점, 가치, 라이프스타일을 충분히 이해하지 못함
내부작업 정보 부족	회사 내의 경력 기회 및 직무 가능성에 대해 충분히 알지 못함
외부작업 정보 부족	다른 직업이나 회사 밖의 기회에 대해 충분히 알지 못함
의사결정 시 자신감의 부족	자기개발과 관련된 결정을 내릴 때 자신감이 부족함
일상생활의 요구사항	개인의 자기개발 목표와 일상생활 간의 갈등이 발생함
주변 상황의 제약	재정적 문제, 연령, 시간 등

17. 자기개발능력

[정답] ⑤

어떠한 일이 발생하면 '지금 일이 잘 진행되거나 그렇지 않은 이유는 무엇인가?', '이 상태를 변화시키거나 혹은 유지하기 위하여 해야 하는 일은 무엇인가?', '이번 일 중 다르게 수행했다면 더 좋은 성과를 냈을 방법은 무엇인가?'와 같은 질문을 하는 습관을 들이는 것이 성찰을 연습하는 방법이므로 가장 적절하지 않다.

18. 자기개발능력

[정답] ⑤

업무수행 성과에는 시간이나 물질과 같은 자원, 업무 지침, 지식이나 기술을 포함한 개인의 능력, 상사 및 동료의 지원과 같은 요인이 영향을 미친다.

따라서 업무수행 성과에 영향을 미치는 요인에 해당하는 것은 총 5개이다.

19. 자기개발능력

[정답] ④

경력관리는 경력계획을 준비하고 실행하며 피드백하는 과정이며, 자신과 자신의 환경 상황을 인식하고 분석하여 합당한 경력 관련 목표를 설정하는 것은 경력계획이므로 가장 적절하지 않다.

오답 체크

① 경력관리는 규칙적이고 지속적으로 이루어져야 하며, 잘못된 정보나 이에 대한 이해가 부족하여 경력 목표를 잘못 설정하는 경우가 있기 때문에 계속적으로 적극적인 경력관리를 통해 이를 수정해 나가야 하므로 적절하다.

② 경력은 직위, 직무와 관련된 역할이나 활동뿐만 아니라 이에 영향을 주고받는 환경적 요소도 포함되며, 전문적인 일이나 특정 직업에만 한정되지 않고 승진만을 추구하는 활동도 아니므로 적절하다.

③ 누구든지 일과 관련된 활동을 하고 있다면 경력을 추구하고 있는 것이라고 할 수 있으며, 모든 사람은 각자 독특한 직무, 지위, 경험을 쌓기 때문에 각자 나름대로 독특한 경력을 추구하게 되므로 적절하다.

⑤ 개인은 직무가 변화되는 외부 상황의 변화나 개인의 기대나 목표가 변화되는 주관적 인식의 변화에 따라 자신의 경력을 개발할 수 있으므로 적절하다.

20. 자기개발능력

[정답] ②

㉢ 직무와 관련된 주변 환경의 장애요인에 대하여 분석하게 되는 일은 일반적으로 '자신과 환경 이해' 단계에서 이루어지므로 적절하지 않다.

㉣ 경력개발 계획의 각 단계들은 명확하게 구분되는 것은 아니며 중복적으로 이루어질 수 있고 실행과 평가를 통해 수정될 수 있으므로 적절하지 않다.

따라서 경력개발 계획에 대한 설명으로 적절하지 않은 것은 ㉢, ㉣이다.

21. 자원관리능력

[정답] ③

㉠ '자원 활용 계획 세우기' 단계로, 이 단계에서는 확보한 자원을 실제 필요한 업무에 할당하여 계획을 세워야 하는데, 이때 최종적인 목적을 이루는 데 가장 핵심이 되는 업무에 우선순위를 두고 계획을 세워야 한다.

㉡ '필요한 자원의 종류와 양 확인하기' 단계로, 이 단계에서는 업무를 추진할 때 어떤 자원이 필요하며, 또 얼마만큼 필요한지를 파악해야 한다.

㉢ '계획대로 수행하기' 단계로, 이 단계에서는 계획에 맞게 업무를 수행해야 하며, 불가피하게 계획을 수정해야 하는 경우에는 전체 계획에 미칠 수 있는 영향을 고려해야 한다.

㉣ '이용 가능한 자원 수집(확보)하기' 단계로, 이 단계에서는 실제 상황에서 자원을 확보해야 하는데, 가능하다면 이때 필요한 양보다 좀 더 여유 있게 확보하는 것이 안전하다.

따라서 효과적인 자원관리를 위해서는 '필요한 자원의 종류와 양 확인하기 - 이용 가능한 자원 수집(확보)하기 - 자원 활용 계획 세우기 - 계획대로 수행하기'로 4단계를 거쳐야 하므로 ㉠~㉣을 단계별 순서대로 바르게 나열한 것은 ③이다.

22. 자원관리능력

[정답] ③

꼭 완료해야 했던 일을 완벽하게 끝내지 못했다면 끝내지 못한 일을 차기 계획에 반영해야 하므로 시간계획을 세울 때 명심해야 할 사항에 대해 잘못 설명한 사람은 찬혁이다.

오답 체크

① 시간계획은 무리하게 세우는 것이 아니라 실현할 수 있는 것만을 계획해야 하므로 적절하다.

② 시간계획은 그 자체가 중요한 것이 아니라 목표 달성을 위해 필요한 것이므로 적절하다.

④ 시간계획은 자기 외 다른 사람의 시간계획까지 감안하여 수립해야 하므로 적절하다.

⑤ 시간계획은 적절한 시간 프레임을 설정하고 특정 일을 하는 데 소요되는 꼭 필요한 시간만을 계획에 적용해야 하므로 적절하다.

23. 자원관리능력

[정답] ③

2022년 부품 1단위 생산 시 투입되는 총비용은 4,000 + 2,500 + 3,000 + 5,500원 + 6,000 = 21,000원이며, 2023년 부품 1단위 생산 시 투입되는 총비용은 2022년 대비 30% 감소한 금액인 21,000 × 0.7 = 14,700원이어야 하므로 2023년 그래픽카드 1단위 생산 비용은 14,700 - (3,000 + 2,000 + 3,000 + 2,000) = 4,700원이다.

24. 자원관리능력

[정답] ⑤

제시된 [고객 요청 정보]에 따르면 청정 구간이 13평형 이상인 공기청정기를 구매할 예정이므로 C사의 AZ-440은 추천하지 않는다. 또한, 에너지 효율 등급이 1~2등급인 공기청정기를 구매할 예정이므로 B사의 PK-519는 추천하지 않으며, 바이러스 제거 기능이 있는 공기청정기를 구매할 예정이므로 D사의 SR-690은 추천하지 않는다. 이때, 할부 기간은 5년으로 A사의 DU-202 구매 비용은 34,200 × (12 × 5) = 2,052,000원이고, E사의 CB-115 구매 비용은 31,900 × (12 × 5) = 1,914,000원이므로 총 비용이 200만 원을 초과한 A사의 DU-202는 추천하지 않는다.

따라서 종현이가 고객에게 추천할 공기청정기의 모델명은 E사의 CB-115이다.

25. 자원관리능력

[정답] ②

회의 날짜인 20일의 평일 기준 정확히 열흘 전에 회의실을 신청하고, 20일의 평일 기준 정확히 닷새 전에 신청 확인증을 수령해야 한다. 20일의 평일 기준 정확히 열흘 전 날짜는 주말과 공휴일을 제외한 6일이며, 평일 기준 정확히 닷새 전 날짜는 13일이다. 6일에는 당직 다음 날인 B를 제외한 A, C, D, E가 회의실 신청이 가능하며, 13일에는 당직 날인 B, 외근을 하는 C, 당직 다음 날인 D를 제외한 A, E가 신청 확인증 수령이 가능하다.
따라서 6일과 13일 모두 스케줄 및 특이사항이 없어 회의실 신청과 확인증 수령이 둘 다 가능한 사람은 A, E이다.

26. 대인관계능력

[정답] ⑤

과제의 범위를 정하고 접근 방법에 집중하여 논의가 이루어지는 것은 팀의 발전 단계 중 형성기에 해당하는 내용이므로 적절하지 않다.

27. 대인관계능력

[정답] ④

리더는 조직 구성원이 변화의 긍정적인 측면을 인식할 수 있도록 변화의 잠재적 문제점을 최소화하고 긍정적인 면을 최대한 드러냄으로써 구성원 스스로 변화가 주는 긍정적인 영향을 깨닫게 해야 하므로 가장 적절하지 않다.

28. 대인관계능력

[정답] ⑤

협상을 진행하는 동안 협상 타결에 초점을 맞추지 못하는 실수를 한다면 협상의 모든 단계에서 협상의 종결에 초점을 맞추고 항상 종결을 염두에 두어야 하므로 가장 적절하지 않다.

더 알아보기

협상의 실수 및 대처방안

협상의 실수	대처방안
준비되기도 전에 협상을 시작하는 것	· 상대방이 먼저 협상을 요구하거나 재촉하면 아직 준비가 덜 되었다고 솔직히 말하고, 그런 때를 상대방의 입장을 묻는 기회로 삼아야 함 · 협상 준비가 되지 않았을 때는 듣기만 해야 함
잘못된 사람과 협상하는 것	· 협상 상대가 협상에 대하여 책임을 질 수 있고 타결 권한을 가지고 있는 사람인지 확인하고 협상을 시작해야 함 · 최고 책임자는 협상의 세부 사항을 잘 모르기 때문에 상급자는 협상의 올바른 상대가 아님
특정 입장만 고집하는 것 (입장 협상)	· 협상에서 한계를 설정하고 그다음 단계를 대안으로 제시해야 함 · 상대방이 특정 입장만 내세우는 입장 협상을 할 경우에는 조용히 그들의 준비를 도와주고 서로 의견을 교환하면서 상대가 마음을 열도록 해야 함
협상의 통제권을 잃을까 두려워하는 것	· 협상은 통제권을 확보하는 것이 아니라 함께 의견 차이를 조정하면서 최선의 해결책을 찾는 것이므로 통제권을 잃을까 염려된다면 그 사람과의 협상 자체를 고려해 보아야 함 · 자신의 한계를 설정하고 그것을 고수하면 협상의 통제권을 잃을 염려를 하지 않게 됨
설정한 목표와 한계에서 벗어나는 것	· 한계와 목표를 잃지 않도록 그것을 기록하고, 기록된 노트를 협상의 길잡이로 삼아야 함 · 더 많은 것을 얻고자 한다면 한계와 목표를 바꾸기도 해야 함
상대방에 대해서 너무 많은 염려를 하는 것	· 상대방이 원하는 것을 얻을까 너무 염려하지 말고, 협상을 타결 짓기 전에 자신과 상대방이 각기 만족할 만한 결과를 얻었는지, 협상 결과가 현실적으로 효력이 있었는지, 모두 만족할 만한 상황이 되었는지 확인해야 함
협상 타결에 초점을 맞추지 못하는 것	· 협상의 모든 단계에서 협상의 종결에 초점을 맞추고 항상 종결을 염두에 두어야 함

29. 대인관계능력

[정답] ①

B 과장은 자신에 대한 강한 확신과 자부심으로 A의 공적인 일뿐만 아니라 사적인 일까지 자신의 의견을 지나치게 주장하고 있으므로 사사건건 참견하는 '나 잘난 형'이 가장 적절하다.

30. 대인관계능력

[정답] ①

고객만족조사 계획 수립 시 측정하고자 하는 것에 대한 고객만족을 정확하게 조사하기 위해서는 조사 분야와 대상을 명확하게 정의해야 하므로 가장 적절하지 않다.

오답 체크

② 고객만족조사를 1회에 그칠 경우 정확한 조사 결과를 얻기 어려우므로 적절하다.
③ 고객만족조사 결과의 활용 계획은 조사 목적에 따라야 하므로 적절하다.
④ 고객만족조사 방법 중 심층면접법은 응답자와 일대일 대면접촉을 통해 심층적인 정보를 얻을 수 있으므로 적절하다.
⑤ 개선을 목적으로 고객만족 조사를 계획할 경우 비교적 자세한 질문으로 자유로운 회답을 얻는 것이 좋으므로 적절하다.

31. 정보능력

[정답] ④

직무 만족도 평균 점수가 높은 순서대로 내림차순으로 순위를 매길 때 인사 부서의 순위를 알기 위해서는 부서별 직무 만족도 평균 점수 입력 범위에서 인사 부서의 직무 만족도 평균 점수가 입력된 셀값이 몇 번째로 높은지를 구해야 한다. 이에 따라 지정한 범위 내에서 순위를 알고자 하는 값의 크기에 따른 순위를 구할 때 사용하는 RANK 함수를 사용하는 것이 적절하며, RANK 함수식인 '=RANK(순위를 구할 값, 지정한 범위, 옵션)'을 적용한다. 이때 RANK 함수의 옵션이 FALSE 또는 0이면 높은 값에서부터 낮은 값 순으로 나열하는 내림차순의 순위를 찾고, TRUE 또는 1이면 낮은 값에서부터 높은 값 순으로 나열하는 오름차순의 순위를 찾으므로 [D10] 셀의 값을 찾기 위해서는 옵션이 'FALSE 또는 0'이어야 한다.
따라서 인사 부서의 순위를 알기 위해 [D10] 셀에 입력할 함수식은 '=RANK(D3, D3:D8, 0)'이 된다.

오답 체크

① LARGE는 지정한 범위의 셀값 중 k번째로 큰 값을 구하고자 할 때 사용하는 함수이므로 적절하지 않다.
②, ③ AVERGE는 지정한 범위에서 빈 셀을 제외한 모든 셀의 평균을 구할 때 사용하는 함수이므로 적절하지 않다.

32. 정보능력

[정답] ④

프린터의 USB 케이블을 PC의 사용 가능한 USB 포트에 연결한 후 프린터의 전원을 켜는 방법은 로컬 프린터를 설치하거나 추가하는 방법이므로 적절하지 않다.

더 알아보기

무선 프린터 추가하는 방법

1) 시작 단추를 클릭하여 설정 → 장치 → 프린터 및 스캐너를 선택
2) 프린터 또는 스캐너 추가를 선택하고 근처의 프린터를 찾을 때까지 기다린 다음, 사용할 스캐너를 선택하고 장치 추가를 선택
3) 추가하고자 하는 프린터가 목록에 없으면 '원하는 프린터가 목록에 없습니다.'를 선택하고 지침에 따라 옵션 중 하나를 사용하여 수동으로 추가

33. 정보능력

[정답] ①

충청지점에서 최대 실적을 올린 제품명을 구하기 위해서는 [지점별 제품 판매 실적]에서 충청지점의 최대 실적 금액에 해당하는 제품명을 반환해야 한다.
따라서 원하는 조건이 두 개 이상인 경우 지정한 범위의 열에서 조건에 맞는 하나의 값을 반환할 때 사용하는 함수인 DGET을 사용하는 것이 적절하며, DGET함수식인 '=DGET(지정한 범위, 열 번호, 조건)'을 적용하면 '=DGET(A3:G7, 1, D11:D12)'이 된다.

구분	설명	적용
지정한 범위	충청지점의 최대 실적 금액을 찾아 해당 제품명을 반환할 범위	A3:G7
열 번호	지정한 범위에서 반환하고자 하는 값인 제품명이 있는 열의 위치	1
조건	지정한 범위에서 값을 걸러 내기 위한 조건	D11:D12

더 알아보기

함수식

함수	설명
MATCH	표나 범위 내에서 지정된 항목을 검색하고 범위에서 해당하는 항목이 차지하는 상대 위치를 반환할 때 사용하는 함수 식 =MATCH(기준값, 지정한 범위, 옵션)
VLOOKUP	열 방향의 표나 범위에서 원하는 값을 반환할 때 사용하는 함수 식 =VLOOKUP(기준값, 지정한 범위, 열 번호, 옵션)

34. 정보능력

[정답] ②

주로 첨부파일이나 웹페이지 접속을 통해 퍼지며, 컴퓨터에 저장된 모든 데이터를 암호화하여 사용 불능 상태로 만든 후 돈을 요구하는 것은 랜섬웨어이므로 가장 적절하지 않은 것은 ②이다.

더 알아보기

스파이웨어

보통 소프트웨어 다운 과정에서 사용자 동의 없이 설치되며, 팝업 광고를 띄우거나 사용자를 특정 홈페이지를 유도하는 상업적 용도로 사용되지만, 개인정보를 수집하여 외부로 유출하기도 함

35. 정보능력

[정답] ③

영업 1부의 총매출액을 구하기 위해서는 부서명에 해당하는 셀 범위에서 소속 부서가 영업 1부인 사원들을 찾아 해당 사원들의 매출액의 총합을 구해야 한다. 이에 따라 지정한 범위의 셀값 중 조건에 만족하는 셀의 합을 구할 때 사용하는 함수인 SUMIF를 사용한다. 따라서 SUMIF 함수식인 '=SUMIF(지정한 범위, 조건식, 합을 구할 범위)'를 적용하면 '=SUMIF(B2:B10, E2, C2:C10)'이다.

구분	내용	적용
지정한 범위	부서명에 해당하는 셀 범위	B2:B10
조건식	소속 부서명이 '영업 1부'인 셀값	E2
합을 구할 범위	'영업 1부' 매출액의 총합을 구할 셀 범위	C2:C10

더 알아보기

함수식

함수	설명
DSUM	지정한 범위 내 조건에 만족하는 자료를 대상으로 지정한 열에서 합을 구할 때 사용하는 함수 식 =DSUM(지정한 범위, 열 번호, 조건)
SUM	지정한 범위의 합을 구할 때 사용하는 함수 식 =SUM(지정한 범위)
SUMIFS	지정한 범위의 셀값 중 조건에 만족하는 셀의 합을 구할 때 사용하는 함수로, 한 가지 조건만 지정 가능한 SUMIF 함수와 달리 여러 개의 조건 지정 가능 식 =SUMIFS(합을 구할 범위, 지정한 범위 1, 조건식1, 지정한 범위 2, 조건식 2…)

36. 기술능력

[정답] ④

기술을 설계하고 생산하며 사용하는 데 필요한 정보, 기술, 절차를 갖기 위해 필요한 것은 Know-how이므로 가장 적절하지 않다.

더 알아보기

노하우와 노와이

Know-how	Know-why
· 특허권을 수반하지 않는 과학자, 엔지니어 등이 가진 체화된 기술 · 경험적이고 반복적인 행위로 얻어지는 것	· 기술이 어떻게 성립하고 작용하는가에 관한 원리적 측면에 중심을 둔 것 · 이론적인 지식으로서 과학적인 탐구로 얻어지는 것

37. 기술능력

[정답] ③

제시된 사례에서 정씨는 공장 측의 부적절한 인원 배치로 인해 2인 1조로 수행해야 하는 작업을 혼자 수행하다 사고를 당했다고 하였으므로 산업 재해의 기본적인 원인인 '작업 관리상 원인'에 해당한다.

더 알아보기

산업 재해의 원인

기본적 원인	교육적 원인	불충분한 안전 지식, 안전 수칙의 오해, 불충분한 경험·훈련, 불충분한 작업 관리자의 작업 방법 및 유해 위험 직업 교육 등
	기술적 원인	건물·기계 장치의 설계 불량, 불안정한 구조물, 부적합한 재료, 부적절한 생산 공정, 불량한 점검·정비·보존 등
	작업 관리상 원인	안전 관리 조직의 결함, 안전 수칙 미제정, 불충분한 작업 준비, 부적절한 인원 배치·작업 지시 등
직접적 원인	불안전한 행동	위험 장소 접근, 안전장치 기능 제거, 보호 장비 미착용·오용, 운전 중인 기계의 속도 조작, 위험물 취급 부주의, 불안전한 상태 방치, 부적절한 감독 및 연락 등
	불안전한 상태	시설물 자체 결함, 전기 시설물의 누전, 불안정한 구조물, 시설물 배치 및 장소 불량, 작업 환경 결함, 생산 공정의 결함 등

38. 기술능력

[정답] ③

영어 회화 DVD를 CD 삽입구에 넣고 재생 버튼을 누른 뒤 1분 이상 기다렸을 때 시스템이 작동하지 않은 것은 VCD CD, DVD, 프로그램 CD 등 음악 CD가 아닐 때 발생하는 에러 번호 E7에 해당하므로 디스크 종류가 해당 기기와 호환되는 CD-R, CD-RW인지를 확인하는 것이 가장 적절하다.

[39-40]

39. 기술능력

[정답] ③

제시된 매뉴얼에서 경고사항을 위반할 경우 사용자가 심각한 상해 또는 중상에 이를 수 있음을 확인할 수 있다.
따라서 천둥 또는 번개가 치는 경우 전원 차단을 위반하는 것은 사용자가 경미한 상해를 입거나 제품이 손상될 수 있는 주의사항을 위반하는 것이므로 가장 적절하지 않다.

오답 체크

① 비닐 포장재가 어린이의 손에 들어갈 경우 질식의 원인이 되어 사용자가 심각한 상해 또는 중상에 이를 수 있으므로 적절하다.
② 스프레이와 같은 인화 물질 근처에 설치할 경우 감전, 화재의 원인이 되어 사용자가 심각한 상해 또는 중상에 이를 수 있으므로 적절하다.
④ 필터를 끼우지 않고 사용할 경우 감전의 원인이 되어 사용자가 심각한 상해 또는 중상에 이를 수 있으므로 적절하다.
⑤ 한 개의 콘센트를 사용할 때 여러 개의 전원플러그를 꽂아 사용할 경우 감전, 화재의 원인이 되어 사용자가 심각한 상해 또는 중상에 이를 수 있으므로 적절하다.

40. 기술능력

[정답] ⑤

제시된 매뉴얼에서 전자 제품과 가까이 설치하는 것은 오작동의 원인이 될 수 있다고 하였으므로 감전 또는 화재가 발생하지 않도록 삼가해야 할 사항으로 TV 또는 라디오 주변에 설치하지 않는 것은 박 사원이 지양할 행동 중 감전 또는 화재 발생의 원인으로 가장 적절하지 않다.

41. 조직이해능력

[정답] ②

공식조직에 해당하는 것은 ㉠, ㉢, ㉤이다.

오답 체크

㉡, ㉣, ㉥은 인간관계에 따라 자발적으로 형성된 비공식조직이다.

42. 조직이해능력

[정답] ①

(A) 단계는 경영계획으로, 이 단계에서는 조직의 미래상을 결정한 후 이를 달성하기 위한 대안 분석, 목표 수립, 실행방안 선정 등을 수행한다.
따라서 조직의 미래상을 달성하기 위한 대안을 분석하는 것은 (A) 단계에 대한 설명으로 가장 적절하다.

오답 체크

②, ③은 경영실행 단계, ④, ⑤는 경영평가 단계에 대한 설명이다.

43. 조직이해능력

[정답] ④

㉠ 구성원의 업무가 명확하게 정의되어 있고 내부 규칙이 엄격하며, 상하 관계의 위계질서가 확실한 조직은 '기계적 조직'에 해당한다.
㉡ 구성원의 업무가 고정되어 있지 않고 통제의 정도가 낮으며, 의사결정 권한이 조직 하부 구성원에게 많이 위임된 조직은 '유기적 조직'에 해당한다.
따라서 빈칸에 들어갈 단어를 순서대로 바르게 나열하면 '기계적 – 유기적'이 된다.

44. 조직이해능력

[정답] ③

재무상태 및 경영실적 보고 업무는 회계부의 업무이므로 총무팀의 업무로 가장 적절하지 않다.

45. 조직이해능력

[정답] ④

은혜: 이문화 커뮤니케이션은 언어적 커뮤니케이션과 비언어적 커뮤니케이션으로 구분되며, 언어적 커뮤니케이션은 의사를 전달할 때 직접적으로 이용되는 것으로 외국어 사용능력과 직결되지만, 국제 관계에서는 이러한 언어적 커뮤니케이션 외에 비언어적 커뮤니케이션 때문에 여러 가지 문제를 겪는 경우가 많으므로 옳지 않은 내용이다.
따라서 문화충격과 이문화 커뮤니케이션에 대해 바르게 이해하지 못한 사람은 '은혜'이다.

46. 직업윤리

[정답] ②

C: 윤리적 가치는 사회와 시대에 따라 조금씩 변화하므로 옳지 않은 설명이다.
D: 인간은 윤리적으로 살 때 사회질서를 유지하고 개인을 포함한 모든 이의 행복을 보장할 수 있으므로 옳지 않은 설명이다.
따라서 윤리에 대해 옳지 않은 설명을 한 사람은 '2명'이다.

오답 체크

A: 윤리는 공동생활과 협력을 필요로 하는 환경에서 공동 협력의 규칙이 반복되며 형성되므로 옳은 설명이다.
B: 윤리적 인간은 개인의 이익보다 공동의 이익을 추구하고 도덕적 가치 신념을 중요시하는 사람이므로 옳은 설명이다.
E: 윤리란 인간과 인간 사이에 지켜져야 할 도리를 바르게 하는 것 또는 인간 사회에 필요한 올바른 질서를 의미하므로 옳은 설명이다.

47. 직업윤리

[정답] ①

㉠ 게으르지 않고 부지런함을 의미하는 덕목은 '근면'에 해당한다.
㉡ 정성스럽고 일관된 마음을 의미하는 덕목은 '성실'에 해당한다.
따라서 빈칸에 들어갈 단어를 순서대로 바르게 나열하면 '근면 - 성실'이 된다.

더 알아보기

정직
신뢰 형성 및 유지에 가장 기본적인 필수적인 규범으로, 사회관계의 체계가 유지되기 위해서는 정직에 기반한 신뢰가 필요함

48. 직업윤리

[정답] ②

제시된 글에서 교관은 과거 교칙 위반을 보고하지 않고 넘어간 사실을 들켜 문책성 전출을 당했다고 하였으므로 개인의 인정에 치우쳐 부정직한 행동을 타협할 경우 또 다른 부정을 유발할 수 있기 때문에 부정직한 행위를 눈감아 주어서는 안 된다는 것이 가장 적절하다.

49. 직업윤리

[정답] ①

고객은 직장 내 성희롱에 따른 피해자인 근로자의 범위에는 포함되지 않으므로 고객의 가슴을 쳐다보며 몸매를 칭찬한 A 과장의 사례는 성희롱에 해당하지만, 직장 내 성희롱에는 해당하지 않는다.

50. 직업윤리

[정답] ②

전화는 정상적인 업무가 이루어지고 있는 근무 시간에 걸어야 하므로 전화를 요청하는 메시지를 받았을 때 근무 시간이 지났더라도 양해를 구하고 최대한 빠르게 답해야 한다는 부분이 수정되어야 한다.

오답 체크

① 전화는 직접 걸도록 하고, 통화를 원하는 상대와 통화할 수 없을 경우를 대비하여 비서나 다른 사람에게 메시지를 남길 수 있도록 준비해야 한다.
③ 전화벨이 3~4번 울리기 전에 전화를 받고, 자신이 누구인지를 즉시 말해야 한다.
④ 언제나 펜과 메모지를 곁에 두어 메시지를 받아 적을 수 있도록 해야 한다.
⑤ 알림은 무음으로 하여 타인에게 폐를 끼치지 않도록 해야 한다.

단/기/합/격

해커스공기업 NCS 직업기초능력평가 입문서

초판 4쇄 발행 2024년 11월 25일
초판 1쇄 발행 2024년 1월 2일

지은이	해커스 NCS 취업교육연구소
펴낸곳	㈜챔프스터디
펴낸이	챔프스터디 출판팀

주소	서울특별시 서초구 강남대로61길 23 ㈜챔프스터디
고객센터	02-537-5000
교재 관련 문의	publishing@hackers.com 해커스잡 사이트(ejob.Hackers.com) 교재 Q&A 게시판
학원 강의 및 동영상강의	ejob.Hackers.com

ISBN	978-89-6965-433-5 (13320)
Serial Number	01-04-01